Elizabeth Stratton

Autobiographie einer Heilerin

Mein Weg zu den Quellen
von Gesundheit und Harmonie

Aus dem Amerikanischen
von Ursula Gail

Inhalt

Esoterik

Elizabeth K. Stratton wirkt seit 20 Jahren als spirituelle Heilerin und Lehrerin. 1977 gründete sie das »Touching Spirit«-Programm, das einen 3-Jahres-Kurs in verschiedenen Heilweisen anbietet. Sie lebt mit ihrem Hund Star und ihren drei Katzen Psyche, Pearl und Cinder in Connecticut.

Deutsche Erstausgabe Februar 1998
Copyright © 1998 für die deutschsprachige Ausgabe
Droemersche Verlagsanstalt Th. Knaur Nachf., München
Das Werk einschließlich aller seiner Teile ist urheberrechtlich
geschützt. Jede Verwertung außerhalb der engen Grenzen des
Urheberrechtsgesetzes ist ohne Zustimmung des Verlages
unzulässig und strafbar. Das gilt insbesondere für
Vervielfältigungen, Übersetzungen, Mikroverfilmungen und
die Einspeicherung und Verarbeitung
in elektronischen Systemen.
Titel der Originalausgabe: »Touching Spirit«
Copyright © 1996 by Elizabeth Stratton
Originalverlag: Simon & Schuster, New York
Umschlaggestaltung: Peter F. Strauß
Satz: Ventura Publisher im Verlag
Druck und Bindung: Ebner Ulm
Printed in Germany
ISBN 3-426-86174-7

2 4 5 3 1

Einleitung

Die Bedeutung der Auferstehung

Auferstehung heißt »wiederbeleben, erneuern«. Etwas, das wir alle gern tun würden. Wir würden uns gern von Schmerz, Krankheit, Angst und Tod befreien, um in ein neues Leben geboren zu werden. Die meisten von uns glauben, daß wir bis ans Ende der Zeit auf die Auferstehung warten müssen, wie es die Offenbarung im Neuen Testament oder das Buch Daniel im Alten Testament schildert.

Ich möchte Ihnen eine neue Sichtweise darlegen, was es heißt, wiederaufzuerstehen. Sie können sie sofort auf Ihr Leben anwenden, heute, in jedem Augenblick, den Sie leben. Die tatsächliche Auferstehung geschieht in Ihrem Körper, in Herz, Verstand und Seele, auch jetzt, wenn Sie diese Seite lesen. Millionen von Zellen sterben, und neue werden geboren. Der Körper erschafft sich ständig neu und heilt sich selbst. Jährlich werden 98 Prozent der Körperatome durch neue ersetzt. Alle sieben Wochen haben wir eine neue Leber. Unser Körper ist in einem ständigen Prozeß der Wiederauferstehung.

Das gleiche gilt für Gefühle und Gedanken. Den ganzen Tag über erleben wir jeden Augenblick neue und alte Gefühle in verschiedener Zusammenstellung. Unsere Gedanken ändern sich ständig, neue Ideen und Vorstellungen tauchen auf. Jede Nacht träumen wir Träume, die in ihrer Art einzig sind und die nur wir träumen, meistens andere als in der Nacht vorher. Nicht nur unser Körper, auch unsere Seele heilt und belebt sich neu.

Ich möchte Sie auf eine Heil- und Wiederauferstehungsreise mitnehmen aus meiner Sichtweise als Geistheilerin mit zwanzig Jahren Erfahrung. Ich möchte Ihnen von meinem Leben erzählen und dem Leben von Menschen, denen ich in diesen zwei Jahrzehnten geholfen habe. Wenn Sie erkennen, daß Wiederauferstehung und Heilung greifbare Wirklichkeit sind, werden auch Sie glauben, daß sie für Sie möglich sind, für Ihr Leben, für Ihren Körper und Ihre Seele – und daß Sie sich aktiv an diesem wunderbaren Prozeß beteiligen können.

Die Möglichkeiten einer wahren Wiederauferstehung von Körper und Seele haben alle Mythologien und Religionen seit Beginn der geschriebenen Geschichte vorausgesehen. Die Ägypter erschufen den Mythos von Isis und Osiris, um die Macht der Liebe und die Energie des Weiblichen darzustellen, die das Leben vom Tod zurückbringen. In der Genesis, dem ersten Buch Mose, wird vom Baum des Lebens erzählt, der jedem, der von ihm ißt, Unsterblichkeit verleiht. Die Hebräer sagten einen Messias voraus, der den Juden Heilung und Befreiung vom Tod bringen würde. Die Griechen schrieben über Persephones Abstieg in die Unterwelt und ihre Rückkehr, die der Erde neues Leben brachte. Das Neue Testament schildert das Leben von Jesus und seinen Tod, sein Begräbnis und seine Auferstehung, ebenso wie die Auferstehung der Toten am Ende der Zeiten in der Offenbarung.

Das Verlangen, auf eine Weise an der Schöpfung teilzunehmen, die zur Auferstehung von Körper und Seele führt, zu einem wahren ewigen Leben, ist der menschlichen Natur eingeschrieben. Wir scheinen eine angeborene Kreativität zu besitzen, von der wie selbstverständlichen Erschaffung eines neuen Kindes im Mutterleib bis zum Ausdrücken eines Bildes auf Leinwand. Künstler, Heiler, Musiker und manchmal sogar Wissenschaftler erinnern uns daran, daß die schöpferische Lebenskraft in uns ein göttliches Geschenk und ihr Ausdruck eine natürliche Folge unserer spirituellen Natur ist.

Sogar unsere Träume erinnern uns daran, daß wir erschaffen, während wir schlafen. Jede Nacht steigen wir hinab in ihre geheimnisvolle Welt, um den Botschaften unserer Seele zu lauschen, ja sogar der Stimme Gottes. Vor vielen Jahren schrieb John Sanford, ein Geistlicher der Episkopalkirche und Schüler Jungs, ein Buch mit dem Titel *Träume: Die vergessene Sprache Gottes.* Die Bibel schildert viele Fälle, in denen Gott durch einen Traum spricht, wie zum Beispiel Josephs Traum, in dem ein Engel ihm sagt, daß Maria schwanger ist und er das Kind Jesus nennen soll. Träume können uns den Zugang zu Botschaften ermöglichen, die uns Gott durch die schöpferische Stimme der Seele übermittelt. Sie erinnern uns, daß eine innere Verbindung besteht, durch den Heiligen Geist, wie die Christen sagen, oder durch die innere Gottheit, wie es andere Religionen ausdrücken. Diese Quelle ist in unserem physischen Körper immer gegenwärtig.

Diese innere Gottheit ist es, die sich ständig mit mehr und mehr Nachdruck manifestiert. Es bleibt jedem von uns selbst überlassen, ob wir unserer inneren Führung folgen und Möglichkeiten finden, wie wir mit Gott zusammenarbeiten können, um neues Leben zu erschaffen und die Auferstehungsenergie hier auf Erden zum Ausdruck zu bringen. Wenn wir uns Gott als den Schöpfer allen Lebens denken, dann arbeiten wir mit dem Urheber der Schöpfung zusammen, und Leben wird immer mehr Ganzheit und Harmonie. Jeder spirituelle Pfad und jede Religion ist aus dieser göttlichen Führung entsprungen, die in physischer Form ihren Ausdruck finden will. Wenn wir uns auf diese innere göttliche Stimme einstimmen, ergeben wir uns dem Willen Gottes, wie er sich in jeder Seele ausdrückt. Wir erkennen unsere individuelle Beziehung zu Gott an, die wahre Bedeutung der Mystik. Unsere Wahl kann darin bestehen, daß wir an der Schöpfung teilnehmen, indem wir im Namen Gottes handeln oder mit ihm zusammenarbeiten. Wir können auch wählen, geduldig zu warten, zu lauschen, zu sehen, zu fühlen und den Anleitungen zum Heilen und wahren Leben folgen, während Gott den Heiler in uns weckt. Jesus, Buddha, Mutter Teresa, Moses, die Heiligen, Kuan-yin in China und Tara in Tibet und Indien arbeiteten mit Gott zusammen. An einem bestimmten Punkt ihres Lebens hat jeder von ihnen gesagt: »Nimm mein Leben, Gott, und tu damit, was du willst. Ich sträube mich nicht. Ich will mit dir zusammenarbeiten. Mein Leben gehört dir.«

Die Heilung unserer Seele ist eine der grundlegendsten Möglichkeiten, wie wir mit Gott zusammenarbeiten können. Unsere Seele setzt sich aus all dem zusammen, was wir in diesem Leben sind und – falls Sie an frühere Leben glauben – was wir in früheren Leben waren. Unsere Seele ist das, was weiterlebt, wenn unser Körper stirbt. Sie ist jene Anordnung von Energie, die sich ständig zur Ganzheit hin entwickelt. Sie enthält alle nicht geheilten Emotionen und Gedanken, die wir von einem Leben ins andere mit uns tragen. Alle Handlungen und Mißverständnisse, die wir noch nicht vergeben haben. Sie enthält auch alle Lektionen, die wir gelernt haben, die angesammelte Weisheit. Die Seele ist die schöpferische Matrix, der unsere Handlungen entspringen und aus der sich unsere Gefühle und Gedanken entwickeln. Die schöpferische Lebenskraft in ihr drückt sich aus, während sie jeden Augenblick immer wieder aufsteigt und bezeugt, wie wir uns entwickeln in Richtung Heilung, in Richtung Ganzheit in unserer Verbindung mit Gott.

Wie wir alle wissen, gibt es Tage, an denen wir das Gefühl haben, alles, was wir tun, und alles, was geschieht, scheine ruhig dahinzuströmen, als schreite diese Entwicklung fort, wie sie sollte. Und an anderen Tagen wieder hat man den Eindruck, daß alle Ereignisse und alle unsere Handlungen nicht synchron verlaufen, als seien wir in einen schlechten Traum verwickelt. Die Entwicklung und Heilung unserer Seele besteht aus Gipfeln und Tälern, klaren Wegen und schroffen Felswänden. Da wir nicht immer die größeren Zusammenhänge des Fortschritts unserer Seele verstehen, sollten wir die schwierigen Zeiten nicht als schlecht ansehen. Sie sind Teil des Prozesses, durch den der Heiler in uns geweckt wird. Krankheiten, Unfälle, Verluste sind alles Weckrufe für die Seele, damit sie auf ihre innere Verbindung mit Gott achtet. Denn diese Achtsamkeit und diese Verbindung sind es, die uns die größeren Möglichkeiten der Heilung bewußtmachen.

Heilung kommt von heil werden, von ganz machen. Während wir uns in jedem unserer vielen verschiedenen Leben weiterentwickeln, lernen wir die Lektionen, die sich unsere Seele zum Lernen ausgesucht hat. Menschen mit Nahtoderfahrungen berichten von einem Wesen aus weißem Licht, das ihnen bei der Betrachtung ihres Lebens half. Dieses Wesen fragte sie: »Was hast du gelernt? Wen hast du geliebt?« Während unsere Seele sich von Leben zu Leben weiterentwickelt, scheinen wir zu lernen, wie wir lieben können, wie wir ganz werden, wie wir von neuem beginnen und die Wiederauferstehung erfahren können. Jedes neue Leben ist eine Wiederauferstehung. Familie, Freunde, Karriere, Krankheiten und Krisen sind Herausforderungen, die uns Gelegenheiten bieten, zu lernen und zu lieben und dadurch die Seele zu heilen und den Körper als einen Ausdruck der Seele.

Dieses Buch wird Ihnen die Erkenntnis vermitteln, wie Sie den inneren Heiler erwecken und gemeinsam mit Gott an der Heilung von Körper und Seele arbeiten können. Es wird Sie dazu ermutigen, Ihren eigenen Heilungsprozeß als eine spirituelle Übung zu betrachten, die Sie zu einem Teil Ihres täglichen Lebens machen können. Durch die Teilnahme an der Erschaffung eines neuen Lebens, eines neuen Körpers und einer heilen Seele werden Sie eine wahre Auferstehung erleben, ein Emporsteigen, das jeder von uns erreichen kann, wenn wir die Zusammenarbeit mit Gott als zentralen Punkt ansehen. Die Wiederauferstehung geschieht hier und jetzt, wie auch in der Ewigkeit. Wir alle entwickeln uns in Richtung auf eine wahre Heilung und Auferstehung von Körper und Seele der ganzen Menschheit, der *anima mundi* oder Weltseele, an der wir alle Anteil haben, wie auch an dem heiligen Boden, auf dem wir stehen.

1 Erwachen

Ich lag zitternd auf dem Boden und wußte nicht, was mit mir los war. Ich beschloß, mich zu ergeben. Es war das erstemal in einer langen Reihe des Loslassens und Sich-Ergebens, aus denen sich mein Leben zusammengesetzt hat. Ich überließ mich dem Zittern völlig. Ich ließ es mit mir geschehen, was immer es auch war. Wenn ich jetzt zurückblicke, glaube ich, daß ich damals beschloß, mit Gott zusammenzuarbeiten. Wie ich später feststellte, verlor ich jedes Zeit- und Raumgefühl. Und ich hatte eine Vision: das deutliche Bild des Gesichts meiner Mutter, direkt vor mir. Meine rechte Hand berührte ihr drittes Auge, das Energiezentrum zwischen den Augenbrauen, wo klare Sichtweise und Intuition gespeichert sind. Ich wußte nicht, was dies bedeutete.

Ich saß mit etwa zweihundert Menschen in einem Saal und hörte verschiedenen Rednern auf der Bühne zu, die über ihre Art zu heilen sprachen, und plötzlich spürte ich einen scharfen Stich rechts unter den Rippen. Ich stellte den Schmerz fest, ignorierte ihn aber. Das Stechen kam wieder und blieb, bis es mir schwerfiel, mich auf die Vortragenden zu konzentrieren. Ich setzte mich anders hin und beschloß, am Montag meinen Chiropraktiker aufzusuchen. Der Schmerz dauerte an, und ich mußte aufstehen und den Saal verlassen. An der Tür fragte mich ein Platzanweiser, ob mit mir alles in Ordnung sei. Offensichtlich hatte er den Schmerz in meinem Gesicht bemerkt. Ich antwortete, daß ich es nicht genau wisse, und er führte mich in einen Raum, in dem ich mich niederlegen konnte, wenn auch nur auf dem Boden.

Danach erinnere ich mich, daß ich in einen veränderten Bewußtseinszustand geriet. Mein Körper zitterte, mein Atem beschleunigte sich, mein Geist war völlig klar. Ich war erstaunt, was für einen Verlauf die Dinge nahmen, und versuchte, meinen Atem zu kontrollieren und mich zu beruhigen. Es funktionierte nicht. Ich wollte mich aufsetzen. Ich konnte es nicht. Es gelang mir auf keine Weise, mich in den Griff zu bekommen. Während ich dalag und von Kopf bis Fuß zitterte, erinnere ich mich, daß ich dachte, wie lächerlich und seltsam alles war. Etwas geschah mit mir, über das ich keine Kontrolle hatte, trotzdem verspürte ich keine Angst.

Kurz nach Ende der Vision trat eine Frau in den Raum. Der Platzanweiser hatte mich allein gelassen, um Hilfe zu holen. Ich erinnere mich nicht mehr, wer sie war oder wie sie aussah, doch ich sollte feststellen, daß sie sehr viel Mitgefühl besaß, eine Sensitive, das heißt, sie konnte spüren und erklären, was mit anderen Menschen passierte. Sie kniete sich neben mich und sagte: »Das gehört nicht dir. Laß es los!« Ich lag immer noch auf dem Rücken, und sie half mir, mich aufzusetzen. »Das gehört dir nicht. Laß es los!« Und dann begann die Energie, die das Zittern in meinem Körper verursachte, aufzusteigen und meinen Körper zu verlassen. Es begann in den Fußsohlen. Es war ein seltsames Gefühl, als flösse ein Wasserfall rückwärts. Ich konnte spüren, wie die Energie aufstieg und meine Füße verließ, dann durch die Beine, den Rumpf, das Rückgrat floß und durch die Kopfdecke hinausströmte. Mein Kiefer hörte auf zu klappern – nach eineinhalb Stunden, wie ich später feststellte –, und ich war völlig still.

Die Frau, die zu meiner Rechten kniete, fragte, wie alles begonnen habe. Ich erzählte ihr, ich habe unter den Zuhörern gesessen und den Rednern zugehört, doch sie wollte wissen, wer gesprochen hatte, als der Schmerz begann. Es war ein dunkelhaariger Mann gewesen, der links am Rand gesessen hatte. Sie bestand darauf, daß ich mit ihm sprach und ihm erzählte, was mit mir geschehen war. Ich scheute davor zurück. Wie könnte ich! Das Ganze war so seltsam, so peinlich. Was war tatsächlich mit mir geschehen? Sie bestand darauf, daß der Mann der Schlüssel zu allem war.

Ich trank etwas Wasser, saß ein paar Minuten da und sammelte mich. Zögernd ging ich dann in den Saal des holistischen Zentrums zurück. Die Vorträge waren zu Ende, alles stand herum und trank Tee oder Kaffee. Ich bemerkte den dunkelhaarigen Mann am anderen Ende des Saales. Ich ging zu ihm und erzählte ihm zögernd meine Geschichte. Dabei beobachtete ich, wie seine Augen sich zu weiten begannen und ihm der Kiefer herunterfiel. Als ich fertig war, rief er impulsiv: »Genau das ist mir passiert!« Verblüfft lauschte ich seiner Schilderung, wie sein Brustkorb eingesunken war, Rippen brachen und er sich hatte operieren lassen müssen. Er bot sogar an, mir seine Narbe zu zeigen. Ich lehnte ab; dieser Tag hatte genug Enthüllungen gebracht.

Ich war in einer protestantischen Familie der Mittelklasse aufgewachsen. Meine Vorfahren waren Skandinavier und holländische Einwanderer in Pennsylvania. Keine Verrücktheiten! Nichts, was sprudelte. Immer schön ruhig, nur keine Wellen machen. Und hier war ich nun und machte zitternde, unkontrollierbare Wellen, mit dem Schmerz eines anderen in meinem Körper. Wie war er da hingekommen? Was bedeutete es?

Ich suchte eine Frau auf, die ein enger Freund als hellsichtig beschrieb. Hellsichtig? Das paßte nicht zu meiner Herkunft. Zigeuner konnten hellsehen, Protestanten nicht. Ich zögerte. Auf was ließ ich mich ein? Mein Freund meinte, die Hellseherin könnte nützlich sein, und so beschloß ich, es mit ihr zu versuchen. Ich fuhr zu der Adresse in Manhattan und betrat ein elegantes Gebäude in der 72. Straße Ost, das von einem Portier bewacht wurde. Als ich zu der Wohnung kam, öffnete eine freundliche Frau Anfang Vierzig mit rötlichbraunem Haar die Tür und bat mich herein. Ihre Wohnung war sauber und ordentlich – normal. Sie bat mich, auf einem Stuhl ihr gegenüber im Wohnzimmer Platz zu nehmen. Dann begann sie, meine Mutter und meinen Vater genau zu beschreiben, meine Kindheit und meine Neigung, ein »seelischer Schwamm« zu sein. Sie erzählte mir, daß ich schon immer für die Energie anderer Leute empfänglich gewesen sei und sie aufgesogen habe, ohne es zu merken. Ich wurde zu diesen anderen Menschen; ich spürte, was sie spürten, sowohl emotional als auch physisch. Dieses Phänomen war auch in der vergangenen Woche im holistischen Zentrum aufgetreten, während der dunkelhaarige Mann gesprochen hatte.

20

Sie lud mich zu einem Heilkreis ein. Ein Ort, wo Menschen andere Menschen heilen. Obwohl ihre eigentliche Begabung die Intuition war, hatte sie mehrere Jahre bei einem Heiler studiert. Ich begriff nicht genau, was sie unter einem Heilkreis verstand, doch ich sagte zu.

In der nächsten Woche betrat ich einen großen Raum in einem Loft, in dem etwa dreißig Personen im Kreis saßen. Die Sensitive sprach über Heilung und wie wir alle einander helfen könnten, indem wir durch unsere Hände liebevolle Gedanken aussandten. Dann bat sie, daß jemand sich freiwillig melde. Eine ältere Frau mit tiefem emotionalen Schmerz über den Verlust einer geliebten Person setzte sich in die Kreismitte. Mehrere Teilnehmer traten zu ihr und legten die Hände auf verschiedene Stellen ihres Körpers. Ich blieb sitzen und schaute zu.

Weniger als eine Minute nach Beginn der Heilung begann ich, sehr traurig zu werden. Die Traurigkeit wurde stärker, bis ich Schmerz in meiner Brust spürte und mir die Tränen in die Augen traten. Ich konnte nur mit Mühe atmen. Ich hatte das Gefühl, als verlöre ich die Selbstkontrolle. Ich erhob mich, ging rasch hinunter und verließ das Gebäude. Ich ging zur nächsten Telefonzelle und brach schluchzend zusammen. Ich rief einen Freund an und berichtete, was passiert war. Er schlug vor, ich solle am nächsten Tag mit der Hellseherin sprechen und ihr davon erzählen.

Als ich sie am nächsten Tag anrief, sagte sie, sie habe bemerkt, was mit mir geschehen sei. Es sei ein gutes Beispiel dafür, wie ich die Gefühle anderer Leute auffinge. Ich hatte Verlust und Trauer der Frau in der Kreismitte aufgesogen. Sie erklärte, ich müsse lernen, meine Durchlässigkeit zu kontrollieren und meine Gefühle von denen anderer Menschen zu trennen, etwas, das mir in meiner Kindheit nie beigebracht worden war.

Mein persönliches Erwachen hatte begonnen. Gott hatte mich auf die Wange geschlagen und mich aufgefordert, zu einem neuen Leben zu erwachen. Ich hatte keine Ahnung, daß ich die Büchse der Pandora öffnen würde. Ich hatte keine Ahnung, daß ich eine Heilerin werden würde. Es gab keinen Hinweis darauf, daß die nächsten zwanzig Jahre meines Lebens meine Kraft und meine geistige Gesundheit, meine Liebe und meine Hoffnung bis an die Grenzen des für den menschlichen Geist Erträglichen prüfen würden. Wenn ich gewußt hätte, was es brauchen würde, um die Wiederauferstehung zu erleben, hätte ich wahrscheinlich lieber weitergeschlafen.

Die nächsten sechs Monate waren eine herkulische Herausforderung. Überall, wohin ich ging, sog ich die Gefühle der Leute auf. In der U-Bahn, auf Partys, auf der Straße. Es war, als seien die Grenzen zwischen mir und dem Rest der Welt verschwunden, als verschmölze ich mit allem und jedem. Die Geräusche auf der Straße und in der U-Bahn waren zuviel für mich. Wenn ich zu nahe war, konnte ich spüren, was in den Leuten vorging. Sogar wenn ich bei einer Party am anderen Ende des Raumes stand, brauchte ich die Menschen nur anzusehen und wußte, was sie fühlten und dachten. Als ich einmal in einem Restaurant in einer Schlange auf einen freien Tisch wartete, hörte ich hinter mir die Eingangstür aufgehen und sich wieder schließen. Ich spürte einen plötzlichen Schmerz im Kopf. Ich wandte mich um. Eine Frau stand hinter mir. Ich fragte sie, ob sie Kopfweh habe. Überrascht bestätigte sie es. Wieso ich es wußte? Ich hatte es gerade von ihr bekommen.

Jeder Psychiater hätte meinen Zustand im *Diagnostic and Statistical Manual* nachgeschlagen, dem Standardwerk für die verschiedenen Arten emotionaler und mentaler Gestörtheit. Aber ich paßte in keine der Kategorien. Ich verfügte über alle meine Fähigkeiten: Ich arbeitete den ganzen Tag, hatte normale Beziehungen zu anderen Menschen, schlief gut, aß richtig und funktionierte in jeder Weise völlig normal. Ich steckte mitten in einem spirituellen und emotionalen *Durch*bruch, nicht in einem Zusammenbruch. Doch vor zwanzig Jahren gab es noch keine Kategorie für diesen Zustand. Heute wissen wir es besser. Heute kann ich meinen Studenten und Patienten bei ihrer intuitiven Sensitivität helfen, ohne sie mit Tabletten zu betäuben, damit sie »normaler« wirken. Nach Plato leben wir bereits in der Betäubung; wir versuchen aufzuwachen.

Eines Tages ging ich nur die Straße entlang zu meiner Bank und konnte die vergangenen Leben aller Leute sehen, die an mir vorbeikamen. Da hatte ich genug. Es war zuviel für mich, und ich beschloß einfach, daß es aufzuhören hatte. Ich würde nicht mehr weiter mit jedem verschmelzen. Ich begann das zu praktizieren, was ich »geistige Selbstverteidigung« nannte. Ich wußte eigentlich nicht, wie man so etwas machte, und deshalb begann ich einfach, mir vorzusagen: »Das ist ihr Schmerz, nicht meiner.« »Das ist ihr Kopfweh, nicht meins.« Den ganzen

Tag über ging das so. Es half; ich fing an, trennen zu können zwischen meinen Gefühlen und den Gefühlen anderer. Häufig stellte ich mir eine Wand aus weißem Licht zwischen mir und der anderen Person vor. Manchmal mußte ich einfach weggehen oder mich in der U-Bahn woanders hinsetzen. Doch ich machte weiter, und in etwa vier Monaten fühlte ich mich besser geschützt. Ich fing an, meinen Freunden davon zu erzählen. Ich erzählte ihnen, daß ich mich in »geistiger Selbstverteidigung« übte. Keiner begriff, wovon ich redete. Kein Mensch hatte je von so etwas gehört, doch fast jeder, mit dem ich sprach, gestand, daß er sich zumindest manchmal wie ein Schwamm fühlt, der die Schmerzen anderer Menschen aufsaugt.

Während der letzten zwanzig Jahre, in denen ich um die Welt gereist bin, wollten die Menschen überall die »geistige Selbstverteidigung« kennenlernen. Es wurde mein populärster Workshop. Ich erinnere mich, daß ich einmal in Washington, D.C., bei einer Tagung von Wissenschaftlern und Heilern war und zum ersten und einzigen Mal die große Heilerin Olga Worrall hörte. Sie war in einer Diskussionsrunde zusammen mit der Forscherin Thelma Moss. Sie beschrieben einen Mann, der schwer verletzt war und im Krankenhaus lag. Später erfuhr ich, daß es sich um Mitchell May handelte, der jetzt als selbständiger Heiler arbeitet. Sie schilderten, wie er jedesmal, wenn eine Schwester oder ein Arzt sich auch nur seinem Bett näherte, Schmerzen in seinem kompliziert gebrochenen Bein spürte. Das Bein heilte nicht, und kein Mensch wußte, warum. Eines Tages besuchte ihn ein

Heiler. Der Mann blieb ein paar Sekunden stehen, ehe er ins Zimmer trat, und ging dann vorsichtig an der Wand entlang, bis zur Seite gegenüber von Mitchell und seinem gebrochenen Bein. Erst dann wandte er sich dem Bett zu. Zum erstenmal seit Wochen hatte Mitchell keine Schmerzen. Der Heiler kam täglich, und Mitchells Bein begann rasch zu heilen.

Im Publikum stand jemand auf und fragte Dr. Moss, wie Heiler sich davor schützen könnten, die Schmerzen der Menschen, mit denen sie arbeiteten, zu absorbieren. Sie antwortete, sie wisse es nicht. Sie fragte Olga Worrall. Die meinte, man solle einfach beten. Sie fragte, ob im Publikum jemand sei, der zusätzliche Techniken kenne. Niemand hob die Hand. Mein Mann stieß mich an, aber ich konnte mich nicht melden. Ich war zu schüchtern. Ich war überzeugt, daß ich mit Fragen überschwemmt und von Leuten bedrängt werden würde, und ich fühlte mich noch nicht stark genug, um damit fertig zu werden. Manchmal frage ich mich, wie mein Leben sich verändert hätte, wenn ich in jenem Augenblick die Hand gehoben hätte. Doch ich behielt mein Geheimnis für mich und bemühte mich, einfach innerhalb meiner Grenzen weiterzuarbeiten.

Während ich stärker wurde, bemerkte ich, daß meine Hände sich erwärmten, manchmal sogar heiß wurden, wenn ich mit jemandem zusammen war, der krank war oder Schmerzen litt. Statt seine physischen oder emotionalen Leiden zu absorbieren, erkannte ich sie, definierte sie als »nicht zu mir gehörig« und stellte fest, daß meine Hände heiß wurden. Ich wußte nicht, was dies bedeutete.

Ein Freund vermutete, daß ich Heilerfähigkeiten entwickelte. »Nein« erklärte ich. »Ich nicht! Ich bin Protestantin.« Doch es passierte immer wieder. Ohne bewußte Einwirkung von mir wurden die Hände immer öfter warm. Eines Tages hatte ein Freund Ohrenschmerzen. Spontan streckte ich in einer Geste der Fürsorglichkeit den Arm aus und legte die Hand auf sein Ohr. Das Ohrenweh verschwand. Ich war erstaunter als er. »Siehst du«, rief er, »du hast Heilfähigkeiten!« Ich dachte, er mache sich einen Spaß mit mir, aber seine Ohrenschmerzen waren tatsächlich verschwunden, vollkommen und für immer. Ein paar Tage später brachte er mir ein wunderschönes, in Leder gebundenes Tagebuch mit Goldschnitt – mein erstes Logbuch als Heilerin. Ehe er es mich benützen ließ, nahm er es mir wieder weg und beharrte darauf, einen Titel hineinzuschreiben. Er schrieb: »Bekenntnisse einer zögernden Heilerin«.

Die Gelegenheiten zu heilen wurden immer häufiger. Im kleinen Kreis meiner Freunde wurde bekannt, daß sie bei Kopfschmerzen oder Rückenweh mich bitten konnten, die Hand auf die entsprechende Stelle zu legen. Die Ergebnisse waren immer positiv. Was es auch war, es verschwand sofort. Mir fiel die Vision ein, die ich an jenem Tag im holistischen Zentrum gehabt hatte, als ich sah, wie ich meine Hand ausstreckte, um die Stirn meiner Mutter zu berühren. War das eine Vorahnung meiner Begabung als Heilerin gewesen? Anfangs zögerte ich sehr, dies in Betracht zu ziehen. Was würde dies für mein Leben bedeuten? Ich hatte einen normalen Job und arbeitete von neun bis fünf Uhr in einem Büro. Ich hatte nicht die Absicht, Heilerin zu werden. Nachdem ich mein Vordiplom in vergleichenden Religionswissenschaften erworben hatte, fragte man mich immer wieder, was ich nun machen würde. Würde ich Pfarrerin werden? Das war das einzige, das sich alle vorstellen konnten. Nein, erklärte ich nachdrücklich, ich werde leben. Woher dieser Satz kam, weiß ich nicht. Die Arroganz der Jugend verbunden mit der Weisheit einer alten Seele, deren Stimme aus einer Kammer meines Herzens emporscholl? So lebte ich mit warmen Händen, die ich zögernd auf verletztes Fleisch und schmerzende Herzen legte, und wurde das, was man eine Geistheilerin nennt. Und zum erstenmal im Leben hatte ich das Gefühl, nach Hause gekommen zu sein.

Es dauerte nur eineinhalb Jahre, bis ich eine Ganztagspraxis als Geistheilerin hatte und meinen Job bei einem der angesehensten Museen Manhattans aufgeben konnte. »Was willst du machen? Du willst eine professionelle Heilerin werden?« So etwas machte niemand. Jedenfalls nicht in New York City. Vielleicht in Kalifornien – aber New York? Wir konnten die Geistheiler, die wir in New York kannten, an einer Hand abzählen. Es war die Zeit Mitte der siebziger Jahre, und »New Age« und »alternative Medizin« steckten noch in den Anfängen. Der Ausdruck »holistische Heilung« tauchte erst in den achtziger Jahren in unserem Sprachgebrauch auf. Es machte mir ein wenig Angst, ein sicheres Einkommen aufzugeben, aus einer Wohnung auszuziehen, die ich mit jemand anderem geteilt hatte, und in einer eigenen zu leben, die doppelt soviel Miete kostete. Doch ich wußte, daß es der richtige Schritt war. Ich hatte das Gefühl, daß ich in meinem Leben den Ort erreicht hatte, der für mich bestimmt war, und alles fiel an den richtigen Platz.

Als ich zunächst nicht die passende Wohnung finden konnte, setzte ich mich hin und stellte mir genau vor, was ich haben wollte. Große Flügelfenster, altmodische Badezimmerkacheln, viele Schränke und einen Swimming-pool im Haus. Meine Mutter fand, daß ich mit dem Swimming-pool etwas zu weit ging, aber nach ein paar Tagen, in denen ich diese Imaginationsübung machte, fand ich genau, was ich suchte. Ich erinnere mich noch, wie der Makler mich mit dem Schlüssel nach oben begleitete. Er schloß die Eingangstür zur Wohnung auf. Ich war noch keine drei Schritte drinnen, als ich laut rief: »Ich nehme sie.« Ich erinnere mich auch noch an sein Stammeln: »Aber Sie haben sie noch gar nicht gesehen.« O doch, das hatte ich. Und sie sah genauso aus, wie ich sie mir vorgestellt hatte. Dieser Prozeß des Visualisierens, die Erschaffung der Energie der Wirklichkeit in Geist und Seele als ein Weg, sich mit der äußeren Wirklichkeit gleichzuschalten, sollte später ein Eckpfeiler meiner Praxis als Heilerin werden, zusammen mit Handauflegen, Gebet, Meditation und geistiger Beratung.

Freunde schickten Freunde zu mir. Es sprach sich herum, und Fremde begannen zu kommen. Anfangs schien jeder, den ich berührte, gesund zu werden. Kopfschmerzen verschwanden wie durch Zauberhand. Ich konnte fühlen, wie sie hochstiegen und durch die Schädeldecke hinauszogen, während ich mit den Händen nach oben glitt. Nacken- und Rückenprobleme wurden geringer, emotionale Herzschmerzen besserten sich. Meine intuitiven Fähigkeiten und meine seelisch-geistigen Schwammeigenschaften schienen gut zum Heilen zu passen. Häufig konnte ich ein Problem diagnostizieren, weil ich es in mir selbst fühlte. Ich war ziemlich gut darin geworden, anderer Leute Schmerzen loszulassen, so daß ich es mir erlauben konnte, sie für ein paar Sekunden zu spüren, um sie dann freizugeben, ohne Schaden für mich selbst. Hin und wieder steckte ich fest und mußte herauszufinden versuchen, was für eine unerlöste eigene Wunde der fremde Schmerz in mir berührt hatte, ehe ich ihn freigeben konnte. Sobald ich wußte, um was es sich handelte, konnte ich loslassen, was ich von einer anderen Person empfangen hatte. Nach jeder Heilung wusch ich die Hände. Ich betete vor und während der Heilung und sprach danach Dankesworte zu Gott.

Ich fühlte mich wie ein Kind mit einem neuen Spielzeug. Das Heilen machte mir große Freude. Es war aufregend, jemandem helfen zu können, der Schmerzen litt. Ich stammte aus einer Familie mit einer enormen Menge von physischer Krankheit. Wenn ich jetzt auf meine Entwicklung als Heilerin zurückblicke, bin ich überzeugt, daß ich meine Eltern und meine Familie wählte, damit ich in dieses Leiden eintauchen und das Verlangen entwickeln konnte, zu helfen und zu heilen, zu lieben und für andere zu sorgen. Ich glaube fest daran, daß frühere Leben unsere Seele formen und wir als Seele jedes Leben aussuchen, um zu lernen und die Wunden aus früheren Leben zu heilen. Tatsache ist, daß der Glaube an die Reinkarnation vom Christentum akzeptiert wurde bis

543 nach Christus, als Justinian beschloß, diese Vorstellung zu verbieten. Es bestehen im Neuen Testament noch immer einige Hinweise auf die Reinkarnation, die die Kirche übersehen und nicht wie die anderen gestrichen hat. An einer Stelle wird gefragt, ob Jesus die Reinkarnation von Elias sei. Im Judaismus wird am Passah-Fest ein Platz für Elias mitgedeckt, falls er zurückkehrt. Alle östlichen Religionen sprechen von vergangenen Leben, und die Zyklen von Tod und Wiedergeburt werden als »die ewige Wiederkehr« betrachtet.

Es spielt eigentlich keine Rolle, ob man an vergangene Leben glaubt oder nicht. Schließlich zählt nur das jetzige Leben, denn alle früheren haben zu dem von heute geführt. Aber Visionen vergangener Leben tauchen spontan in mir auf und haben mir unglaubliche Erkenntnisse über mich selbst und andere verschafft, und so sind sie für mich erfahrbare Wirklichkeit.

Mein erstes früheres Leben sah ich während meines Erwachens als Heilerin, und es geschah völlig unbeabsichtigt. Die Vision eines vergangenen Lebens fühlt sich völlig anders an als ein Traum. Sie kann entstehen, wenn wir wach oder halb wach sind, und ist völlig deutlich. Manchmal tauchen vergangene Leben auch im Traumzustand auf. Ich erinnere mich, von einer Frau gehört zu haben, die jede Nacht davon träumte, daß sie ein anderes Leben mit einer anderen Familie lebte. Wenn man bedenkt, was man heute durch die Physik über Zeit, Raum und die Möglichkeit paralleler Wirklichkeiten zu verstehen beginnt, scheinen derartige gleichzeitige Leben nicht unmöglich zu sein.

30

An einem Nachmittag legte ich mich zu einem Schläfchen aufs Bett. Während ich in einen, wie ich heute weiß, hypnagogischen Zustand hinüberglitt, das heißt in einen veränderten Bewußtseinszustand zwischen wacher Wirklichkeit und Schlaf, hatte ich eine klare Vision. Eine grobknochige amerikanische Eingeborenenfrau mittleren Alters, mit dunklem, glatt zurückgestrichenem Haar, schien über mir zu schweben. Irgendwie erkannte ich, daß ich es war, ein anderes Ich, aus einem vergangenen Leben. Ich beobachtete die Szene, während sie sich hinter meinen geschlossenen Augenlidern entfaltete. Es schien alles rechts über mir zu geschehen, als betrachtete ich einen Film, den jemand in die Luft projizierte. Ich sah meinen Vater als jungen Eingeborenenkrieger, um die zwanzig Jahre alt. Er machte einen Einweihungsritus durch, bei dem eine Giftschlange eine Rolle spielte. Er befand sich in der Mitte eines Kreises zusammen mit der Schlange, und ich war seine Mutter, diese dunkelhaarige Frau, die die Zeremonie von außerhalb des Kreises beobachtete. Die Schlange schoß auf meinen Vater los und biß ihn. Von dem Gift wurde er krank. Ich saß bei ihm, pflegte ihn und flößte ihm mit dem Löffel etwas aus einer Schüssel ein. Mais? Er starb. Er hatte die Einweihung nicht geschafft. Wenn er genesen wäre, hätte er sie bestanden. Die Vision endete so abrupt, wie sie begonnen hatte, und es blieb mir überlassen, über ihre Bedeutung nachzugrübeln. Ich fragte mich, ob ich als Mutter versagt hatte. Ich überlegte, ob ich Heilerin werden wollte, weil ich unbewußt versuchte, meinen Vater und meine wunde Seele aus jenem

Leben zu heilen. In diesem Leben war mein Vater vom Gift des Alkohols gebissen worden, und seine Seele hatte nie ihre volle Lebenskraft wiedererlangt. Ich bedachte auch, daß die Vision einfach nur Einbildung sein konnte, aber warum sollte meine Psyche etwas so Deutliches und Schmerzhaftes erschaffen? Ich hatte amerikanische Eingeborenenkultur nicht studiert, und wenn ich eine Vision hätte erfinden müssen, wäre sie sicherlich viel angenehmer gewesen. Viele Jahre später sollte ich entdecken, daß bei den Ureinwohnern Amerikas tatsächlich eine derartige Zeremonie existiert.

Diese Vision verdeutlichte mir, warum ich mich wegen der Krankheit meines Vaters so schuldig fühlte. Es ist allgemein bekannt, daß kleine Kinder eine Phase durchleben, während der sie glauben, sie seien die Ursache von allem. Sie haben nicht das Gefühl, von den Menschen und ihrer Umgebung getrennt zu sein. Vom psychologischen Standpunkt aus hatte ich wahrscheinlich als Kind geglaubt, die Krankheit meines Vaters verursacht zu haben, ohne ihn retten zu können. Aus der Perspektive eines vergangenen Lebens mußte ich noch einmal die Trauer, die Schande und die Schuld einer Mutter durchmachen, deren Sohn bei der spirituellen Einweihung versagt hatte, und noch einmal den furchtbaren Tod und den schrecklichen Verlust des geliebten Sohnes spüren. Diese Vision brachte mir neue Erkenntnis über den Weg des Heilens, der sich vor mir aufzutun schien, und auch Erkenntnisse darüber, warum ich ein so tiefes Bedürfnis hatte, die Geheimnisse um Einweihung, Krankheit, Versagen, Tod, Trauer und Liebe zu ergründen. Wenn ich heute auf diese Vision zurückblicke, begreife ich, daß sie mich auch lehrte, Tod und Versagen bei Einweihungsriten als Lernprozeß für die Beteiligten zu akzeptieren und mich nicht so unglaublich schuldig zu fühlen, wenn ein Patient stirbt. Den Tod kann ich nicht kontrollieren. Er ist ein großes Geheimnis und nur etwas zwischen Gott und der Seele der anderen Person. Ich bin nicht jedermanns Retter.

Viele Jahre später wurde mir diese Einsicht besonders schmerzhaft bewußt, als ich beschloß, bei Pamela Oline eine Rückführung zu machen. Sie ist eine New Yorker Psychotherapeutin mit langer Erfahrung in Reinkarnationstherapie. Wieder lebte ich bei den Ureinwohnern Amerikas; diesmal als Medizinmann. Mein Stamm befand sich mit einem anderen im Kriegszustand, und ich wurde gebeten, einzuschreiten und zeremonielle Magie zu machen, die meinem Stamm Macht über den Feind verlieh. Ich trat in einen veränderten Bewußtseinszustand ein und sah, daß es das Schicksal meines Stammes war, getötet zu werden. Ich spürte entsetzliche Trauer, weil ich erkannte, daß alle meine Leute sterben mußten. Ich wußte, daß der Häuptling und der Stamm dieses Schicksal nicht akzeptieren konnten und man mich für die Überbringung dieser Botschaft hassen und töten würde. Ich geriet in einen entsetzlichen inneren Zwiespalt, spürte Trauer und Schuld. Ich liebte mein Volk und wollte es retten. Statt meinem inneren Gesicht zu folgen, führte ich die verlangte magische Zeremonie durch. Die Krieger meines Stammes hatten ein Mitglied des anderen Stammes getötet und brachten es zu mir.

Ich aß seine Eingeweide. Ich erinnere mich noch an den Horror und den Ekel, den ich bei diesem Teil der Rückführung spürte. Gift essen, Tod essen als eine Möglichkeit, Leben zu retten. Ich hatte der Vision, die der Große Geist mir geschenkt hatte, nicht gehorcht. Ich mißbrauchte meine Medizin und meine Kräfte, um mein Volk und mich selbst zu retten. Als Pamela mich fragte, was ich tun müßte, um mich von dem Horror und dem Leid dieses Lebens zu befreien, hörte ich das Wort »Vergebung«. Ich mußte mir selbst vergeben. Ich spürte, wie eine kraftvolle Welle der Vergebung, von Tränen und Heilung mich durchfloß. Ich weinte aus den Tiefen meiner Seele und fühlte, wie die Tränen den Schmerz jenes Lebens wegwuschen. Nach dieser Rückführung wurde mir bewußt, daß ich in diesem Leben ständig den Schmerz anderer Menschen gegessen hatte, Tod und negative Energien. Damit war nun Schluß. Ich konnte nicht mehr länger Verrat begehen an dem, was ich wußte, sah, hörte und fühlte. Ich konnte kein Gift mehr aufnehmen in dem Bemühen, Leben zu retten – meines oder das anderer Menschen. Ich würde die Wahrheit sagen müssen, selbst wenn ich jene verriet, die ich liebte. Ich konnte nicht alle retten, indem ich Gott verriet.

Ich brauchte Jahre, um diese tiefen Erkenntnisse zu verstehen und zu akzeptieren. In den Anfängen, glaube ich, beschloß Gott, mir eine Zeit des Wachstums zu gewähren, wie bei einer Schwangerschaft – etwa neun Monate heilte ich alle, die ich berührte. Ich blicke auf diese magische Zeit zurück als auf einen Lebensabschnitt, in dem ich Vertrauen aufbaute. Dann erhielt ich allmählich nach und nach immer kompliziertere Fälle, mehr Menschen mit chronischen Schmerzen, mit tiefer gehenden emotionalen Problemen. Ich erinnere mich nicht, wer der erste war, der sich nach der Behandlung nicht besser fühlte, aber ich stellte immer häufiger fest, daß Spontanheilungen nicht jedes Mal geschahen. Zuerst verwirrte es mich. Ich hatte mich so sehr daran gewöhnt, spontan heilen zu können, daß es mir nicht in den Sinn gekommen war, es könnte nur eine Zeit der Flitterwochen sein, bis ich es mit härteren Fällen zu tun bekam. Als es den Menschen nicht besserging, fragte ich mich, wieviel es mit mir zu tun hatte und wieviel mit ihnen. Ich hatte die Biographien aller großen Heiler gelesen: Olga Worrall, Harry Edwards, Agnes Sanford und Gordon Turner. Dean Kraft fing gerade seine Arbeit in New York an, und mein guter Freund Bryce Bond war seit Jahren Heiler. Die Bücher waren voll von Erfolgsmeldungen und sehr wenig Fehlschlägen. Es war die Zeit der »Kraftheilungen«, wie ich es nennen würde. Die Heiler besaßen die Kraft und ließen sie der bedürftigen Person zuteil werden. Manchmal sprachen wir mit unseren Klienten über ihren emotionalen, mentalen und spirituellen Schmerz, aber es wurde von vornherein von der Annahme ausgegangen, daß der Heiler das Problem kurieren konnte, wenn er oder sie kraftvoll genug war – das heißt, wenn Gott sie ausgesucht hatte, um durch sie zu wirken.

Deshalb ging ich anfangs von den gleichen Voraussetzungen aus, an die auch meine Rollenvorbilder geglaubt hatten. Doch in den nächsten paar Jahren sollte ich feststellen, daß die Struktur und die Bedeutung des Heilens selbst dabei waren, sich zu verschieben, von der Kraftheilung zur Selbstheilung – von der Kraft des Heilers auf die Heilkraft in der bedürftigen Person selbst. Während die Leute in meinem Wohnzimmer zu Privatsitzungen erschienen, stellte ich bei einem nach dem anderen tiefe emotionale und spirituelle Verletzungen fest, die eine direkte Auswirkung auf ihren physischen Zustand hatten. Je mehr Fragen ich stellte und je mehr intuitive Erkenntnisse ich vorsichtig anbot, desto mehr wurde ich überzeugt, daß zwischen Verstand, Herz und Körper eine wesentliche Verbindung besteht. Und zwischen der Beziehung zu Gott und dem Erkennen des Lebenssinns; zwischen intimen Beziehungen und Gesundheit. Jede Person, die sich mir zur Heilung darbot, legte, eine wie die andere, einen Stein der Weisheit in meinem spirituellen Wachstum als Heilerin nieder, wie Grundsteine zu einer Kathedrale. Ich bin den Menschen immer dankbar gewesen, die es mir ermöglichten, mit ihren Opfergaben einen heiligen Ort zu errichten. Sie haben es mir erlaubt, in diesem Leben eine Heilerin zu sein, damit ich lernen konnte, meine eigene Heilung zuzulassen. Es gibt kein größeres Geschenk.

Gegen Ende meiner Museumsarbeit, als ich beschloß, zu kündigen und in New York Heilerin zu werden, ging ich einmal in die Cafeteria des Museums zum Lunch. Mir fiel ein großer Mann am anderen Ende des Raums auf, der sein Haar in einem Dutt trug. Ich erkannte ihn sofort, obwohl ich ihm nie begegnet war. Damals wußte ich noch nicht viel über vergangene Leben, aber ich *kannte* ihn. Ich tat etwas, das ich nie zuvor getan hatte und auch danach nie wieder tat. Ich ging direkt zu seinem Tisch hinüber, an dem er allein saß, und fragte, ob ich mich zu ihm setzen könnte. Er sah erstaunt zu mir auf, doch mit einem wissenden Lächeln im Gesicht, als erkenne auch er mich wieder. Dies war der Beginn einer langen und fruchtbaren Freundschaft, die mir den Weg zur Lehrerin des Heilens wies, mich nach Indien und Nepal führte und mich veranlaßte, den tibetischen Buddhismus und seine Göttinnen des Heilens zu erforschen.

Mein neuer Freund war tibetischer Buddhist und Yogi, einer der ersten Amerikaner, der zum buddhistischen Mönch geweiht wurde. John hatte sein ganzes Leben dem tibetischen Buddhismus verschrieben und lange Stunden damit verbracht, heilige Texte ins Englische zu übersetzen. Er lebte sechs Monate im Jahr in den Vereinigten Staaten und sechs Monate in Kathmandu, der Hauptstadt von Nepal, wo sich ein großer Teil der im Exil lebenden tibetischen Gemeinde befand. John erzählte mir, daß er sich daran erinnerte, im Alter von drei Jahren die Vision einer tibetischen Göttin gehabt zu haben. Er erkannte das erst, als er viele Jahre später ihr Bild in einem Buch sah. In jenem Augenblick des Erkennens bekam die Vision für ihn einen Sinn. Er spürte, daß er zur Gemeinschaft der tibetischen Buddhisten gehörte, und fühlte sich unbehaglich und fehl am Platz, weil er in eine weiße Mittelstandsfamilie hineingeboren worden war, Protestanten in New Jersey.

Er war der erste, der über frühere Leben zu mir sprach. Er *wußte,* daß er schon früher gelebt hatte. Die meisten Dreijährigen haben keine spontanen Visionen von tibe-

tischen Göttinnen. Als er schließlich seinen Weg nach
Indien und Nepal fand, sagte er, hatte er das Gefühl,
nach Hause gekommen zu sein. Ich wußte, was er meinte.
Im folgenden Winter verbrachten wir einen Monat zusammen in Indien und Nepal. Die Busfahrt vom Flugha-
fen führte durch armselige Hütten mit schmutzigen und
kranken Kindern in zerrissenen Kleidern. Überall waren
Fliegen und streunende Katzen und Hunde. Eine derartige Armut hatte ich noch nie gesehen. Meine Herkunft aus der Mittelklasse hatte mich auf so etwas nicht
vorbereitet. Was ich sah, machte mich traurig. Bei meiner ausgeprägten Fähigkeit zum Mitfühlen, ja zum Verschmelzen mit den Menschen fragte ich mich, wie ich die
nächsten Monate inmitten von soviel Leid überstehen
würde. Aber ich vertraute meinem Freund und wußte, er
würde mich sicher durch das ihm bekannte Land gelei-
ten. Wir übernachteten in kleinen, billigen Pensionen,
wo immer wir hinkamen, und reisten gewöhnlich mit Bus
oder Bahn, solange wir uns noch in Indien befanden.
Nepal konnten wir nur mit dem Flugzeug erreichen.
Wir kamen durch Delhi und Bombay und fuhren die
Südwestküste von Goa entlang, wo John Freunde hatte,
die er gut kannte. Wir trafen an einem Nachmittag ein,
nach einer langen, heißen Reise im Bus. Kilometerweit
war nichts als Strand, mit kleinen Häusern im Sand. Wir
betraten ein weißes Haus mit niedriger Decke und Erdboden. Nachdem wir uns bekannt gemacht hatten, fragte
ich nach dem Badezimmer. John und sein Freund blickten sich an und lächelten. Hinten draußen. Ich ging zur
Rückseite des Hauses, wo ich zwei nebeneinanderstehen-

de Klos sah. Ich hatte seit den Schulausflügen so etwas nicht mehr benützt, und es war eine ferne Erinnerung. Ich raffte meinen Mut zusammen und ging hinein. Ein paar Sekunden später hörte ich donnernde Hufe und einen Schrei, der das Blut gerinnen ließ. Meinen. Ein riesiges braunes wildes Schwein starrte durch den Sitz zu mir hoch. Zurück im Haus erfuhr ich dann, daß man die Dinge auf diese Weise am Strand bereinigte. Und jeder wurde auf diese Art mit Goa bekannt gemacht.

Nachts schlief ich auf einer dünnen Matte, die man auf den nackten Boden gelegt hatte. Ich erwachte und entdeckte, daß mir ein Skorpion ins Gesicht starrte. Ich richtete mich kerzengerade auf, und der Skorpion ging seiner Wege. In Indien war Mutter Natur im Überfluß vorhanden. Mit dem Kopf in den Wolken gab es kein Überleben. Geerdet, mit der physischen Wirklichkeit in Verbindung zu sein, war eine unabdingbare Voraussetzung. Und ich stellte fest, daß es mir schwerfiel. Ich konnte das scharf gewürzte Essen nicht essen, das es in Indien überall gibt. Ich lebte von Eiern, in Form von Omeletts, und etwas frischem Gemüse. Und von frischem Fisch, solange wir in Goa waren. Morgens erwachten wir bei Sonnenaufgang, gingen auf den hellbraunen Sand hinaus und beobachteten, wie der erste Fang des Tages gegen sechs Uhr hereinkam. Die Boote waren in vielen Farben gestrichen und hatten große Fischnetze. Die Inder legten die Netze in der hellen Sonne auf den Sand, und wir beobachteten, wie die Fische aufsprangen. Wir wußten, daß wir einige von ihnen zum Lunch oder am Abend zum Dinner essen würden.

Ich hatte von Rajneeshs Ashram in Poona gehört, und John war einverstanden, hinzufahren. Dieser Guru und seine Bücher begannen gerade populär zu werden. Ein kleines Nachrichtenblatt hatte mich gebeten, einen Artikel über meine Reise nach Indien zu schreiben, und ich hatte eine Kamera dabei. Als wir ankamen, stellten wir fest, daß jeder durch ein Empfangsbüro geschleust wurde, ehe er auf das Gelände durfte. Ich erklärte, daß ich einen Artikel über den Ashram schreiben wolle, und fragte, ob ich fotografieren dürfe. Man erwiderte, daß dies gewöhnlich nicht erlaubt werde, doch ich solle einfach durch die Anlage spazieren und darauf achten, wie ich mich fühle. Mit anderen Worten, mir mein eigenes Urteil bilden.

Die meisten Menschen, die ich sah, waren Weiße aus dem Westen, zwanzig oder dreißig Jahre alt. Sie hatten es alle eilig und trugen Orange, die Farbe des Sexualenergiezentrums. Eine Frau schrie ärgerlich, eine andere rannte. Die Energie schien chaotisch zu sein. Ich versuchte, ein Gefühl der Ruhe aufzuspüren, es gelang mir nicht. Die meisten Ashrams sind Orte, an denen man Friede finden will durch Meditation. Wir gingen etwa eine Stunde herum, und ich schoß keine Fotos. Im Hinausgehen wandte ich mich um und richtete den Fotoapparat auf das Tor, um ein Bild vom Eingang zu machen. Wie aus dem Nichts tauchte eine Frau auf und schrie aus voller Lunge: »Keine Fotos! Keine Fotos!« Sie versuchte, meine Kamera zu packen, aber ich riß mich von ihr los. Ich erklärte, daß ich die Erlaubnis habe, Aufnahmen zu machen, falls ich das wolle. Sie erwiderte, das sei nicht wahr. Sie drängte mich in das Empfangsbüro, wo ich auf die Frau stieß, die mir erklärt hatte, ich solle mir selbst ein Urteil bilden. Diese Frau beharrte darauf, man habe mir gesagt, daß Fotografieren nicht möglich sei. Ich wiederholte genau das, was sie zu mir gesagt hatte. Sie versuchte, sich aus der Schlinge zu ziehen, und behauptete, sie habe damit gemeint, daß Fotografieren nicht gestattet sei. Aber so habe sie das nicht gesagt, beharrte ich. Ich weigerte mich, den Film oder die Kamera herauszugeben, und ging.

Ich war wütend, beleidigt und verwirrt. Ich war zu einem Ashram gekommen, um Ruhe, Klarheit und Mitgefühl zu finden. Vermutlich hatte ich nach einer heilsamen Oase inmitten von Indiens Leid gesucht. Und gefunden hatte ich mehr Leid, heilloses Durcheinander und Ärger. Alle trugen Orange; alle liefen mit weitgeöffnetem Sexualzentrum herum. Kein Wunder, daß Chaos herrschte. Später sollte ich von Leuten, die dort gelebt hatten, erfahren, daß es auch Gewalt und manchmal sogar Notzucht gegeben hatte, alles im Namen von »einfach alles rauslassen«. Wenn der Deckel von unterdrückten Emotionen weggenommen wird, werden alle ungeheilten Wunden und Urenergien ausgelebt. Im Westen geschieht dies meistens innerhalb einer schützenden psychotherapeutischen Beziehung, in sicherem Rahmen, über Jahre. Bei den meisten spirituellen Übungen der Hindus und Buddhisten wird man mit diesen Energien innerhalb einer geborgenen Guru-Schüler-Beziehung und über gewisse Meditationen konfrontiert, was sich alles über mehrere Jahre hinzieht. In Poona schien es keinen Schutz zu geben, ausgenommen den Ashram selbst, der die Außen-welt vor dem meisten inneren Chaos abschirmte.

Enttäuscht und mit dem Schwur, niemals Orange zu tragen, verließen wir Poona.

Wir stiegen in einen Zug, um eine lange Reise anzutre-ten, deren Bestimmungsziel mir entfallen ist. Aber ich erinnere mich noch lebhaft an jede Einzelheit eines Zwischenfalls, der sich an einer Haltestelle ereignete. John war losgegangen, um den Schaffner zu finden, und ich war allein im Abteil. Ich sah aus dem Fenster, als ein halbes Dutzend indischer Jungen zum halb offenen Fen-ster hochsprangen und aufgeregt unverständliche Worte rufend versuchten, durch den offenen Spalt in das Abteil einzudringen. Ich erschrak zu Tode. Der Zug pfiff und setzte sich in Bewegung. Die Jungen fielen zurück, und ich sprang vor, um das Fenster zu schließen. Die schwere Fensterscheibe fiel mit voller Wucht auf meine Finger. Der Schmerz war so intensiv, daß mein ganzes Leben vor meinen Augen vorbeizog. Mit zerquetschten Fingern würde ich nie wieder Klavier spielen können. Ich konnte meine Hände nicht hervorziehen. Ich war gefangen. John hatte darauf bestanden, daß ich hinter ihm die Abteiltür abschloß. Jetzt konnte er nicht herein, um mir zu helfen. Ich muß geschrien haben, denn ich hörte ihn gegen die Tür hämmern. Schließlich brachte er den Schaffner dazu, die Tür zu öffnen, und er befreite meine Finger. Ich blickte auf sie hinunter. Sie waren flach, als seien sie zerquetscht, und begannen blau anzulaufen. Der Schaffner lief nach Eis. Ich setzte mich schwindlig und wurde vor Schmerzen fast ohnmächtig. Blau. »Nimm

Blau!« hörte ich es in mir sagen. Mein Verstand dachte, daß dies keinen Sinn ergab, da meine Finger bereits blau waren, doch dann erinnerte ich mich, daß ein blaues Licht die Farbe war, die beim Heilen durch Imagination zur Schmerzlinderung verwendet wurde. Ich streckte mich aus, und während man Eis auf meine Finger legte, stellte ich mir vor, wie blaues Licht durch meine Hände und Finger floß. Der Schmerz verschwand fast völlig. Der Schaffner schleppte schließlich einen Arzt an. Der Arzt untersuchte meine Hände sanft und sorgfältig. Als er sie in die seinen nahm, konnte ich seine Heilkraft spüren. Ich blickte in die Augen dieses indischen Arztes und lächelte. Ich erkenne einen wahren Heiler, wenn ich ihn spüre. Der Schmerz hörte ganz auf. Als er mich verließ, war ich ohne Schmerzen und lag entspannt da. Mehrere Stunden später, beim nächsten Aufenthalt, brachten sie einen anderen Doktor, der meine Hände untersuchen sollte. Er war brüsk und grob. Nach der Untersuchung kamen die Schmerzen wieder. Der Mann war kein Heiler. Ich litt die ganze Nacht Qualen und sandte blaues Licht durch meine Finger und versuchte, wieder den Zustand der Heilung zu erreichen, den dieser Mann zerstört hatte.

Die Finger erholten sich durch die heilende Aufmerksamkeit, die ich ihnen zuwandte, und wir setzten unsere Reise fort. Eine meiner letzten Erinnerungen an Indien ist ein kleines Mädchen mit seiner Mutter. Das Kind kann nicht älter als drei Jahre gewesen sein. Es hatte nur ein Auge; das andere war verletzt oder krank. Seine Mutter stand etwas entfernt seitlich von uns und machte dem

Mädchen Zeichen, daß es mich anbetteln solle. Das kleine Mädchen hob die Hand, doch dann ließ es sie wieder zur Seite herabsinken. Es blickte mir in die Augen und stand einfach da. Ich blickte ihm auch in die Augen, und ich lächelte unter Tränen. Es lächelte zurück. So standen wir eine lange Zeit da. Vielleicht blieb auch die Zeit stehen. Irgendwo entfernt hörte ich, wie die Mutter es ermunterte zu betteln und wie John versuchte, mich loszueisen. Wir achteten nicht auf sie. Unsere Seelen betrachteten sich, klar und fröhlich, voll Liebe. Ein Augenblick der Ewigkeit. Ich wünschte, daß sein Auge geheilt würde. Ich weiß nicht, was mit dem kleinen Mädchen weiter geschah. Es lebt in meiner Erinnerung als ein lächelndes Gesicht inmitten von Leid. Eine wahre Göttin des Heilens.

Wir flogen von Indien nach Kathmandu in Nepal, wo John die nächsten sechs Monate bleiben wollte. Gerade außerhalb der Stadt gibt es einen herrlichen Bodhi Stupa, einen Schrein. Die Tibeter umwandern ihn mehrmals täglich, und eine Gemeinschaft hat sich dort gebildet. Die schneebedeckten Berge sind im Hintergrund zu sehen und auch das Kloster. John nahm mich mit in sein Studierzimmer in einem alten Haus. Es war ein winziger Raum, in dem er sechs Monate des Jahres lebte. So winzig, daß ich ihn im Geist als einen Asketen sah, der in einem früheren Leben in einer Höhle gewohnt hatte. Während wir den Stupa umwanderten und ich in die schönen dunklen Gesichter der tibetischen Menschen blickte, die Türkise und Korallen um den Hals trugen, und ihre sanfte und freundliche Art genoß, konnte ich verstehen, daß er das Bedürfnis hatte, den Vereinigten Staaten zu entkommen. Ich konnte seine Wahl verstehen, zwischen seinen weisen Büchern in seiner eigenen Seele Zuflucht zu finden.

Ich verließ Kathmandu mit einer kleinen Statue von Tara, der tibetischen Gottheit des Mitgefühls und des Heilens. Laut dem gelehrten Mythenkenner Joseph Campbell hat der Name Tara zwei verschiedene Bedeutungen: Retter und Stern. Erstere bezieht sich auf die »Befreiung von Leid«, die zweite auf »Sichausbreiten wie Licht«. Die Statue steht noch heute auf meinem Meditationsaltar.

Als John Anfang des nächsten Sommers im Jahr 1977 zurückkam, fuhren wir nach Amherst in Massachusetts, zum American Institute for Buddhist Studies. Der Gelehrte und Kenner des tibetischen Buddhismus Robert Thurman, Vater der Schauspielerin Uma Thurman, hielt sein erstes Sommerseminar ab und hatte John eingeladen, eine Vorlesung zu halten. Ich begleitete ihn. An irgendeinem Punkt begann Bob, Fragen über meine Arbeit als Heilerin zu stellen. Er schien sich dafür zu interessieren und fragte, ob es in New York Heiler gebe, die herkommen und ein Seminar über das Heilen abhalten könnten. Begeistert von der Idee versprach ich, mich umzuhören. Ich stand erst am Anfang und hatte noch nie eine Vorlesung gehalten, deshalb wandte ich mich an Bryce Bond und die Sensitive mit dem rötlichbraunen Haar. Sie versprachen, am Wochenende zu kommen, über Geistheilung zu sprechen und Techniken zu zeigen. Wir legten das Datum fest, teilten es dem Institut mit und versandten Informationsmaterial. Ungefähr zwanzig Teilnehmer kamen zusammen. Der Raum war vorbereitet, die Leute eingeschrieben, als meine Freunde am Vorabend anriefen und erklärten, sie könnten nicht kommen. Es verschlug mir die Sprache. Als Grund gaben sie einfach an, daß sich die Sache »nicht richtig anfühlte«. Wenn ich heute, zwanzig Jahre später, darauf zurückblicke, frage ich mich, ob sie genau wußten, was sie taten. Verärgert informierte ich Bob Thurman. Er gab mir zur Antwort, daß dann *ich* die Vorlesung halten müßte. Mir blieb die Luft weg; ich hatte noch nie zuvor unterrichtet. John lächelte und sagte, ich solle mir keine Sorgen machen. Er würde mir helfen. Ich rannte nach meinen Büchern über Heiler und Heilen, verfaßte eine Antrittsrede und beschloß, den Leuten das Öffnen des Herzzentrums und das Handauflegen zu zeigen. An die Möglichkeit, daß es nicht funktionieren könnte, dachte ich keinen Augenblick.

Am nächsten Tag zog ich mich völlig weiß an, um mich zu schützen und weißes Licht zu symbolisieren, die reinste Ebene des Lichtspektrums, die alle Farbstrahlen enthält. Ich nahm meine Notizen und setzte mich zu meinem ersten Workshop vorne hin. Ich las fast mein ganzes vorbereitetes Material vor und sprach über die Geschichte des Heilens in Großbritannien, die großen britischen Heiler Harry Edwards und Gordon Turner und daß dort Heiler in Krankenhäusern akzeptiert wurden.

Ich sprach über die verehrten amerikanischen Heiler Olga und Ambrose Worrall und die große Agnes Sanford. Die ganze Zeit über stand John am hinteren Ende des

Raums und lächelte und nickte mir zu. Dann passierte etwas Komisches. Meine Nervosität verschwand. ich vergaß, daß ich nie zuvor eine Vorlesung gehalten hatte, und stellte fest, daß ich ein seltsames Gefühl der Vertrautheit spürte. Die Leute fragen mich häufig, auch heute noch, ob mich eine Zuhörerschaft nicht nervös macht. Ich verneine immer. Sie finden es seltsam, halten mich vielleicht sogar für arrogant, aber sie verstehen nicht, daß ich mich auch an diesem Platz, als Lehrerin des Heilens, wieder wie nach Hause gekommen fühle.

Als es Zeit fürs Handauflegen war, teilte ich die Zuhörer paarweise auf – die eine Person setzte sich, die andere stand hinter ihr, die Hände auf ihren Schultern. Ich bat die Stehenden, tief zu atmen, die Augen zu schließen und sich völlig zu entspannen. Ich schlug vor, sie sollten sich die Liebe und Energie Gottes als weißes Licht vorstellen, das vom Himmel herabstrahlte, durch ihre Schädeldecke bis in ihre Herzen und Hände. Während sie das taten, konnte ich sehen, daß diese Vorstellung ihnen half, mit der Liebe und dem Mitgefühl in ihrem Herz in Berührung zu kommen. Ich forderte die Sitzenden auf, an etwas zu denken, das geheilt werden sollte, und sich dem Licht und der Energie zu öffnen, die durch die hinter ihnen stehenden Heiler eindrangen. Die Heiler legten erst die Hände auf die Schultern, dann auf das Herzchakra, das Zentrum von Liebe und Erbarmen und Mitgefühl. Ich stand vorne und leitete die Übung und beobachtete.

Und dann passierte es. Teilnehmer begannen zu weinen. Tränen rollten über Wangen, Gesichter füllten sich mit

Licht, seliges Lächeln erschien, und ich beobachtete, wie die Leute einander Liebe ins Herz legten und in der Gegenwart Gottes ruhten. Die Welle emotionaler Heilung war tief. Manche ließen angestaute Gefühle los, die sie seit Jahren begraben hatten. Schlechte körperliche Verfassung und Schmerz wurden unter der Berührung von vertrauensvoller Unerfahrenheit besser, Licht erfüllte den Raum. Ich hatte so etwas noch nie gesehen, doch ich sollte es in den nächsten zwanzig Jahren immer wieder erfahren, wie eine tausendblättrige Lotosblüte, die sich vor meinen Augen entfaltet.

Am Ende des Tages, als alle verschwunden waren, ging ich zu John hinüber. Er lächelte und sagte: »Du bist die geborene Heilerin. Du hast das schon früher viele Male getan. Und du wirst es noch viele Male tun.«

2 Gaben

Das Telefon klingelte. Es war Apple Skills Exchange, eine der ersten Lehrkooperativen, die sich in New York gebildet hatten. Man wollte wissen, ob ich in Manhattan einen vierwöchigen Kurs in Heilen geben könnte. Wie hatten sie meinen Namen erhalten? Man konnte sich nicht erinnern. Ich sagte zu.

An einem Abend in der Woche, vier Wochen lang, füllte eine kleine Gruppe von Studenten mein Wohnzimmer in Chelsea. Ich hatte in allen möglichen Büchern Dinge nachgeschlagen, über die ich sprechen könnte, und Heilmeditationen herausgesucht, die ich ausprobieren wollte. Es war mir nicht in den Sinn gekommen, mich auf mich selbst zu verlassen, trotz des erfolgreichen Workshops in Amherst. Ich führte die Studenten durch Meditationen, die die Chakras öffneten. Sie stammten aus dem tibetischen Buddhismus, und mein Freund hatte sie mir beigebracht. Ich machte alle Dinge, die ich finden konnte. Es funktionierte. Es funktionierte immer. Die Blütenblätter des Lotus öffneten sich vor meinen Augen. Die Leute reagierten. Mehr Studenten kamen. Nach den vier Wochen rief Exchange an und fragte, ob ich noch ein Seminar geben könnte. Ich bejahte. So viele Studenten meldeten sich an, daß ich sie in zwei Gruppen aufteilen mußte und zwei Abende in der Woche ein Seminar abhielt. Dann an drei Abenden. Dann fragten die Studenten, ob es eine Möglichkeit gebe, weiter mit mir zu arbeiten. Schließlich gab ich an einem Sonnabend einen ganztägigen Workshop.

Was niemand verstehen konnte, war der Umstand, daß ich nicht ganz sicher war, wie ich tat, was ich tat. Ich hatte nie einen Lehrer oder Guru gehabt; ich hatte nie bei jemandem studiert. Ich nahm hier und dort bei ein oder zwei Leuten Unterricht, doch was ich tat, war mir einfach passiert. Ich hatte keine Ahnung, wie ich anderen das Heilen beibringen sollte. Die einzige Erfahrung, die ich hatte, war jener Workshop in Amherst.

Ich versuchte zu analysieren, wie das Heilen geschah. Gab es einzelne Schritte? Was passierte, wenn die Leute die Hände über dem Körper plazierten anstatt sie aufzulegen? Sollte ich Farbe verwenden statt des weißen Lichts? Ich wußte, daß die Heilung in Wirklichkeit passierte, weil die Menschen sich Gottes Gegenwart öffneten, und nicht durch eine bestimmte Technik. Ich sagte den Lernenden immer wieder, sie sollten dem Prozeß vertrauen. Öffnet euch Gott! Öffnet euch der Liebe! Aber das ist bei manchen Leuten manchmal einfacher gesagt als getan, und die Studenten fragten ständig nach wirksameren und fortgeschritteneren Methoden, wie sie sich dem Heilungsprozeß öffnen, anvertrauen und überlassen könnten.

Zu jener Zeit behandelte ich Privatpatienten mit verschiedenen Arten von Krankheiten und körperlichen Symptomen. Ich arbeitete intuitiv. Ich beschloß zu versuchen, bei einer Privatbehandlung zu verstehen, was ich tat, und den Prozeß den Studenten, die mehr lernen wollten, zu beschreiben. Die meisten Heiler, auch Olga

Worrall, glaubten damals, daß Heilen eine Gabe sei, die nicht gelehrt werden könnte. Wenn ich heute zurückblicke, erkenne ich, daß ich mich gegen die Tradition stellte, gegen die Stimme der Autorität. Es war mir offengestanden nie in den Sinn gekommen, daß Heilen nicht gelehrt werden könnte. Obwohl ich nur eine Handvoll Heiler kannte, dachte ich nie, daß ich zu einer Elitegruppe gehörte, die Wundertaten vollbringen konnte. Ich war tatsächlich immer wieder erstaunt, wenn mich die Leute später bei Interviews für das Fernsehen oder eine Illustrierte fragten, ob Heilen erlernbar sei. Natürlich, warum nicht? Die Vorstellung, »auserwählt« zu sein, habe ich nie verstanden. Sind wir nicht alle auserwählt? Sind wir nicht deshalb hier? Haben Jesus und Buddha nicht versucht, uns genau das zu sagen? Ihr seid bereits auserwählt. Gott liebt euch bereits. Jetzt liebt auch Gott. Liebt euch selbst. Liebt die anderen.

Deshalb begann ich zu lehren, was ich bereits konnte: Ich machte mich auf, den Leuten zu helfen, den inneren Heiler zu erwecken. Meinen Einführungsworkshop zur Selbstheilung habe ich immer »Wecken des inneren Heilers« genannt. Ich habe den Titel nie geändert. Er ist heute noch so wahr und gültig wie vor zwanzig Jahren. Beim Heilen geht es um das Erwachen des inneren Heilers. Es geht um die Aktivierung unserer inneren Beziehung zu Gott und dadurch zu unserer Seele. Es handelt sich ganz gewiß nicht darum, jemanden zu ermächtigen, es für uns zu tun. Viele Leute wollen die Verantwortung nicht annehmen. Jahre später machte mein Mann mir ein Geschenk, das ich in meiner Heilpraxis verwenden sollte: einen silbernen Zauberstab. Er meinte, ich würde ihn brauchen. Ich meinte, ich würde ihn nicht brauchen. Er behielt recht. Viele Menschen kamen zu mir und suchten nach dem Zauberstab, der über ihrem Kopf hin und her geschwenkt werden sollte. Wie häufig ich auch die Notwendigkeit betone, daß die Leute an ihrem eigenen Heilprozeß teilnehmen müssen, finde ich mich immer wieder in die Rolle der Wunderheilerin gedrängt.

Wir alle sehnen uns nach jemandem, der der ideale Heiler, der gute Vater, die gute Mutter ist. Die alles wissenden, alles verzeihenden, alles beschützenden, alles heilenden Eltern, die wir nie hatten. Wir erwarten von Heilern, Gurus, Ehepartnern, sogar von den eigenen Kindern, daß sie uns das geben, was wir in der Kindheit hätten erhalten sollen, aber nie bekamen. Wir möchten es bequem haben. Wir wollen uns wieder in die Wärme und Weichheit der Mutterbrust verkriechen und es jemand anderem erlauben, für unser Wohlergehen verantwortlich zu sein. Die härteste Nuß ist, einzusehen, daß diese Chance, wenn sie vorbei ist, für immer vorbei ist und niemand uns eine neue ähnliche Kindheit schenken kann.

Doch ich wußte, daß ich meinen Studenten und Patienten helfen konnte, ihre eigenen Heiler zu werden. Der erste Schritt war, die Lage der Wunde zu entdecken. Dies schien mir meine Sensitivität in den Privatbehandlungen zu ermöglichen. Meine Intuition und meine geistig-seelische Aufsaugfähigkeit waren so groß, daß ich die Schmerzen der Leute schon am Telefon spürte, wenn sie einen Termin abmachten. Wenn ich die Eingangstür öffnete, empfing ich einen weiteren Satz von Eindrücken ihrer Gegenwart, ihrer Energien, ihres Gesichts, der Körpersprache und der Kleider. Ich erinnere mich immer noch an einen jungen Mann Mitte Dreißig, der an der Tür meiner Wohnung in Chelsea erschien. Ich öffnete und hörte innerlich das Wort »Tod«. Ich bekam Angst. Bedeutete es, daß er sterben würde? Nein, das spürte ich nicht. War jemand in seiner Umgebung gestorben? Ja, das fühlte sich richtig an. Mein Gesichtsausdruck mußte ihm aufgefallen sein, denn er fragte mich, warum ich so erschreckt aussehe. Ich zögerte mit der Antwort, doch dann fragte ich, ob jemand Nahestehender verschieden sei. Er erzählte, daß sein Vater gerade gestorben sei. Er hatte es am Telefon nicht erwähnt, und ich erinnere mich jetzt, daß sein Vater ein oder zwei Tage vor dem Termin gestorben war, aber nachdem der junge Mann mit mir am Telefon gesprochen hatte. Wir verbrachten die ganze Sitzung damit, über seine Beziehung zu seinem Vater zu sprechen. Die Heilerfahrung für ihn war emotional sehr tief. Er konnte trauern und anfangen, der Vergangenheit und seinem Vater zu vergeben.

Ich versuchte den Leuten zu helfen, mit ihrer eigenen Sensitivität in Verbindung zu kommen. Ich führte sie durch Meditationen zur Chakraöffnung, damit sie ihre inneren Energien spüren konnten. Das Wort Chakra stammt aus dem Sanskrit und bedeutete Rad. Es bezieht sich auf die Zentren aus Licht und feinstofflicher Energie, die wir im Ätherkörper haben, unserem feinstofflichen Energiekörper. Kundalini ist die Bewegung dieser Energien durch unser Rückgrat, die Chakras und die

Nadis, die inneren Kanäle auf beiden Seiten unseres Rückgrats. Der feinstoffliche Energiekörper ist für die meisten Menschen nicht sichtbar, doch er ist die Anordnung von Lichtenergie, die unseren physischen Körper mit Lebenskraft versorgt. Es ist die Energiesubstanz, aus der wir zusammengesetzt sind. Feinstoffliche Energien bilden das Lebensfeld in und um unseren Körper. Ohne dieses Gitter oder Netzwerk, ohne diese verwobene Lebensenergie würden wir sterben. Es ist der Astralkörper oder Seelenkörper, der sich im Unterschied zum Ätherkörper vom physischen Körper trennen kann – im Schlaf, bei einer Operation oder bei traumatischen Erlebnissen, wie zum Beispiel einem Autounfall. Die Leute berichten häufig davon, daß sie erlebt haben, wie sie in derartigen Situationen auf ihren eigenen physischen Körper hinunterblicken konnten.

Ursprünglich hatte mich John durch geführte Meditationen mit den Chakras bekannt gemacht. Hindus und Buddhisten haben sie seit Tausenden von Jahren bei Meditation und Yoga-Übungen eingesetzt. Die Chakras sind Zentren von Lichtenergie, die vom Wurzelchakra an der Basis des Rückgrats aufsteigt – eine dichtere, wärmere, schwerere Schwingung und mehr mit der Erde verbunden – bis zum Kronenchakra oben auf dem Kopf, das eine leichtere, feinere, schnellere Frequenz hat und mehr mit dem Himmel verbunden ist. Mit jedem Chakra wird eine bestimmte Farbe, Qualität, Körpergegend oder ein bestimmtes Organ assoziiert, ein Tier, eine Nahrung, ein Edelstein und ein Planet. Die Farben reichen von Rot bis Violett, genau wie im Lichtspektrum der Physik. Die besten und genauesten Bücher über die Chakras stammen von Anodea Judith: *Wheels of Life* und *The Sevenfold Journey* (zusammen mit Selene Vega). Von meiner Arbeit her lassen sich die sieben Hauptchakras einfach beschreiben:

	Farbe	Qualität, Energie	betroffene Körpergegend
1	Rot	Überleben, Erden, Sicherheit	Steißbein, Beine, Knie, Knöchel, Füße, Haut, Dickdarm, Knochen
2	Orange	Sexualität, Hellfühlen, kreative Lebensenergie	Fortpflanzungsorgane, unterer Rücken, Blase
3	Gelb	Wille, Motivation, Vitalität	Verdauung, Magen, Leber, Galle, Blase, Pankreas, Milz, mittleres Rückgrat, Nieren, Nebennieren, Darm
4	Grün	Liebe, Mitleid, emotionales Mitgefühl	Herz, Thymus, Brüste, Lungen, oberer Rücken, Schultern, Arme, Hände
5	Blau	Selbstausdruck, Kraft, Hellhören	Kehle, Schilddrüse, Hals, Kiefer, Zähne, Ohren
6	Indigo	Vision, Sensitivität, Hellsehen, Telepathie	drittes Auge zwischen den Augenbrauen, Zirbeldrüse, Hirnanhangdrüse, Augen
7	Violett	geistiges Bewußtsein	Schädeldecke, Gehirn, Kopfhaut, Haar

Wenn die Chakras offen und untereinander ausbalanciert sind, ermöglichen sie den freien Fluß der feinstofflichen Energie durch den ganzen Körper. In der chinesischen Akupunktur, die mittlerweile auch von der westlichen Medizin anerkannt wird, gibt es Energiemeridiane, die alle Organe, Nerven und Muskeln verbinden. Mit dem Auge können sie nicht gesehen werden, aber ihre Energie kann gefühlt werden, durch den Puls des Betreffenden und seine Reaktion, wenn die Akupunkturnadel an bestimmten Punkten eingeführt wird. In sehr ähnlicher Weise erschaffen die Energien der Chakras im ganzen physischen Körper ein Energiesystem, das mit den Händen gespürt und gefühlt und mit den intuitiven Sinnen gesehen werden kann. Obwohl diese spiralförmig sich bewegenden Energieräder mehr im Rumpf zentriert sind als die Meridiane, die vertikal durch Gliedmaßen und Rumpf verlaufen, wirken sie auf alle Muskeln, Nerven und Organe.

Die Chakras drehen sich im Zentrum des physischen Körpers und öffnen sich sowohl an der Vorderseite als auch an der Hinterseite des Körpers zur Außenwelt. Das erste Chakra, das Zentrum für Überleben, Sicherheit und Erdung, öffnet sich auch direkt hinunter zur Erde und verbindet uns mit ihr. Je mehr ich die Chakras abtastete, um so bewußter wurden mir die Energien am Körperrücken, die sowohl die Energien der Vergangenheit als auch die tragenden Energien von Körper und Seele enthalten. Wenn wir genau überlegen, dann ist die Vergangenheit einschließlich vergangener Leben tatsächlich gewöhnlich *die* tragende Energie des Körpers und der Seele. Die Energien, die an der Vorderseite des Körpers aus den Chakras austreten und wieder zurückfluten, sind die sich vorwärts bewegenden Energien, die uns mit Gegenwart und Zukunft verbinden und auch mit Menschen und Ereignissen, die in unserem jetzigen Leben eine Rolle spielen.

Wenn ein Chakra geschlossen und zu ist oder in irgendeiner Weise blockiert durch verdrängte Gefühle oder Erinnerungen, kann das zu körperlichen Symptomen führen. Beim Handauflegen begann ich verschiedene Energien zu fühlen, die von einem Körper ausstrahlten. Ich stellte fest, daß einige warm, andere kalt waren, manche angenehm, andere schmerzhaft. Wo Schmerzen waren, konnte ich ein Prickeln, Kribbeln oder Stechen fühlen. Ich konnte Wärme, sanftes Wirbeln und einen gleichmäßigen Strom fühlen, wo der Körper gesund war. Ich entdeckte auch, daß ich eine deutliche kreisförmige Bewegung über den Chakras wahrnehmen konnte. Wenn meine Hände sich über so einem Punkt befanden, spürte ich das nicht nur in meinen Händen, sondern bemerkte auch Emotionen, Worte und Bilder in meinem Verstand und in meinem Bewußtsein.

Als seelisch-geistiger Schwamm, der ich war, bestand meine hauptsächliche Sensitivität im Klarfühlen. Es bedeutete, daß ich die physischen und emotionalen Energien einer Person spürte, mit der ich arbeitete. Ich konnte die individuellen feinstofflichen und physischen Energien in meinen Händen spüren und die emotionalen Energien eines Menschen in meinem Inneren. Die Emotion, die in einem bestimmten Chakra oder an einem Ort im Körper gelagert war, wehte durch mich hindurch wie ein leichter Wind. Es war, als würde ich für einen Augenblick zu der anderen Person werden und erleben, was sie erlebte oder sich zu erleben weigerte. Manchmal spürte ich Dinge, die die Leute auf einer bewußten Ebene nicht wahrnahmen, wie zum Beispiel verdrängte Emotionen und Erinnerungen. Wenn es sich um ein Trauma wie etwa sexuellen Mißbrauch handelte, pflegte ich diese Erkenntnis zu bewahren und nicht auszusprechen, bis ich einen Hinweis erhielt, daß auch die Person selbst sich dessen bewußt war. Wenn es weniger traumatisch war, wie zum Beispiel unausgesprochener Ärger über einen Chef, faßte ich in Worte, was ich fühlte, und ermöglichte es dem Patienten, mir ein Feedback zu geben über die Gültigkeit meiner Information.

Während meiner ersten Jahre als Lehrerin am Esalen Institute in Big Sur, Kalifornien, passierte in einem der Workshops ein besonders dramatisches Beispiel an Hellfühlen. Wir übten in Paaren das Handauflegen, und ich ging zu allen Tischen und gab zusätzliche Heilenergie, wo sie meiner Meinung nach nötig war. Ich trat an einen Tisch, auf dem eine etwa vierzigjährige Asiatin lag. Ich hielt meine Hände instinktiv über ihr Herzchakra, holte tief Luft und ließ mich in mein eigenes Herz sinken, um es mit Liebe zu füllen. Ich fing an, eine schreckliche Traurigkeit zu spüren, die von ihrem Herz und ihrem Körper ausstrahlte. Ich fühlte, wie ich selbst in einen tiefen Brunnen von Dunkelheit und Verzweiflung sank, und wußte, daß ich mit ihr auf einer sehr tiefen Ebene verschmolzen war. Ich erdete Beine und Füße, und meine Beine wurden zu Säulen. Mein ganzer Körper begann zu zittern, und noch ehe ich begriff, was passierte, hörte ich mich ein seltsames Geräusch machen. Ich lauschte meiner eigenen Stimme. Klagen. Es klang wie Wehklagen. Ich ließ dieses Klagen zu und erkannte, daß etwas sehr Wichtiges geschah. Ein paar Minuten später hörte ich noch eine wehklagende Stimme. Sie kam von der Frau auf dem Tisch. Sie traf genau meinen Ton. Ich verlor jedes Zeitgefühl. Ich hörte nur das Wehklagen über einen großen Verlust und die Trauer in ihrer Stimme. Es wurde immer lauter. Wir waren unten in den Baderäumen und benützten die Massagetische, und einer der Angestellten von Esalen bemerkte, was passierte. Er kam zu mir und stellte sich hinter mich, um mich zu stützen, während mein Körper unter der Kraft der Energie und Trauer, die durch mich zog, schwach zu werden begann. An einem Punkt begann ich zusammenzubrechen, und er mußte mich aufrecht halten. Als alles vorbei war, lag die Frau auf dem Massagetisch sehr still da und ruhte sich aus. Mehrere Studenten wachten bei ihr, falls sie etwas brauchte. Der Angestellte führte mich nach draußen zu einem der Bäder, die auf den Ozean hinausgehen, und saß bei mir, bis ich mich kräftig genug fühlte, aufzustehen.

Als die Frau am Abend zum Workshop kam, waren alle fassungslos. Sie hatte ein neues Gesicht: offen, sanft, voll Licht. Es war eines der außergewöhnlichsten Beispiele von emotionaler Heilung, die ich jemals erlebt habe. Sie erzählte uns die Geschichte zu dem Verlust und der Trauer, die ich heute vergessen habe. Sie sagte, als sie mein Wehklagen hörte, öffnete sich etwas in ihr, und der gleiche Ton bahnte sich seinen Weg nach oben, aus den Tiefen ihres Herzens, wo sie ihn begraben hatte. Verschwunden waren die zwanzig Jahre von Trauer, die sie in Gesicht und Körper herumgetragen hatte, und vor uns war ein neues Gesicht mit neuem Leben erblüht. Es war eine echte Auferstehung von Herz, Seele und Körper.

Ein anderes Gebiet der Sensitivität, das ich bis zu einem gewissen Grad entwickelt habe und weiterentwickle, ist das Hellhören. Ich kann im Geist Worte, Namen, sogar ganze Sätze hören, wenn ich mit jemandem arbeite, so wie ich damals das Wort »Tod« hörte, als ich dem jungen Mann die Tür öffnete, dessen Vater gestorben war. Ich gebe zu, daß das Gehörte manchmal nicht angenehm ist. Ich erinnere mich, daß ich eine Frau untersuchte und eine starke männliche Gegenwart fühlte, die sich einmischen und die Kontrolle übernehmen wollte. Ich fragte ihn im Geist, was er beabsichtige. Er erwiderte, daß sie sich gekannt hätten, als er lebte, und er wollte wieder Teil ihres Lebens und ihrer Energie sein. Ich erklärte ihm wortlos, daß ich ihr von seiner Gegenwart erzählen, es aber nicht zulassen würde, daß er die Kontrolle über ihr Energiefeld übernahm. Als die Untersuchung beendet war, berichtete ich der Frau. Sie gestand, daß sie wußte, wer er war, und daß er als Lebender sehr dominierend und beherrschend gewesen war. Sie hatte Mühe gehabt, von ihm loszukommen, und wollte nicht, daß er ihr Leben noch länger kontrollierte. Ich zeigte ihr ein paar geistig-seelische Selbstverteidigungstechniken, um sich zu schützen.

In einem anderen Fall suchte mich eine Frau wegen emotionaler und spiritueller Probleme auf. Als ich die Hände über ihren Kopf hielt, spürte ich eine dunkle, böse Präsenz und hörte eine Stimme sagen: »Jetzt haben wir sie. Wir haben die Kontrolle über sie.« Ich war erschrocken und bekam Angst. Ich fragte im Geist, wer »wir« war, aber ich konnte keine Antwort bekommen. Es war ziemlich am Anfang meiner Arbeit als Heilerin. Ich sprach ein Gebet und bat, daß das Licht Gottes und seine Heilkraft mit ihr sein mögen. Ich schlug der Frau vor, daß sie sich ärztlich untersuchen lassen solle. In der folgenden Woche kam sie wieder und erzählte mir, daß die Ärzte Krebs festgestellt hatten. Die dunkle, böse Macht war vermutlich ihr Schatten, ihre ungeheilten Aspekte, die tief versteckt und in Form von Krebs zerstörerisch geworden waren. Manchmal hat der Schatten mehrere Seiten, und das mag das »wir« erklären, das ich innerlich hörte.

Wenn der Schatten eines Menschen groß ist, zieht er andere negative Energien anderer Menschen an, sogar von körperlosen Geistern, und wächst weiter. Der destruktive Schatten verwandelt sich nicht immer in körperliche Krankheit. Er kann auch zu einer emotionalen oder mentalen Krankheit werden, wie im Fall von Timothy McVeigh, der des Bombenattentats von Oklahoma City beschuldigt wurde. Wie die Medien berichteten, hatte seine Mutter ihn in seiner Kindheit verlassen, und er hatte seinen Traum nicht verwirklichen können, bei der Spezialtruppe der Green Berets aufgenommen zu werden. Falls dies stimmt, ist sein Schatten wahrscheinlich ein emotional ausgehungertes Kind, das Liebe und Annahme sucht. Als er diese Dinge nicht finden konnte, wurde sein Schatten zornig und destruktiv. Wenn er tatsächlich schuldig ist, hat er unschuldige Mütter und Kinder und damit symbolisch seine Mutter und sich selbst getötet.

Hellhören ist aber nicht immer so furchterregend. Ich hörte bei einer meiner ersten Behandlungen einmal den Spitznamen »Cookie«, als ich versuchte, mit einem verstorbenen Familienmitglied einer Klientin Kontakt aufzunehmen. Ich fragte die Frau, ob ihr der Name irgend etwas sagte, und sie verneinte. Aber sie wurde weiß wie die Wand, und in der folgenden Woche gestand sie, daß Cookie der Spitzname war, den die Verstorbene ihr gegeben hatte. Die Patientin war so erschreckt von der Möglichkeit, daß ich tatsächlich mit jemandem Verbindung gehabt hatte, der gestorben war, daß sie die Wahrheit nicht zugeben konnte.

Manchmal erlebte ich auch, daß ich mit dem positiven Aspekt der Seele eines Patienten Verbindung aufnahm. Häufig war es das höhere Selbst, das sehr viel mehr weiß als der Verstand und zum Heilungsprozeß Weisheit und Mitgefühl beisteuern kann. Es ist, als hätte jeder von uns einen weiseren, liebevolleren Beobachter, jederzeit hilfsbereit, wenn wir ihn nur beachten. Als Christen könnten wir uns dieses höhere Selbst als Heiligen Geist vorstellen oder sogar als inneren lebendigen Christus. Wenn wir Buddhisten sind, könnten wir ihn als den inneren lebendigen Buddha bezeichnen. Ich hörte manchmal ganze Sätze, wie zum Beispiel: »Was ich zum Heilwerden brauche, ist Selbstliebe.« Ich erinnere mich an eine junge krebskranke Frau. Ich hörte ihr höheres Selbst zu mir sagen: »Du kannst mich nicht heilen. Aber liebe mich.« In jenem Augenblick wußte ich, daß sie sterben, aber eine andere Heilung in Form von Liebe geschehen würde.

Ein schönes, bewegendes Beispiel für Hellhörigkeit geschah in einem meiner frühen Workshops. Ich hatte meine Studenten gebeten, Fotos von geliebten Toten mitzubringen. Ich wies sie an, einen Partner zu wählen und ein Foto auszusuchen. Dann sollten beide Partner die Augen schließen und sich bemühen, sich der Gegenwart der abgebildeten Person zu öffnen. Ein paar Minuten später hörte ich leises Singen. Ich ging zu einem der Paare und bemerkte, daß die eine Frau ein Wiegenlied nach dem anderen sang, während die andere mit geschlossenen Augen dasaß. Die Tränen liefen ihr über die Wangen. Als die Übung vorbei war, fragte ich sie, was geschehen sei. Die Partnerin, die gesungen hatte, erzählte, sie sei gebeten worden, mit dem Onkel ihrer Partnerin Verbindung aufzunehmen. Sobald sie das tat, hörte sie innerlich Wiegenlieder und seine Stimme, die sie bat, seiner Nichte Wiegenlieder vorzusingen. Die Nichte bestätigte, daß ihr Onkel sie jeden Abend mit Wiegenliedern in den Schlaf gesungen hatte. Sie hatte sie in all den Jahren nicht gehört, und dieses Zeichen war mehr als alles andere für sie ein Beweis seiner Gegenwart und damit ein Beweis für das Leben nach dem Tod.

Beim Hellhören kann auch Telepathie oder eine Kommunikation der Gedanken und Gefühle von Geist zu Geist mitspielen. Die meisten von uns sind von Natur aus

63

telepathisch veranlagt, vor allem, wenn es sich um Leute handelt, die uns nahestehen. Das Telefon klingelt, und man weiß, wer dran ist. Oder man hebt ab, bevor es klingelt. Man könnte schwören, daß man es klingeln hörte, doch dann stellt man fest, daß es nicht stimmt. Wie oft denkt man an jemanden, der kurz darauf anruft, und man sagt: »Ich habe gerade an dich gedacht.« Man denkt an einen Freund, den man jahrelang nicht gesehen hat, und später am Tag liegt ein Brief von ihm im Briefkasten. Wir alle haben solche Erfahrungen gemacht. Es ist, als existierten telepathische Kommunikationswege zwischen Menschen, die sich emotional in den anderen einfühlen können. Genau wie wir keine Radiowellen in der Luft sehen können, sind auch diese telepathischen Leitungen unsichtbar.

Ich entdeckte, daß ich mein ganzes Leben lang telepathisch gewesen war. Die Gedanken und Gefühle, die ich anfangs in meiner Praxis erlebte, ähnelten jenen, die ich als Kind gehabt hatte. Ich sah jemanden an und wußte, was er dachte, oder hatte zumindest eine allgemeine Vorstellung davon. Ich erinnere mich an eine Freundin von mir, die zu einer Party in meiner Wohnung ihren Freund mitbrachte. Ich brauchte nur einen Blick auf ihn zu werfen und fühlte schon etwas Dunkles und Unheimliches in seinen Gedanken. Er sah mir direkt in die Augen, und ich konnte erkennen, daß er sich durchschaut fühlte. Wie bei den meisten Liebesbeziehungen schrecken Freunde davor zurück, sich einzumischen; außerdem hören Verliebte ohnehin nicht zu. Ich werde immer bedauern, daß ich meiner Freundin nicht erzählte, was ich telepathisch über diesen Mann aufgeschnappt hatte, denn sechs Monate später stahl er, was sie an Wertvollem besaß, und brannte ihr Loft nieder.

Die meisten kleinen Kinder sind telepathisch. Ein echtes telepathisches Band besteht zwischen Mutter und Kind. Manche Mütter versuchen auf telepathischem Weg, mit ihrem Kind im Uterus zu kommunizieren. Seit Beginn meiner Laufbahn als Heilerin habe ich mit vielen Schwangeren gearbeitet und mit Frauen, die gern schwanger werden wollten. Frauen, die die medizinischen Möglichkeiten für eine Schwangerschaft erschöpft hatten, pflegten mich aufzusuchen, und nach ein paar Heilsitzungen wurden sie schwanger. Einige dieser Frauen kamen auch während ihrer Schwangerschaft weiter zu mir, und ich fand heraus, daß ich mit einem Kind im Mutterleib auf telepathischem Weg kommunizieren konnte. Es gab Zeiten, da spürte ich eine Seele erst, wenn die Frau schon mehrere Monate schwanger war. Später entdeckte ich, daß die Sufis glauben, die Seele kommt erst, wenn der Fetus 120 Tage alt ist. Ich glaube, daß dies wahrscheinlich bei jeder Schwangerschaft verschieden ist, denn ich habe die Seele eines Kindes schon eher im Mutterleib gespürt oder auch später.

Die Frau eines Radiologen war die erste, der ich bewußt half, schwanger zu werden. Ihr Mann war der erste Arzt, der bei mir eine Weile Unterricht nahm, und als seine Frau nicht schwanger werden konnte, schlug er ihr vor, mich aufzusuchen. Sie kam einmal und wurde sofort schwanger. Während ihrer Schwangerschaft sah ich sie nicht, aber Jahre später arbeitete ich mit verschiedenen

Frauen, die nicht nur nach dem Handauflegen problemlos schwanger wurden, sondern auch während ihrer Schwangerschaft einmal in der Woche zu mir kamen. Einer der bemerkenswertesten Fälle war eine Frau, die zur Marble Collegiate Church gehörte. Nachdem sie schwanger geworden war, bat sie mich, festzustellen, ob das Kind ein Mädchen oder ein Junge war, etwas, das ich mit neunzigprozentiger Sicherheit erkennen konnte. Zuerst spürte ich, daß es ein Mädchen war, dann ein Junge. Ich konnte nicht verstehen, warum. Sie wünschte sich sehnlichst ein Mädchen, und in der ersten Zeit sind alle Feten weiblich. Daher beschloß ich, mehrere Monate zu warten und es nochmals zu versuchen. Als sie zur Sonographie ging, verdeckte das Bein des Babys die Genitalien, und selbst der Arzt konnte das Geschlecht nicht feststellen. Wir machten Scherze darüber, daß uns das Kind im Ungewissen lassen wollte. Bei einer Sitzung lag meine Patientin auf der Seite, weil es ihr angenehmer war. Ich saß vor ihr, die Hände leicht auf ihren gewölbten Unterleib gelegt. Ich begann zu lächeln. Ich konnte das Baby fühlen. Es folgte den Bewegungen meiner Hände mit kleinen Rucken seines Körpers und trat leicht aus oder klopfte. An einem Punkt hörte ich innerlich deutlich: »Hallo! Ich bin ein Junge! Hallo. Es freut mich, dich kennenzulernen.« Ich spürte, wie die Seele dieses Kindes das schönste Licht und die herrlichste Liebe ausstrahlte. Ich war überwältigt von dem Gefühl, durch seine Gegenwart gesegnet zu sein. Nicht ich heilte. Er heilte. Ich spürte, wie mir die Tränen in die Augen stiegen, und saß lange da mit einem demütigen Gefühl, weil ich die Gegenwart eines göttlichen Kindes erleben durfte. In jenem Augenblick begriff ich, was es bedeuten haben mußte, bei Maria zu sitzen, als sie mit Jesus schwanger war. Es war eine der außergewöhnlichsten Erfahrungen meines Lebens, und ich erinnere mich heute noch so daran, als sei es gestern gewesen. Das telepathische Band zwischen uns war während der ganzen Schwangerschaft so stark, daß er mir sogar sagte, unter welchen Namen seine Mutter wählen sollte. Sie suchte einen für seinen zweiten Vornamen aus. Natürlich war es ein Junge.

Ein anderes Beispiel von Telepathie und auch Vorahnung passierte im Zusammenhang mit einer anderen Schwangeren. Vorahnung bedeutet die Fähigkeit, etwas zu fühlen, zu sehen, zu hören oder zu erleben, das noch nicht geschehen ist. Manchmal treten Vorahnungen in Träumen auf, doch es gibt sie auch in der wachen Realität. Ich arbeitete mit einer Frau, die zum erstenmal schwanger war und eine Darmkrankheit hatte, die Morbus Crohn heißt. Es sollte ihr Fruchtwasser entnommen werden. Während ich ihr die Hände auflegte, hatte ich ein schreckliches Gefühl von Dunkelheit und Tod. Ich wurde besorgt und auch ein wenig ängstlich. Ich versuchte, mich intensiver auf das einzulassen, was ich spürte, und hatte das Gefühl, das Baby wollte mir sagen, daß es Angst hatte. Ich sprach ein Gebet und bat, daß Gottes Licht und Liebe dieses Kind vor allem Unheil bewahren sollten. Als die Heilung vorbei war, bemühte ich mich, der Frau vorsichtig beizubringen, was geschehen war. Es war das einzige Mal, daß ich jemandem vorschlug, sich nicht einem bestimmten medizinischen Verfahren zu unterwerfen. Ich riet ihr von der Fruchtwasseruntersuchung ab. Ich hatte das Gefühl, es sei für das Baby gefährlich. Sie hörte mir aufmerksam zu und gestand, daß sie während der Behandlung auch etwas Dunkles und Seltsames gefühlt habe. Doch sie hatte Angst, daß ihr erstes Kind wegen ihrer eigenen Krankheit nicht vollkommen gesund sein könnte, und wollte die Untersuchung doch machen lassen. Die Ärztin wollte die Nadel gerade einführen, als sie sie fallen ließ. Sie fing mit einer sauberen Nadel noch einmal an, und auch diese fiel zu Boden. Nervös und verwirrt sagte die Ärztin zu der Frau, sie solle aufstehen und sich anziehen. Sie hatte noch nie eine Nadel fallen gelassen und entschied, daß meine Patientin sich der Prozedur offenbar nicht unterziehen sollte. Das Baby, ein Junge, kam gesund zur Welt. Er war schon einige Monate alt, als ich ihn schließlich kennenlernte. Als sich unsere Augen zum erstenmal trafen, streckte er die Arme nach mir aus und lachte.

Während meiner zwanzig Jahre als Heilerin habe ich immer betont, daß ich nicht von Natur aus hellsehend sei. Als ich diese Aussage in diesem Buch niederschrieb, erinnerte ich mich an eine meiner frühesten Erfahrungen des Hellsehens und warum ich diese Fähigkeit für lange Zeit wegschloß. Es war einige Monate nach meinem Erlebnis mit den körperlichen Schmerzen eines anderen Menschen, das ich zu Beginn des Buches beschrieben habe. An einem Abend hatte ich ein Treffen mit einem der Leiter des Zentrums. Er wollte, daß ich für ihre Hauszeitung schrieb. Ich erinnere mich, daß ich irgendeinen Grund hatte, warum ich zögerte. Er versuchte,

Druck auf mich auszuüben, viel mehr, als mir gefiel, und ich lehnte schließlich ab. Ich merkte, daß er sich nicht so leicht geschlagen gab, doch ich blieb hart. Ich fuhr nach Hause, machte mich zum Schlafen fertig, kroch unter die Decke und löschte das Licht. Ich schloß einen Augenblick die Augen und öffnete sie wieder. Zwei Meter über mir in der Luft schwebte eine graue Astralprojektion des Kopfes des Mannes. Ich schnappte nach Luft, setzte mich kerzengerade im Bett auf und machte das Licht an. So etwas war mir noch nie passiert. Ich rannte zum Telefon und rief einen Freund an, der die Werbung für das Zentrum machte. Er war erstaunt, doch nicht ungläubig. Er rief seinerseits eine Bekannte an, die, wie er wußte, eng mit dem Zentrum und dem Mann verbunden gewesen war. Wir hielten eine telefonische Dreierkonferenz ab. Sie erzählte, daß dieser Mann ein Meister der Astralprojektion und Gedankenkontrolle war. Wenn er nicht bekam, was er haben wollte, setzte er diese Techniken bei den Leuten ein. Er beherrschte alle Macht- und Angstspiele. Er projizierte seinen Astral- oder Seelenkörper, wohin er wollte, indem er sich telepathisch mit dem Geist des anderen verband. Sie erklärte, er habe seine Tricks bei ihr viele Male angewandt.

Wir diskutierten zu dritt, was in dieser Situation zu machen war, und überlegten hin und her, ob wir ihn direkt zur Rede stellen oder selbst einen kleinen Trick anwenden sollten. Da er sicherlich alles abstreiten würde und unser Streich harmlos war, entschlossen wir uns zu letzterem. Wir hängten ein, schlossen die Augen und verbanden uns telepathisch miteinander zu einem Kreis. Dann visualisierten wir den Mann, der versucht hatte, mich zu manipulieren. Wir stellten ihn in die Mitte unseres telepathischen Kreises, und jeder von uns kniff ihn im Geist in einen Körperteil. Ich erinnere mich nicht, welchen Teil ich wählte, doch ich weiß noch, daß mein Freund sich den Hintern aussuchte. Dann ging ich wieder zu Bett. Ich erinnere mich, daß ich Angst hatte, die Augen zu schließen, und zu mir sagte: »Solche Dinge will ich nie mehr sehen«, womit ich das graue Astralgesicht meinte. In jenem Augenblick schloß ich meine Hellsichtigkeit weg.

Am nächsten Tag hörte ich, was für eine Wirkung unser telepathisches Kneifen auf diesen Mann gehabt hatte. Mein Freund berichtete, daß er zum Zentrum gegangen sei, sich hinter ihn geschlichen und ihm leicht auf den Hintern geklopft habe. Der Mann sprang einen Meter in die Luft und jaulte auf. Wir hatten unseren Zweck erreicht. Meines Wissens hat er mich nie wieder belästigt, obwohl sein Verhalten mich dazu veranlaßte, meine Hellsichtigkeit nicht mehr anzuwenden.

Hellsehen bedeutet deutlich zu sehen, was es zu sehen gibt, ohne daß Schleier der Illusion, Bedürfnisse, Ängste oder Erwartungen im Weg sind. Diese Sehweise kann die dreidimensionale Wirklichkeit betreffen, wie materielle Gegenstände und menschliche Gesichter und Körper, und auch andere, gewöhnlich unsichtbare Dimensionen einschließen, wie Astralprojektionen, die Chakras im Ätherkörper oder das Leben nach dem Tod. Gemäß der Kabbala und auch der Superstring-Theorie der Physik gibt es zehn Dimensionen, nur drei davon sind für das bloße Auge sichtbar. Michio Kaku, ein Fachmann auf dem Gebiet der theoretischen Physik, der in der Revolution der modernen Physik an vorderster Stelle steht, schreibt in seinem Buch *Hyperspace*:

Wenn all die Vorstellungen unseres gesunden Menschenverstandes über das Universum korrekt wären, hätten die Naturwissenschaften schon vor Tausenden von Jahren die Geheimnisse des Universums gelöst. Der Zweck der Naturwissenschaften ist es, die Schichten der äußeren Erscheinung der Gegenstände abzuschälen, um ihre darunterliegende Natur zu enthüllen. Wenn Aussehen und Kern tatsächlich die gleiche Sache wären, würde man die Naturwissenschaften nicht brauchen. Vielleicht am tiefsten im gesunden Menschenverstand verwurzelt ist die Vorstellung, daß unsere Welt dreidimensional ist.

Kaku fährt fort und beschreibt die Theorie des Hyperraums oder höher dimensionierten Raums und ihre neueste und fortschrittlichste Formulierung, die Superstring-Theorie. Er untersucht die Möglichkeit von zehn Dimensionen, Zeitverzerrungen, schwarzen Löchern und Mehrfachuniversen. Bei der Überprüfung dieser Möglichkeiten kommt er auch zu Fragen über Paralleluniversen, Vergangenheitsveränderung, Zeitreisen und Leben nach dem Tod. Aus meiner Perspektive ergibt sich daraus vielleicht sogar die Vorstellung, daß der Tod nicht existiert, sondern nur ein kontinuierlicher Übergang und eine Wiedererneuerung von Leben ist. Die Religion spricht seit Tausenden von Jahren über diese höheren Dimensionen. Mystiker und Heiler, wie ich selbst, haben sie seit noch längerer Zeit erlebt. Wie gewöhnlich brauchen die Naturwissenschaften eine Weile, um aufzuholen.

Was so einfach und schön an Kakus Ausführungen ist, ist das Eingeständnis, daß es der Zweck der Naturwissenschaften ist, die äußere Erscheinung der Dinge abzulösen, um ihre darunterliegende Natur, ihre Essenz, zu enthüllen. Ich habe das gleiche Ziel. Jeder Heiler oder Sensitive, der etwas taugt, ist nicht daran interessiert, jemandem zu erzählen, wieviel Geld er oder sie auf dem Aktienmarkt verdienen wird. Der Zweck dieser Sensitivität ist es, dem Menschen einen Spiegel vorzuhalten und ihm seine wahre Natur zu enthüllen, die Essenz der Seele, den Ort, wo das Herz sich mit Gott verbindet, und die Wunden aufzuzeigen, die diese Verbindung verhindern, damit sie zu heilen beginnen können.

Hellsehen bedeutet, die wahre Natur zu sehen, die Essenz eines Menschen, und dieses Sehen zu benützen, ihm beim Heilungsprozeß zu helfen. Meine anfängliche Angst, als ich ein graues Astralgesicht über meinem Bett in der Luft hängen sah, genügte, um jahrelang meine Hellsichtigkeit zu unterdrücken. Es waren viel Aufmerksamkeit und Übung notwendig und die Bereitschaft, das Dunkle und Beängstigende an den Menschen zu sehen, ehe ich mich wieder öffnen konnte. Um Informationen zu erhalten, war ich deshalb auf die Sensitivität des Hellfühlens angewiesen, denn meine Hellhörigkeit entwickelte ich erst einige Jahre später.

Ich erinnere mich an eines der wenigen Seminare, die

ich besuchte, um meine intuitiven Fähigkeiten zu entwickeln.

Ich sollte mit einem Mann, der mir völlig fremd war, eine
psychometrische Übung machen. Er gab mir seine Uhr.
Ich schloß die Augen und versuchte, mich durch die Uhr
auf ihn einzustimmen. Die Lehrerin fragte die einzelnen
Gruppen, was sie sahen. Nichts. Sie bat uns, nach Farben,
Symbolen und Bildern Ausschau zu halten. Ich sah
nichts, nur Schwärze. Schließlich kam sie zu mir und
fragte, was ich sähe. Nichts. Da hatte sie die Eingebung,
mich zu fragen, was ich fühlte: einen Schmerz in meiner
rechten Hand, in der ich die Uhr hielt. Mit immer noch
geschlossenen Augen konnte ich den Mann sagen hören:
»Die Hand hat mir den ganzen Tag weh getan.« Ich
konnte nichts sehen, aber fühlen – Hellfühligkeit. Ich
begann Übungen zu machen, um meine Hellsichtigkeit
wieder zu wecken. Ich setzte mich vor Kerzen, Pflanzen,
irgendwelche Gegenstände, betrachtete sie ein paar Sekunden, schloß die Augen und ließ dann in meiner
Erinnerung deren Bild erstehen. Diese Übung hilft, den
Geist auf den inneren Prozeß des Bildherstellens zu konzentrieren. Wir tun das alle die ganze Zeit, aber sind uns
dessen nicht bewußt. Wenn man überlegt, was man zum
Frühstück hatte, was passiert? Wandert der Geist nicht zu
einem Bild von diesem Frühstück? Darum geht es bei der
Hellsichtigkeit. Gewöhnlich ist das Bild nicht so drama-
tisch klar wie bei einem Farbfilm auf einer großen Leinwand. Es ist subtiler. Wenn wir beschließen, einen Bleistift von unserem Schreibtisch zu nehmen, bildet sich als
erstes ein Bild dieser Handlung in unserem Gehirn.

Dieses Bild sendet chemische Botenstoffe von unserem Gehirn zu Nervenimpulsen im Rückenmark, dann in die Nerven in Schulter, Arm und Hand. Wir nehmen den Bleistift. Alles begann mit einem Bild.

In einem meiner frühen Seminare bei Apple Skills Exchange hatte eine Frau Schwierigkeiten mit einer psychometrischen Übung. Sie beharrte darauf, daß sie vom Gegenstand ihres Partners nichts empfing, auch nachdem ich sie gefragt hatte, was sie fühlte und hörte. Immer noch nichts. Schließlich gab sie frustriert zu, daß sie im Geist einen Laib Brot sah, das aber als bedeutungslos abgetan hatte. Ich bat sie, sich auf den Laib Brot einzustellen. Wie sah er aus? Was für Brot war es? Wo lag es? Was für ein Tisch war es? Schließlich beschrieb diese Frau in allen Einzelheiten die Wohnung ihres Partners. Alle waren verblüfft, vor allem ihr Partner, der ihr zu Beginn der Übung völlig fremd gewesen war. In solchen Augenblicken wünsche ich mir immer, daß alle Skeptiker des Universums eine Fliege an der Wand sein und die Realität dieser Sensitivität erleben könnten.

Als mein drittes Auge anfing, sich wieder zu öffnen, hatte ich mehrere seltsame Erlebnisse. Wenn ich zu Bett ging und die Augen schloß, um zu schlafen, zogen an meinen geschlossenen Lidern Visionen von Gesichtern und unbekannten Orten vorüber. Vergangene Leben? Ich begann die Aura zu sehen, um die Menschen und vor ihnen. Ungefähr sechs Monate lang saß ich vor den Patienten und betrachtete die Farben, die von ihrem Körper ausgingen, statt ihn abzutasten. Ich brauchte meine Hände nicht einmal zu benützen. Ich konnte feststellen, in welchem Zustand bestimmte Organe waren, wenn ich die von ihnen ausgehenden Farben prüfte. Eines Morgens erwachte ich und stellte fest, daß meine Fähigkeiten sich verändert hatten und ich jetzt in die menschlichen Körper hineinsehen konnte wie ein Röntgengerät.

Diese empathische Sensitivität und diese Einblicke veranlaßten mich, eine bestimmte Abtasttechnik der menschlichen Energien zu entwickeln. Dabei begann ich damit, meine Hände über die Schultern einer Person zu halten, als wollte ich eine Heilung einleiten. Doch ich stellte mich bewußt darauf ein, Eindrücke zu empfangen, statt Energie auszusenden. Ich entdeckte, daß meine Hände zu Wünschelruten wurden. Sie vibrierten und bewegten sich mit den verschiedenen Energieströmen, auf die sie in einem Körper oder Energiefeld trafen. An den Schultern konnte ich sehr häufig einen Unterschied zwischen der rechten und linken Körperseite ausmachen. Immer ein ziemlich weites Stück über den Schultern beginnend, senkte ich meine Hände langsam, bis ich Hitze oder Kälte, ein Kitzeln oder einen Schmerz spürte, und dann – stop. Gewöhnlich waren meine Rechte und meine Linke verschieden weit von der Schulter entfernt. Manchmal war der Unterschied sehr körperlich, wenn ich zum Beispiel in der einen Hand einen scharfen Schmerz erlebte. Dieser Schmerz bedeutete gewöhnlich, daß mit der Schulter etwas nicht stimmte. Doch manchmal schien der Unterschied feiner, strukturloser zu sein. Manchmal hatte ich das Gefühl, meine Hand würde auf eine Steinwand treffen, und konnte sie nicht weiter senken. Ein andermal nahm ich ein Schütteln in der Hand wahr, eine Emotion wie Ärger, oder ich hörte sogar das Wort »Mutter« oder »Vater«. Wenn ich die Patienten oder Teilnehmer wegen dieser Eindrücke befragte, bestätigten sie gewöhnlich, daß sie tatsächlich auf der linken Seite Beschwerden hatten und die Beziehung mit der Mutter immer sehr schwierig gewesen war. Immer wieder stellte ich fest, daß zwischen den Problemen mit der Mutter und der linken Körperhälfte und zwischen den Problemen mit dem Vater und der rechten Körperseite Verbindungen bestanden. Die linke Gehirnhälfte kontrolliert die rechte Körperseite und viele lineare oder maskuline Funktionen, die rechte Gehirnhälfte kontrolliert die linke Körperseite und viele nicht lineare Bildkräfte und feminine Funktionen. Bei einem Linkshänder war es hin und wieder umgekehrt. Später erfuhr ich, daß bei fünfzig Prozent der Linkshänder die Steuerung durch die Gehirnhälften umgekehrt ist.

Die Hände immer noch über den Schultern, trat ich dann hinter der Person hervor und stellte mich seitlich von ihr auf. Jetzt hielt ich die Hände über den Kopf der Person, dort, wo das siebte Chakra liegt, das Chakra des spirituellen Bewußtseins. Ich fing immer ein gutes Stück darüber an, senkte dann langsam die Hände und achtete dabei darauf, was ich in ihnen, meinem eigenen Körper und in meinem Bewußtsein spürte. Wenn das spirituelle Bewußtsein der Person noch nicht erwacht war, fühlte ich gewöhnlich nichts, oder meine Hände senkten sich bis fast auf den Kopf und blieben unbeteiligt. Wenn die Person aktiv in einen Prozeß des spirituellen Erwachens verwickelt war, konnte ich die Bewegung der Energie spüren, wie sie in den Kopf floß und wieder hinausströmte. Wenn die Person offen war und Heilenergie brauchte, wurden meine Hände vom Kopf wie magnetisch angezogen. Manchmal sah ich mit meinem inneren Auge Licht oder ein Symbol von religiöser Bedeutung für die Person. Es kam auch vor, daß ich die Stimme eines Toten hörte, der mit der Person in Verbindung treten wollte. Ich behielt diese Wahrnehmungen bis zum Ende des Abtastens für mich, außer ich hatte so viele, daß ich Angst bekam, ich könnte sie vergessen. Ich erzog mich dazu, alles, was ich entdeckte, in meiner Erinnerung zu speichern wie auf einer Diskette, um sie dann abzurufen, wenn ich fertig war.

Vom siebten Chakra bewegte ich mich hinab zum dritten Auge, dem sechsten Chakra, das der Vision und des seelisch-geistigen Sehens. Während ich mit den Händen langsam hinabglitt, lenkte ich meine Aufmerksamkeit auf Körperstellen, die von diesen beiden Chakras erreicht werden. Ich erforschte Kopf, Hirn, Augen und Nebenhöhlen, ehe ich mich auf das dritte Auge zwischen den Augenbrauen einstellte. Ich hielt die rechte Hand so weit wie möglich von der Stirn weg und die linke so weit wie möglich vom Hinterkopf. Wenn die Person ein lebhaftes Traumleben hatte, sah ich oft Bilder aus einem oder zwei Träumen. Wenn sie Alpträume hatte, zitterten meine Hände heftig, und ich sah dunkle, unerfreuliche Bilder, die mir später bestätigt wurden. Wenn es Sehprobleme gab, bestand gewöhnlich eine entsprechende Blockade im dritten Auge. Wenn ich die Hände näherte, hatte ich oft das Gefühl, auf eine Steinwand zu treffen. Manchmal bewegte sich die rechte Hand frei in einer fließenden Bewegung, während die linke plötzlich innehielt. Gewöhnlich bedeutete dies, daß die Person sehen konnte, was vor ihr lag. Sie hatte sozusagen einen vorwärts gerichteten Gesichtssinn, wobei sie sich der Vergangenheit nicht bewußt und ihr auch nicht klar war, was in ihrem Unbewußten vorging. Manchmal war es umgekehrt, und ich fühlte eine heftige Bewegung an der Rückseite des Kopfes, während vorne nichts zu passieren schien. Es stellte sich dann heraus, daß die Person sich mit der Vergangenheit beschäftigte und nicht an die Zukunft dachte und keine Vorstellung davon hatte, wie sie aussehen sollte.

Vom dritten Auge bewegte ich die Hände über Gesicht, Kinn, Zähne, Ohren, Nacken und die Kehle, wo die Schilddrüse sitzt. Diese Drüse reguliert den Stoffwechsel und ist manchmal betroffen, wenn das fünfte Chakra, das des Selbstausdrucks, blockiert wird. Meine Hände vorn an der Kehle und hinten im Nacken, forschte ich nach Störungen. Wenn die Person in ihrem Selbstausdruck offen war, bewegten sich die Hände frei. Wenn das Chakra zu war, hörte ich innerlich Worte. Wenn starke Emotionen wie Ärger unterdrückt wurden, zitterten meine Hände heftig. Wenn im Nacken Spannungen oder Schmerzen vorhanden waren, fühlte ich es in meiner Linken als dumpfen oder stechenden Schmerz.

Von der Kehle bewegten sich meine Hände hinab zum Herzchakra, dem Zentrum von Liebe und emotionaler Empathie oder Mitgefühl. Ich prüfte die Thymusdrüse, einen Teil des Immunsystems hinter dem Brustbein, den Brustkorb, die Lungen und Bronchien und die Brüste. Die linke Hand kontrollierte Schultern, oberen Rücken und Rückgrat. Wenn Lungen und Bronchien verstopft waren, fühlte ich häufig Traurigkeit im Herzchakra. Später erfuhr ich, daß die Lungen in der chinesischen Medizin das Organ von Kummer und Trauer sind. Ich schien auch die Fähigkeit zu haben, in meinen Händen zu fühlen, welcher Rückenwirbel verletzt oder herausgesprungen war. Die Diagnose wurde jedesmal durch die Person selbst, den Arzt oder das Röntgenbild bestätigt. Viele Leute erzählten mir nach ihrer Heilung, daß meine Hände immer genau an dem Punkt des Rückgrats zur Ruhe kamen, der schmerzte, als hätten meine Hände einen eigenen Verstand und könnten genau den Ort erkennen, wo der Schmerz auftrat.

Vom Herzchakra fuhren meine Hände weiter hinunter, über den mittleren Rumpf zum dritten Chakra beim Solarplexus, dem Zentrum des Willens, der Motivation und Vitalität. Es kontrolliert die physische Vitalität des Körpers, denn die drei unteren Chakras sind physische Energien. Meine Hände erforschten den Magen, dann Leber und Gallenblase unter dem rechten Rippenbogen und Pankreas und Milz auf der linken Seite, den querverlaufenden Dickdarm und schließlich Nieren und Nebennieren im mittleren Rücken. Falls die Vitalität gering war, fühlte ich nur ein schwaches und sich langsam drehendes Rad im dritten Chakra. Ich erinnere mich, daß ich bei einer Frau überhaupt keine Willensenergie feststellen konnte. Nicht einmal das Chakra konnte ich lokalisieren.

Später gestand sie mir, daß sie ihren Willen ihrem Guru übergeben hatte.

Vom Solarplexus ließ ich meine Hände hinunter zum zweiten Chakra gleiten, gerade unter dem Nabel im Becken. Es ist das Zentrum von Sexualität, Hellfühlen und schöpferischer Lebenskraft. Bei den Frauen liegt das zweite Chakra im Uterus, bei den Männern in der Prostata. Ein gewisser Teil der Eingeweide gehört auch zum Einflußgebiet des zweiten Chakras. Ich erforschte Dickdarm, Hüften, Kreuzbein, Blase und Geschlechtsorgane. War das zweite Chakra offen, fühlte sich dieses Gebiet warm an, mit einer fließenden, kreisförmigen Bewegung. Bei menstruierenden Frauen bemerkte ich einen leichten Krampf in der Hand und eine schwache bis starke Anstauung der Energie, die vom Becken ausging. Ich konnte das fast immer feststellen. Wenn eine Frau oder ein Mann sexuell mißbraucht worden war, spürte ich eine Wand im zweiten Chakra. Meine Hände begannen heftig zu zittern, und ich spürte Angst. Ich hörte immer wieder innerlich »Nein!« oder erhielt sogar ein Bild von dem Vorfall. Eine Frau kam wegen einer angeblichen Zyste im Eierstock zu mir. Meine Hand wurde immer wieder zu ihrer Blase gezogen. Ich schlug ihr vor, ihren Arzt aufzusuchen. Wie sich herausstellte, hatte sie eine Blasenentzündung. Ich schicke die Leute immer zu ihrem Arzt zurück, denn ich möchte nicht ohne medizinische Rückendeckung für eine Diagnose verantwortlich sein oder gar, was der Himmel verhüten möge, mit einem Arzt in Konflikt geraten. Mein Ziel war immer, mit der Medizin zusammenzuarbeiten, nicht gegen sie. Mir gefiel die Vorstellung, daß britische Heiler in Krankenhäusern willkommen sind; sie gefällt mir immer noch.

Vom zweiten Chakra aus bewegte ich die Hände hinunter zum ersten Chakra an der Basis des Rückgrats, unter dem Schambein. Dieses Zentrum von Überleben, Erdung und Sicherheit ist unsere Verbindung mit Mutter Erde. Durch die Überprüfung der Energie in Beinen, Knöcheln und Füßen konnte ich feststellen, inwieweit jemand mit seiner physischen Natur verbunden war. Das erste Chakra verrät, wie gut umsorgt ein Mensch ist und inwieweit er sich selbst liebevoll behandelt. Wenn er als Kind nicht bemuttert wurde, hat er kein Vorbild für die Selbstbemutterung. Uns liebevoll umsorgen bedeutet, für unsere Bedürfnisse zu sorgen: Nahrung, Wohnung, Wärme, Sicherheit, Spiel, Bewegung, Ausruhen, Schlafen, Berührung, Zuneigung und Liebe. Wenn jemand nicht ganz in seinem Körper ist, ignoriert er gewöhnlich eines oder viele dieser Bedürfnisse und ersetzt sie durch geistige oder überlagernde Leistungen wie Erfolg, Geld, Kontrolle, Arbeit, Sex ohne Liebe und andere Suchtarten. Dies sind körperlose, nicht organische Erfahrungen, wenn jemand nicht geerdet ist. Es ist nichts falsch an Erfolg, Geld, Arbeit oder Sex, solange die organischen fürsorglichen Bedürfnisse den Vorrang haben. Falls nicht, kann man sich immer mehr von diesen Bedürfnissen entfernen, bis nur noch eine Krise in Form von Krankheit, Verlust, Verletzung oder Unfall einen aufrüttelt, damit man sich der Lage bewußt wird.

Mir fiel auf, daß viele Leute, die zu mir kamen, im ersten Chakra und in den Beinen sehr wenig Energie

hatten. Sogar Tänzer, die ich für äußerst geerdet gehalten hatte, besaßen wenig organischen Fluß entlang
ihrer Beine bis zu den Füßen und in den Boden. Häufig
spürte ich nur eine begrenzte Energie in den Beinen und
ein sehr starkes Willenschakra. Auf dieses Muster stieß
ich immer wieder, und schließlich zog ich den Schluß,
daß viele Tänzer den Körper dazu zwingen, das zu tun,
was sie wollen, statt einen organischen Prozeß zuzulassen, während sie tanzen. Das Ergebnis sind viele Verletzungen durch Streß. Eine Tänzerin kam mit einem ver-
stauchten Knöchel zu mir und sollte noch am gleichen
Abend auftreten. Ich legte die Hand auf, und Schwel-
lung und Schmerz verschwanden. Sie konnte an jenem
Abend tanzen, doch das wahre Problem der Überbean-
spruchung ihres Körpers war nicht verschwunden. Eine
andere Tänzerin, die mich erst kürzlich aufsuchte, hatte
ihren Körper jahrelang so überfordert, daß er völlig
aufgehört hatte zu funktionieren. Sie hatte schreckliche
Schmerzen in Knien und Beinen und konnte nicht mehr
tanzen. Als ich ihren Körper und alle ihre Chakras gründ-
lich erforschte, fühlte ich ein gequältes Kind, das seiner
Mutter gefallen wollte. Wir sprachen darüber, und sie
bestätigte, daß sie ihr ganzes Leben damit verbracht
hatte, ihrer Mutter zu gefallen, die sie nur liebte, wenn
sie sich tadellos benahm. Das konnte sie jetzt nicht mehr,
dafür hatte ihr Körper gesorgt. Ihre Seele versuchte ihr
zu helfen, sie mit einem viel tieferen Gefühl von Selbst-
wert und Selbstliebe in Verbindung zu bringen, als die
Mutter es ihr gegeben hatte.

Im Unterricht, wenn ich meine Studenten durch eine

Meditation führte, die ich »Öffnen der Chakras durch weißes Licht« nannte, konnten sie tatsächlich diesen Energiefluß in ihrem eigenen Körper spüren. Wo die Energien unausgeglichen waren, stellten sie Störungen fest, Schmerzen oder gar nichts. Als wir nach der Meditation die Wirkung besprachen, erkannten wir, daß es eine direkte Entsprechung gab zwischen Krankheit und körperlichem Symptom und den Chakras, deren Fluß sich unausgeglichen anfühlte. Ich fragte die Teilnehmer, was für Empfindungen sie an den unausgeglichenen Stellen gehabt hätten, oder ob Erinnerungen, Bilder oder Worte hochgekommen seien. Meistens hatten sie etwas Derartiges erlebt, und wir konnten sehen, daß Ereignisse und Emotionen mit der Entwicklung einer Krankheit in Beziehung standen. Wir suchten nach Hinweisen, wie wir einander bei der Heilung helfen konnten. Ich kam mir manchmal wie Sherlock Holmes vor.

Als meine Studenten und Patienten mit ihren Chakras vertrauter wurden und gelassener die tiefen Räder des Lebens in sich erforschten, begannen ihre intuitiven Fähigkeiten aufzublühen. Das Öffnen der Chakras stimuliert den Fluß von Energien, die manchmal viele Jahre geschlafen haben. Als Kinder sind wir alle sensitiv, was bedeutet, daß wir uns bewußt sind, was um uns vorgeht. Bereitet uns diese Bewußtheit und Sensitivität zu viele Unannehmlichkeiten, nabeln wir uns von ihnen ab oder blockieren sie. Gewöhnlich sind behutsame Anleitung und ein geschützter Ort notwendig, um die seelisch-geistige Bewußtheit wieder zu öffnen.

Ich bemühte mich bewußt, meinen Studenten und Patienten diesen sicheren Ort zu geben. Mein Herz war immer offen und voller Liebe, so daß die Leute sich geborgen fühlten und die Erkenntnisse, die bei der Heilarbeit frei wurden, ausleben konnten, wie schmerzhaft sie auch waren. Ich entwickelte eine geführte Meditation, die ich »Mit dem Körper kommunizieren« nannte (siehe Heilmeditationen). Ich benütze sie heute noch bei jedem Klienten, der zum erstenmal zu mir kommt und körperliche Beschwerden hat. Er kann sich in einen tief entspannten und unbewußten Zustand fallen lassen und dadurch mit der Krankheit, dem Schmerz und der Beschwerde Verbindung aufnehmen. Der Körper sendet aufschlußreiche Botschaften aus, wenn er respektiert wird und man ihm Aufmerksamkeit schenkt.

Einer meiner ersten Studenten war Raucher. Er wollte aufhören, aber alle Versuche mißlangen. Als er sich auf sein Halschakra einstellte, das Zentrum des Selbstausdrucks, spürte er Beengtheit und Einschnürung. Das begleitende Gefühl war Ärger. Als er mit seiner Kehle sprach, dann die Rollen vertauschte und zu seiner Kehle wurde, kam er in Verbindung mit einem tief verdrängten Zorn auf seine Mutter, der nie erlöst worden war. Die Freiheit, sich auszudrücken, wurde bei ihm als Kind unterdrückt, und er unterdrückte sie weiter mit seinen Zigaretten. Nachdem er erkannt hatte, daß er heute noch das tat, was seine Mutter einst getan hatte, und den Ärger zuließ, begann sich sein Selbstausdruck zu öffnen. Bald danach gab er das Rauchen für immer auf.

Während der Meditationen ging ich in dem kleinen Kreis von Studenten umher und hielt oder legte die Hände über die betroffenen Körperstellen. Ich wartete geduldig, bis etwas geschah. Manchmal war es ein Ziehen, Wärme oder Schmerz. Ein andermal spürte ich, wie der Körper die Energie aus meinen Händen einsog, und sie wurden sehr heiß und aufgeladen. Die Leute, die Heilung empfingen, spürten die Wärme gewöhnlich, auch wenn meine Hände ein paar Zentimeter von ihrem Körper entfernt waren. Dann fühlten sie entweder eine sofortige Erleichterung oder ein allmähliches Nachlassen der Schmerzen oder Symptome während der nächsten Tage. Das stärkste Gefühl, das ich bei jedem Handauflegen hatte, war das Öffnen meines eigenen Herzens, meines eigenen Zentrums der Liebe und des Mitgefühls. Ich hatte das Gefühl, daß ich jeden Menschen, den ich berührte, spirituell zu lieben begann. Ich glaubte, die Stelle hinter seiner Persönlichkeit, hinter Schmerz und Schwierigkeiten, in ihm berühren zu können. Ich konnte bei ihm den Ort spüren, wo Gott in seiner Seele ruhte. Am Ende jeden Tages war ich glücklicher und energetisch mehr aufgeladen als am Morgen. Ich war dankbar, daß ich leben durfte, und zutiefst dankbar, daß Gott mir diese Gabe zu helfen verliehen hatte.

Zu beobachten, wie Studenten und Klienten vor meinen Augen gesundeten, und zu fühlen, wie sie unter meinen Händen geheilt wurden, war eine aufregende Erfahrung. Es war, als hätte ich mein ganzes Leben auf die Gelegenheit gewartet, das zu tun, was ich jetzt tat. Im tiefsten Innern meines Herzens hatte ich das Gefühl, daß ich im täglichen Leben Gottes Gnade empfing und seine Liebe für die Menschheit. Aber ich erkannte zu jener Zeit nicht, daß ich für alle anderen besser sorgte als für mich selbst. Meine Aufmerksamkeit war nach außen gerichtet, auf die anderen. Ich war so erzogen worden. Meine Mutter sorgte für meinen Vater, als er krank wurde, und sie sorgte für ihre Mutter und ihre Schwestern, als diese krank wurden. Und außerdem sorgte sie für mich, ihr einziges Kind. Ich trat in ihre Fußstapfen – wie eine gute Tochter, eine gute Christin, eine gute Heilerin. Erst viele Jahre später sollte ich entdecken, was für einen schrecklichen Preis ich für mein »Gutsein« gezahlt hatte.

3 Tauben

Jeder Mensch kam mit einer Geschichte zu mir. Jeder trat in mein Leben mit seinem Leben. Ich lauschte mit meinem Körper und ließ die Essenz eines jeden in meine Seele ein, und manchmal gelang es mir, ein Gesamtbild des Wesens dieses Menschen zurückzugeben.

Einer der wenigen Astrologen, die ich je aufsuchte, sagte zu mir: »Sie sind eine Pförtnerin. Sie halten die Tür auf, und die Leute gehen hindurch.«

»Was ist mit mir?« fragte ich. »Gelingt es mir auch irgendwann, hindurchzugehen?« Er antwortete nicht.

In den ersten zwei Jahren zuckte ich zusammen, sobald es an der Tür klingelte oder jemand klopfte. Ich liebte und fürchtete jenen Augenblick, wenn ich die Tür öffnete und einem Menschen in Not gegenüberstand. Den Augenblick der Wahrheit, wenn ich ein anderes menschliches Wesen kennenlernte, jemand Fremden, der mich bat, ihm in die Seele zu sehen und seinen Körper zu heilen. Jemand, der hören wollte, daß alles in Ordnung kommen würde, wie das meine Mutter bei mir immer gemacht hatte. Aber was, wenn nicht alles in Ordnung kam? Mehr noch – ich hatte Angst, daß ich eines Tages nichts mehr sehen, nichts mehr fühlen würde. Wie damals bei meinem ersten Klaviervortrag mit sieben Jahren. Ich hatte geübt und geübt, und der Applaus war ohrenbetäubend, und ich saß auf der Bank und starrte die Tasten an, und alles wurde leer.

Ich lächelte und führte eine junge Frau in mein Wohnzimmer, die Anfang Zwanzig war, etwas jünger als ich.
Sie erzählte, daß es in ihrem Apartmenthaus gebrannt
hatte und ihre beiden geliebten Tauben in ihrem Käfig gestorben waren. Sie war zur fraglichen Zeit im Büro
gewesen. Sie weinte. Sie war voll Herzenskummer und
wußte nicht, wie sie ihn heilen sollte. Sie erzählte mir
die ganze Geschichte und weinte unaufhörlich. Sie saß
mit dem Rücken zu meinem großen Flügelfenster, das
die ganze Wand einnimmt und auf den Hof und den
Garten zwischen den beiden Gebäuden des Wohnkom-
plexes hinausgeht, in dem ich lebe. Ich saß ihr gegenüber
in einem Stuhl, hörte zu, und ihre Trauer rührte mein
Herz.

Aus den Augenwinkeln nahm ich ein Flattern über ihrer
rechten Schulter wahr. Ich zögerte, die Augen von ihr
abzuwenden, da ich mich nicht von dem Mitgefühl lösen
wollte, das ich für sie hatte. Ich gewahrte noch ein Flattern. Ich blickte direkt über ihre Schulter und entdeckte
zwei Trauertauben, die draußen auf dem mittleren Fen-
stersims saßen. Zuerst traute ich meinen Augen nicht.
Voll Ehrfurcht saß ich da. Ich erwartete, daß sie jeden
Augenblick davonflogen. Ich erwartete, daß die Illusion
verschwand. Aber die Tauben blieben. Ich wartete, bis sie
mit ihrer ganzen Geschichte zu Ende war. Ich wollte sie
nicht unterbrechen. Als sie einen Augenblick schwieg,
flüsterte ich: »Drehen Sie sich um!« Sie sah mich fragend
an, und ich wiederholte meine Worte. Sie wandte sich um
und sah die Tauben. Beide saßen wir fasziniert da, die
Augen voller Tränen, während wir uns vorstellten, wie die

Geister ihrer beiden Vögel in diesen gurrenden New Yorker Tauben wiederauferstanden waren.

Die Tauben blieben während der ganzen einstündigen Sitzung da und flogen erst weg, als die Frau aufstand, um zu gehen. Ich hatte diese Tiere nie vorher gesehen, und danach sah ich sie auch nie mehr wieder, obwohl ich vier Jahre in jenem Apartment wohnte.

Tagebucheintrag, später August

Ich schreibe die beiden obigen Seiten für das Buch fertig, schalte den Computer aus und gehe hinunter zu einem zweiten Frühstück. Ich sitze draußen in der milden Sonne und lausche dem Lärmen der Erdhörnchen und dem Krächzen der Krähen. Vier Gedichte steigen in mir auf, und ich schreibe sie auf einen Zettel. Ich beschließe, sie draußen zu lassen, damit ich ein paar Stunden vom Computer wegkomme. Aus irgendeinem Grund gehe ich dann doch wieder hinauf, ohne die Gedichte. Im Wohnzimmer sehe ich mich um, und mein Blick fällt auf ein Buch, das ich vor einigen Monaten gekauft habe, nachdem ich es in der Wohnung einer Freundin entdeckte. *Women in Praise of the Sacred*, herausgegeben von Jane Hirshfield. Es ist eine Sammlung von »43 Jahrhunderten spiritueller Gedichte von Frauen«. Ich schlage es irgendwo auf und merke, daß ich eine Stelle mit Gedichten von Christina Georgina Rossetti vor mir habe. Ich fange an zu lesen. Mir gefallen sie nicht besonders, doch ich lese zerstreut weiter. Als ich zu den letzten zwei Zeilen komme, bleibt mir der Atem stehen:

Schreite sanft! Die ganze Erde ist heiliger Boden,
Vielleicht, könnten wir mit sehenden Augen sehen,
Ist dieser Fleck, auf dem wir stehen, ein Paradies,
Wo Tote kamen, um zu leben, und Verlorene gefunden
    wurden,
Wo Glaube triumphierte, und Martyrium sich krönt,
Wo Narren die Weisheit der Weisen verwischten.
Vom selben Fleck mag der Staub der Heiligen sich erheben,
Und des Königs Gefangener sieht grenzenloses Licht.
O Erde, Erde, Erde, hör die Worte deines Herrn:
»Die Toten laßt nun hinter euch, nicht verbergt ihr die
    Geschlachteten.«
Manche, die weinten, werden wiederkommen,
Jubeln von Ost bis West,
Wenn Tauben fliegen zu ihren Fenstern, der Liebe
    eigene Vögel,
Zufrieden mit dem Nest und danach verlangend.

Späteres Leben: Ein zweifaches Sonett der Sonette

4 Mondschein

Als sich die Nachricht über meine Heilarbeit in den späten Siebzigern verbreitete, suchten mich einige Frauen auf, die später enge und langjährige Freundinnen werden sollten. Nancy Azara, damals Direktorin des New York Feminist Art Institute und eine hervorragende und auf alles Neue begierige Holzschnitzerin und Malerin, war unter ihnen. Sie nahm an Vorlesungen und Seminaren teil und fand heraus, daß die tiefe Verbindung mit ihrer inneren künstlerischen Psyche es ihr ermöglichte, sich den heilenden und intuitiven Energien zu öffnen. Wir beschlossen, zusammenzuarbeiten, Heilung und Kreativität miteinander zu verbinden und gemeinsam neue Workshops an dem Institut zu geben. Ich sollte die Meditationen erfinden, und Nancy würde die Ideen für die künstlerischen Projekte entwickeln, die den Studentinnen erlaubten, einen sichtbaren Gegenstand zu schaffen, in dem sie die Emotionen und Erkenntnisse ausdrücken konnten, mit denen sie durch Meditationen und Gespräche in Kontakt gerieten. Einige der Workshops, die wir veranstalteten und leiteten, hießen: »Die mythische Göttin finden«, »Die Landkarte des Sensitiven«, »Maskieren und Demaskieren«, »Die sensitive Kraft der Kunst« und »Licht und Schatten – Schutzschichten des Selbst«.

Als der Rockefeller-Flügel für Primitive Kunst im Metropolitan Museum of Art in Manhattan eingerichtet wurde,

gingen Nancy und ich hin, um uns die Ausstellung anzusehen. Uns fiel eine in dunkle Stoffstücke gekleidete
menschliche Gestalt auf, der eine Art Sack über die linke
Schulter hing. Wir sprachen über die symbolische Bedeutung von Taschen als Gebärmutter, daß Frauen immer
Taschen tragen und kleine Mädchen sich gern damit
herausputzen. Nancy erzählte, ihre Tochter würde ihre
Lieblingssachen in ihre Tasche stecken und dann verbergen wie einen Schatz. Wir beschlossen, einen Workshop
zu veranstalten, bei dem Frauen die Möglichkeit erhielten, sich als diese schamanische Gestalt wiederzuerschaffen mit einem Schoß voller Schätze. Die Frauen brachten
Schachteln und Taschen mit Stoffresten, Knöpfen aus
Großmutters Zeiten, Schmuck von den Müttern und
Stöcke und Steine von Geistreisen mit. Sie nahmen diese
Stücke und Teile ihres Lebens und befestigten sie an
puppengroßen Figuren als Kleidung, Haare, Schuhe und
Schmuck. Die bedeutungsvolleren Gegenstände wurden
in einen kleinen Sack gesteckt, ähnlich dem Sack der
Gestalt im Metropolitan. Diese Frauen erschufen sich
neu in ihren dunklen, selbstgemachten Figuren, fähig,
die Vergangenheit zu heilen und eine Zukunft mit Schätzen des Schoßes zu eröffnen.

Während jede Frau die Figur beschrieb, die sie geschaffen hatte, und jeden an ihr angebrachten Gegenstand,
stiegen tiefe und seit langem vorhandene Emotionen an
die Oberfläche und wurden ausgedrückt. Es war eine
aufregende und bewegende Arbeit, im Kreis von zwanzig oder dreißig Frauen zu sitzen und mitzuerleben, wie
diese tief verborgenen Gefühle die Tabus von Schwei-

gen und Form zerbrachen und zu Göttinnen der Schöpfung wurden. Ich beobachtete, ich lauschte. Ich war von dem Schöpfungsprozeß fasziniert. Ich selbst konnte nicht daran teilnehmen und wußte nicht, warum. Nancy kehrte am Sonntag abend nach dem Workshop nach Hause zurück, um ihre eigene Schamanenmaske oder Gottheit zu erschaffen. Ich ging nach Hause und erinnerte mich liebevoll an das Wochenende und das, was jeder erschaffen hatte. Ich hatte die Meditationen eingebracht. Ich hatte Handauflegen praktiziert. Ich hatte den Austausch erleichtert. Aber ich konnte meine Hände nicht auf Stoff, Holz, Farbe oder Knöpfe legen, um etwas für mich selbst zu erschaffen. Es mußte immer alles für die anderen sein.

Ich hatte die Sehnsucht, etwas zu erschaffen. An der Columbia-Universität hatte ich einen Zeichenkurs belegt, als ich mich für das medizinische Vorprogramm einschrieb, weil ich dachte, ich würde Medizin studieren. Kohle und Papier; ich liebte es. Im College hatte ich im Nebenfach Bildhauerei belegt, im Hauptfach vergleichende Religionswissenschaften. In der Volksschule hatte ich eine schöne Birne gemalt. Meine Lehrerin mochte sie nicht; ich war untröstlich. Meine Mutter erzählte, daß ich mich mit zwei Jahren gern hinter den Wohnzimmergardinen versteckte und mit Farbstiften die Wände bemalte. Sie wusch die Wände ab.

Seit dem Alter von sechs Jahren war ich mit einem Klavier aufgewachsen. Das erste war ein hundert Jahre altes Instrument aus dem Künstleraltersheim in der Stadt. Mein Vater kaufte es mir. Wir strichen das dunkle Äußere hellblau. Ich liebte jenes Klavier und nahm Unterricht. Eines Tages ertönte ein donnerndes Krachen von undefinierbaren Tönen, als hätte der Himmel selbst seine Harfe fallen gelassen. Der Resonanzboden in meinem blauen Klavier war in der Mitte gesprungen und zusammengebrochen. Ich brauchte ein neues Instrument.

Mein Vater fand ein anderes Klavier, ein altes Gulbransen, das in den zwanziger Jahren in Chicago gebaut worden war. Wir ließen das Äußere dunkel. Ich nahm weiter Unterricht, obwohl ich nicht sehr talentiert war. Ich weiß nicht, ob ich nicht genug übte oder einfach nicht musikalisch war. Wahrscheinlich kommt es der Wahrheit näher, wenn ich sage, ich spielte Klavier, um meinem Vater zu gefallen. Eigentlich wollte er, daß ich Akkordeon spielte. Ich weigerte mich. Die Geige war sein zweiter Vorschlag. Ich war schrecklich. Das Klavier war dann meine Wahl. Er hatte alte Noten von »Old Man River« und »Danny Boy«. Ich übte die Songs, während er im Wohnzimmer in seinem großen Stuhl saß. Wie alle Kinder machte ich Fehler. Er hielt die falschen Töne nicht aus. Eines Tages kam er herein, als ich einen seiner Lieblingssongs spielte. Er nahm die Noten vom Klavier und zerriß sie in Stücke.

Während der Zeit, in der Nancy Azara und ich am Institut Workshops gaben, lernte ich zwei großartige Frauen kennen, die in Westbeth in Greenwich Village wohnten. Gabrielle Beard und Patricia Horan beschlossen, ein Zentrum für Frauen zu gründen, die Spiritualität und Heilen erkunden wollten. Sie nannten es *Women and*

Wisdom. Wir wurden enge Freunde, und sie baten mich, dort Workshops zu geben. Sie hatten ein schönes, geräumiges Loft zu ihrer Verfügung, mit großen Fenstern, und Dutzende von New Yorker Frauen kamen. Ich lehrte »Den inneren Heiler wecken«, »Geistige Selbstverteidigung«, »Vergeben und nicht mehr urteilen«, »Seine Rechte zurückfordern« und »Die Göttin in dir entdekken«. Sie hatten eine Freundin, Catherine Heriza, die Gitarre spielte und wunderschöne Songs komponierte. Sie sang in den Workshops. Bald schlossen sich die Frauen vom New York Feminist Art Institute und von Women and Wisdom zusammen, um sich gegenseitig zu unterstützen und manchmal gemeinsame Workshops abzuhalten. Merlin Stone kam und sprach von ihrem Buch über die weibliche Gottheit: *When God was a Woman.* Eine Frauengemeinschaft. Die Göttin wurde wiedergeboren in den Körpern und Seelen von New Yorker Frauen, und wir wußten es.

Ich war mit einer patriarchalischen protestantischen Kirche aufgewachsen, in der das Göttlich-Weibliche nicht betont wurde. Da ich nicht römisch-katholisch war, hatte ich nicht einmal die Jungfrau Maria als Vorbild. Niemand sprach jemals darüber, daß der Heilige Geist auch weiblich sein könnte, und es gab wenig Gespräche über das Alte Testament und seine mächtigen Frauen. Ich wußte nicht, daß Artemis Hunderte von Jahren lang in Griechenland die Gottheit der Großen Mutter gewesen und ihr Tempel in Ephesus eines der sieben Weltwunder gewesen war. Es vergingen Jahre, ehe ich entdeckte, daß die große Marmorfigur mit den vielen Brüsten von den

Christen zerstört und durch das Kreuz ersetzt worden war. Welche Ironie, daß dieselbe Stadt Ephesus der Ort war, wo die römisch-katholischen Kirchenväter Maria in ihre Rechte als Gottesmutter und Himmelskönigin einsetzten. Ich ging aufs College und studierte vergleichende Religionswissenschaften als Hauptfach. Als ich mich mit den östlichen Religionen beschäftigte, stieß ich zum erstenmal auf Götter *und* Göttinnen. Jetzt lebte ich unter ihnen. Jetzt wurde jede von uns die lebende Verkörperung des Göttlich-Weiblichen. Das war neu für mich. Es war erhellend wie Mondlicht, dessen Schein in meine Seele fiel und schlafende Schönheiten weckte.

Ich liebte zum erstenmal in meinem Leben das Feminine. Ich blickte in den Spiegel und begann mich selbst und meine Freundinnen zu schätzen und zu lieben. Alles Frauen. Ich fing an, in Frauen mehr zu sehen als nur arbeitswütige und fürsorgliche Wesen, Dienstboten und Mütter. Ich sah plötzlich Macht, Schönheit, Stärke und Heilkraft. Noch wichtiger, ich begann sie zu fühlen.

Ich wohnte zu dieser Zeit in London Terrace in Chelsea. Sarah Renschler hatte ein Penthouse auf dem selben Gebäude und benützte es als Kunstgalerie. Es war ein schöner weiter und offener Raum mit Fenstern an allen vier Seiten und einer Terrasse. Als mein Apartment im achten Stock für die Gruppen zu klein wurde, lud sie mich ein, meine Workshops oben abzuhalten. An einem Wochenende planten Gabe, Pat und ich eine Kombination von Workshops und Präsentationen durch viele verschiedene Frauen. Die Sache sollte in Sarahs Penthouse stattfinden. Ich sprach über Tara, die tibetische Göttin des Mitgefühls und des Heilens. Eine Schauspielerin aus Israel namens Aviva Davidson stellte die Geschichte von Ruth auf hebräisch dar. Es war ein schöner Sonntagnachmittag. Blauer Himmel, strahlender Sonnenschein. Ihre Stimme tönte durch den Raum, während sie die Geschichte vortrug. Ich blickte auf eine Fensterwand, und während sie weitererzählte, bemerkte ich, wie sich der Himmel verdunkelte. Er wurde dunkler und dunkler, bis in einem gewaltigen Ausbruch sich Donner, Blitz und Regen am Himmel entluden. Alles schnappte nach Luft. Nur diese Frau machte mit ihrer Performance weiter, als sei es die natürlichste Sache der Welt. Eine unmittelbare Manifestation. Lebendiges Altes Testament im modernen New York. Es war eines der außergewöhnlichsten Ereignisse, die ich je erlebte.

Eine der Frauen, die ich zu jener Zeit traf, war eine talentierte Drehbuchschreiberin für Film- und Videoproduktionen. Judy Parker und ich wurden gute Freundinnen und beschlossen, den Versuch zu machen, auf dem Land zu leben. Wir kamen überein, gemeinsam ein Haus zu mieten, und fuhren in den Norden des Staates New York, um uns umzusehen. Ich hatte dort als Teenager einmal an einem Zeltlager teilgenommen.

Wir mieteten ein kleines Haus in Woodstock in der Zena Road, beim Reservoir. Wir kam zum Wochenende hinaus. Bald begann ich zu erkennen, daß ich dort Wochenendretreats abhalten konnte. Ich stellte eine makrobiotische Köchin an, die für das Essen sorgte, und die Frauen kamen Freitagabend und kehrten am Sonntagabend nach New York zurück. Es gab mehrere kleine

Extraschlafzimmer, ein Extrabad, und wenn man Schlaf-
säcke hinzunahm, konnten wir zwölf Frauen beherber-
gen. Das große Wohnzimmer hatte einen Kamin und
war zum Abhalten eines Workshops sehr gut geeignet.
Woodstock war mit dem Wagen nur ein paar Minuten entfernt, und die vielen Geschäfte und Restaurants
sorgten in der Nachmittagspause für angenehme Ablen-
kung.

Ich gab meinen einleitenden Workshop über Geistheilung, »Den inneren Heiler wecken«. Zusätzlich zu den
Meditationen und der Aussprache danach begann ich
auch Gelegenheiten zum Zeichnen, nach bestimmten
Meditationen wie zum Beispiel »Mit dem Körper kommunizieren« anzubieten. Ich sorgte für farbige Pastellkrei-
den und Stifte und bat die anwesenden Frauen, ihre
Symptome und Krankheiten zu malen. Durch die Zeich-
nungen ergaben sich bemerkenswerte Erkenntnisse.
Meine Arbeit mit Nancy Azara hatte dazu geführt, daß
ich einige in visueller Form dargestellte emotionale Bedeutungen verstand, auch den Gebrauch von Farbe. Ich
bemerkte, daß die Chakrafarben oft bei Symptomen und
Krankheiten auftauchten, die in direkter Beziehung zu
dem jeweiligen Chakra standen, obwohl die malende
Person sich dieser Verbindung nicht bewußt war. Rot
wurde häufig verwendet, um körperlichen Schmerz darzustellen, besonders in ausgezackten, unregelmäßigen
Formen. Rot ist auch die Farbe der Lichtenergie im
ersten Chakra, dem Zentrum für Sicherheit und Erdung.
Wenn jemand Rot verwendete, um physische Schmerzen in den Beinen darzustellen, konnte ich demjenigen

helfen, mit Fragen zum Thema Sicherheit oder dem Mangel an Sicherheit in seinem Leben in Verbindung zu kommen. Jahre später sollte Judy mit Steven Halpern und seiner Musik ein Video über die Chakrafarben entwickeln und produzieren.

Ich stellte fest, daß das Land eine angenehme Abwechslung zu New York war. Ich war in den Vororten von New Jersey aufgewachsen, deshalb war dies mein erstes Haus und das erstemal, daß ich auf dem Land lebte. Ich machte lange Spaziergänge durch die Zena Road beim Reservoir, manchmal bei Morgengrauen, manchmal in der Abenddämmerung. Hier fing ich auch mit der Übung an, über kurze Strecken zu laufen. Ich liebte es, abends den Mond über dem Wasser zu beobachten, vor allem, wenn er voll war.

Es gab einen Kamin im Haus, und ich liebte große knisternde Feuer. Ich zündete das erste Feuer der Saison an und lehnte mich zurück, um zu entspannen. Während das Feuer brannte, fiel mir eine seltsame Form im Holz auf. Ein flaches Stück Holz lag im Feuer, und die Flammen begannen, ein seltsames Muster hineinzuzeichnen. Ein Gesicht. Ein Teufelsgesicht. Ich traute meinen Augen nicht. Ich stand auf und ging ins Nebenzimmer und kehrte zurück, überzeugt, meine Augen hätten mir einen Streich gespielt. Das Gesicht war noch da und wurde immer deutlicher. Eine Minute später hörte ich ein enormes Donnern, wie von einem Zug. Ich erschrak zu Tode. Der Schornstein stand in Flammen. Ich öffnete die Haustür und scheuchte die Katzen hinaus. Dann rannte ich zum Telefon und alarmierte die Feuerwehr. Als ich hinausging, konnte ich Funken sehen, die in die Höhe und auf die Bäume flogen. Die Feuerwehrleute kamen und sagten, ich solle mir keine Sorgen machen. Viele Leute fegten den Schornstein auf diese Weise. Das war mir kein Trost. Etwas Seltsames hatte sich abgespielt, das ich noch nie erlebt hatte. Ich war verängstigt.

Mein Aufenthalt auf dem Land war kurz – eineinhalb Jahre. Judy nahm bei einem Drogenrehabilitationszentrum in Los Angeles einen Job an, und ich fand, daß ein Haus für mich allein zuviel Verantwortung und zu viele Kosten bedeutete. Ich kehrte wieder ganz nach New York zurück. Am Morgen meines Auszugs ging ich zum Reservoir. Am Himmel stand ein doppelter Regenbogen, der vom einen Ende bis zum anderen über das Wasser reichte. Ich lächelte und nahm es als gutes Omen.

Ich wurde aufgefordert, am Ananda Ashram in Monroe zu lehren, ungefähr eine Stunde nördlich von New York. Jahre vorher hatte ich *Roots of Consciousness* von Jeffrey Mishlove gelesen und ein kleines Foto des indischen Gurus Dr. Rammamurti Mishra gesehen. Während ich sein Bild betrachtete, überliefen mich kalte Schauer, und ich wußte, daß ich ihn *kannte*, ein ähnliches Wissen wie damals, als ich meinem Freund John begegnete. Es war ein seltsames Gefühl, als betrachte ich das Foto eines Bekannten. Als ich die Einladung erhielt, am Ananda Ashram zu lehren, war ich neugierig. Ich erinnere mich nicht, wie sie von meiner Arbeit gehört hatten, doch an einem Sommernachmittag fuhr ich hin. Ich traf mich mit Vyas Houston, dem Leiter des Ashrams, der jetzt überall im Land Sanskrit-Workshops gibt. Wir sprachen über eine Tagung, die im Ashram stattfinden sollte, und er fragte, ob ich interessiert wäre, Workshops zu geben. Ich bejahte, und wir machten Pläne, wie ich dabei vorgehen sollte. Am Abend blieb ich bis zum Programm nach dem Dinner. Zu Beginn der Veranstaltung betrat der Guru den Raum. Mir blieb der Atem weg, und mein Herz machte einen Satz. Es war der Mann, den ich auf dem Foto gesehen hatte. Ich traute meinen Augen nicht. Nach dem schönsten Sitarspiel, das ich je gehört hatte, sprach er zur Gruppe. Wir saßen alle auf dem Boden. In einem gewissen Augenblick hatten wir Augenkontakt, und ich konnte spüren, wie sich mein Herz öffnete. Ja, ich kannte diesen Mann. Aus wie vielen Leben, wußte ich nicht. Aber ich kannte ihn.

Ich lehrte mehrere Jahre am Ananda Ashram. Manchmal hielt ich einen Wochenendworkshop ab über Heilen oder »Geistige Selbstverteidigung«. Aber die Sommertreffen und Festivals mochte ich am liebsten. Sie dauerten zehn Tage, und während der ganzen Zeit wohnten wir auch dort. Sie begannen gewöhnlich mit einem Sitarmusikabend und indischen Tänzen. Jeden Tag standen Workshops über das Heilen mit den verschiedensten Heilern auf dem Programm. Köstliche und ungewöhnliche indische Gerichte wurden von der Küche geliefert, und am Abend, nach dem Essen gab es Sitarmusik, und Dr. Mishra, den wir liebevoll Guruji nannten, sprach zu uns. Manchmal spürte ich, daß er in meinen Gedanken las und nur für mich sprach. Kurz nachdem ich dort zu lehren begonnen hatte, redete er über das Öffnen des geistigen Herzens. Vyas berichtete mir, daß der Guru nie zuvor diesen Ausdruck benützt hatte. Ein andermal sprach er von geistiger Schwangerschaft. Er blickte mir dabei direkt in die Augen. An einem Nachmittag meditierte ich in Vyas' Meditationsraum und stellte mich auf Gurujis Bild ein. Ich kam in einen tiefen meditativen Zustand. Alles andere verschwand, und ich hatte das Gefühl, als würde ich mit ihm verschmelzen. Später am Nachmittag grüßte er mich und lachte laut. »Sie haben mich heute nachmittag besucht! Sie waren in meinem Zimmer!« sagte er in Gegenwart aller anderen. Ich hatte nicht gewußt, daß ich Astralreisen machen konnte.

Aber mehr als alles andere liebte ich die Sitarmusik. Der Mann, der spielte, Roop Verma, hatte bei dem berühmten indischen Sitaristen Ravi Shankar studiert und war sehr gut. Es gab Morgen- und Abend-Ragas, und wir alle saßen still da und lauschten seiner Musik. Ich schloß die Augen und ließ mich in die verschiedenen Rhythmen sinken. Mein Körper verschmolz mit ihnen, und ich spürte, wie die Kundalini-Energie in mir aufstieg und wieder hinabsank. Nach Spielende ging ich jedesmal zu ihm, erzählte ihm, wie sehr ich die Schönheit seines Spiels genossen hatte, und beschrieb, was ich erlebt hatte. Er hörte mit aufgerissenen Augen zu. Unweigerlich wartete er, bis ich zu Ende war, und dann erzählte er mir, welchen Raga er gespielt hatte und die Geschichte dazu. Es war jedesmal genau das, was ich ihm geschildert hatte. Ich war so vollkommen mit der Musik eins geworden, daß sie in meinem Körper gespielt hatte, wo ich ihren Zweck gefühlt und ihre Vision gesehen hatte.

Im Ananda Ashram begegnete ich auch Martin Brofman. Einige Jahre zuvor war bei ihm ein bösartiger Rückenmarktumor festgestellt worden. Die Ärzte erklärten ihm, daß er inoperabel sei. Er flog auf die karibische Insel Martinique und tröstete sich mit Trinken und Drogen. Während eines LSD-Trips landete er in einer Bar, neben einem Mönch. Der Mönch sagte, daß Krankheit eine Frage des Geistes sei. Wenn das stimmte, beschloß Marty, dann mußte er sich an ihn wenden, um sich zu kurieren. Das tat er – mit Paprikapizza und Hot dogs. Marty dachte, wenn die Krankheit nur in seinem Geist war, dann spielte es keine Rolle, was er aß. Ich würde diese Methode einem Krebskranken nicht gerade empfehlen, der alle gesunde Nahrung braucht, die er kriegen kann, aber Marty war sehr willensstark. Nachdem er von seinem Krebs völlig geheilt war, beschloß er, seine Brille loszuwerden und seine Augen zu heilen. Danach fuhr er umher und lehrte andere, wie man die Kraft des Geistes einsetzte, um zu heilen – indem man sich als völlig geheilt visualisierte. Er hatte ein Fischglas voller Brillen als Beweis. Wir wurden gute Freunde.

Ich werde nie den Sommerabend vergessen, an dem wir im Ananda Ashram zu einem Festival eintrafen. Die Wolken sahen aus, als würden sie jeden Augenblick bersten. Wir setzten uns alle auf den Rasen hinter dem Haus und warteten auf die indische Musik und den indischen Tanz. Es war sogar eine Bühne beim See aufgebaut worden. Der Himmel wurde immer dunkler. Wir erwarteten alle, daß schwere Regengüsse den Abend verderben würden, und hofften trotzdem, daß das Wetter noch ein oder zwei

Stunden hielt. Marty sah zum Himmel hoch und meinte, wir sollten etwas unternehmen. Er schloß die Augen. Als er sie ein paar Minuten später wieder öffnete, sagte er nachdrücklich: »So. Es wird jetzt nicht regnen.« Es regnete nicht. Nicht an jenem Abend, nicht an den ganzen nächsten zehn Tagen. Der Himmel blieb jedoch bedeckt, sehr zum Unbehagen und zur Verwirrung aller. Als man am Nachmittag des zehnten Tages in die Wagen stieg und den Ashram verließ, brach der Regen los. Stundenlang goß es in Strömen. Ein Zauberer, der Marty. Und er wußte es.

Ich überlegte, wie das Leben wohl sein würde, wenn ich in den Ashram zog. Ich fand, daß es mich zu sehr einengte. Ich dachte auch über das Leben eines Zauberers nach. Es erschien mir ein wenig zu gefährlich. Deshalb heiratete ich einen Psychiater. Er war groß, dunkel und sah gut aus; intelligent und kreativ; ein Marathonläufer, ein Lehrer und Poet; stark, weise und ein Mann, der die Dinge in die Hand nahm. Er war alles, was mein Vater nicht gewesen war. Meine Freundinnen mochten ihn nicht. Sie fanden, er sei zu rauh, zu dominierend und zu aggressiv. Eine Freundin meinte, daß er immer im Mittelpunkt der Aufmerksamkeit stehen müßte; eine andere, daß er sich vom Weiblichen bedroht zu fühlen schien; eine dritte, daß er mit mir im Wettstreit stünde und sich von meinem Erfolg bedroht fühlte. Ich dachte, meine Freundinnen hätten Angst, mich an einen Mann zu verlieren. Und so war es. Ich liebte. Oder sollte ich sagen, daß ich in einem Komplex steckte, in meinem Vaterkomplex? Ich brauchte einen Helden, den ich liebte und der

104

mich liebte. Ich wollte beschützt und umsorgt sein und brauchte das Gefühl, daß das Männliche mich haben wollte. Was ich in Wirklichkeit brauchte, war mein Animus, die unbewußte männliche Komponente, die mir Erdung, Geborgenheit und Sicherheit gab. Statt dessen heiratete ich. Heiraten heißt im klassischen Griechisch »eine Frau zähmen«. Das wußte ich nicht. Ich wußte auch nicht, daß in der griechischen Mythologie die Frauen soviel stärker waren als die Männer, daß sie einem Mann nicht offen in die Augen sehen durften, aus Angst, sie würden ihn vor Liebe und Verlangen verrückt machen; oder daß bei der Hochzeit der Ehemann die Braut bei ihrem linken Handgelenk nahm, als ein Zeichen der Entführung. Noch wußte ich, daß Amazonenkriegerinnen griechische Frauen waren, die die Gesellschaft von Männern schätzten, sich aber weigerten, sie zu heiraten. Auf vielen griechischen Vasen ist zu sehen, wie Amazonen von Männern getötet werden. Im Augenblick des Todes sah eine Amazone ihrem Mörder direkt in die Augen, so daß der Mann erkannte, er mordete das, was er am meisten liebte. Wie oft ist diese Geschichte seit den alten Griechen nachgespielt worden. Das alles wußte ich nicht.

Nach meiner Scheidung viele Jahre später fragte mich eine Freundin: »Was ist passiert? Du warst berühmt. Du warst im *US-Magazine*. Dann bist du einfach verschwunden.« Meine Antwort: »Ich habe geheiratet.« Die Wahrheit war: Ich hätte die Aufmerksamkeit und Publicity, die mit dem Ruhm kommen, nicht ertragen. Ich hatte keine unbewußte männliche Komponente, die mir Aggression, Stärke, Führung und Selbstschutz gegeben hätte. Wenn ich schon nicht mit meinem sehr männlichen Mann fertig werden konnte, wieviel weniger wäre ich da mit einer rauhen, dominanten und bedrohlichen Welt fertig geworden! Eine Menge innerer Heilarbeit lag vor mir.

5 Brennende Wurzeln

Menschen sind wie Bäume. Wenn sie Feuer fangen, kann man sie löschen, den Schaden einschätzen, ein wenig Balsam auf ihre Wunden tun und denken, daß die Gefahr vorüber ist. Wenn man am nächsten Tag zurückkommt, sind neue Feuer ausgebrochen, und aus der Erde steigt Rauch auf. Das Feuer brennt unterirdisch, und die Wurzeln schwelen.

Wenn ein Feuer die Wurzeln eines menschlichen Wesens erreicht hat, geht der Schaden tief. Das Fundament seines ganzen lebenserhaltenden Gefüges ist in Gefahr. Heiler, gute Heiler, sehen auf die Wurzeln, wie auch auf die Blätter und die Rinde. Die Blätter sind hübsch, farbenprächtig und machen ein nettes Geräusch, wenn sie sich im Wind bewegen. Aber die Wurzeln halten den Baum aufrecht, die Wurzeln geben Leben.

Meine Wurzeln gingen nicht sehr tief, als ich als Heilerin begann. Ich war ein ziemlich harter Baum. Ich war wie so viele andere Leute in den sechziger und siebziger Jahren, die Blumenkinder waren, ein Blätterkind. Wir wußten nicht, daß wir Wurzeln brauchten. Wir dachten alle, daß die Blüten genügten. Gib dein Ego auf, sei frei, sei spirituell, liebe alle Menschen, und der Rest wird sich von selbst ergeben. Wir wußten nicht, daß man ein Ego erst loslassen kann, wenn man eines hat. Wir wußten nicht, daß Häuser ohne Fundament nicht sehr solide sind.

Also verließ ich mich auf meine Intuition, meine Sensiti-vität, mein tiefes Mitgefühl und meine immer stärker (nicht tiefer) werdende Spiritualität, um eine gute Hei-lerin zu werden. Es funktionierte eine Zeitlang, tatsäch-lich sogar eine lange Zeit. Die Leute kamen zu mir mit brennenden Wurzeln, verdorrten Zweigen und beschä-digten Blättern. Ich besaß das hellsichtige und hellfühli-ge Mitgefühl, um zu erkennen, was das Problem war und wo es angefangen hatte. Ich konnte in ihre Kindheit blicken, die Eltern beschreiben, ihre Aura sehen und mit meinen Händen Chakras und Körper ertasten. Wenn ich die Geschichte eines Menschen gehört, ihn durch die Meditation »Mit dem Körper kommunizieren« geführt und Chakras und Körper erforscht hatte, besaß ich eine ziemlich gute Vorstellung davon, welche Wurzeln brann-ten und wo. Dann war ich bereit, die Hände aufzulegen und zu sehen, ob Körper und Seele eine tiefgehende Heilung annehmen würden.

Als ich anfing, kam mir nie die Idee, einen Massagetisch zu kaufen, so daß sich der Patient hinlegen und ich bequem mit geradem Rücken stehen konnte. Vielleicht wollte ich nicht wie eine Masseurin wirken, was mir aber nicht bewußt war. Ich erinnere mich, daß Jahre später, nachdem ich meinen ersten Massagetisch gekauft hatte, eine gutgekleidete berufstätige Frau zu ihrer ersten Sit-zung kam, den Tisch sah und impulsiv sagte: »Darauf lege ich mich nicht!« Ich sagte, das brauche sie auch nicht. Sie schien erleichtert zu sein und zugleich besorgt. Wie sich herausstellte, war sie in der Kindheit sexuell mißbraucht worden und wollte nicht berührt werden.

Das war in ihrer Ehe ein großes Problem. Ich konnte ihr nicht helfen, es zu lösen, und schlug eine Therapie vor. Zu Beginn meiner Privatpraxis setzte ich die Leute völlig angezogen auf einen Stuhl. Ich stand hinter ihnen, anfangs um mich zu zentrieren und zu beten. Die Position für das Handauflegen war zu Beginn wie bei der Erforschung der Chakras und des Körpers. Dies habe ich schon weiter vorn im Buch beschrieben. Dann trat ich zur rechten Seite und setzte mich auf einen Stuhl, um den Unterkörper zu erreichen, oder stellte mich hin, um den Oberkörper zu behandeln. Die rechte schien meine stärker heilende und auch die sensitivere diagnostizierende Hand zu sein, obwohl ich herausfand, daß ich auch die linke Hand sowohl zur Diagnose als zum Heilen verwenden konnte. Die meisten Heiler verwenden eine Hand für die Untersuchung und die andere zum Heilen.

Ich begann die Sitzung gewöhnlich damit, daß ich hinter dem Patienten stand, die Augen geschlossen, tief entspannt, und meinen Geist klar machte. Ich betete auch. Manchmal sprach ich das Vaterunser, manchmal bat ich nur um Hilfe und Wahrheit und die Fähigkeit, das Herz durch Liebe zu öffnen. Ich begann mit den Händen über den Schultern, um den Körper auszugleichen, bewegte sie dann zur rechten Seite und legte sie über den Kopf, wo das Kronenchakra ist, das spirituelle Zentrum. Dann arbeitete ich mich langsam über den ganzen Körper voran, die rechte Hand vorne, die linke Hand am Rücken, entlang dem Rückgrat. Während ich die Hände langsam bewegte, konnte ich die Zonen fühlen, die Heilung brauchten, Stellen mit brennenden Wurzeln. Sie waren zu heiß oder zu kalt, schmerzvoll, erregt oder hatten überhaupt keine Energie. An diesen Stellen hielt ich inne, atmete tief, verhielt mich neutral und wartete, daß etwas passierte. Gewöhnlich bedeutete dies, daß die Heilenergie in meinen Händen auf die Störung im Körper traf und wie bei einer Wetterfront eine Auseinandersetzung geschah. Wenn die Störung sehr stark war, wurde ich zurückgestoßen und mußte mich darauf verlassen, die negative Energie herauszuziehen, ehe ich diese Stelle mit Heilenergie versorgen konnte. War die Störung gering oder beeindruckbar, schien sie unter meinen Händen zu zerschmelzen, ich konnte mich näher hinbewegen und schließlich die Hände auf der betroffenen Stelle ruhen lassen. Dann wurde die Wärme in meinen Händen stärker und durchdrang das Gewebe mit Heilenergie. Viele Leute konnten die Hitze und den Abdruck meiner Hand noch lange, nachdem ich sie zurückgezogen hatte, spüren. Manche Leute waren etwas verwirrt, wenn sie die Augen öffneten und feststellten, daß ich schon das Zimmer verlassen hatte, um die Hände zu waschen. Sie dachten, ich sei immer noch da, die Hände auf ihrem Körper. Ich ging dazu über, es ihnen zu sagen, wenn ich fertig war.

Die Heilenergie hinterläßt einen tiefen, nachhaltigen Eindruck. Sie schickt Lebenskraft durch Blätter und Rinde ins Innere des Baums und hinab bis in die Wurzeln. Sie berührt den ganzen Menschen: körperlich, emotional, mental, psychisch und geistig. Das Wort *Psyche* kommt aus dem Griechischen und heißt Seele. Ich habe nie verstanden, warum die Leute bei diesem Wort so mißtrauisch werden. Allerdings ist es in unserer Kultur falsch verwendet und mißbraucht worden. Auf einer tiefen psychischen Ebene geheilt zu werden bedeutet, in seiner Seele geheilt zu sein.

Und dann gibt es noch das Wort Energie. Ich erinnere mich noch an das erste Buchkonzept, das ich einem Lektor schickte. Ich hatte sehr lange daran gearbeitet und war ziemlich angetan von dem, was ich geschrieben hatte. Die Antwort lautete: »Was ist das eigentlich – Energie? Das klingt alles ziemlich hochtrabend. Ihr Material ist dünn.« Ich war am Boden zerstört. Für mich gibt es nichts Natürlicheres als die Energie. Nicht einmal die Naturwissenschaften können sie wirklich definieren, aber unser ganzes Universum besteht daraus. Wir leben in einem gigantischen Feld von Gottes Energie. Für mich ist sie das greifbarste Ding der Welt. Ich berühre sie jeden Tag. Ich fühle sie mit meinen Händen. Ich bin Realistin. Ich bin Stier. Protestantin. Setzen Sie mich vor einen Computer, und ich habe keine Ahnung, wie er funktioniert, wo alle diese Seiten aufbewahrt werden. Wie kommt das ganze Material in ein kleines Stück Metall? Für mich ist das ein phantastisches Zauberreich. Ich kann es nicht berühren. Mathematik habe ich nie begriffen. Ein Bündel Zahlen auf einem Blatt Papier. Wie kann man zu einem Ergebnis kommen, wenn man keine Gefühle fühlt, kein Körper zum *Berühren* da ist. Es ist alles so abstrakt für mich. Geben Sie mir ein lebendiges menschliches Wesen aus Fleisch und Blut, und ich kann in seinen Körper und seine Seele blicken und erkennen, welche

Wurzeln brennen und wieviel Liebe zur Heilung notwendig ist. *Das* ist Wirklichkeit.

Sie sagte, sie würde sterben. Eine Frau von fünfundzwanzig Jahren mit einem Lymphom suchte mich auf, nachdem sie sich zwei Jahre lang geweigert hatte, obwohl ihr Psychotherapeut immer wieder dazu riet. Bestrahlung und Chemotherapie hatten versagt. »Mir blieb keine Wahl«, sagte sie. Man hatte ihr noch sechs Monate zu leben gegeben. »Ich wollte nicht herkommen. Ich glaube nicht an diesen Hokuspokus.« Sie saß vor mir, die Arme vor der Brust gekreuzt, und starrte mich herausfordernd an. Vielen Dank, Gott, warum hast du mir ausgerechnet die da geschickt? dachte ich. Ich sollte den Grund bald herausfinden.

Ich sagte zu ihr, daß sie nichts zu verlieren hätte. Sie antwortete nicht. Ich erklärte ihr, wie ich arbeitete, und bat sie, mir zu erzählen, wann die Krankheit diagnostiziert worden und was in ihrem Leben in den zwei Jahren bis zur Diagnose passiert war. Sie wurde geschieden, und als sie davon sprach, konnte ich erkennen, wie verletzt und ärgerlich sie war. Sie fühlte sich verraten, und nach der Scheidung beschloß sie, daß sie eine Lesbierin sei. Sie war übergewichtig und sehr ärgerlich. Ich entschied mich, die einleitende Meditation und die Körperuntersuchung wegzulassen. Sie war zu ablehnend und würde die Augen nicht schließen und mich nicht an sich heranlassen. Ich glaube nicht, daß ich bei der ersten Sitzung schon eine Heilung machte, aber genau erinnere ich mich nicht mehr. Ich schlug vor, daß sie zweimal die

Woche kommen solle, und wir würden sehen, wie die Dinge liefen. Ich schlug ihr auch vor, Möhrensaft zu trinken, der, wie ich wußte, viel Betacarotin enthält und gut für das Immunsystem ist.

Ein paar Tage später erschien sie zur nächsten Sitzung, und wir erforschten Chakras und Körper, und ich legte die Hände auf. Nach einigen Tagen erhielt ich einen Anruf. Sie hatte Fieber. Was sollte sie tun? Sie berichtete, daß sie Karottensaft getrunken hatte. Meine Intuition sagte mir, daß es ein durch den Karottensaft verursachter Reinigungsprozeß war und die heilsame Reaktion auf mein Handauflegen. Ich riet ihr, zum Arzt zu gehen, wenn das Fieber andauerte, doch im Augenblick sollte sie es einfach zulassen, viel Wasser und Karottensaft trinken und sehen, was geschah. Zufällig hatte ich gerade einen Artikel über künstlich eingeleitetes Fieber als experimentelle Behandlung von Krebs gelesen. Ich erzählte ihr am Telefon davon. Sie ließ Mutter Naturs Heilkraft auf ihr Fieber wirken. Nach drei Tagen sank das Fieber von allein, und sie fühlte sich gut.

Wir arbeiteten sechs weitere Wochen zusammen, ich machte jedesmal eine Heilung, und wir sprachen über ihre Gefühle der Wut, der Furcht und der Trauer. Danach ging sie in die Klinik zur Routineblutuntersuchung. Der Arzt war über das Resultat so fassungslos, daß er die Analyse wiederholen ließ. Er dachte, ihr Blut wäre verwechselt worden. Er ließ die Untersuchung dreimal machen. Dann rief er sie ins Sprechzimmer und erklärte, daß er eigentlich nicht berechtigt sei, einem Patienten so etwas zu erzählen, aber die Testergebnisse hätten keinen

Krebs ergeben. Ihr Blut war völlig normal. Am nächsten Tag kam sie und erzählte es mir. Sie hatte Angst. Der Hokuspokus hatte funktioniert und alle ihre Verteidigungsmechanismen zerstört. Sie gestand, daß sie zwei Jahre damit verbracht hatte, sich daran zu gewöhnen, daß sie krank war und bald sterben würde, und jetzt wußte sie nicht, wie sie leben sollte, wie sie ein gesunder Mensch sein sollte, mit einem Leben vor sich. Ich sagte, wir würden daran arbeiten.

Bei der nächsten Sitzung hatte sie einen Knoten in ihrer rechten Brust. Es war ein Freitag. Sie hatte für Montag einen Termin beim Arzt, der den Knoten untersuchen wollte. Wir unterhielten uns darüber, warum sie ihn gerade dann bekommen hatte, als man ihr die Diagnose gestellt hatte, daß sie gesund war. Gefährliches Gebiet. Sie erzählte, daß ihre Mutter bei ihrer Geburt im Gefängnis gewesen war. Sie kannte den Grund nicht oder wollte es nicht sagen. Sie erklärte, sie sei sich nicht sicher, ob sie ein Recht darauf hätte, zu leben, gesund und glücklich zu sein. Im stillen faßte ich einen Entschluß. Ich beschloß, auf ihren Zorn loszugehen, auf ihr Wüten gegen das Leben, um festzustellen, ob ich ihre Gefühle bloßlegen und so ausbrennen konnte, daß die Flammen zwischen uns hochschlugen. Ich forderte sie mit Worten heraus, bohrte und stocherte. Sie wurde ärgerlich, dann wütend. Sie drohte zu gehen. Ich erklärte, das könnte sie jederzeit tun, aber vorher müßte sie sich setzen und mich eine Heilung machen lassen, wegen des Knotens in ihrer Brust. Sie gehorchte. Ich legte meine Hände darüber und spürte gar nichts. Sie stürmte hinaus. Drei Stunden

114

später rief sie an. Der Knoten war verschwunden. Wieder bekam sie Angst. Sollte sie versuchen, den Knoten bis zum Montag wieder neu zu machen, damit ihr Arzt ihn untersuchen konnte? Natürlich nicht, erwiderte ich. Was sollte sie ihm dann sagen? Einfach die Wahrheit. Keine Angst vor der Wahrheit haben. Sie tat, wie geheißen. Später rief der Arzt an und fragte mich aus. Er erklärte, er würde mich gern in die Klinik einladen, damit ich mit anderen Ärzten sprechen könnte. Doch er bekam Angst und lud mich nie ein. Die Frau und ich arbeiteten noch neun Monate lang zusammen, und sie wurde in ein neues Leben geboren. Jetzt, fast fünfzehn Jahre später, lebt sie immer noch, es geht ihr gut.

Ich blicke auf mich selbst in jener frühen Zeit zurück und staune, woher ich den Mut zu solch einem Risiko nahm. Die meisten Psychotherapeuten mischen sich bei einem Patienten im ersten Jahr nicht so offen ein, noch viel weniger im ersten Monat. Vertrauen aufbauen, konservativ sein, abwarten. Warten war ein Luxus, den wir uns beide nicht hatten leisten können. Spontaneität und Risikobereitschaft waren bei mir nicht durch eine lange Ausbildung unterdrückt worden. Als ich meine Arbeit als Heilerin begann, hatte ich nur den niedrigsten akademischen Grad in vergleichenden Religionswissenschaften von den Hobart and William Smith Colleges und keine Ausbildung als Beraterin. Dazu sollte es erst zehn Jahre später kommen, als ich auf das Iona College in New Rochelle, New York ging und meinen Abschluß in seelsorgerischer Beratung machte. Ich hatte nur ein Jahr Analyse nach Freud hinter mir. Ich hatte wirklich keine

Ahnung, was ich tat. Ich folgte einfach meinen Instinkten, und sie waren gut, sie waren von Gott gegeben, und manchmal funktionierte es. Wir sollten mit Anfängern alle etwas toleranter sein. Sie haben einen Funken in ihrer Seele, und manchmal springt er über große Wüsten und kommt in der Oase eines Herzens zur Ruhe, und Brunnenquellen sprudeln neues Leben empor.

Mißerfolge gab es auch. Viele Mißerfolge. Ich erinnere mich, daß die große Heilerin Olga Worrall einmal gefragt wurde, warum sie nie über ihre Mißerfolge spreche. Sie erwiderte, weil das niemand etwas nützen würde. Das stimmt nicht; mir hätte das sehr gut getan. Ich brauchte jemanden, der mir erzählte, daß das Leben voll von Mißerfolgen ist, jeder hat welche, und nicht jede Heilung wirkt. Niemand klärte mich auf. Die Leute kamen mit Taubheit, Gallenblasenproblemen, Lungenkrankheiten und Rückenschmerzen. Sie wurden nicht geheilt, jedenfalls nicht spontan, während sie in meiner Praxis waren. Es brach mir das Herz. Ein Mann wurde im Rollstuhl hereingebracht. Er hatte die Lou-Gehrig-Krankheit. Nichts. Ein Komponist, der einen Schlaganfall erlitten und fast völlig die Sprache verloren hatte, mühte sich damit ab, mir seine Geschichte zu erzählen. Nach der Sitzung war seine Sprachbehinderung noch schlimmer. Ich begriff in jenen frühen Tagen nicht, daß eine Heilung häufig zunächst jede Verteidigung und Kompensation zerstört, damit sie tief in den Ursprung der Wunde einsinken kann. Ich hätte ihm raten sollen, wie ich es heute tue, sich für den Rest des Tages hinzulegen und nicht zu versuchen zu sprechen, aber ich

116

wußte es nicht besser. Manchmal sind Anfänger auch unwissend.

Manche Leute waren so verzweifelt, daß sie erwarteten, ich würde den Zauberstab meiner Hände über ihrem Körper hin und her schwenken und Schmerz und Krankheit zum Verschwinden bringen. Publicity nützte da auch nichts. Man hatte bereits über mich in der Lokalzeitung von Amherst geschrieben, nachdem ich dort zum erstenmal Unterricht gab. Aber das war nur eine kleine Zeitung. Ich war nicht vorbereitet, als ein Reporter von *Daily News* erschien. Es gab einen ganzseitigen Artikel mit Foto. Die Leute riefen in Scharen an, bald waren es Hunderte von Anrufen. Ich konnte den Leuten nur einen Termin für eine einzige Sitzung geben und war auf Monate im voraus ausgebucht. Wenn die eine Heilung nicht wirkte, gingen die Leute entmutigt, und ich war es auch. Ich saß in der Falle, ich konnte niemanden mehr ein Jahr lang zweimal wöchentlich sehen, bis er geheilt war. Man hatte mir diese Gabe des Heilens verliehen, und wer war ich, daß ich die Leute wegschickte. Ich dachte, ich müßte jeden empfangen, der zu mir kam. Wenn ich jetzt darauf zurückblicke, nach vielen Jahren der Analyse, glaube ich, es war eine Verbindung aus Aufgeblasenheit und Hingabe, Unsicherheit und fehlenden Egogrenzen. Man hatte mich niemals gelehrt, nein zu sagen. Man hatte mich nie gelehrt, erst an mich selbst zu denken, an meine Bedürfnisse, meine Gesundheit und an meinen Schutz. Meine Mutter erzählte mir, daß sie mit der Maxime aufwuchs: »Du bist deines Bruders Hüter.« Das klingt heute in meinen Ohren wie Gefängnisjargon.

Ich zögerte auch, jemand wegzuschicken, weil manchmal schon eine Sitzung genügte. Ich erinnere mich an die Frau mit dem Nackenproblem. Ich legte die Hände auf ihren Nacken, und ein paar Minuten später konnte sie ihn zum erstenmal seit zwei Jahren wieder bewegen. In einem meiner Workshops benützte ich einen Mann als Demonstrationsmodell für das Erforschen des Körpers, nicht für eine Heilung. Ich richtete meine Aufmerksamkeit auf seinen Nacken. Wie gewöhnlich war es unmöglich, Untersuchen und Heilen völlig voneinander zu trennen, und vermutlich sandten meine Hände mehr Heilenergie aus, als ich dachte. Am Ende der zwanzigminütigen Demonstration drehte er sich um und sah mich an, und dann trat ein verblüffter Ausdruck in sein Gesicht. Er drehte den Hals hin und her, nach oben und unten, in alle Richtungen. Er verkündete der Gruppe, daß er so etwas seit zwanzig Jahren nicht mehr hatte tun können. Sein Nacken blieb gesund.

Ich begann, Heilkreise einzurichten, um die vielen Menschen unterzubringen und mehr Möglichkeiten für das Handauflegen zu schaffen. Als ich anfing, Wochenendworkshops zu geben statt Abendunterricht, hatte ich Abende für kleine Heilkreise von zwei Stunden frei. Wir besprachen verschiedene Aspekte des Heilens, und jeder Teilnehmer erhielt die Möglichkeit, eine Kurzfassung seiner Geschichte zu erzählen, an der Meditation »Mit dem Körper kommunizieren« teilzunehmen und ein Handauflegen zu erhalten. Nach der Meditation bekam jeder ein Feedback, weil ich inzwischen eine Anzahl intuitiver Eindrücke gewonnen hatte, die ich weitergeben konnte. Die Ergebnisse waren gewöhnlich sehr gut, vor allem, wenn ein Teilnehmer wochenlang kam.

Die Heilung baut sich mit der Zeit weiter auf. Die Heilenergie hinterläßt einen bleibenden Eindruck im Körpergewebe, im feinstofflichen Energiefeld, dem Unbewußten und dem Emotionalkörper jedes Menschen. Doch dieser Heilabdruck muß zuerst um sein Gebiet kämpfen, wie ein Tier, das in den Bau einen anderes Tieres gerät. Wenn Krankheit, Kummer oder Unausgeglichenheit seit langer Zeit bestehen, haben sich diese Dinge schon an einem festen Punkt verankert, ein Muster, das manchmal schwer zu durchbrechen ist. Der Heilabdruck der Hand des Heilers legt in der gleichen Gegend einen gesunden Abdruck nieder, doch manchmal kann diese Energie ihre Stellung nur für ein paar Stunden oder ein paar Tage halten. Wenn die Wurzeln eines Baumes unterirdisch brennen, kann der Feuerwehrmann den Baum mit Wasser abspritzen, doch das Feuer flammt wieder auf. Die Patienten müssen mich drei Tage nach der Sitzung anrufen und mir berichten, wie es ihnen geht. Gewöhnlich berichten Neulinge, daß sie sich nach der Heilung einen oder zwei Tage großartig fühlten, bis die Symptome dann zurückkehrten. Sie brauchen noch eine Heilung, um den gesunden Abdruck zu verstärken, und sie müssen damit fortfahren, ihre brennenden Wurzeln zu erkunden, den Ursprung ihrer Krankheit. Aus diesem Grund begann ich, Kassetten mit Heilmeditationen zu machen. Auf diese Weise hatten die Leute meine Stimme, meinen Energieabdruck und eine geführte Vorstellung geistiger Bilder und konnten das alles akustisch mit nach Hause nehmen. Diese Meditationen veranlassen die Heilenergien, durch den Körper zu fließen, ähnlich wie bei einer elektrischen Schnur, deren Stecker man in die Steckdose steckt. Wie Agnes Sanford in ihrem schönen Buch *The Healing Light* beschreibt: »Wenn das Bügeleisen nicht funktioniert, schimpfe und tobe nicht mit ihm, sondern sieh nach, ob es angeschlossen ist.«

Das ist es, was wir alle brauchen – angeschlossen sein. Aber wie? An wen und wo? Ist das nicht die Frage, die wir alle stellen? Wie erfahren wir die Heilung von Körper, Geist und Seele? Wie leben wir ein geheiltes Leben? Die meisten Menschen, die bei mir erscheinen, wissen, daß sie mehr heilen müssen als nur den Körper, obwohl der Körper natürlich wichtig ist. Denn wenn der Körper nicht geheilt wird, werden wir nicht lange genug hier sein, um auf Herz, Geist und Seele einzuwirken. Als ich vor zwanzig Jahren mit dem Heilen begann, war den meisten Leuten nicht klar, daß eine körperliche Krankheit emotionale, mentale und geistige Komponenten hat. Ganz sicher erkannte das die Medizin nicht, trotz der Tatsache, daß der Nobelpreis für Medizin 1977 an Guillemin und Schally für die Entdeckung der Placebo-Wirkung vergeben wurde. Die meisten Menschen glauben nicht an Heilung, bis sie sie unmittelbar erleben. Ich sage immer zu den Leuten: »Glauben Sie nichts, was ich sage. Ich möchte Ihnen nur die Gelegenheit bieten, persönlich eine Heilung zu erleben.« Erfahrung schafft Glauben genauso wirkungsvoll wie Glauben Erfahrung. Sie gehen Hand in Hand. In der Kindheit formt alles, was wir erleben, unseren Realitätssinn, unsere Überzeugungen.

Wer unsere Eltern sind und was sie glauben, hat auch Auswirkungen auf unsere Erfahrungen in der Kindheit. Kinder lernen wie Katzen durch Beobachtung. Wie wir alle wissen, hören Kinder nicht genau auf das, was wir sagen, sie beobachten, was wir tun. Sie ahmen nach. So lernen die Menschen. Wir ahmen nach. Wenn wir in eine Familie geboren werden, in der alle Brillen tragen, wollen wir auch eine Brille. Wir halten eine Brille für eine gute Sache. In den achtziger Jahren veröffentlichte die *New York Times* einen Bericht über eine Verhaltensstudie an einer Gruppe von Müttern mit ihren Kindern. Die Mütter sollten so tun, als hätten sie Schmerzen oder wären krank, um zu sehen, wie die Kinder reagierten. Ich erinnere mich, daß eine Mutter tat, als hätte sie schreckliches Kopfweh. Die Reaktion der vierjährigen Tochter: »Ich auch, Mami, ich auch.«

Krankheit kann eine angelernte Reaktion sein, eine nachgeahmte Reaktion. Es gibt die physiologische Genetik, aber auch eine psychologische. Meistens ist es kein so bewußter Prozeß wie in dem Fall mit dem kleinen Mädchen. Meistens findet die Osmose auf einer unbewußten Ebene statt. Einer der Gründe, warum wir nachahmen, ist die Liebe. Jenes kleine Mädchen liebte seine Mutter. Wenn wir jemanden lieben, identifizieren wir uns mit ihm. Wir möchten dem Menschen so ähnlich wie möglich sein. Und wir möchten, daß dieser Mensch uns liebt. Wenn wir die Liebe zu einer anderen Person erleben, wird sie es merken und uns wiederlieben. Diese Art von Liebe passiert ständig in jeder Familie. Ich werde nie den jungen Mann in einem meiner Workshops am New Yorker Open Center vergessen. Er erzählte, daß er in einer großen italienischen Familie aufwuchs. Er war der erste Sohn, und seine Mutter erwartete, daß er alles fühlte, was sie fühlte. War sie traurig, sollte er auch traurig sein. War sie wütend, sollte er auch wütend sein und ihre Wut unterstützen. Er hatte keine eigene emotionale Realität. Ihre Realität hatte sein Leben verschluckt. Diese Erkenntnis war sehr schmerzhaft für ihn. So schmerzhaft sogar, daß er am zweiten Tag nicht zum Workshop kam. Es war zuviel für ihn. Zurückzukommen würde bedeutet haben, ein eigenes neues individuelles Leben zu wählen und den Prozeß der Trennung von seiner Mutter einzuleiten.

Die Angst vor Trennung, Verlassenwerden und Mangel an Liebe ist so verheerend, so bedrohlich für das Leben, daß wir alles tun, um sie zu vermeiden. Wenn wir als Babys von der Mutter getrennt werden, kann das Tod bedeuten. Wenn wir nicht geliebt werden, ist das ein emotionaler Tod. Die berühmte Studie über ein Waisenhaus in Kanada wies nach, daß Babys, die beim Füttern nicht aufgenommen und *berührt* wurden, starben. Jane Goodwin, Autorin von »The Power of Touch«, erschienen im *Ladies Home Journal* vom April 1995, schreibt, daß der Tastsinn bei einem menschlichen Embryo als erstes entwickelt wird. Während andere Sinne wie Sehen und Hören mit dem Alter beeinträchtigt werden, wird die Fähigkeit, berühren zu können und Berührung zu empfinden, gewöhnlich nicht schwächer. Sie berichtet, daß das Amt für alternative Medizin der National Institutes of Health in Bethesda, Maryland, vier Forschungsstipendien für das Studium der Massage vergeben hat. Andere Untersuchungen haben bereits gezeigt, daß Massage die Heilung von Wunden beschleunigen, das Immunsystem verbessern und Depressionen und Körperschmerzen vermindern kann. Sie zitiert Lynda Harrison, ausgebildete Krankenschwester und Doktor der Philosophie, die als Forscherin an der Universität von Alabama mit Frühgeborenen arbeitet. Sie berichtet, daß regelmäßig massierte zu früh geborene Kinder 47 Prozent mehr zunahmen als unbehandelte Frühgeburten, obwohl alle das gleiche Essen erhielten. Ich glaube, daß Liebe, Heilen, menschliche Berührung nährender sind als Lebensmittel.

Wir alle haben eine vage Erinnerung in unserem kollektiven Unbewußten, aus dem Garten Eden hinausgeworfen worden zu sein. Jede Religion, jede Kultur hat eine Eden-Geschichte, wie uns das Joseph Campbell so schön bewußtgemacht hat.

Und wir würden gern alle wieder dorthin zurückkehren, entweder in diesem Leben oder danach im Himmel. Wenn Sie tibetischer Buddhist sind und das Bodhisattva-Gelübde abgelegt haben wie ich, haben Sie sich damit einverstanden erklärt, ein Leben nach dem anderen dazubleiben, bis alle fühlenden Wesen erlöst sind, bis wir alle zusammen das Paradies erleben. Viele Male habe ich mir gewünscht, ich könnte dieses Gelübde rückgängig machen und nur an meiner eigenen Erleuchtung arbeiten.

Ich weiß, was es bedeutet, krank zu sein. Als Neugeborenes reagierte ich allergisch auf jede Babynahrung, die mir meine Mutter einzuflößen versuchte. Ich bekam

Lungenentzündung. Ich verbrachte die ersten zwanzig Jahre meines Lebens damit, eine Entzündung der Atemwege nach der anderen zu bekämpfen. Im College bin ich beinahe an einer Nierenentzündung gestorben. Mein ganzes Leben hat sich um Gesundheit und Heilung gedreht. Ich wurde in eine Familie hineingeboren, in der jedes Mitglied irgendwann schwer krank war, manche sogar chronisch krank wurden. Die Kenntnisse oder die Weisheit, die ich über Krankheit und Heilung habe, wurden durch Jahre von persönlichem Leid, Schmerz und Kummer erworben. Ich habe gelebt, was ich lehre.

Mit was für Körpergenen ich auch geboren wurde, sie erklären nicht all jene Jahre des Leids und wie sie meine Erfahrung und meinen Glauben beeinflußten. Meine ganze Kindheit spielte dabei eine Rolle. Meine Familie – Verhalten, Worte, Handeln, Liebe, Moral und Bedeutungsebenen, die ich von meinen Eltern und anderen Menschen, denen ich begegnete, lernte. Ich glaube, auch die ungeheilten Wunden, die ich aus vergangenen Leben in dieses Leben mitbrachte, trugen dazu bei. Jedes Leben ist eine Gelegenheit, Wunden vergangener Leben zu heilen. Jedes Leben ist eine Gelegenheit, den Stammbaum aufzurichten. Die Sünden der Väter und Mütter, der Großväter und Großmütter werden tatsächlich an die folgenden Generationen weitergereicht. Das Wort Sünde ist ein Ausdruck im Bogenschießen und bedeutet, das Ziel zu verfehlen. Die Art und Weise, wie unsere Vorfahren das Ziel verfehlten, versäumten zu lieben und zu vergeben, wie es ihnen nicht gelang, ein ganzheitliches, geheiltes Leben für sich zu entwickeln – wir spüren die

Auswirkungen hier und jetzt. Jeder von uns heilt Generationen von Schmerz, Krankheit und Leid jetzt und hier in diesem Leben. Wir graben die brennenden Wurzeln unseres Baumes aus, versuchen zu verstehen, wie das Feuer begann, und gießen das Wasser der Liebe und Heilung in die Wunden.

Dies bringt uns zu der ursprünglichen Frage zurück, mit wem und was wir uns verbinden, um Heilung erfahren, wenn unsere ursprüngliche Identifikation mit der Familie zu einem großen Teil des Leids geführt hat, das wir erleben. Die meisten von uns wollen sich mit Gott, dem Schöpfer verbinden, der, wie wir glauben, uns liebt und uns das Leben schenkt.

Die meisten Leute denken, sie können einfach hoch- und hinausgehen und einen »Flug ins Licht« machen, wie die Jungianer sagen, um Gott zu finden. Die meisten Leute glauben, daß sie, wenn sie nur positiv denken, positiv beten, alles positiv erleben und von allem Negativen und Dunklen wegbleiben, gerettet und geheilt werden. Das war eine der größten Illusionen, die von der frühen New-Age-Bewegung genährt wurden und unseligerweise auch durch viele Christen. Bleib vom Dunklen, Schmutzigen weg, dem Boden! Geh nach oben ins Licht! Aber wie wir durch »Hoch und Hinaus«-Prediger wie Jimmy Swaggert und Jim Baker entdeckt haben, fallen wir um so tiefer, je höher wir steigen. Gott ist überall, nicht nur in den Baumwipfeln. Die Heilung beginnt an den Wurzeln. Gute Häuser stehen auf solidem Fundament. Wir müssen vom Boden aus heilen, und das bedeutet, daß wir den Mut haben, dem dunklen Teil in uns entgegenzutreten, den C.G. Jung den Schatten nannte. Wann immer es zu einer Emotion, einem Gedanken oder Impuls kommt, den wir als schlecht beurteilen, als nicht zu uns gehörend, häufig aggressiver oder sexueller Natur, stecken wir das in einen Schrank, schlagen die Tür zu, schließen ab und hoffen, daß wir so etwas nie wieder begegnen. Wir tun das alle; keiner ist immun dagegen. Je aufrechter und »heiliger« jemand denkt, um so größer ist der Schatten. Das trifft auch auf Länder zu, ebenso wie auf Sie und mich. Es ist auch wahr für Religionen und konvertierte religiöse Fanatiker, die überzeugt sind, ihr Weg sei der einzig richtige. Riesige Schatten! Solange wir unsere Schattenseite zugeben und sie in unserem Bewußtsein halten können, kann sie uns nicht vernichten, und wir tappen nicht in die Falle, sie auf andere Menschen zu projizieren. Einige der größten Heiligen und Weisen aller Zeiten haben mit diesem dunklen Selbst entsetzlich gekämpft. Jesus erlebte seine Auseinandersetzung mit dem Satan. Der Hindu-Weise und Lehrer Krishnamurti sprach von dem Hitler in jedem von uns. Die Leute, die glauben, sie hätten keine dunkle Seite, sind diejenigen, die ich am meisten fürchte. Ich weiß, daß sie sie tiefer verborgen haben als der Rest von uns, denn ich habe einmal zu ihnen gehört.

Meine Mutter hat immer gesagt, daß die Liebe alles heilt. An der Wand in der Küche hing eine Abschrift aus dem ersten Brief des Paulus an die Korinther, Kapitel 13: Die Liebe ist langmütig und freundlich, die Liebe eifert nicht und so weiter. Ich wuchs in dem Glauben auf, daß alles in Ordnung sei, wenn ich nur ausreichend und gut genug liebte. Meine Mutter sagte mir nie, *was für eine Art* Liebe alles heilt. Sie wußte es nicht. Ich brauchte ein halbes Leben, um es herauszufinden.

Sechs Jahre, nachdem ich meine Heilarbeit begonnen hatte, starb mein Vater, und ich heiratete. Der Tod meines Vaters brachte mich in Berührung mit einem verdrängten Schmerz über seine emotionale Abwesenheit in meinem Leben. Als ich ein kleines Kind war, war zum größten Teil der Alkohol schuld, und später, nachdem das Trinken aufgehört hatte, die emotionale Krankheit, die darunterlag. Um zu überleben, hatte ich mich so sehr von ihm gelöst, daß ich erstaunt war, wieviel Trauer nach seinem Tod in mir zu sein schien. Es gab Augenblicke, da war ich wieder vier Jahre alt und spürte wieder den scharfen Schmerz jenes lebensvollen Kindes, das seinen Vater wollte.

Mehrere Monate nach dem Tod meines Vaters heiratete ich, wie schon vorher geplant. Wie Joseph Campbell gern sagte: »Die Ehe ist der letzte Kessel der alchimistischen Umwandlung.« Leben und Lebenskraft mit einem anderen menschlichen Wesen zu verbinden, bringt einen in Berührung mit den Wurzeln, die immer noch brennen. Ich hatte noch eine ganze Menge davon. Das Problem war, daß ich nicht wußte, wie viele. Ich konnte besser anderen dabei helfen, ihre brennenden Wurzeln zu finden und sie zu heilen, als meine eigenen entdecken. Ich erkannte nicht, daß man so etwas nicht allein tun kann. Wie die unschuldige Persephone saß ich immer noch in den obersten Zweigen, spielte mit den Blättern und sah zum Himmel hoch.

Persephone ist in der griechischen Mythologie ein junges Mädchen, eine Jungfrau, schön und begehrenswert, die Hades, der Gott der Unterwelt, zur Frau haben will. Er geht zu Zeus und verlangt Persephone. Zeus verweigert sie ihm, und Hades entführt Persephone, während sie zwischen den Blumen spielt, ohne etwas von der Gefahr zu merken. Sie war unschuldig. Ihre Mutter hatte sie nie über die Unterwelt oder Hades aufgeklärt, obwohl beide direkt unter ihren Füßen waren. Sie war nicht darauf vorbereitet, mit den dunklen Kräften des Lebens umzugehen. Sie war nicht darauf vorbereitet, sich zu schützen. Ich war es auch nicht.

Sowohl der Tod meines Vaters als auch meine junge Ehe hatten eine große Wirkung auf mich. Ich schlug plötzlich auf dem Boden auf, mit aller Macht. Es nahm mir den Atem. Besonders für eine Ehe war ich völlig unvorbereitet. Ich war gewohnt, unabhängig zu sein, die Dinge auf meine Weise zu tun, und mein Mann war es auch. Fast von Anfang an war es ein Tauziehen. Es war, als würde ich von Hades in die Unterwelt hinabgezogen und erkennen, daß ich den Weg zurück ins Licht nicht finden konnte. Heimatlos zu sein ist schrecklich. Es ist sehr verwirrend und bringt uns in Berührung mit den tiefen Schatten von Verlust, Verlassenheit, Furcht, Ärger, Verwirrung und Trauer, die wir als Kind erlebten und unterdrückten. Für manche Leute ist die Ehe der Auslöser, für andere Krankheit, Unfall, Mißbrauch, Körperverletzung oder der Tod eines geliebten Menschen. Manche Leute verlieren ihre Unschuld sehr früh.

Wenn menschliche Wesen Angst haben, entwickeln sie

Verteidigungsmechanismen wie die Tiere; außer, daß unsere viel komplexer sind. Wir kämpfen und flüchten nicht nur dank eines Adrenalinstoßes. Wir sind zu zivilisiert geworden, zu fein, zu spirituell dafür. Wir werden gelähmt. Schließlich hat man uns beigebracht, nicht zu aggressiv zu sein, vor allem den Frauen. Es ist nicht damenhaft, jemand einen Kinnhaken zu geben, wenn er einen belästigt, obwohl ich sagen muß, daß sich dies für die Frauen, seit ich in der High-School und auf dem College war, geändert hat. Die Männer sind ebenfalls zu zivilisiert geworden, aber wenigstens erlaubt man ihnen nicht nur, an aggressiven Sportarten und harten Wettbewerben auf anderen Gebieten teilzunehmen, man ermuntert sie sogar dazu. Andererseits nimmt die Aggression bei Männern häufig eine weniger körperliche Form an. Erst treiben sie in der High-Scholl und am College Sport, dann sitzen sie am Schreibtisch und versuchen, ihren geschäftlichen Konkurrenten die Kehle aufzuschlitzen. Nicht gut für den Blutdruck.

Die Menschen sind so kultiviert geworden, daß sie die Verbindung zu ihren natürlichen, angeborenen, schützenden Instinkten verloren haben. Statt dessen ersetzen wir sie durch Verteidigungsmechanismen wie Projektionen: Der andere Bursche ist der Feind, der Böse, wir sind das Opfer. Oder durch Leugnen: Ich bin nicht ärgerlich. Ich fühle mich bestens. Das ist für den Körper sehr hart. Er empfängt ständig unterschiedliche Signale. Wenn wir Angst haben oder wütend sind, schütten die Nebennieren eine große Menge Adrenalin aus. Das gibt uns die Fähigkeit zur Flucht oder zum Kampf um unser Leben.

Wenn wir das nicht tun, werden Körper und Emotionen verwirrt. Wir befehlen uns im Geist, uns zu beruhigen, aber der Körper ist bereit zum sofortigen Handeln. Wenn wir in einem Job feststecken, den wir hassen, in einer unglücklichen Ehe, in einer schlimmen Kindheit, raten uns unsere natürlichen Instinkte, zu fliehen oder um unser Leben zu kämpfen. Wenn wir es nicht tun, schüttet unser Körper ständig weiter dieses Adrenalin aus, bis er erschöpft ist und wir nicht mehr die Kraft zu Kampf oder Flucht haben. Dann beginnen die restlichen Körpersysteme zusammenzubrechen. Der Körper verliert Stärke, Energie, Lebenskraft. Das Immunsystem wird eingeschränkt, geschwächt. Wie Candace Pert, die berühmte Immunologin, ausführte, als sie für Bill Moyers' »Die Kunst des Heilens« interviewt wurde: Wenn wir bei irgend etwas eine positive Reaktion haben, fühlen unsere Eingeweide tatsächlich dieses Gefühl. Der Magen hat Immunzellen. Unser ganzer Körper hat Immunzellen. Wir wissen heute, daß das Immunsystem nicht auf einen Ort beschränkt ist, wie wir dachten. Es durchdringt unseren ganzen Körper und fühlt alle Emotionen, die wir fühlen. Jeder Gedanke, den wir denken, hat eine neurochemische Komponente im Gehirn, die durch den ganzen Körper geschickt wird. Unser ganzer Körper denkt das, was wir glauben, daß es nur unser Verstand denkt. Wenn wir Angst haben, hat unser ganzer Körper Angst. Wenn wir wütend sind, ist unser ganzer Körper wütend. Wenn wir traurig sind, ist unser ganzer Körper traurig. Man sollte meinen, daß wir deshalb nur positive Dinge denken und fühlen sollten. Aber das stimmt nicht. Margaret Kenemy, eine andere Immunologin, machte darüber eine Untersuchung mit Schauspielern, die zeigte, daß jede Emotion, wenn sie für eine begrenzte Zeitdauer stark und voll gefühlt wird, das Immunsystem stärkt. Wenn aber längere negative Emotionen wie Kummer nicht erlöst werden, führt das zu einer Schwächung des Immunsystems, wodurch der Krankheit Tür und Tor geöffnet wird. Und ich hatte einen Ozean voll unerlöstem Kummer.

Wie Persephone wurde ich, um mich tretend und schreiend, in die Dunkelheit meines Unbewußten hinabgezogen. Es paßte mir nicht, gegen meinen Willen hinabsteigen zu müssen. Gefangenschaft schien keine angenehme Vorstellung zu sein. Der Hades? Nicht mit mir. Ich konnte unmöglich so eine dunkle Gestalt in mir haben. Schließlich hatte meine Mutter so etwas nie erwähnt. C.G. Jung nennt das dunkle Männliche in der Frau den negativen Animus. So wenig bewußt war mir dieser dunkle innere Mann, dieser Blaubart, wie Clarissa Pinkola Estés ihn in ihrem Buch *Die Wolfsfrau* bezeichnet, daß ich einen Mann fand, der diese dunkle Energie verkörperte, und ihn heiratete. An dieser dunklen männlichen Energie ist etwas sehr Verführerisches; sie ist aggressiv, kraftvoll, mutig, stark und viril. Allem Anschein nach ein echter Held; in meinem Leben hatte es ihn nie gegeben. Mein Vater mit seinem Gefühlszusammenbruch und Alkoholismus sah in nichts wie der Held aus, zu dem jedes kleine Mädchen hochschaut und bei dem es Schutz und Stärke sucht. Ich sah diesen Helden in meinem Mann, und in vieler Hinsicht war er auch einer, denn er hatte in seinem Leben ungeheure Schwierigkeiten bewältigt. Aber jeder Held hat eine Schattenseite. Wenn ich hinter die Idealisierung blickte, auf die bedrohliche Schattenseite, den Hades, konnte ich sie immer wegschieben, weil sie außerhalb von mir war. Sie war »das andere«.

Ich sah mich der Tatsache gegenüber, daß ich mit der Verkörperung meines inneren Hades verheiratet war, und konnte mich nicht schützen. Ich wurde von innen und außen angegriffen. Während die Verteidigungs- und Kompensationsmechanismen meiner guten, liebevollen protestantischen Persönlichkeit einer nach dem anderen versagten, behauptete mein Schatten sich immer mehr. Wie in meiner Kindheit bekam ich immer wieder Infektionen der oberen Atemwege. Ich wurde in einen Autounfall verwickelt und erhielt einen Schlag auf den Kopf, der zu einer Gehirnerschütterung führte. Der Wagen wurde mir gestohlen. Ein Zahn brach ab. Ich war voll Furcht und Wut. Was ich auch tat, sagte, glaubte, dachte oder wollte, ich konnte diesen Ansturm nicht bremsen – all die Methoden, mit denen die äußere Welt die innere Welt widerspiegelt, wenn Hades beschließt, Persephone zu stehlen.

Irgendwie blieb meine Heilarbeit inmitten dieser Flutwelle verhältnismäßig unberührt. Es war das einzige Gebiet in meinem Leben, auf dem ich mich sicher fühlte und etwas wert war. Ich konnte in meine Praxis gehen, meinen persönlichen Schmerz draußen lassen und andere Leute heilen. Ich erkannte nicht, daß ein solch trennender Riß zwischen meinem persönlichen Leben und meinem Arbeitsleben nicht gesund war. Ich ging wieder in die Psychotherapie, aber aus den falschen Gründen und bei der falschen Person. Wie viele Leute, die eine Therapie machen, wollte ich jemand haben, der meine Wirklichkeit unterstützte, meine Güte, mein Selbstbild. Ich wollte, daß mir jemand dabei half, mein gesundes Ego wiederaufzubauen, und dachte, mein Selbstbild sei dasselbe. Das Selbstbild oder die Persona ist gewöhnlich die Idealisierung dessen, wie wir uns selbst sehen. Ein gesundes Ego ist ein festes Gebäude, wie ein Haus, das den Winden der Veränderung standhalten kann. Es kann Angst zulassen, sich vor Angriffen und Lügen schützen und immer die richtige Wahl treffen, die das Leben unterstützt. Es besitzt ein tiefes und starkes Fundament, das aufgebaut wurde durch Jahre der elterlichen Liebe, strenger Grenzen, der Geduld und Übung, mit dem Leben fertig zu werden. Es wird getragen von Selbsterkenntnis und Selbsterforschung. Ich wurde hinabgezogen, damit ich ein neues Fundament aufbauen konnte; aber ich wollte zurück zu den Baumwipfeln im Licht.

Die Therapeutin, die ich wählte, wurde wieder aus all den falschen Gründen für mich ausgesucht – eine Freundin meines Mannes. Vermutlich dachte er, sie würde mich entsprechend seiner Wirklichkeit formen. Wieder ein Dreieck, wie in meiner Kindheit. Sie stärkte mein Selbstbild, meine gute protestantische Persönlichkeit. Ich ließ Persephone sich darüber beklagen, daß sie in die Unterwelt verschleppt und vergewaltigt worden sei. Da meine Therapeutin keine analytische Ausbildung hatte, konnte sie nicht mit mir in die Unterwelt hinabsteigen und mir nicht dabei helfen, heilenden Boden auf das Fundament zu legen. Sie verstand nicht, daß mein eigener innerer negativer Mann und mein Schatten mich vor ihren Augen verschlangen und keine noch so große Menge von Verständnis für Persephone genug Kraft aufbauen würde, um sie zu retten.

Jahre vergingen, und ich fühlte mich wie eine Maus im Labyrinth, die sich ständig im Kreis drehte und immer wieder an derselben Stelle landete – unglücklich, erschöpft, verängstigt und wütend. Ich kompensierte das, indem ich versuchte, an Äußerlichkeiten Freude zu haben. Ich kaufte Kleider, Schmuck, Sachen für das Haus, ein neues Auto. Ich war die ideale Verbraucherin der achtziger Jahre. Während der ganzen Zeit schickte mir meine Psyche, meine Seele, nächtliche Träume über Edelsteine: Perlen, Rubine, Diamanten. Sie versuchte mir zu sagen: »*Im Innern* bist du schön und wertvoll. Kümmere dich nicht um die Außenseite. Such drinnen.«

Ich begann zu meditieren. Bis dahin hatte ich viele Stunden in Meditation mit meinen Studenten verbracht, doch meine eigene Meditation war planlos. Deshalb suchte ich mir eine abgelegene Ecke im Haus und bemühte mich, mich jeden Tag hinzusetzen. An eine Meditation erinnere ich mich besonders. Während ich mich in meinen Herzenskummer versenkte, schien es mir, als kehrte ich zum Anfang der Zeit zurück, zu den Ursprüngen der Schöpfung, als Gott eins war. Dann explodierte alles, zerbrach, trennte sich. Und die Frage stieg in meinem veränderten Bewußtseinszustand auf: Warum sollte sich Gott von Gott trennen wollen? Ich begann hemmungslos zu weinen. Tiefes Schluchzen drang aus dem

Kern meines Wesens. Warum sollte Gott oder irgendeiner von uns getrennt sein wollen, wenn das Einssein endgültig Friede und Liebe ist? War es das, wohin wir zurückzukehren versuchten? Das Einssein mit Gott? Ich konnte die Frage nicht klären.

Genausowenig wie ich meine unglückliche Ehe klären konnte; ich wollte gehen und blieb immer wieder da. Ich spürte Liebe und Haß am selben Tag. Ich konnte mich nicht dazu bringen, den Dingen auf den Grund zu gehen. Irgendeine tiefe Verletzung in mir aus meiner Kindheit war berührt worden, und ich klammerte mich an meine Ehe und meinen Mann, wie ich mich als Baby an meinen Vater geklammert hatte, wenn ich krank war. Ich erinnere mich, daß ich in einem Winter einen schlimmen Bronchialkatarrh hatte. Ich rollte mich in den Armen meines Mannes an seiner Brust zusammen wie früher bei meinem Vater, wenn ich nicht aufhören konnte zu weinen und er mich im Schaukelstuhl hin und her schaukelte und mir Wiegenlieder vorsang. Ich fühlte sein Herz gegen das meine klopfen und fühlte mich sicher und warm und geliebt. Glückseligkeit. Die Vorstellung, die Wirklichkeit von Trennung und Verlassensein waren für mich schmerzlich. Erst Jahre später konnte ich sie wählen.

Als ich schließlich beschloß, meine Ehe zu lösen, war ich sechs Monate weg gewesen und kehrte nur zurück, um meine Sachen zu packen. In den Tagen, die ich im Haus war, um alles zu verstauen, redeten mein Mann und ich. Wir redeten Stunden, Tage über alles. Wir weinten im Arm des anderen und vergaben uns. Wir beschlossen, zusammenzubleiben. Ich verfiel wieder in die gleiche gute christliche Liebe-heilt-alles-Trance, in der ich aufgewachsen war. Vergebung heilt alle Wunden. Alles würde leicht und liebevoll und gut und in Ordnung sein.

Wie ich Jahre später erkannte, hielt ich diese Illusion aufrecht, damit ich nicht getrennt war, verlassen, allein. Und ich liebte meinen Mann. Ich konnte nicht begreifen, wie soviel Liebe durchmischt sein konnte mit soviel Leid. Ich dachte immer, daß, wenn ich genug liebte, genug vergab, genug gut war und genug betete, alle Dunkelheit verschwände und das Licht gewänne. Ich vergaß die Selbstliebe. Man hatte sie mich nie gelehrt. Niemand war mir dafür ein Vorbild gewesen. Den anderen zu lieben war immer wichtiger gewesen. Selbstliebe war Egoismus und bedeutete Einsamkeit.

Als mein Mann und ich das Haus vergrößerten, ließ ich ein schönes rundes Fenster einbauen, das auf eine Weide hinausging. Ich baute meine Statuen von Tara und Buddha, kleine Kristalle, ein christliches Kreuz, eine Glaskugel und andere bedeutungsvolle Dinge auf meinem Meditationsaltar auf. Ich setzte mich hin und ging in meinen Schmerz hinein. Er war riesig. Soviel Kummer! Ein Ozean von Leben voller Kummer. Ich betete um Heilung für mich, meine Ehe und meinen Mann. Ich war zerfressen von Schuldgefühlen, weil ich als Ehefrau nicht gut genug war, und wütend, weil die Ansprüche an mich so enorm waren. Ich fühlte mich überfordert von meiner Ehe, dem Haus, Dutzenden von Patienten und Hunderten von Studenten. Es war zuviel, aber ich konnte das nicht zugeben. Protestantisch zu sein bedeutete, die Arbeitsmoral zu haben, daß man nie aufhörte. Ein Zuviel existierte nicht. Keine der Frauen meiner Familie hatte je aufgegeben – nur mein Vater. Und sich aufzugeben machte mir angst, denn er hatte sich selbst aufgegeben, das Leben und mich. Jedenfalls hatte das als Kind für mich so ausgesehen. Ich würde so etwas niemals tun. Ich würde nie aufgeben.

Deshalb blieb ich noch weitere zwei Jahre in meiner Ehe, bis der Schmerz unerträglich wurde und ich spürte, daß ich am Sterben war. Ich dachte, meine Seele würde sterben. Ich bekam ein seltsames Zeichen von meinem Körper – ein Zahn schmerzte. Er tat schrecklich weh, und eine Wurzelbehandlung wurde notwendig. Jedesmal, wenn ich in mein chinesisches Lieblingsrestaurant ging, war in meinem Glückskeks derselbe Spruch: »Ein guter Freund ist wie ein guter Zahn, der nicht kaputtgeht.« Ich wachte mitten in der Nacht auf und ging in die Küche, um etwas zu trinken. Der Schmerz in meinem Zahn traf mich wie eine Flutwelle. Er war so enorm, daß ich ohnmächtig wurde. In diesem Moment hörte ich die Worte: »Geh weg! Geh weg!« Als ich wieder zu mir kam, erkannte ich, was ich zu tun hatte. Die Verzweiflung darüber, daß ich wieder weggehen mußte, war fast zuviel für mich. Ich brauchte meine ganze Kraft dazu. Es war das Schmerzlichste, was ich je getan habe. Die Liebe eines anderen aufzugeben, um Selbstliebe zu finden. Das alte Leben zu verlassen und auf ein neues zu hoffen. Das unsichere Vertraute zu verlassen in der Hoffnung, meine Seele zu heilen. Ich konnte zwischen Tod und Leben wählen. So einfach war das, und so schrecklich. Ich wählte das Leben. Es heißt, daß es leichter ist, den Tod zu wählen. Es stimmt; das Leben zu wählen ist viel härter. Demeter war Persephones Mutter. Als sie ihre Tochter nicht finden konnte, suchte sie überall nach ihr, voll Kummer. Da Demeter die gute Mutter, die Göttin der Fülle und Fruchtbarkeit war, vertrockneten alle Blumen und Blätter und alle Gewässer. Die Erde wurde unfruchtbar. Hekate, »die alte Seherin«, wie Clarissa Pinkola Estés schreibt, »die den Geruch nach Humus und den Atem Gottes um sich hatte«, hatte Mitleid mit Demeter wie auch die Bauchgöttin Baubo, ein tanzender anstößiger Körper ohne Kopf. Gemeinsam überzeugten sie Zeus, Hades zu zwingen, Persephone zurückzugeben. Zeus stimmte zu, unter einer Bedingung. Nur wenn Persephone nichts gegessen hatte, solange sie in der Unterwelt gewesen war, würde es ihr erlaubt werden, in die Oberwelt zurückzukehren. Unglücklicherweise hatte sie drei Granatapfelkerne gegessen, und deshalb durfte sie nur für neun Monate im Jahr zum Licht zurückkehren. Für die anderen drei, den Winter, mußte sie zu Hades hinab, dem sie eine treue Frau war. Persephone war nicht mehr dieselbe. Als sie wieder hinauf ins Licht kam, war sie verändert, für immer. Sie hatte ihre Unschuld verloren und dafür eine große Gabe erhalten – die Fähigkeit, im Dunkeln zu sehen.

Bei einem Heilungsprozeß ist nichts wichtiger, als im Dunkeln sehen zu können. Es ist die schreckenerregendste Sache der Welt. Kein Mensch möchte so etwas. Aber ohne diese Fähigkeit leben wir in einer Welt aus trügerischem Licht. Wir sind auf die Dunkelheit unter unseren eigenen Füßen nicht vorbereitet, und sie kann uns mit Haut und Haar verschlingen und töten. Es gibt viele Menschen, die die Unschuld der Persephone verloren, als Hades kam und sie stahl, und weil sie kein starkes Ego oder eine gute innere Mutter Demeter hatten, gingen sie zugrunde. Doch wenn wir unseren Verstand für eine Weile ausschalten und der Körper uns hilft und rät wie Baubo und Hekate, könnten wir fähig sein, mit neuen Gaben, innerer Kraft und einer ganzen Seele wieder ins Licht emporzusteigen. Wir könnten sogar fähig sein zu akzeptieren, daß unsere Reise durch die Unterwelt eine notwendige Kreuzigung auf dem Weg zur Wiederauferstehung ist.

6 Das dunkle Auge

Ich erwachte um vier Uhr früh und ging ins Wohnzimmer hinüber. Ich war mitten in meiner Scheidung. Ich setzte mich auf den Boden, lehnte den Rücken an die Couch und fing an zu weinen. Mein ganzer Körper weinte und klagte, und meine Brust fühlte sich an, als würde sie zerspringen. Ich hörte meine jammernde Stimme, und wieder wußte ich, daß ich nichts tun konnte, als mich zu ergeben.

Es gab Momente, sogar Monate, da glaubte ich, mein Leben würde eine einzige Erfahrung von Kummer sein. Ein ganzes Leben von Traurigkeit. Eine Zeitlang dachte ich tatsächlich, daß ich niemals wieder glücklich werden könnte. Ich fragte mich, warum. Was hatte ich falsch gemacht, daß ich solchen Schmerz in mir trug? Mein Leben sollte sich um Heilung, Schmerzbeseitigung, Licht und Mitgefühl drehen. Wieso konnte ich vielen anderen Menschen helfen, das zu erleben, was für mich so illusorisch war?

Und dann starb ich. Ich gab einfach auf. Mein Geist beschloß, daß es nichts Lebenswertes mehr gab, und hörte auf zu kämpfen. Was für ein Segen. Mein Herz brach auf, und eine Welle der Vergebung durchflutete mich. Nicht die Art von süßer, segensreicher, lächelnder Vergebung, die viele Christen für christlich halten, sondern eine Vergebung, die einem die Gedärme herausreißt und einen dazu bringt, die Kleider zu zerfetzen und sich auf den Boden zu legen, weil man nicht sitzen kann. Die Art von Vergebung, die Kriege beenden könnte, wenn nur die Leute, die sie kämpfen, ihre Verletzbarkeit zulassen würden, nicht untereinander, sondern gegenüber Gott.

Ich vergab meinem Mann und mir selbst. Ich vergab mein Leben, meine Fehler, seine Fehler, meinen Eltern, meinen Vorfahren und sogar Gott. Ich vergab allen und alles. Es blieb mir wirklich nichts anderes übrig. Es gab nichts mehr, dem ich mich widersetzen, für das ich kämpfen oder gegen das ich mich wehren mußte. Es gab nichts mehr, dem ich trotzen, das ich verteidigen mußte. Es gab überhaupt nichts mehr.

Als ich mich schließlich Stunden später erhob, fühlte ich mich leer. Ich nahm an, daß die Wasser der Vergebung durch mich geströmt waren, mich gereinigt und meine Vergangenheit geheilt hatten. Auf den Zorn war ich nicht gefaßt – den knisternden, enormen, flammenden Zorn, der einige Tage später in mir raste und brannte. Es war wie ein Waldbrand, der alles niederbrennt, was ihm im Weg ist, mit dem Wind im Rücken. Eine brennende riesige Hitze reichte bis in meine Fingerspitzen und Zehen. Ich war ärgerlich, wirklich ärgerlich. Aber worüber? Offenbar auf alles und niemand Bestimmten. Die Vergebung hielt noch an, und deshalb war der Zorn verwirrend. Er schien ein eigenes Leben zu haben. Ich holte tief Luft und ließ mich auch in ihn fallen.

Auf einen verbrannten Kuchen kann man keinen Zuckerguß tun. Das sagte ich gern zu den Studenten, die sich für meinen Workshop »Vergeben und nicht mehr

141

urteilen« eingeschrieben hatten. Sie sollten erkennen, daß Vergebung keine zuckersüße Emotion ist, die man dazu verwenden kann, Schmerz, Furcht und Zorn zu verdecken. So viele Menschen versuchen zu vergeben, ehe sie sich je mit ihren dunklen Gefühlen auseinandergesetzt haben. Ich empfahl meinen Studenten immer, sich erst auf die Dunkelheit einzulassen und dann zu vergeben. Und trotzdem hatte ich tiefe Vergebung erlebt und war erst danach in unglaublichen Zorn geraten. Ich hatte das nicht erwartet, aber es war in Ordnung. Ich wurde zu einem so guten protestantischen Mädchen erzogen, das zwar gesehen, aber nie gehört wurde, das nie seinen Zorn ausdrückte oder nein sagte, wenn es wirklich wichtig war, daß ich erst vergeben mußte, ehe ich mir die Erlaubnis geben konnte, ganz offen wütend zu sein.

Die Schuld war zu groß. Ich konnte es nicht umgekehrt machen. Wütend zu sein bedeutete möglichen Verlust, mögliches Verlassenwerden. Wenn ich wütend wurde, konnte jemand anders wiederum auf mich wütend werden. Man konnte mich hassen und aufhören, mich zu lieben. Denken, daß ich ein gemeines Miststück wäre und zu aggressiv. Es bedeutete, Ideale, wie ich zu handeln hätte, zu zerstören und mich der Welt zu stellen. Ich erinnere mich, wie ich mit zehn Jahren einen Wochenendausflug zu einem See machte, mit meiner Mutter. Wir aßen zu Abend, und irgendwie geriet meine Mutter mit einer Frau ins Gespräch, die etwa so alt war wie sie. Ich saß schweigend da, wohlerzogen, gelangweilt, aber aufmerksam. Nach dem Gespräch standen wir alle auf, um

142

zu gehen, und ich kann diese fremde Frau immer noch leise zu meiner Mutter sagen hören: »Sie wird eines Tages einem Mann eine gute Frau sein.« Ich fühlte mich beleidigt, war wütend. Diese Frau wußte überhaupt nichts von mir. Wie, in aller Welt, konnte sie annehmen, daß ich eine gute Ehefrau abgeben würde? Weil ich so passiv war, so hübsch, so schweigsam? Ich hielt den Ärger in mir verborgen, wo er in meinen Schatten gedrängt wurde und durch Schuldgefühle an meiner Selbstachtung und meiner Lebenskraft fraß. Jetzt, da ich Vergebung erleben konnte, konnte ich endlich die Macht von Kali spüren, der tibetisch-buddhistischen Göttin von Tod und Zerstörung, die den Pfad für die Wiedergeburt säubert. Ich merkte auch, wie Schuld Wut zurückhält. Sie hält nicht nur den Deckel auf der destruktiven, mörderischen Wut, die wir alle in unserem Leben in gewissen Augenblicken fühlen, sondern erstickt auch den Lebenszorn. Den schreienden, weinenden Zorn und den Schmerz, den ein Neugeborenes fühlt, wenn es mit Armen und Beinen fuchtelt, die winzigen Fäuste und Füße zusammenzieht und nach der Brust heult. Das ist von Gott geschaffenes Leben, das hinausschreit, um am Leben zu bleiben. Das ist Lebenskraft, die Liebe braucht und Fürsorge, um am Leben zu bleiben. Dies ist Zorn, der seine Stimme haben und behalten muß, ohne irgendwelche Schuld. Einem Wunder vergeben? Wer wagt es, Augenblicke der Gnade zu beurteilen?

Brummend brachte ich die Tage hinter mich. Ich ärgerte mich über die Grobheit der Leute, ihre Lügen und ihr Leugnen. Ich ärgerte mich, wenn Studenten, Patienten und Freunde ihr negatives Mutterbild auf mich projizierten. Nein, ich würde diese Projektionen nicht länger akzeptieren. Ihr werdet sie zurücknehmen, sie essen und mit eurem eigenen Schattenmaterial umgehen müssen. Ich bin nicht eure Mülltonne. Ich ärgerte mich, wenn die Leute ihre Versprechen nicht hielten und ihre Verantwortung nicht übernahmen. Ich ärgerte mich, wenn Menschen, die behaupteten, mich zu lieben, mich nicht hören, nicht sehen oder nicht wenigstens bei mir sein konnten. Die ganze verleugnete Wut meines Lebens brach los und schrie durch meine Körperzellen hinaus. Meine Augen blitzten Feuer, und meine Worte durchschnitten die Luft mit Wahrheit. Ich fühlte mich wie Kali. Der Lebenszorn hatte endlich in meinem Körper ein Zuhause gefunden, und ich würde mich nicht mehr hinlegen und für irgend jemand sterben, außer für Gott. Mein Herz und alle meine Augen waren offen, und ich erkannte, wie dringend ich meine Übung der geistigen Selbstverteidigung wieder aufnehmen mußte. Sie ist zu einem Mittelpunkt meines Lebens geworden. Es ist etwas unglaublich Klärendes am Lebsnszorn. Er ist wie ein wildes Tier, das im Dunkeln sehen kann, weil sein Überleben davon abhängt. Er ist wie eine Katze, die ihre Neugeborenen bis aufs Blut verteidigt, wenn irgendein Mensch oder Tier sie bedroht. Uns vor Schaden zu bewahren hängt davon ab, daß wir sehen, was wirklich ist, ohne die Schleier der Illusion, der Bedürftigkeit und Erwartung, mit denen die Menschen ihren Weg verhängen, um Verlust und Auseinandersetzung zu vermeiden. Der Lebenszorn bedeutet auch, einen langen scharfen

Blick auf jeden in der Nähe zu werfen und zu erkennen, wer möglicherweise für unser Überleben als völlig lebendiges einzigartiges Individuum gefährlich werden könnte. Er bedeutet auch, uns vor Menschen zu schützen, die über unsere körperlichen, emotionalen und geistigen Grenzen dringen. Ich lasse die Studenten häufig die Hausaufgabe machen, in die Stadt zu gehen und Bus und U-Bahn zu fahren, um zu erforschen, neben welchen Leuten sie friedlich stehen oder sitzen und welche Energien möglicherweise gefährlich sein können. Eigentlich brauchen wir keine Busse und U-Bahnen. Manchmal ist auch ein Abendessen mit der Familie eine gute Übung. Wenn wir jemand lieben oder brauchen, sehen wir ihn gewöhnlich nicht richtig. Und wenn doch, neigen wir dazu, ihn zu beurteilen. Es ist sehr schwierig, alles klar zu sehen und gleichzeitig ohne Urteil oder Haß zu sein. Es ist sehr hart, die Mutterkatze zu sein, die ihr inneres neugeborenes Leben schützt, wenn unsere eigene Mutter vor uns steht. Um angesichts dieser Art von Konfrontation unseren Standpunkt zu bewahren, müssen wir klar sehen, mit unseren physischen Augen, unserem dritten Auge (dem intuitiven Sehen), und unser Herz auflassen. Wir müssen wissen, daß wir Mitgefühl für den anderen Menschen haben, aber hauptsächlich auf unser eigenes Überleben und unseren eigenen Schutz eingestellt sind. Ich hatte es seit eineinhalb Jahren kommen sehen. Ihr junges, hübsches Gesicht war immer angespannter, erschöpfter und bleicher geworden. Es war aufgedunsen, als wäre ihr die ganze Zeit zum Weinen zumute. Um ihren Mund lag eine tiefe Traurigkeit. Ihr Mann war wegen krimineller Aktivitäten verhaftet worden und ins Gefängnis gekommen. Sie wußte nicht, wie es enden würde. Sie hatte alles Geld, alle Zeit und Energie darauf verwandt, ihn herauszuholen und sich um das häusliche Leben zu kümmern, soweit es noch vorhanden war. Sie hatte angenommen, daß er zehn Jahre im Gefängnis bleiben müßte. Schließlich ließ man ihn laufen, doch der Tribut, den sie für alles hatte bezahlen müssen, war enorm. Morgens fuhr sie eineinhalb Stunden zur Arbeit in einem Krankenhaus, wo sie sich als Ernährungsberaterin um die Bedürfnisse anderer Leute kümmerte, und abends kehrte sie zu einem Mann zurück, der rauchte und kein Leben hatte. Ich wußte, sie hatte nicht die Zeit oder Energie, sich um ihre eigenen Bedürfnisse zu kümmern. Vielleicht kannte sie sie auch gar nicht.

Als sie daran dachte, aus dem Übungsprogramm auszuscheiden, ermunterte ich sie zum Bleiben. Ich wußte, daß sie so etwas brauchte. Sie brauchte die Unterstützung und die Liebe der anderen Teilnehmer und auch meine. Ich wartete auf das Unvermeidliche und betete, daß es nicht geschehen würde. Doch es passierte. Ein Knoten in der Brust. Ich dachte, das Lymphom könnte wiedergekommen sein, das sie als Dreizehnjährige gehabt hatte, doch es war Brustkrebs. Sie erzählte es mir am Telefon. Ich schloß die Augen und fragte meine innere Stimme, ob sie sterben würde. »Nein. Doch dies ist der Augenblick, der ihr weiteres Leben bestimmen wird. Es ist die Gelegenheit, das Leben zu wählen und alle todbringenden Menschen, Situationen und Ansichten loszulassen, die sie krank machen.« Ich berichtete ihr, ohne Rücksicht, ohne Ausflüchte, ohne Takt. Einfach die Wahrheit. Sie hörte mich. Sie kannte mich. Sie hatte Angst, war aber nicht entsetzt. Besser Scheidung als Tod; besser einen Job aufgeben als den Körper. Ich fragte sie, was sie mit ihrem Leben anfangen wollte. Sie antwortete, sie würde gern nach Sedona in Arizona ziehen, in der Wüste und den Bergen leben und ein Heilzentrum aufmachen. Ich meinte, das sei eine gute Idee, doch bevor sie ein Heilzentrum aufbaue, müsse sie ihr eigenes inneres Heilzentrum finden.

Wir alle haben entscheidende Momente im Leben. Momente in der Zeit, im Bewußtsein, wenn wir eine Wahl treffen müssen. Momente, wenn die Wirklichkeit uns hart trifft und wir uns einer Wahl gegenüber sehen, die unser Leben, unseren Körper, unsere Beziehungen, unsere berufliche Laufbahn betrifft. Dies sind die Augenblicke, die verdeutlichen, wer wir sind, wie unser Charakter ist und wieviel Klarheit wir besitzen. Dies sind die Augenblicke, die uns an eine Kreuzung stellen und wo eine Engelsstimme flüstert »Wähle!« und wir nicht länger alles haben können. Wir müssen zwischen Tod und Leben wählen, Wachen und Schlafen, Leiden und Heilen. Nicht daß diese Begriffspaare streng getrennt wären; sie sind ständig ineinander verwoben. Doch ein entscheidender Moment ist, wenn wir die Straße wählen, die der Heilentwicklung unserer Seele entspricht, den tiefen inneren Wünschen nach Heilung, die in unserem Unbewußten wohnen.

Die unvermeidliche Frage erhebt sich: Woher weiß ich, was das für Wünsche sind? Was soll ich machen? Wir bleiben in Berührung mit den Wünschen unserer Seele, wenn wir auf die Stimme achten, die in Augenblicken der Wahl und der Konfrontation in unserem inneren Ohr flüstert. Wir alle haben diese leise innere Stimme. Die Stimme, die zu dir sagt: »Park deinen Wagen nicht dort!« oder »Das ist der falsche Mann oder die falsche Frau für dich!« Wie die meisten von uns feststellen, hat diese Stimme gewöhnlich recht, doch wir achten nicht immer auf sie. Unser bewußter Geist hat sein eigenes Programm. Das bedürftige Kind in uns hat auch sein eigenes Programm. Ich erinnere mich an einen Vormittag, an dem ich einen Workshop geben sollte und mich verspätet hatte. Ich fuhr nach Manhattan und zum New York Open Center, wo ich lehrte. Direkt beim Zentrumseingang war ein freier Parkplatz. Meine innere Stimme flüsterte: »Park da nicht!« Mein Verstand, unterstützt von meiner Sorge, zu spät zu kommen, erklärte, daß dies eine belebte Straße mit einer Menge Leute sei, der Parkplatz genau vor dem Zentrum läge und niemand angesichts so großer Geschäftigkeit den Wagen aufbrechen würde. Ich parkte also auf diesem Platz und ging ins Zentrum, um einen Workshop über das Vergeben zu halten. Am Ende des Tages kam ich wieder hinaus und entdeckte, daß der Kofferraum aufgebrochen worden war und eine große Tasche mit Kleidung, die ich zur Reinigung bringen wollte, fehlte. Alle möglichen Arten von Kostümen, Kleidern, Röcken, Blusen und ein Wäschesack mit Wäsche waren verschwunden. Ich regte mich schrecklich auf, aber ich wußte, ich hatte mich selbst verraten, weil ich meine innere Stimme ignoriert hatte. Ich mußte das praktizieren, was ich predigte. Ich mußte mir selbst vergeben und versuchen, den Dieben zu vergeben, die schließlich nur ein Spiegel meines eigenen Verrats waren. Solche sensitiven Diebe!

Geistige Selbstverteidigung wurde in meinem Leben zu einer notwendigen Realität. Ich hatte anderen Leuten dabei geholfen, sich vor wütenden Chefs oder lähmenden Nadeln in Voodoopuppen zu schützen. Doch jetzt mußte sie zu mir nach Hause kommen. Jetzt mußte ich mich selbst schützen. Wieder mußte ich mich mit der Programmierung in meiner Kindheit auseinandersetzen, als es hieß, alle Leute sind im Grund ihres Herzens gut. Sie sind nicht wirklich schlecht, nur krank. Man hatte mir nie beigebracht, mich zu schützen. Ich sollte mich gar nicht schützen. Schließlich bedeutete es, daß man sich von den anderen vollkommen trennte und eine Grenze zwischen sich und der anderen Person errichtete. So etwas machte man in unserer Familie nicht – zu viel Trennung sah nach Im-Stich-Lassen aus. Nach der Auffassung eines Kindes, auch wenn es einen erwachsenen Körper hat, kann Trennung Tod bedeuten.

An der Illusion festzuhalten, daß der Mensch gut ist, daß Liebe das einzig notwendige Gefühl ist und Güte die einzig wertvolle Handlung, bedeutet: Trennung ist niemals notwendig. Letzten Endes, wenn wir alle Erleuchtung erreicht haben, mag diese Vorstellung zutreffen. Das ist das Verführerische, das ist die wahre Tragödie. Diese Illusionen sehen so sehr nach Wahrheit aus, nach verzweifelt erhoffter Wahrheit, daß wir in ihr Leuchten eingesogen werden. Währenddessen leben wir in einer

Welt voll Dornen, wo Menschen gekreuzigt werden. Glauben Sie es mir!

Die meisten Leute wollen es nicht glauben. Ich kann nicht sagen, wie viele Male ich in den letzten zwanzig Jahren gefragt wurde: »Glauben Sie wirklich an das Böse?« Gleichgültig, wie oft die Leute die Nachrichten über Bosnien oder den Mittleren Osten im Fernsehen sehen oder Dokumentationen über Konzentrationslager im Hitler-Deutschland, die Frage taucht immer wieder auf. Das Vorhandensein des Bösen, von Horror und Zerstörung in der Welt anzuerkennen heißt, eine sehr bittere Pille schlucken zu müssen. Es bedeutet, daß Gott kein vollkommenes Universum erschuf oder dabei irgend etwas schrecklich schiefging, was auf dasselbe herauskommt – nicht vollkommen. Es bedeutet, daß wir damit leben, uns dieser Sache stellen und lernen müssen, damit umzugehen. Das ist keine leichte Aufgabe.

In meinem Traum starrte ich in eine riesige Dunkelheit hoch. Ich blickte hilfesuchend zu meinen Eltern, die an einem Kartentisch Bridge spielten. Sie sahen mich an und sagten: »Wir haben es nicht geschafft. Vielleicht schaffst du es.« Ich stand auf zitternden Beinen da und wußte, daß ich dieser Herausforderung nicht gewachsen war. Trotzdem mußte ich es versuchen. Ich rief in das schwarze Loch: »Komm raus!« Ich erwachte. Ich hatte gerade den dunklen Schatten in meiner Seele gerufen, den Schatten, der von Generation zu Generation weitergereicht worden war. Den Schatten, dem ich ins Gesicht sehen wollte, gleichgültig, was es kostete. Der Preis war hoch.

Meine Ehe war vorbei, und ich konnte »das andere« nicht mehr länger auf meinen Mann projizieren. Ich konnte nirgends nach »dem anderen« suchen, nur in meiner eigenen Seele. Jede Beziehung, jede Situation ist eine Gelegenheit, sich selbst zu prüfen und unsere Projektionen und die Projektionen anderer Leute auf uns. Ein ganzes Universum spielt sich in jedem von uns ab. Wir alle sind multiple Persönlichkeiten. Manche sind in uns, andere sind außerhalb von uns.

Indem ich meinen Schatten untersuchte, die Schatten meiner Eltern und Vorfahren, tat ich den ersten Schritt des vierstufigen Prozesses und Workshops, den ich »geistige Selbstverteidigung« nenne: Erkennen, Loslassen, Wiedergutmachen, Schutz und Vorbeugen. Der erste Schritt ist, zu erkennen, warum wir durch die negativen Energien der anderen Leute, unserer Umgebung und der Welt um uns so verletzbar sind. Wenn wir wie Persephone nicht erkennen, daß es unter unseren Füßen eine Unterwelt gibt, mit einem Vergewaltiger und Kidnapper, bleiben wir dem Spiel in den Blumen überlassen, ohne Schutz. Wenn wir die Dunkelheit in unserem Bruder nicht sehen wie Osiris, legen wir uns freiwillig in unseren eigenen Sarg, und der Deckel wird zugenagelt.

Im alten Ägypten war Osiris für Wachstum und Fruchtbarkeit zuständig und mit seiner Zwillingsschwester Isis verheiratet. Sie hatten einen Bruder, Seth, der auf Osiris eifersüchtig war wie Kain auf Abel in der Schöpfungsgeschichte des Alten Testaments. Deshalb baute Seth einen schönen Sarg und rief alle zusammen. Er verkündete, daß wer in den Sarg paßte, ihn geschenkt haben sollte.

Alle legten sich hinein, aber er paßte niemand, bis Osiris sich in den Sarg legte, und er paßte ihm genau. Alle dunklen Freunde von Seth liefen herbei, befestigten den Deckel auf dem Sarg und warfen ihn in den Nil. Als Isis ihren Mann nicht finden konnte, ähnlich wie Demeter, begann sie zu trauern und überall zu suchen. Es geschah nun, daß der Sarg den Nil hinuntertrieb, sich im Schilf verfing, und ein Baum wuchs um ihn empor – eine schöne Tamariske mit einem wundervollen Duft. Der König von Byblos ließ den Baum fällen und in seinen Palast bringen, wo man eine Säule aus ihm schnitzte. Isis folgte dem Duft zum Palast, und als sie die Säule entdeckte, die Osiris enthielt, flog sie als eine Schwalbe um sie herum. Sie nahm ihren Wohnsitz im Palast als Kinderschwester des Sohns des Königs und überredete schließlich die Königin, ihr die Säule mit Osiris darin zu geben. Sie öffnete den Baum und den Sarg, atmete Osiris Leben ein und empfing einen Sohn, Horus.

Als Seth hörte, daß Osiris ins Leben zurückgekehrt war, spürte er ihn auf und zerstückelte ihn in vierzehn Teile. Isis mußte sie alle finden, um ihn wieder zusammenzusetzen. Nur den Phallus konnte sie nicht finden, der von einem Fisch verschluckt worden war. Sie mußte ihn neu erschaffen und holte Osiris wieder ins Leben zurück. Jedes Jahr feiern die Ägypter Tod und Wiedergeburt des Nils, ihrer Lebensquelle, indem sie den Mythos von Osiris' Wiedergeburt feiern. Jedes Jahr im Juni trocknet der Nil aus. Dann, während des Sommers, tritt der Nil über die Ufer und füllt das Land zu beiden Seiten mit fruchtbarer Erde, die Wachstum und Vegetation ermöglicht.

Eine Zeitlang war Osiris sowohl der Herr der Unterwelt als auch der Gott der Wiedergeburt und Fruchtbarkeit. Isis war die Göttin des Mitgefühls, die ihn durch ihren Atem wieder zum Leben erweckte. Genau wie in der christlichen Lehre liegt auch hier in Sterben und Leid die Möglichkeit zu Wiedergeburt und Auferstehung.

Viele Männer treten ihrem Schatten gegenüber als einem Bruder, Vater oder einem anderen Mann, der sie verrät. Die patriarchalische Kultur hat diesen Wettbewerb und Kampf um Macht immer gefördert. Gottes größeres Gefallen an Abels Opfergabe veranlaßte Kain, so wütend zu werden, daß er seinen Bruder tötete. Auf Gottes Wunsch war Abraham bereit, seinen einzigen Sohn Isaak zu opfern. Gott opferte Jesus. Gewöhnlich ist es der ältere Mann an der Spitze, der im Krieg die jüngeren Männer opfert. Wie Freud ausführte, beschneiden ältere Männer die männlichen Babys, und die Bedrohung durch das Messer, das über deren Köpfen hängt, während sie die ödipale Phase durchmachen und sich in ihre Mutter verlieben, ist furchtbar und einschüchternd. Mann gegen Mann ist ein großes Thema, das sich durch die kollektive Psyche aller Männer zieht.

Wenn Männer ihrem Schatten gegenübertreten, der nach C.G. Jung immer dasselbe Geschlecht hat, konfrontieren sie sich mit dem dunklen inneren Bruder oder Vater in ihrer Seele. Mit demjenigen, der sie aus Eifersucht, Haß, Wut oder Ringen um Macht zerstören würde. Ich erinnere mich an einen Patienten Mitte Dreißig, der mit den verschiedensten Problemen zu mir kam. Ursprünglich hatte er mich wegen eines Leistenbruchs aufgesucht, den er sich beim Sport zugezogen hatte. Der Leistenbruch heilte und kam dann wieder. Der Patient hatte auch Beschwerden in einer Schulter. Auf seinen Wunsch stellten wir uns auf seine körperlichen Probleme ein, doch in unserer weiteren Zusammenarbeit tauchten immer mehr Informationen über seine Beziehung zur Familie und über seine Vergangenheit auf. Seine Mutter war krank gewesen, als er ein Kind war, und er kümmerte sich mehr um sie als sie sich um ihn. Sein Vater hatte den Bruder vorgezogen. Der Bruder wurde sehr erfolgreich, finanziell und beruflich, während mein Patient süchtig wurde und ständig den Job wechselte. Dann hatten mein Patient und sein Vater versucht, gemeinsam etwas aufzubauen, und der Vater hatte seinen Sohn betrogen. Trotz des Betrugs war mein Patient immer für seine Eltern und den Bruder da gewesen, sowohl emotional als finanziell. Er wollte nie einen Blick auf die große Wut werfen, die er auf alle von ihnen hatte. Er wurde zum Betreuer aller Familienangehörigen. Als der wohlhabende und erfolgreiche Bruder einen psychischen Zusammenbruch bekam, hörte sich mein Patient seine Probleme viele Stunden lang an, weil der Bruder sich weigerte, eine Therapie zu machen. Als sein Vater erkrankte, eilte mein Patient an seine Seite. Wenn seine Mutter Hilfe brauchte, war er immer da. Jahr um Jahr unterdrückte mein Patient seine wahren Gefühle, aus Angst, die einzige Familie, die er je gehabt hatte, zu verlieren und sich mit der tödlichen Menge Wut auseinanderzusetzen.

Langsam, im Lauf von mehreren Jahren, kam die ganze Geschichte heraus, und er begann Schmerz, Zorn,

Verrat und Schuld zu fühlen, die er unterdrückt hatte. Seine körperlichen Symptome verschwanden während des Heilprozesses schon früh, doch die emotionalen, mentalen und spirituellen Narben brauchten viel länger zum Verheilen. Seine frühen Träume waren voll Zorn, Konflikten, Konfrontationen und Tod. Seine späteren Träume beinhalteten Frauen, und einmal träumte er, daß er Aphrodite eine Perle stahl. Die Seele des Mannes versuchte, sich durch sein Schattenmaterial hindurchzuarbeiten, um wieder zur ursprünglichen Wunde zurückzukehren, dem Verlust der mütterlichen Fürsorge. Er brauchte eine Isis des Mitgefühls, die ihn mit ihrem Atem wiederbelebte. Ich lieferte die äußere Hilfe, bis er seine Anima oder weibliche Seele in sich finden konnte. Heutzutage suchen viele Männer nach ihrer Isis. Unglücklicherweise erkennen die meisten nicht, daß sie nicht in der äußeren Welt existiert, sondern in ihnen. Sie wird sie ins Leben zurückbringen, sie lieben, retten und ihnen ihren eigenen inneren Sohn schenken. Sie wird ihnen dabei helfen, sich darauf einzustimmen, Götter sowohl der Unterwelt, als auch der Welt darüber mit all ihrem fruchtbaren, wiedergeborenen Reichtum zu werden. Dann wird die wahre Famimlie entstehen: eine Familie der Seele, eine ganzheitliche Familie.

Ich stellte fest, daß alle Frauen meiner Familie starke, auf das Überleben ausgerichtete Menschen waren. Sie mußten es auch sein. Jede hatte sich durch große Widrigkeiten und Krankheit kämpfen müssen. Mit sechzehn wurde meine Großmutter Waise. Meine Tante bekam multiple Sklerose und verbrachte als Erwachsene die meiste Zeit im Rollstuhl. Sie heiratete nie und hatte nie Kinder. Meine Mutter war während ihrer ganzen Kindheit krank. Diese Frauen lernten, ihre eigenen Bedürfnisse wegzuschieben und sich auf die Bedürfnisse ihrer Familien und Kinder einzustellen, damit alle überlebten. Luxus oder Bedienstete gab es nicht, keinen Reichtum oder Komfort, auf den man zurückgreifen konnte. Sie mußten ihre eigenen Bedürfnisse kompensieren, indem sie sich um die Bedürfnisse anderer kümmerten und unbewußt hofften, daß dies sie ausfüllen würde. Als Heilerin trat ich in ihre Fußstapfen, ignorierte meine eigenen echten Bedürfnisse und war bei anderen der Ersatz für ihre Bedürfnisse. Auf diese Weise blieb ich offen, um das Bild der guten Mutter zu verkörpern. Viele Leute sahen, was sie sehen wollten: eine gute Mutter, die sie mit all dem füttern konnte, womit sie als Neugeborene nicht gefüttert worden waren. Die Gefahr dabei ist, nicht nur für mich, sondern für alle von uns, daß kein Mensch eine perfekte Mutter sein kann. Alle Mütter machen bei Neugeborenen Fehler. Patienten und Studenten sind keine Neugeborenen, sie sind Erwachsene. Sie haben Bedürfnisse und Erwartungen, die bereits geformt wurden durch den Hunger – manchmal das Ausgehungertsein –, um den sich in ihrer Kindheit niemand kümmerte und der immer noch in ihnen ist. Oft begleitet Wut auf die Mutter den unerfüllten Hunger. Sie wird dann auf den nächstbesten Mutterersatz projiziert, der eine riesige Dosis davon abbekommt, wenn die fragliche Person nicht die richtige Nahrung erhält oder nicht genug davon. Diese Unkenntnis meiner eigenen Bedürfnisse machte mich verwundbar für den uneingestandenen Hunger anderer. Ich mußte mein eigenes inneres Ausgehungertsein und die Persona – das Selbstbild –, die ich angenommen hatte, anerkennen. Eine der Meditationen, die ich für mich selbst entwickelte und jetzt auch bei anderen verwende, ist »Zurück zur Quelle des Selbstbildes«. Der ablaufende Prozeß erlaubt es uns, mit den Menschen in Berührung zu kommen, die das Selbstbild, das wir entwickelt haben, am meisten beeinflußten, formten und prägten. Eine meiner Studentinnen wuchs mit einer Mutter auf, die Alkoholikerin war. Sie hatte große Angst, daß ihre Mutter zusammenbrechen oder sterben könnte. Meine Studentin tat ihr möglichstes, damit dies nicht geschah. Als junges Mädchen kochte sie das Essen, putzte das Haus und machte alle Einkäufe. All die Dinge, die eine Mutter in den fünfziger Jahren getan hätte. Meine Studentin wuchs auf mit dem Bild von sich, daß sie eine Fürsorgerin sei, und hatte ihr eigenes Bedürfnis nach Fürsorge völlig unterdrückt, weil ihre Mutter sie ihr nicht geben konnte. Ihr Schatten war das bedürftige, zornige, hungernde Kind. Der Spiegel ihrer Seele war von dieser verzerrten Persona und diesem Selbstbild so umwölkt, daß sie ihren Schatten darunter oder den Schatten des Mannes, den sie heiratete, nicht sehen konnte. Nach außen hin war er ein begabter französischer Chefkoch; seine Persona war fürsorglich, nährend, eine gute Mutter. Innerlich war er Alkoholiker, süchtig und ein Frauenheld, der seine ganze freie Zeit in Bars und Poolhallen verbrachte. Meine Studentin glaubte, sie heiratete jemand, der sie nähren konnte, einen Küchenchef. Statt dessen heiratete sie ein hungerndes Kind, wie sie selbst eines war. Zur selben Zeit, als ihre Ehe zerbrach, starb ihre Mutter an Krebs. Ohne diese beiden Menschen in ihrer Außenwelt war meine Studentin gezwungen, in den Spiegel ihres eigenen »anderen« zu blicken und ihren inneren Schatten zu sehen. Sie fing an, für ihre eigenen Bedürfnisse zu sorgen, nährte sich selbst und nahm zwanzig nötige Pfund zu.

Eine andere Methode, um zu erkennen, warum wir für negative Energien anderer so verletzbar sind, ist die Suche nach dem schwachen Glied. Es ist das schwache Glied in unserer schützenden Kette der Ganzheit des Selbst. Gewöhnlich wird es in der Kindheit beschädigt. Wenn wir in einer zerrütteten Familie aufwachsen, wo es keine Abgrenzungen gibt, wo unser eigenes Ego nie eine Chance hat, seine individuelle Eigenart zu entwickeln und einzigartig zu werden, suchen wir immer bei anderen nach einem Spiegelbild von uns. Dies geschieht häufig in einer Ehe, wie zum Beispiel auch in meiner. Eine der Hauptaufgaben der Eltern ist, die einzigartige Seele jedes Kindes zu unterstützen, zu ermutigen und zu nähren. Andererseits versuchen viele Eltern, ihre Kinder so zu formen, wie sie es brauchen oder wünschen, wie im Fall jenes jungen Mannes, dessen Mutter von ihm erwartete, alle ihre Emotionen und Überzeugungen zu spiegeln. Wenn ein Kind in dieser Weise aufwächst, entwickelt es ein schwaches Glied in seiner Abgrenzung, der integralen Egostruktur, die es einem Menschen ermöglicht, als einzigartiges, getrenntes Individuum zu funktionieren. Viele Menschen entdecken, daß sie auf Beziehungen treffen, die die Wiederholung ihrer Beziehung zu einem Elternteil sind.

Eine Teilnehmerin im Workshop »Geistige Selbstverteidigung« beschrieb ihren Chef als wütenden, jähzornigen Mann, der die Geduld verlor, wenn irgend etwas schiefging. Ich fragte sie, ob es in ihrer Kindheit jemand gegeben hatte, der so gewesen war. »O ja« erwiderte sie, »mein Vater.« Wir besprachen die Ähnlichkeiten, und ich fragte sie, wie sie auf ihren Chef reagierte. Sie gab zu, daß sie sich zurückzog und sich durch seinen Ärger und seine Feindseligkeit verletzt und zurückgewiesen fühlte. Sie nahm es persönlich. Bei ihrem Vater hatte sie es genauso gemacht; sie hatte Angst vor ihm und brauchte seine Liebe und Anerkennung. Das Muster wiederholte sich bei ihrem Chef, und sie reagierte, als sei er ihr Vater. Ihr schwaches Glied war die Angst vor dem Vater und ihr Bedürfnis nach seiner Anerkennung und Liebe. Ich schlug ihr vor, an diesem Thema zu arbeiten, dann würde das Problem mit ihrem Chef sich zu lösen beginnen, zumindest in ihr. Seine Persönlichkeit war eine andere Sache. Ich führte sie auch durch eine Imagination, bei der sie sich von ihrem Chef vollkommen getrennt sah, sich selbst behauptete und erfüllt war von ihrer Selbstliebe und Selbstanerkennung. Trennung, ein guter Anfang. Die meisten Leute glauben, sie können zu einem Wochenend-Workshop mit einem Heiler kommen und bis Sonntagnachmittag fünf Uhr auf wunderbare Weise geheilt werden. Workshops sind Anfänge, sie können intensive Erkenntnis und Funken spontaner Umwandlung bringen. Doch um diese Umwandlung lebendig zu erhalten, muß man den Funken zu einer Flamme entfachen, die die Seele erwärmt und Schlacken in Gold verwandelt. Ich war meiner fürsorglichen Studentin sehr ähnlich und begriff nach meiner Scheidung, daß ich mich um meine eigenen Bedürfnisse kümmern mußte. Ich kaufte ein eigenes Haus und begann, meine Finanzen in Ordnung zu bringen. Es war ein langer, harter Kampf. Ich war ein Einzelkind gewesen und dachte, allein zu sein fiele mir leicht, aber es stimmte nicht. Sofort ließ ich mich auf eine andere Beziehung ein, bei der große gegenseitige Fürsorglichkeit eine Rolle spielte – zu viel. Jede Art der Trennung, vor allem eine Scheidung, ist ein qualvoller, einsamer und schreckenerregender Prozeß, und die meisten Menschen tun alles, um den Schmerz zu erleichtern. Manche Leute treiben Mißbrauch mit Alkohol und Drogen, andere mit Schmerzmitteln oder Menschen. Angesichts solcher Schmerzen ist es fast unmöglich, den Verlust von Liebe und Trost eines anderen Menschen zu ertragen, aber sehr oft ist es ein notwendiger Schritt bei der spirituellen Praxis des In-den-Spiegel-Sehens. Ich stellte fest, daß ich mir mein eigenes inneres Zuhause schaffen mußte. Es in einem anderen Menschen zu errichten bedeutete, wieder heimatlos zu sein.

Der zweite Schritt der »geistigen Selbstverteidigung« für mich war Loslassen. Nach meiner Scheidung brauchte ich viel Zeit, um all die Emotionen, Überzeugungen und Gedanken, die nicht zu mir gehörten, zu erkennen und loszulassen. Ich brauchte lange Zeit, um wieder zu mir selbst zu finden. Das passiert vielen von uns in einer Ehe, in der Familie, in Freundschaften und sogar am Arbeitsplatz. Wir verlieren uns. Unsere Grenzen verwischen sich, wir verschmelzen mit dem anderen Menschen, verlieren die Spur unserer authentischen Gefühle und Überzeugungen. Manchmal verlieren wir sogar die Spur unseres eigenen Körpers. Wir fallen alle unter die hypnotisierende seelische Beeinflussung durch die Energie eines anderen Menschen.

Der Körper der Mutter ist die erste Grenze, die ein Kind erlebt. Im Uterus ist der Fetus von der Außenwelt völlig abgeschirmt. Ist das Kind geboren, wird es gewöhnlich gestillt, während es an die Brust der Mutter gedrückt wird, deren Herzschlag den kindlichen Körper durchdringen kann wie im Uterus. Wenn das Kind von der Mutter nicht berührt und liebevoll gehalten wird, entwickelt sich der Sinn für Sicherheit und Schutz nicht. Genauso ist aber der Sinn für Einheit und Schutz in Gefahr, wenn das Kind zu oft von anderen Menschen angefaßt wird. Die meisten sind sich über diese Wirkung nicht im klaren und reichen das Neugeborene bereitwillig Verwandten, Freunden und sogar kleinen Kindern zum Halten. Jeder, der ein neugeborenes Kind berührt, hinterläßt auf dem Kinderkörper und in seinem Nervensystem einen Energieabdruck. Ich habe Mühe, mir vorzustellen, wie verwirrend es für ein Neugeborenes sein muß, von der fast vollkommenen Behaglichkeit im Mutterleib hinauszugeraten in eine Welt von rauhen Kleidern, Tüchern, Licht und Lärm und Myriaden von Stimmen und Händen, die nach seinem Körper greifen. Bei Katzen und Hunden sind wir oft vorsichtiger und warnen die Besitzer, die neugeborenen Jungen nicht zuviel zu berühren. Menscheneltern warnen wir nicht. Manche Fachleute erklären, daß Neugeborene in den ersten drei Monaten nur von Vater und Mutter berührt werden sollten, um den Eindruck von Geborgenheit in ihre Körpersinne und Psyche einzupflanzen. Auf den Intensivstationen für Neugeborene achtet man sehr sorgfältig darauf, daß Frühgeburten nicht durch zuviel Licht, Geräusche und Berührungen überreizt werden. Die Überreizung des Nervensystems kann bei einem Neugeborenen zu dauernder Schädigung führen. Es braucht Zeit, um zu ruhen, zu essen, zu wachsen und einen Sinn für Liebe und Schutz zu entwickeln, wenn es gesund und stark werden soll.

Ein Kind, das niemals vollkommenen und bedingungslosen Schutz und vollkommene und bedingungslose Liebe erfahren hat, bleibt für den Rest seines Lebens hungrig und sucht ständig bei irgend jemand anderem Nahrung und Schutz, bei einer Ersatzmutter. Jedesmal, wenn wir glauben, diese Person gefunden zu haben, projizieren wir »Mutter« auf sie, auch wenn es sich um einen Mann handelt. Für einen Ehepartner, Freund, Therapeuten oder Heiler ist es eine unmögliche und unfaire Aufgabe, ein hungriges Erwachsenenkind zu bemuttern. Ich habe festgestellt, daß einige der wildesten seelischen Angriffe auf mich von Menschen stammten, die so hungrig waren, daß ihre Wut sich bei mir entlud wie die eines wilden Tieres, dem man die Beute wegnehmen will. Es ist ein fehlgeleiteter Überlebensinstinkt und deshalb mörderisch.

Wir müssen freisetzen, was andere in Form von negativer

Energie auf uns richten. Es ist ein Loslassen, eine Trennung, bei der wir unterscheiden lernen, welche Emotionen, Gedanken, Sensationen und Überzeugungen unsere eigenen sind und welche nicht. Sehr oft verschmelzen wir mit jemand, ohne es auch nur zu merken, wie ich damals in dem Restaurant mit der Frau, die Kopfweh hatte. Wir befinden uns ständig in einem Meer von Energie. Individuen sind Konzentrationen von Masse und Energie, wie Einstein sagen würde. Wir haben alle schon die Erfahrung gemacht, daß wir im Bus oder in der U-Bahn neben jemand sitzen und seine Energie spüren, fühlen, wer er ist und was für Schwingungen er aussendet. Viele von uns betreten ein Haus, ein Büro oder eine Kirche und fühlen sofort die vorhandene Energie. Manche Räume haben mehr Energie als andere, und alle haben mehr oder weniger positive und negative Energie. Wenn wir eine Beziehung haben mit irgend jemand, verschmelzen wir mit der Energie des anderen, ob uns das paßt oder nicht. Die meisten Leute haben eine Aura oder ein Energiefeld, das von ein paar Zentimetern bis zu einem Meter um ihren Körper ausgedehnt oder zusammengezogen werden kann. Sitzen wir beim Essen neben jemand oder liegen wir nachts neben jemand, während wir schlafen, befinden wir uns im Induktionsfeld der Energie des anderen. Ein Induktionsfeld ist ein Raum, in dem wir durch Gedanken und Gefühle des anderen hypnotisiert werden, wenn unsere Grenzen nicht intakt sind.

Ich gab einen Workshop in einem der holistischen Gesundheitszentren. Es waren fast hundert Leute zu diesem

Wochenende gekommen, und ich hatte ein Fakultätsmitglied und mehrere Studenten als Assistenten angeheuert, die sich um die Logistik kümmerten. Ich fühlte mich ausgeruht und voller Energie, freute mich, dort zu sein, und war wegen des Workshops voll Zuversicht. Im Verlauf des Vormittags bemerkte ich, daß Kleinigkeiten anfingen, schiefzugehen. Anfangs waren es unwichtige logistische Probleme, doch als der Tag fortschritt, wurden sie spürbarer und begannen meine Konzentration zu beeinträchtigen. Das letzte, was ein Redner brauchen kann, wenn er einen Workshop für hundert Leute leitet, ist die Frage, ob die Musikkassette auf der richtigen Seite abgespielt wird oder das Mikrophon eingeschaltet ist. Ich stellte fest, daß ich mir jedesmal, wenn etwas schiefging, mehr Sorgen machte. Dann regte ich mich immer mehr über meine Technikerin auf und wurde ärgerlich. Schließlich war ich so verärgert, daß ich sie in einer Pause beiseite nahm und zur Rede stellte. Ich wußte, daß es sich um eine Induktion handelte. Ich wußte, daß sie ängstlich und ärgerlich war, daß ihre Stimmung den ganzen Workshop beeinflußte und ich ihre Gefühle aufnahm und die Emotionen für sie auslebte, weil sie sie nicht zugeben wollte. So funktioniert Induktion.

Ich fragte sie, was los sei. Sie sagte: »Nichts.« Ich machte ihr begreiflich, daß sie ihren Verpflichtungen nicht so gut nachkam wie gewöhnlich. Sie war immer sehr gewissenhaft gewesen, und alle Workshops, für die sie verantwortlich gewesen war, hatten gut geklappt. Sie leugnete. Sie beharrte darauf, daß mit ihr alles in Ordnung sei, und wollte wissen, was mit mir nicht stimmte und warum ich so aufgeregt war. Diese Situation nennt man Projektion von Schattenmaterial auf eine andere Person. Ich erkannte, daß ich im Augenblick nicht weiterkam, und wir vereinbarten für die folgende Woche eine Supervisionssitzung. Dabei traten der ganze Ärger und die ganze Angst wegen ihrer in die Brüche gehenden Ehe und eines sterbenskranken Elternteils zutage. Es war für sie sehr schmerzhaft, das zuzugeben, weil es bedeutete, daß sie ausnahmsweise einmal etwas brauchte und ihre Fürsorgefunktion mir gegenüber nicht angemessen erfüllen konnte, was ihre Rolle bei jenem Workshop gewesen war. Sie hatte in dieser Position nie zuvor versagt, da sie eine lebenslange Erfahrung darin hatte. Statt dessen verleugnete sie ihre Gefühle und projizierte den Ärger auf mich, und ehe ich es merkte, war ich dieser Induktion erlegen, spielte sie, und mußte sie dann freilassen. Glücklicherweise merkte ich es schnell, erkannte sie und konnte mit dem restlichen Workshop weitermachen, ohne zuviel Boden zu verlieren.

Wenn ich an jenem Morgen des Workshops Zweifel darüber gehabt hätte, wie ich mich fühlte, wenn ich selbst ängstlich und ärgerlich gewesen wäre, wäre es für mich viel schwieriger zu analysieren gewesen, welche Gefühle mir gehörten und welche ihr. Es wäre fast unmöglich gewesen, festzustellen, ob es ihre Angst und ihr Ärger waren, die den Ablauf störten, oder meine. Doch ich wußte, wo ich stand und wie ich mich fühlte. Ich sah mich klar und deutlich im Spiegel und merkte es, als ich mich anders zu fühlen begann, und dann gestattete ich mir, zu erkennen und loszulassen, was mir nicht gehörte.

Beim technischen Schritt des Loslassens trennen wir unsere Energie von der anderen Person oder der Umgebung. Wir können ein Zimmer verlassen, in einem anderen Bett schlafen, etwas Zeit verstreichen lassen, ehe wir einen bestimmten Menschen wiedersehen. Wir können das Muster zerbrechen, uns trennen und dann anfangen, den Schaden zu taxieren. Wenn wir jedesmal nach einem Mittagessen mit einer bestimmten Freundin Verdauungsbeschwerden haben oder uns traurig fühlen, sollten wir anfangen einzusehen, daß die Traurigkeit (wie auch die Verdauungsstörungen!) dieser Freundin gehören könnten. Wenn wir nach Hause zurückkehren oder ins Büro, können wir uns ein paar Minuten hinsetzen, tief durchatmen und uns vorstellen, wie Stimme, Augen, Worte und Gefühle jedes Menschen aus uns hinwegströmen. Auch ein paar einfache Worte wie »Das gehört mir nicht. Das gehört Susan« zu sagen, kann helfen. Die Hände zu waschen ist ebenfalls eine oft übersehene, aber einfache Methode. Jedesmal, wenn wir jemand die Hand geben, tauschen wir Energie mit ihm aus. Darum reichen sich die Leute die Hände. Um freundliche Interaktion zu zeigen, um Verbindung aufzunehmen. Durch die zwanzig Jahre lange Arbeit mit meinen Händen bin ich unglücklicherweise so sensibel geworden, daß das Händeschütteln für mich eine gefährliche Sache sein kann. Ich kann dabei den ganzen Menschen spüren. Ist er krank, kann ich die Krankheitsenergie in meiner Hand fühlen. Wenn ich mir nicht sofort die Hände wasche, merke ich manchmal, wie die Energie in meinem Arm hochsteigt. Das Händeschütteln ist für mich auch gefährlich, weil ich sehr zarte Hände habe. Nach einem Vortrag packte ein Mann vor Begeisterung meine Hand so fest, daß er sie beinahe brach. Ich dachte sogar, das sei der Fall. Ich mußte sie für den Rest des Tages bandagieren, um mich und alle anderen daran zu erinnern, daß sie nicht versuchen sollten, mir die Hand zu schütteln. Nach ein paar Stunden Selbstheilung war ich wieder in Ordnung. Aber ich hatte eine wertvolle Lektion gelernt: Gib niemand die Hand, wenn dein Instinkt dir sagt, daß die Energie des anderen nicht ungefährlich ist. Mit anderen Worten, wenn eine Menge Schattenenergie vorhanden ist, die noch nicht geheilt wurde, oder Krankheit, und man besonders hellfühlend ist wie ich. Hellfühlige reagieren körperlich und emotional sensibler auf die Energien anderer Leute. Wenn sie jemand die Hand gegeben haben, sollten sie sich danach so schnell wie möglich die Hände waschen.

Geführte Meditationen, die die Chakras öffnen und die Energie freisetzen, nützen dem inneren Loslassen. Uns vor und nach einem Zusammentreffen mit einem Menschen zu überprüfen, erlaubt es uns, in den Spiegel zu sehen und dann loszulassen, was wir während der Begegnung aufgenommen haben. Auch indem man duscht oder die Kleider wechselt, kann man Energien, die nicht zu einem gehören, freigeben und entfernen. Genau wie Zigarettenrauch in der Luft hängt und absorbiert werden kann, kann Kleidung Energie speichern. Die Emotionen, Gedanken und körperlichen Energien eines anderen Menschen können wie Reibungselektrizität an uns hängenbleiben.

Natürlich löst eine Begegnung auch etwas in uns aus, das keine projizierte Energie, kein Schatten der anderen Person ist, wie zum Beispiel bei der Frau, deren Chef ständig wütend war. Indem wir auf den Unterschied zwischen dem achten, was in uns ausgelöst wird, und dem, mit dem wir verschmelzen oder was wir von jemand außerhalb von uns aufnehmen, können wir die ersten zwei Schritte des Lernprozesses tun, wie wir uns in einer Welt schützen, die nicht völlig freundlich zu unseren Bedürfnissen ist.

Nachdem ich meine eigenen Bedürfnisse einmal erkannt hatte, stellte ich fest, daß ich dies auch viel leichter bei anderen konnte, ehe sie sich nachteilig auf mich auswirkten. Vorbeugen ist immer einfacher als Behandeln, eine Tatsache, die die Medizin endlich zuzugeben beginnt. Wenn ich etwas absorbierte, das ich nicht wollte, konnte ich es schneller und unmittelbarer wieder freigeben und brauchte nicht auf eine spätere Erkenntnis zu warten. Aber ich war immer noch mit dem Dilemma konfrontiert, den Schaden zu reparieren, den meine Vitalität genommen hatte. Nachdem ich bestimmte Patienten behandelt hatte, fühlte ich mich extrem müde, obwohl ich die Technik des Erkennens und Loslassens praktizierte. Es schien nicht so sehr von der Krankheit abzuhängen als vielmehr von der jeweiligen Person. Ich mußte eine Möglichkeit finden, meine Vitalität wieder aufzufüllen.

Ich stellte fest, daß gewisse Arten von Menschen mehr an meiner Energie zehrten als andere. Ich bemühte mich, die Dynamik hinter dem Gefühl zu verstehen, als sei alles Blut aus meinem Körper abgezapft worden. Ich entdeckte, daß Leute, die zwanghafte Redner sind, mich besonders erschöpften. Sie wirken, als seien sie diejenigen, die alle Energie produzieren, doch in Wirklichkeit ist das unaufhörliche Sprechen nur eine Abwehrmaßnahme, um die darunterliegenden Gefühle nicht zu spüren. Sie ersticken die Menschen mit Worten und verlangen, daß ihr Gegenüber ihnen zuhört, denn dadurch hindern sie sich und jeden anderen daran, auch nur in die Nähe der wahren Gefühle zu kommen, die tief in ihrer Seele ruhen. Einfühlend wie ich bin, komme ich mir immer vor, als würde ich in nassem Zement begraben.

Ich erinnere mich an eine junge Frau, die mich aufsuchte, weil sie ihrem Leben keine Richtung geben konnte. Während der ersten Sitzung redete sie fast unaufhörlich, und ich wurde immer erschöpfter. Mein Instinkt riet mir jedoch, sie sprechen zu lassen. Aber ich mußte einen Weg finden, wie ich mich dagegen wehren konnte, in ihrer Energie zu ertrinken. Ich holte tief Luft und stellte mir eine Wand aus weißem Licht zwischen meinem und ihrem Körper vor und ließ dann ihre Worte und ihre Energie von dieser unsichtbaren Wand abprallen.

Aus dieser Perspektive konnte ich das hungernde Kind in ihr sehen und hören und ihr Reden zulassen als Befreiung von Angst, die mich nicht begrub. Ich wußte, daß sie sich mehrere Termine hatte geben lassen und wiederkommen würde. Tatsächlich ließ ich sie die ersten drei Sitzungen über fast ununterbrochen sprechen. Ihr Angstpegel war so hoch, daß ich besorgt dachte, sie könnte nicht einmal die Augen schließen. In der dritten Sitzung bat ich sie dann, einen Moment innezuhalten, die Augen zu schließen und einen langen, tiefen Atemzug zu tun. Sofort brach sie in Tränen aus. Die Traurigkeit verbarg sich unter all ihrem Reden, und sie brauchte ungeheuer viel Energie, um sie zu unterdrücken. Als sie sie zuließ und mit ihrer Angst in Berührung kam, änderte sich der Verlauf unserer Zusammenarbeit. Sie gestattete, daß ihre Seele sich öffnete und von ihren eigenen echten Gefühlen genährt wurde. Sie konnte die Augen schließen, war mit einer Chakra- und Körperüberprüfung einverstanden, und ich konnte sogar mehrmals die Hände auflegen. Nach jeder Sitzung mit ihr mußte ich zehn bis zwanzig Minuten in absoluter Ruhe verbringen, um mich zu revitalisieren.

Einmal stand vor meinem inneren Auge, dem dritten Auge, die Vision, wie sie mit Nahrung arbeitete. Diese Vorstellung erregte ihr Interesse, und sie gab zu, daß sie häufig daran gedacht hatte, in die Gastronomie zu gehen, aber zuviel Angst davor gehabt hätte. Ich spiegelte das auf sie zurück, eine positive Spiegelung, und das brachte sie dazu, eine neue Karriere zu beginnen. Zuerst kochte sie hier und da für Nachbarn, und schließlich hatte sie so viel Erfolg, daß sie einen eigenen Party Service eröffnete. Das Unternehmen ging gut, und sie wurde ziemlich bekannt.

Ich begann mit Schritt drei, dem Reparieren, nach jeder Privatsitzung und am Ende von jedem Arbeitstag, und ich tue es immer noch. Ich wasche meine Hände mit kaltem Wasser, benetzte mir das Gesicht und bespritze ein wenig mein Haar und manchmal auch meine Kleider. Ich trinke ein Glas Wasser und stelle mich ans offene Fenster oder gehe hinaus an die frische Luft. Dabei forsche ich nach Anzeichen, ob ich von einem meiner Patienten etwas absorbiert habe, das ich nicht haben möchte, und gebe es durch Atmen und die Vorstellung frei, daß es hochsteigt und von meinem Körper wegfließt. Dann repariere ich meine eigene Energie und Integrität durch die Vorstellung, daß weißes Licht von der Sonne oder dem Mond herabströmt, meinen ganzen Körper und meine Chakras erfüllt, mich mit Erde und Himmel verbindet und meinen Körper und mein Energiefeld mit neuem Leben auflädt. Ich beende diesen Prozeß schweigend, zum Ausgleich für das Sprechen in den Sitzungen. Mein Büromanager weiß, daß er mich nicht unmittelbar nach einer Sitzung ansprechen darf. Nach dem Weggang eines Patienten oder einer Gruppe nehme ich Salbei oder Weihrauch, zünde ihn an und reinige die Luft. Ich halte den Salbei über den Heiltisch und Stühle, auf denen wir gesessen haben. Ich visualisiere weißes Licht, wie es den ganzen Raum reinigt. Gewöhnlich zünde ich dazu eine Kerze an, die ich noch ein wenig weiterbrennen lasse. In allen Religionen und Kulturen wurde Feuer zur Reinigung und Transformation verwendet. In der römisch-katholischen Kirche ist es Sitte, eine Kerze anzuzünden, wenn man ein Gebet für einen Kranken spricht. Ich entdeckte auch die Bedeutung von Übungen, gesundem Essen, guter Musik und spirituellen Praktiken wie Gebet und Meditation als wesentliche Hilfen, Gesundheit und Energie wiederherzustellen. Übungen und gesunde Nahrung mobilisieren das Immunsystem, produzieren Gehirnchemikalien, die die Stimmung beeinflussen, und verändern den Körperrhythmus. Die Naturwissenschaften haben festgestellt, daß die alte Regel, Großmutters Hühnersuppe zu essen, ein guter Rat ist. Sie enthält verschiedene Nährstoffe, die das Immunsystem stimulieren und stärken. Wenn wir durch Ärger oder Angst aus dem Gleichgewicht geraten sind, ist die beste Methode, sich zu erden oder die Energie zu stabilisieren, warme eiweißreiche Nahrung zu essen. Das erste Chakra an der Basis des Rückgrats ist das Sicherheitszentrum, es kontrolliert die Energie der Füße und Beine. Wenn wir uns abgehoben fühlen oder nicht geerdet, kann das Essen eiweißreicher Nahrungsmittel wie Fisch, Huhn, Fleisch, Eier oder Milchprodukte helfen, uns in unseren Körper zurückzuholen. Als ich begann, geistige Selbstverteidigung zu üben, fühlte ich mich an einem Abend besonders schwebend und körperlos. Ich ging eine Straße entlang und konnte kaum die Füße auf dem Boden spüren. Ich kehrte nach Hause zurück und machte mir einen großen Hamburger, was ich gewöhnlich nicht oft tue. Er brachte mich sofort in meinen Körper zurück und verband mich durch die Füße mit dem Boden. Meine Mutter wog als junge zwanzigjährige Frau keine hundert Pfund. Ihr Chef neckte sie jeden Winter damit und gab ihr einen Penny für jede Tasche, damit sie der Wind nicht wegblasen würde. Ich brauchte etwas Gewichtigeres als Pennys.

Übungen mobilisieren nicht nur das Immunsystem, sondern auch das Gefühl, stark und kraftvoll zu sein, das bei Menschen mit schlechter Abgrenzung und fehlender Erdung oft nicht vorhanden ist. Durch den Aufbau der

172

Körperkraft beginnt sich das Selbstbild zu verändern, von schwach und verwundbar oder nur fürsorglich bei anderen, zu einem Menschen, der sich um sich selbst kümmert und selbst für sich sorgen kann. Ein starker Körper ist gesund und vital und hat eine geschlossene Aura, ein intaktes Energiefeld. In der Körperabwehr gibt es kein schwaches Glied. Der Körper kann selbst für seine Unversehrtheit sorgen.

Musik hat eine große Wirkung auf den Körper. Sie trifft direkt das Nervensystem und beruhigt oder energetisiert es. Untersuchungen haben ergeben, daß gregorianischer Gesang die Gehirnwellen beeinflußt und einen veränderten Zustand der Alphawellen bewirkt, ähnlich wie bei der Meditation. Ich verwende heute bei meinen Heilsitzungen und auch beim Handauflegen in Workshops verschiedene Kassetten mit gregorianischem Gesang. Ich fand heraus, daß klassische Musik wie Mozart oder Bach mich nach einer Auseinandersetzung beruhigt und wieder erdet, während Rockmusik mich energetisiert, wenn ich mich ausgelaugt fühle.

Das gleiche gilt für Gebet und Meditation. Die Disziplin, sich jeden Tag zur gleichen Zeit hinzusetzen und den Geist zu beruhigen, hat tiefgreifende Ergebnisse. Wie alle anderen hatte ich anfangs etwas dagegen. Die ständige Vorwärtsbewegung anzuhalten machte mir angst. Was wenn ich, um zu meditieren, innehielt und danach nicht mehr richtig funktionierte? Es ist eine nur scheinbar einfache Frage. Wir haben Angst, nicht mehr in den normalen Alltag zurückkehren zu können, weil unsere Instinkte uns sagen, es läge in uns etwas so Wichtiges, so

Tiefes, daß wir tatsächlich Zeit und Aufmerksamkeit dafür opfern müßten. Andacht ist laut *World Book Dictionary* »der Akt, sich einer heiligen Handlung oder einem heiligen Zweck hinzugeben oder sich dafür Zeit zu nehmen. Feierliche Hingabe, Weihung«. Für den heiligen Zweck unserer eigenen Heilung geben wir uns selbst auf. Eine andere Definition im selben Nachschlagewerk: »Eine tiefe, beständige Zuneigung. Loyalität, Ergebenheit«. Jeden Morgen und jeden Abend zu meditieren war für mich die kraftvollste Methode, wie ich mir gegenüber beständige Zuneigung, Loyalität und Ergebenheit zeigen konnte – Qualitäten, die eine gute Mutter ihrem Kind gegenüber zeigt.

»Die geistige Selbstverteidigung« ist eine lebenslängliche spirituelle Praxis, vor allem Schritt vier: Schutz und Vorbeugung. Dieser Schritt verlangt, daß sich das dritte Auge öffnet, das Zentrum der klaren Sicht, so daß wir ständig sehen, was vor uns (und hinter uns) ist. Statt nur zu erkennen (Schritt eins), warum wir für die Energien anderer Leute so verwundbar sind, und dann weitermachen mit Loslassen (Schritt zwei) und Reparieren (Schritt drei), erfordert Schritt vier, daß wir dem Leben *in jedem Augenblick* mit einem dunklen Auge begegnen. Es bedeutet nicht, daß wir Pessimisten sind oder nur das Schlimmste in den Menschen sehen. Sondern es heißt, daß wir beides, das Beste und das Schlimmste bei einem Menschen oder an einer Situation sehen. Es bedeutet, daß wir unter dem Lack, dem Lächeln und der guten Absicht den Schatten erkennen. Jeder verbirgt seinen Schatten hinter dem schönsten Gesicht, dem breitesten

Lächeln, dem freundlichsten Hallo. Wer mit Haley Mills und Shirley Temple aufgewachsen ist, kann glauben, daß man alle Herzen gewinnt, wenn man nur lieb und nett genug ist. Man täuscht sich, man ist in großer Gefahr. Man muß lernen, ein dunkles Auge zu entwickeln.

In meinen Workshops führe ich die Teilnehmer durch eine Übung, bei der sie sich mit einem Partner zusammentun und sich durch alle vorhandenen Schichten arbeiten bis zum Kern der Person. Die Menschen sollen nach Emotionen, Angst, Kindheitsinformationen, Talenten, Begabungen, Gesundheitsproblemen und dem Schatten Ausschau halten. Den Schatten zu erkennen fällt allen am schwersten.

Als Kinder sahen wir alle Seiten eines Menschen. Was für Energie oder welches Gesicht Mutter oder Vater anbrachten, wir sahen es. Wir sahen, wenn sie müde, ärgerlich, ängstlich, fröhlich oder liebevoll waren. Die Psychologin Melanie Klein spricht davon, daß Säuglinge wahrscheinlich nicht erkennen können, daß die ärgerliche, negative Mutter und die glückliche, liebevolle Mutter ein und dieselbe Person sind. Wir sind in diesem Alter so zerbrechlich, so unfähig, uns gegen die Angst zu verteidigen, von dieser negativen Energie verschlungen oder zerstört zu werden, daß wir sie abtrennen. Die meisten von uns wollen das Beste sehen, das Idealste, damit sie das Leben wählen können statt den Tod. Oder zumindest das Schlimmste im Menschen ignorieren können.

Meine angeborene Sensibilität für meine Umgebung ist gleichzeitig ein Fluch und ein Segen gewesen. Während andere fröhlich durch die Straßen von New York spazieren und alle anderen Menschen um sich her ignorieren können, muß ich mich mit weißgoldenem Licht schützen, bevor ich das Haus verlasse. Weißes Licht enthält das ganze Farbspektrum, und Gold ist die alchimistische Farbe der Transformation und Macht. Ich muß mich annehmen, wie ich bin, und mich behandeln wie eine gute Mutter, die ihr Kind vor Schaden bewahren möchte. Jeden Morgen muß ich alle Träume aufschreiben, um sie aus meinem Geist zu verbannen und die Bedürfnisse meiner Seele zu verstehen. Ich mache Übungen, um mich zu stärken, esse richtig, um meine Energie zu fördern, und meditiere dann, um mein Energiefeld zu schützen. Ich mobilisiere die innere Energie durch das Öffnen der Chakras und die Energie, die mich umgibt, durch die Stärkung der Aura (siehe Heilmeditationen). Durch Mobilisierung und Visualisierung der Lebenskraft in und um den Körper programmiere ich Gehirn und zentrales Nervensystem, sie entsprechend diesem Bild aufzubauen. Ich bleibe mir meiner Bedürfnisse bewußt und aktiviere ein Programm, das sich um diese Bedürfnisse kümmert. Absicht und Bewußtheit sind eine sehr wirksame und kraftvolle Kombination bei der geistigen Selbstverteidigung.

Wenn ich ins Büro komme, mache ich die Lampen an, öffne die Fenster, zünde Kerzen und Räucherwerk an, meditiere im Sitzen oder Stehen ein paar Minuten, um die Heilenergie im Zimmer und auf dem für die Heilung benützten Massagetisch herzustellen und zu programmieren. Ich achte darauf, daß ich meinen Stuhl nur allein benutze, damit keine fremde Energie ihn durchdringt.

176

Wenn sich jemand zufällig hineinsetzt, spritze ich später Wasser auf ihn, wedle mit Salbei darüber, zünde eine Kerze an und sage ein Gebet, um ihn zu reinigen. Salbei ist eine starke Gewürzpflanze und reinigt, wenn er getrocknet und angezündet wird. Seit Jahrhunderten wird er von den Ureinwohnern Amerikas verwendet, manchmal zusammen mit der Zeder und dem Lavendel.

Zwischen einem Patienten und dem nächsten läuft ein ähnlicher Prozeß ab. Ich reinige ihren Stuhl und den Massagetisch, damit niemand durch fremden Schmerz oder durch fremde Krankheiten berührt wird. Am Ende eines Tages reinige ich Raum und Stühle erneut. Wenn ich nach Hause komme, lege ich meine Kleider in einen Korb, der nicht in dem Raum steht, in dem ich schlafe, dusche mich und setze mich hin, um zu meditieren und den Tag loszulassen. Ich stelle mich kurz auf jeden Patienten ein, den ich am Tag gesehen habe, versinke in mir, um zu prüfen, ob ich irgendein Problem oder einen Schmerz von ihnen aufgefangen habe, und spreche dann ein Gebet für ihre Heilung. Auf diese Weise schütze ich mich und tue mein Bestes, um mich daran zu hindern, die negative Energie anderer Leute zu absorbieren.

Vor Heilkreisen oder Workshops zünden meine Assistenten eine Kerze an, legen Heilmusik auf, reinigen den Raum und meinen Stuhl und präparieren die Energie im ganzen Raum. Wenn wir reisen, kommen sie wenigstens eine Stunde vorher, um durch das gleiche Verfahren die Räumlichkeiten vorzubereiten. Die Leute machen immer Bemerkungen darüber, wie gut sich die Energie in dem Workshopraum anfühlt. Wenn ich im Hotel übernachte, reinige ich Bett und Kopfkissen wie auch den ganzen Raum. Bei Autos und Flugzeugen mache ich es genauso, allerdings nur im Geist. Ich reinige meinen Sitz, mein Kopfkissen und die Decken, errichte eine Energiegrenze zwischen mir und der benachbarten Person und sende heilendes Licht durch den Wagen oder das Flugzeug. Während das Flugzeug zur Startbahn rollt, umgebe ich es mit Licht und sehe im Geist, wie es sicher startet, zu seinem Zielort fliegt und wohlbehalten landet. Das alles mache ich in meiner Vorstellung, denn ich bin überzeugt, daß die Flugleitung Kerzen, Weihrauch und Musik in den Gängen nicht schätzen würde. Im richtigen Moment angemessen zu handeln kann auch eine gute Selbstverteidigung sein.

Bei einem Workshop über geistige Selbstverteidigung ist immer jemand, der meint, diese Prozeduren würden zuviel Zeit verbrauchen. Andere empfinden sie als Zwang. Wenn man damit anfängt, können sie vielleicht ein wenig Zeit brauchen. Aber nach Jahren täglicher Übung stelle ich fest, daß ich sie automatisch mache, sie leicht sind und nicht mehr Zeit beanspruchen als das Zähneputzen. Zu versuchen, den Schaden zu beheben, wenn ich etwas Unerfreuliches oder Schädliches absorbiert habe, ist dagegen sehr zeitraubend.

An einem Freitagabend im New York Open Center waren wir bei der vorbereitenden Klärung unserer Energie nicht sorgsam genug gewesen. Ich fühlte, daß etwas im Raum nicht stimmte, eine seltsame Energie. Ich blickte auf den jungen Mann, der direkt vor mir saß: zwanzig, blond, gutaussehend, mit steinernem Gesicht. Eine junge dunkelhaarige Frau saß ein paar Plätze weiter rechts von ihm, daneben ein Mann. Eine andere Frau, schwerer, ein wenig älter, weiter hinten. Meine Augen durchforschten den Raum nach etwas, das ich nicht kannte, aber fühlen konnte. Mir fielen etwa sieben oder acht Leute auf. Meine Augen schienen sich an ihnen festzusaugen. Ich war ängstlich und angespannt, was mir selten bei einem Vortrag passiert. Das Thema war Vergebung. Ich hielt einen Abendvortrag vor einer ziemlich großen Gruppe, etwa hundert Leuten.

Ich begann zu sprechen. Ich war zerfahren, unkonzentriert. Ich entdeckte, daß ich über geistige Selbstverteidigung sprach. Ich hatte Mühe zu atmen. Immer wieder versuchte ich, zum Thema des Abends, zur Vergebung, zurückzukehren, doch irgend etwas zog mich immer wieder zur geistigen Selbstverteidigung. Als es Zeit wurde, die Zuhörer zu ermuntern, hob der junge Mann mit dem blonden Haar direkt vor mir die Hand. Er gab eine moralisierende Erklärung darüber ab, daß alle seine Beziehungen in Ordnung seien und er keinen Ärger mit irgend jemand habe. Meine Bauchreaktion, auf die ich noch immer nicht richtig achte, wenn sie mit dem braven Mädchen meiner protestantischen Erziehung in Konflikt gerät, war, barsch zu fragen: »Warum sind Sie dann hier?« Doch ich tat es nicht. Statt dessen sagte ich irgend etwas Harmloses wie: »Nun, vielleicht brauchen Sie keine Vergebung.« Ich wußte, das war nicht wahr, aber ich wollte lieber keinen Streit mit ihm anfangen. Das Mädchen mit den dunklen Haaren setzte mir besonders zu. Ich weiß nicht mehr, was sie sagte, aber wieder war meine

Bauchreaktion zu fragen: »Kommen Sie jeden Freitag abend nur her, um der Rednerin das Leben schwerzumachen, oder ist das eine abgekartete Sache?« Aber ich nahm mich zusammen. Es wäre zu aggressiv, zu unfreundlich gewesen, vielleicht hätte ich mich in Verlegenheit gebracht und die Leute hätten mich nicht gemocht. Der Himmel möge das verhüten. Sei nett, koste es, was es wolle – so war ich erzogen worden. Auch wenn der andere nicht nett zu dir ist. So hielt ich den Mund.

Am Ende des Abends, als ich froh war, fertig zu sein, kamen vier oder fünf der Leute, die seltsame Energie ausgesandt hatten, zu mir und stellten besonders feindselige Fragen. Sie wollten wissen, was ich beim Handauflegen spürte. Ich beschrieb es ihnen. Dann baten sie mich, es bei dem jungen Mann mit den blonden Haaren zu demonstrieren. Ich weigerte mich. Ich sagte, er könnte sich in meinem Büro einen Termin geben lassen, wenn er wollte. Sie fragten, was ich davon hielt, die Vergangenheit auszugraben, um sie zu heilen. Sie fanden es überflüssig, ja sogar zerstörerisch. Man sollte nur die Gegenwart unter die Lupe nehmen, nie die Vergangenheit. Es klang alles wie verabredet, und bei jedem Punkt waren sie einer Meinung. Ich fragte, wie die Vergangenheit geheilt werden sollte, wenn man sie ignorierte. Sie antworteten, eben dadurch, daß man sie ignorierte, würde sie geheilt. Ich ging zu meinen Assistenten und ein paar engen Freunden hinüber, die am hinteren Ende des Raums auf mich warteten. Einer meiner Freunde wollte wissen, warum ich soviel über geistige Selbstverteidigung gesprochen hätte. Ich erwiderte, ich wüßte es nicht. Meine Assistenten erklärten, daß sie schlechte Schwingungen im Raum gefühlt hätten und ihnen aufgefallen sei, wie feindselig manche Leute gewesen waren. Ich stimmte zu. Eine meiner Studentinnen war eine freiwillige Mitarbeiterin des Zentrums und holte die Teilnehmerliste. Sie sah sich die Liste an und stellte fest, daß acht Leute unter dem Namen Smith eingetagen waren. Kein Vorname. Keine verschiedenen Namen, nur Smith.

Da wußte ich, daß man mich geistig angegriffen hatte. Zwei Wochen später erhielt ich mit der Post einen Brief, den acht Leute unterzeichnet hatten. Sie schrieben, sie hätten einen Lehrer, der sie das einzig wahre Heilen lehrte, und da meine Meinungen und Methoden nicht mit seinen übereinstimmten, sei ich eine Schwindlerin. Sie planten, eine Organisation zu schaffen, die alle falschen Heiler feststellen, gerichtliche Schritte gegen sie unternehmen und sie vernichten würde. Natürlich war ich sprachlos. Ich wußte, daß dieser Brief von denselben Leuten verfaßt und unterschrieben worden war, die bei meinem Vortrag gewesen waren. Es war nicht das erstemal, daß ich geistig angegriffen wurde, und es würde nicht das letztemal sein. Ich hatte jahrelang geistige Selbstverteidigung praktiziert, sie gelehrt und war umgeben von wohlmeinenden Freunden, die selbst mächtige Heiler waren. Wir erkannten die Bösartigkeit der Schattenenergie dieser Leute und unternahmen eigene energische Schritte, um sie zu bekämpfen. Einige davon habe ich in diesem Kapitel schon besprochen.

Mehrere Jahre nach diesem Zwischenfall las ich in einer der New Yorker Zeitungen einen Artikel über diesen

Mann, seinen Kult und seine Anhänger. Offenbar drohte er jedem mit Krebs, der ihn verlassen wollte, und terrorisierte und mißbrauchte seine Anhänger noch auf andere Weise. Schließlich projizierte er seinen Schatten sogar auf seine Anhänger. Viele Leute erwachten aus der Trance durch die Induktion seiner Kraft und waren stark genug, zu gehen; viele wurden durch die Hadesgestalt, die er verkörperte, mit ihm in seine Unterwelt hinabgezogen – ein Hitler in spirituellem Kleid.

Aus einem derartigen Vorfall lassen sich mehrere lebensrettende Lektionen lernen. Erstens verliert der Mensch sehr leicht sein dunkles Auge und idealisiert jemanden, der mächtig zu sein scheint, in Wirklichkeit jedoch das Böse verkörpert. Zweitens hat der projizierte Schatten eine große Macht, Schlimmes in der Welt anzurichten. Wenn wir unsere Vergangenheit, unsere Schatten, unsere brennenden Wurzeln ignorieren, verleugnen wir uns und unsere Herkunft. Das Verleugnen ist eine schreckliche und mächtige Kraft. Es idealisiert und dämonisiert. Es kann nicht lange zurückgehalten werden und muß deshalb auf jemand anderen projiziert werden. Der andere ist immer derjenige, der alle Qualitäten zu verkörpern scheint, die wir nicht haben, entweder gottähnliche Güte oder dämonische Dunkelheit. Bei ersterem projizieren wir enorme Macht auf den anderen und werden ein Anhänger. Bei letzterem projizieren wir die Qualitäten, die zuzugeben wir Angst haben, auf den anderen, machen ihn zum Feind und damit zu dem, der schlecht ist und vernichtet werden darf. Diese Projektion des Schattens ist die Ursache von allem Übel in der Welt.

Wenn wir stark genug sind, können wir unsere Opfer wählen. Bis dahin wählen unsere Opfer uns. Die meisten von uns erkennen nicht, daß wir die meiste Zeit in einem Zustand der Induktion verbringen. Wir werden hypnotisiert, überredet und von der Energie anderer Leute und vergangenen Einflüssen geleitet. Das Wort Induktion hat eine interessante Etymologie. Laut dem *World Book Dictionary* kommt es von dem lateinischen *inducere*, was soviel wie leiten, führen bedeutet. Induzieren heißt führen, beeinflussen oder überreden. Es ist auch ein Ausdruck der Physik und bedeutet dann »einen elektrischen Strom, eine elektrische Ladung oder eine magnetische Veränderung zu produzieren ohne direkten Kontakt; ein Element durch Bombardierung mit Teilchen künstlich radioaktiv machen«. Genau das geschieht mit uns. Wir werden mit Energiepartikeln anderer Leute und aus unserer Umgebung bombardiert. Energie wird definiert als die Veränderung der Kreisbahn der Elektronen in Atomen. Diese Veränderung erzeugt Wärme, Elektrizität, Licht, Elektromagnetismus. Wenn unser Energiefeld entweder zu schwach oder so sehr mit den Menschen unserer Umgebung verschmolzen ist, daß wir unsere eigene Ladung nicht halten, unser eigenes Energiefeld nicht autonom verwalten können, dann werden wir induziert. Wir geraten in den Bann der Induktion. Wir werden von der Energie eines anderen hypnotisiert. Zuerst, wenn wir geboren werden, sind wir völlig offen und verwundbar. Wir waren geschützt durch das Energiefeld des Schoßes und steckten tief im Induktionsfeld der Mutter. Nachdem wir aus dem Mutterleib herausgekommen sind, wird die Familie zum Induktionsfeld. Wir werden der Erfahrung ausgesetzt, aus dem Garten Eden ausgestoßen worden zu sein, der der schützende Schoß der Mutter war. In der Welt draußen sind wir mit der harten Realität von eifersüchtigen und konkurrierenden Brüdern und Schwestern konfrontiert. Ich erinnere mich an eine Studentin von mir, die mir anvertraute, daß sie tatsächlich versucht hatte, ihre jüngere Schwester im Kinderbett zu töten. Sie wurde durch einen Erwachsenen dabei unterbrochen, aber das Energiefeld der Bedrohung blieb erhalten, und jene jüngere Schwester wuchs höchstwahrscheinlich im Induktionsfeld einer eifersüchtigen und haßvollen Schwester auf und fragte sich, warum sie sich so ungeliebt und unerwünscht vorkam.

Wenn wir etwas sehr stark fühlen und dieses Gefühl auch noch von einem inneren Bild begleitet wird, bauen wir ein Induktionsfeld auf. Unser elektromagnetisches Feld, unsere Aura, wird gefüllt mit den Auswirkungen dieses Gefühls, Gedankens und Bildes. Es kann tief in unser Unbewußtes geschoben werden, was bedeutet, daß wir nicht bewußt ständig daran denken, aber es ist trotzdem vorhanden. Es ist etwa so wie das Einrichten oder das Abschalten einer Datei auf dem Computerbildschirm. Mit der Menüleiste wählt man die Datei, die dann auf dem Bildschirm erscheint, während die Menüleiste selbst verschwindet. Aber sie bleibt verborgen darunter, ist zwar nicht mehr zu sehen, kontrolliert aber alles. Die meisten von uns denken, daß ein Gefühl, Gedanke oder Bild keine Wirkung hat, solange diese Dinge außer Sichtweite sind. Das ist nicht richtig. Sie können der kontrollierende

Faktor sein, der die ganze Show bestimmt. Wenn jemand uns anlächelt, heißt das noch lange nicht, daß er uns nicht gern umbringen würde. Oder wie man so schön sagt – nur weil du paranoid bist, bedeutet das noch lange nicht, daß sie nicht hinter dir her sind.

Die jüngere Schwester jener Studentin von mir wuchs wahrscheinlich mit der Vorstellung auf, daß sie tatsächlich paranoid sei. Ihre Familie wirkte vermutlich völlig normal, und deshalb muß sie sich gewundert haben, warum sie das Gefühl hatte, jeden Augenblick ermordet zu werden oder ungeliebt und unerwünscht zu sein. Sicherlich dachte sie, daß sie sich alles nur einbildete, wie das viele Leute tun. Dieser Vorfall bringt uns zu einem sehr kontroversen Thema: Mißbrauch. Heutzutage wird viel darüber debattiert, ob ein Erwachsener, der sich erinnert, als Kind sexuell mißbraucht worden zu sein, die Wahrheit sagt oder eine falsche Erinnerung hat. Ich habe mit Menschen zwanzig Jahre lang gearbeitet und viele Leute erlebt, die sich des Mißbrauchs bewußt waren, und auch solche, die es nicht waren, in deren Induktionsfeld ich aber diesen Mißbrauch spürte. Ich habe mit Menschen gearbeitet, die den Mißbrauch, den ihre Eltern als Kinder erlebten, ungeheilt mit sich trugen. Die Eltern hatten sich nie daran erinnert und ihn ungeheilt in ihrem Unbewußten gelassen, bis die Kinder kamen und ihn für sie tragen mußten. Ähnlich wie bei Kindern von Überlebenden des Holocausts tragen Kinder mißbrauchter Eltern das Trauma ihrer Eltern in ihrer eigenen Seele. Ich habe Fernsehsendungen gesehen über Leute, die Vater und Mutter beschuldigten, sie mißbraucht zu haben, nur um diese Anschuldigungen später zurückzuziehen. Ich betrachte diese Leute mit all meiner intuitiven Kraft, die ich besitze, und stelle gewöhnlich fest, daß sie in einem Schockzustand sind. Erst hatten sie den Mut aufgebracht, die Anschuldigung zu erheben, dann wurde sie von allen andern um sie her abgestritten, dann wurden sie dafür, daß sie die Wahrheit sagten, schlecht behandelt – das war zuviel für sie, sie gaben auf. Bei so einer Auseinandersetzung gibt es keine Unterstützung, keine Liebe, keine Heilung. Und da ihre Egostruktur nicht stark genug ist, so etwas allein auszuhalten, kapitulieren sie und ziehen die Anschuldigung zurück. Der Verlust der Liebe und das Gefühl, im Stich gelassen zu werden, dazu die Projektion von Bösem auf die Betroffenen sind zuviel für sie, um damit fertig zu werden. Sie laden sich lieber die Schuld auf, sich falsch erinnert zu haben, oder beschuldigen den Therapeuten, auf diese Idee gekommen zu sein, als sich nicht unterkriegen zu lassen und bei ihrer eigenen Verteidigung völlig allein dazustehen.

Andererseits glaube ich auch, daß es Therapeuten gibt, die selbst so wenig heil sind, daß ihr eigenes Induktionsfeld von Mißbrauch in der Kindheit ihre Patienten beeinflußt. Entweder projiziert der Therapeut sein Trauma auf den Patienten und unterstellt, daß der Patient mißbraucht wurde, oder der Patient spürt den ungeheilten mißbrauchten Schatten und identifiziert sich mit ihm. So etwas tun Patienten, wenn eine Übertragung entsteht. Ein großer Teil der Heilung bei einer psychotherapeutischen Beziehung liegt im Übertragungsverhältnis. Der Patient projiziert seine Gefühle für die Eltern auf den Therapeuten und arbeitet sie dann durch. Ist die Übertragung positiv, identifiziert sich der Patient mit dem Therapeuten. Diese Identifikation löst wahre Erinnerungen im Patienten aus oder ein Induktionsfeld von falschen Assoziationen. Das Thema ist sehr vielschichtig, und manchmal vergrößert der Versuch der Medien, ein schwarz-weißes Bild der Erinnerungen an den sexuellen Mißbrauch zu malen, die Verwirrung nur noch. Es gibt beides, wahre und falsche Erinnerungen, und jeder Fall muß individuell geheilt werden. Die Frage, die ich mir immer stelle, wenn ich mit jemand zu tun habe, der Beschuldigungen wegen sexuellen Mißbrauchs erhebt, oder wenn ich darüber höre, ist die: *Was passierte eigentlich* in dieser Familie, daß dieses Kind solchen Haß auf Mutter oder Vater hat? Was brachte die Menendez-Brüder dazu, ihre Eltern zu töten? So etwas passiert in keiner Familie, in der die Kinder geliebt, genährt werden und lernen, das Leben zu respektieren. *Was geschah wirklich?* ist die wichtigste Frage, die wir stellen können. Denn wie auch die Einzelheiten sein mögen – *etwas ist geschehen.*

Und das bringt uns zum Thema des Bösen und der Zurechnungsfähigkeit. Jeder, der vorsätzlich, mit Haß im Herzen, einen anderen Menschen tötet, ist böse und per Definition unzurechnungsfähig. Wie Jesus am Kreuz über seine Henker sagte: »Vater, vergib ihnen; denn sie wissen nicht, was sie tun!« Das Böse mag vorsätzlich ein Leben zerstören und trotzdem nicht wissen, was es tut. Eine der Fragen, die das Gericht bei einem Plädoyer auf Unzurechnungsfähigkeit stellt, ist: Wußte der Täter, was er tat? Kennt er den Unterschied zwischen gut und böse? Rational kann er ihn kennen, aber so voll ungesunder Wut, Angst und Haß sein, daß er seinen Schatten und die Macht, die er ausübt, nicht sieht. Die Person ist buchstäblich besessen. Hitler dachte, er tue der Welt einen Gefallen, wenn er alle Menschen tötete, außer denen, die nach seiner Ansicht das vollkommenste Volk waren. In Wahrheit wollte Hitler seinen eigenen bösen inneren Schatten vernichten, indem er ihn auf die Juden und andere Menschen projizierte, die seinen Maßstäben von »Licht und Reinheit« nicht entsprachen. Beispiele für diese Denkungsart gibt es heute in allen Ländern der Erde. Jeder, der selbstgerecht denkt, daß alle, die nicht wie er sind, böse sind und deshalb vernichtet werden müssen, ist ein Miniatur-Hitler. Überdies haben wir alle, wie der große indische Weise Krishnamurti einmal sagte, einen Hitler in uns. Der Unterschied ist, daß einige von uns bereit sind, das zuzugeben, und andere nicht. Und darin liegt die Definition von Zurechnungsfähigkeit. Wenn wir es zugeben können, sind wir geistig gesund und haben eine Chance, die Dunkelheit in uns zu heilen, indem wir unsere Macht von diesem Hitler zurückfordern. Wenn wir es nicht können, haben wir noch zuviel Angst vor ihm, um unsere Macht zurückzuholen, und er ist potentiell immer die Menüleiste hinter jeder neuen Datei, die auf dem Bildschirm unseres Lebens erscheint.

Das Böse ist das Bewußtsein, das Gott nicht kennt. Das Böse ist so getrennt von Liebe, Trost, Sicherheit und Fülle, daß es vor Angst, Wut und Haß jeden und alles attackiert, was sein Selbstkonzept bedroht. Wenn jeder für seinen eigenen Schatten, unterdrückte Emotionen, Schmerzen aus der Kindheit und die Dunkelheit seiner Vorfahren die Verantwortung übernähme, wäre es nicht notwendig, sie auf jemand anderen zu projizieren und durch unsere eigene Angst Feinde zu erschaffen. Angst greift an; Liebe schützt. Angst vernichtet; Liebe heilt. Angst haßt; Liebe vergibt. Was für eine Art von Liebe? Die Liebe zu sich selbst.

Die Selbstliebe muß äußerst groß sein, um die Wahrheit zuzulassen. Sie ist viel wirkungsvoller als die Projektion, aus dem einfachen Grund, weil wir erst uns selbst lieben müssen, ehe wir uns unserer Dunkelheit, unserem eigenen Schatten stellen können. Wenn wir uns hassen, können wir ihm nicht gegenübertreten. Und deshalb müssen wir ihn nach außen projizieren, aus Angst, die innere Dunkelheit würde uns töten, wenn wir ihr ins Gesicht sehen. Ich erinnere mich, daß ich vor vielen Jahren den Film »Der Exorzist« gesehen habe. Ich habe genau darauf geachtet, wie der Teufel den Priester attackierte. Ich las auch ein Buch über das Böse von Malachi Martin. Sie scheinen mir beide den Teufel als eine Kraft zu porträtieren, die die Menschen durch ihren Horror vor ihrer Schwäche, ihrem Schatten angreift. Alle verborgenen Gedanken, Gefühle und Phantasien, von denen die Leute glauben, sie hätten sie für immer in den Schrank gesperrt, werden ihnen ins Gesicht geschleudert, um ihr Ego gegenüber Satan zu schwächen. Was würde geschehen, wenn wir den Schatten nicht verleugneten, sondern zuließen? Was, wenn wir mit Satan einer Meinung wären? Ja, ich habe eine dunkle Seite in mir. Ja, ich habe solche

Gedanken, Gefühle und Phantasien. Ich *kenne* sie, akzeptiere sie und liebe mich trotzdem. Alles an mir wird geliebt und vergeben. Mein ganzes Sein gehört Gott. Was für Munition hätte das Böse dann?

Also setzte ich mich hin und meditierte. Ich zündete meine Kerzen an und setzte mich auf meinen wunderschönen Teppich und blickte in meine Seele. Und ich erstarrte nicht zur Salzsäule. Ich rief in das schwarze Loch, daß alle Schatten herauskommen sollten, und einer nach dem anderen tauchten sie auf. Ich stellte jeden vor mich hin und forschte nach Hunger, Kummer, Wut, Angst, Verlassenheit. Ich sah jedem ins Gesicht, der mich je angegriffen oder meine Energie abgezapft hatte, und sah meinen Schatten. Ich holte tief Luft und war auf wackligen Beinen jeden Moment auf den Tod gefaßt und stand doch da durch die Kraft von Gottes Gnade. Und irgendwo mußte ein Licht für mich scheinen, damit ich die Schatten in meiner Seele sehen konnte.

Eine der größten Heilenergien ist die der Vergebung – der Selbstvergebung und der Vergebung anderer. Mein Patient, dessen Familie solche Gewalt über ihn hatte, lernte, ihr zu vergeben, während er sich gleichzeitig schützte. Er erkennt jetzt, wie gefährlich und zerstörerisch ihr Schmerz und ihre Bedürftigkeit für seine Gesundheit sind. Er nimmt keine Anrufe mehr von seinem Bruder entgegen, der nur anruft, um kostenlos therapiert zu werden. Er warnt seine Mutter und seinen Vater, daß er jeden Kontakt zu ihnen abbrechen wird, wenn sie versuchen, ihn durch Schuldgefühle zu manipulieren.

Nachdem er sich monatelang in eigener Sache auf die Hinterbeine gestellt hatte, fingen sie endlich an zuzuhören, und ihre ganze Familiendynamik hat sich zum Besseren hin verändert. Die Systemtheorie der Soziologie erzählt uns, daß nur ein Familienmitglied nötig ist, um die ganze Familie zu verändern. Er machte auch noch andere Dinge, um sich zu schützen und künftiger Verletzlichkeit vorzubeugen. Er hörte auf zu trinken. Jeden Morgen macht er nun Yoga und meditiert. Er hat seine Eßgewohnheiten geändert und macht täglich Übungen. Abends, ehe er sich schlafen legt, geht er eine Stunde lang eine Liste mit all den Dingen in seinem Leben durch, für die er dankbar ist. Er ist glücklich. Er ist zu einem Osiris geworden, einem wiedergeborenen Mann, der zwischen der Unterwelt und dem materiellen Reich der Wiederauferstehung eine Brücke schlagen kann.

Wenn ich gute geistige Selbstverteidigung mit Vergebung verbinde, gehe ich, wie ich festgestellt habe, mit meinen Grenzen und der Integrität meiner Energie viel sorgfältiger um. Wenn ich vor vielen Leuten sprechen mußte, fing ich an, meine Assistenten zu bitten, die erste Stuhlreihe nach hinten zu verschieben, weiter weg von mir. Manchmal ließ ich auch Mäntel auf die Stühle direkt vor mir legen, damit sie leer blieben, denn ich wußte, daß die bedürftigsten Leute immer dort Platz nahmen. Manchmal bat ich die Leute, mir nicht die Hand zu geben oder mich nicht zu umarmen. Die meisten Menschen sind sich nicht bewußt, daß sie sich wie Energievampire benehmen und sich von der Energie anderer Leute ernähren wollen. Manche wissen es allerdings auch genau und schätzen es nicht, wenn sie mit der Wahrheit konfrontiert werden. Ich werde nie den Abend vergessen, als ich über geistige Selbstverteidigung sprach und danach eine Frau zu mir kam. Ich hatte einen Vortrag von zwei Stunden hinter mir und eine Menge Fragen der Teilnehmer beantwortet. Sie fragte, ob ich ihre Aura für sie lesen könnte, jetzt sofort und hier. Ich verneinte und schlug vor, sie solle zu einer Einzelsitzung in meine Praxis kommen. Sie war hartnäckig und bat mich ganz reizend, ihr doch wenigstens eine Vorstellung davon zu geben, wie sie aussähe. Ich lehnte ab. Wenn ich es bei ihr täte, müßte ich es bei allen machen. Ihr Gesicht verdunkelte sich und wurde wütend, und sie sagte scharf: »Na, Sie haben aber starke Grenzen!« Ich bedankte mich bei ihr, wohl wissend, daß sie mir kein Kompliment hatte machen wollen. Doch es war eines – ein großes Kompliment. Selbstliebe in Aktion. Wir müssen bereit sein, den Zorn anderer Leute zu riskieren, wenn wir nicht geben, was sie haben wollen, und das ist eine volle Brust, wann immer sie sie brauchen. Das ist es, was die meisten Leute bei uns suchen, ob wir in der Gesundheitsfürsorge arbeiten oder ein Familienmitglied sind. Zu unserem eigenen Schutz, wegen unserer eigenen Gesundheit müssen wir lernen, unsere Kraft und Verfügbarkeit richtig einzuschätzen und nein zu sagen, wenn es nötig ist oder auch nur, wenn wir es wollen. Sogar nein sagen zu wollen genügt. Wir haben ein Recht, uns selbst zu schützen und unsere Energie für uns zu behalten.

Vor vielen Jahren erzählte mir ein Freund von einem Vorfall, den er miterlebt hatte, als er in einem Zenkloster studierte. Es war mitten in der Nacht, und alle schliefen. Er und noch ein paar andere Studenten hörten ein lautes und hartnäckiges Klopfen an der Eingangstür. Sie standen auf, um nachzusehen, wer es war, und öffneten die Tür. Ein großer, bulliger und betrunkener Mann stürzte in den vorderen Gang und schrie nach dem Roshi, dem Zenmeister. Alle Studenten, mein Freund eingeschlossen, bemühten sich höflich, ihn zu beruhigen, damit er ihren Lehrer nicht störte. Der Mann schrie weiter aus vollen Lungen, daß er den Roshi sprechen wolle. Einige Minuten später erschien der Roshi oben an der Treppe und rief, indem er heftig in die Hände klatschte: »Raus!« Der Betrunkene stand zum erstenmal wortlos da, blickte hoch in die Augen des Lehrers, drehte sich um und verschwand. Mein Freund sagte, er lernte aus dieser einen Interaktion mehr als von allem anderen in den drei Jahren im Zenkloster. Wie es in Rehabilitierungsprogrammen für Süchtige heißt: Manchmal ist liebevolle Härte das einzige Mittel, bis zum Herzen der Wahrheit vorzudringen.

Vor etwa zehn Jahren war ich in Hongkong. Man hatte mich für zwei Wochen eingeladen, um zwei Workshops und mehrere Dutzend Einzelsitzungen zu geben. Der Workshop an jenem Wochenende war »Vergeben und nicht mehr urteilen«. Etwa fünfundzwanzig Leute saßen vor mir, die meisten Bürger aus anderen Ländern, die in Hongkong arbeiteten. Einige waren Chinesen, die englisch sprachen. Ich stellte mich vor und kündigte den Titel des Workshops an. »Vergebung!!!« schrie eine Frau. »Ich will nicht vergeben!!!« Mir stockte der Atem. Ich musterte die Frau, die direkt vor mir saß (das tun sie immer). Sie war grauhaarig, Anfang Siebzig, mittelgroß und sehr ärgerlich. »Ja«, gelang es mir hervorzustottern, »das ist das Thema des Workshops.« »Meine Tochter hat mich reingelegt«, rief sie da. »Sie hat gesagt, wir lernen hier zu meditieren.« Ich erklärte ihr, wir würden auch dies lernen, doch inzwischen war ihr das schon egal. Wie sich herausstellte, hatte sie ihr Mann nach vierzig Jahren Ehe vor zwei Jahren wegen einer Dreißigjährigen verlassen. Er hatte sie im Stich gelassen und verraten. Sie war voll Haß und Wut auf ihn, und das vergiftete ihr Leben und das Leben ihrer Kinder und Enkel. Sie machte mir sehr deutlich, daß sie keinerlei Absicht hatte, ihm zu vergeben. Ich erwiderte, daß sie das auch nicht müsse und trotzdem bleiben könne. Sie schwieg und starrte mich an, um herauszufinden, ob ich sie belog. Ich tat es nicht. Sie überlegte ein paar unangenehme Augenblicke und beschloß dann: »Nun, ich habe jetzt keine Möglichkeit, nach Hause zu fahren, und der Workshop ist auch schon bezahlt.« Und so blieb sie. An jenem Wochenende sprachen wir über die Bedeutung der Vergebung und den Ausdruck »einen verbrannten Kuchen kann man nicht mit Zuckerguß überziehen«. Wir erkundeten Gefühle von Wut, Haß, Angst, Kummer und Liebe. Wir machten eine Meditation, die »geistige Gefängnisse« heißt, damit die Teilnehmer mit allen Urteilen, die sie von anderen bekommen hatten, und ihren eigenen Urteilen in Berührung traten. Wir sahen in den Spiegel unseres idealisierten Selbst und unseres nicht idealisierten einfachen und ehrlichen Selbst. Wir spürten den

Vergeben

Unterschied zwischen Schuld und Reue, und ich bat die Teilnehmer, den Mut zu haben, abends, wenn sie zu Hause waren, jemand um Vergebung zu bitten. Wir öffneten die Herzen, vergaben uns und gestanden einem anderen all die Dinge, für die wir gern Vergebung erhalten würden. Und wir dachten darüber nach, warum wir uns überhaupt mit der Vergebung beschäftigten: Weil nicht zu vergeben bedeutet, an der Vergangenheit festzuhalten und uns ständig durch den Schmerz der ursprünglichen Verletzung zu schaden, die uns jemand beigebracht hat – wieder und wieder, wie diese Frau, die einmal im Stich gelassen worden war und nun den Rest ihres eigenen Lebens aufgab.

Sie blieb nicht nur den ganzen Sonnabend, sondern fuhr mit ihrer Tochter nach Hause und kehrte am Sonntag wieder. Sie blieb das ganze Wochenende. Am Sonntag nachmittag, als wir Schluß machten, hob sie die Hand. Eine sehr mutige Frau erzählte mir und der Gruppe, daß sie beschlossen hatte, ihren Mann und die Vergangenheit loszulassen und sich und ihrer Familie das Geschenk zu machen, die restliche Zeit, die ihr noch verblieb, in Liebe anzunehmen.

Vergeben ist ein mutiger Akt. Es ist nicht einfach eine Vorschrift, die die meisten Religionen machen, weil es eine angenehme Sache ist. Es ist eine Herausforderung, eine schwierige, schmerzliche, das Ego bedrohende Tat. Es ist der Entschluß, die Vergangenheit loszulassen, weil sie ständig der Gegenwart und der Zukunft schadet. Die Vergangenheit loszulassen ist besonders für die Struktur unseres Verstandes bedrohlich. Der Verstand ist wie ein

195

schnatternder Affe, wie die Buddhisten sagen, er springt hierhin und dorthin und versucht unsere Aufmerksamkeit zu wecken. 85 bis 95 Prozent der Gedanken, die wir jeden Tag denken, haben wir schon den Tag davor gedacht. Und wenn die Gedanken vom Vortag voll mit Ärger, Groll, Schuld, Traurigkeit und Furcht waren, sind auch die Gedanken und Gefühle so, die am folgenden Tag reproduziert werden. Jeder Gedanke, den wir haben, jedes Gefühl wird von unserem ganzen Sein erlebt, von Körper und Seele. An den meisten Tagen gibt es Momente, die das Potential in sich haben, uns auf irgendeine Weise weh zu tun, unsere Gefühle zu verletzen und unsere Sicherheit zu bedrohen. Es kann sich um unbedeutendere Ärgernisse im Büro handeln, wenn Leute Fehler machen und Versprechen nicht halten. Es kann ein riesengroßer, das Leben verändernder Verrat im Privatleben sein, wie bei jener Frau in Hongkong. Wenn wir uns von diesen Erlebnissen so verletzt fühlen, daß wir sie im Geist immer wieder abspielen, leben wir in der Vergangenheit statt in der Gegenwart.

Eine junge Frau, die überfallen worden war, suchte mich auf. Sie erzählte mir, wie man über sie hergefallen war, nicht nur einmal, sondern fünfmal innerhalb eines Jahres. Sie war wütend und hatte Angst. An einem Punkt der Sitzung wies sie auf ihre Handtasche und sagte, daß sie eine Waffe dabeihabe. Ein Waffe in einer Heilsitzung – ich spürte, wie ein Frösteln über diese Feststellung durch mein Bewußtsein zog. Ich berichtete ihr von soziologischen Studien über die Mentalität von Kriminellen. Dabei war festgestellt worden, daß die meisten

Straßenräuber sich immer ähnliche Typen aussuchen. Im Rahmen einer Untersuchung wurden Straßenräubern und Vergewaltigern im Gefängnis Videos von Leuten vorgeführt, die eine Straße entlanggingen. Man bat sie, auf einem Blatt Papier zu notieren, welche Leute sie sich aussuchen würden, um sie zu überfallen. Als man die Ergebnisse überprüfte, stellte sich heraus, daß alle Gefangenen die gleichen Personen ausgewählt hatten. Als sie nach dem Grund gefragt wurden, erklärten sie, daß alle diese Menschen verängstigt und verletzlich gewirkt hätten. Sie gingen auf eine Art und Weise, die verriet, daß sie kein Zutrauen hatten oder nicht wußten, wohin sie wollten. Mit anderen Worten, sie sahen nach leichter Beute aus und würden sich vermutlich nicht wehren.

Ich erklärte der Frau, daß der erste Überfall einen energetischen Abdruck in ihrer Aura, ihrem Energiefeld, hinterlassen hatte, der freigesetzt werden mußte. Ich fragte sie, ob sie nach dem ersten Schock Beratung oder Hilfe erhalten hätte. Sie verneinte. Ich legte ihr dar, daß meiner Meinung nach mit jedem Überfall Angst und Zorn in ihrem Energiefeld, in ihrem Körper und in ihrem Gesicht noch stärker geworden waren und sie für potentielle Angreifer immer verwundbarer ausgesehen hatte. Vielleicht war die Waffe nicht die einzige Antwort, und sie sollte eine Therapie machen. Eine Sitzung bei mir konnte ihrem Energiefeld helfen, aber sie mußte mit der Zeit wieder Vertrauen aufbauen und brauchte Unterstützung durch andere Leute, die Ähnliches durchgemacht hatten. Schließlich mußte sie die Vergangenheit loslassen, auch wenn sie nicht glaubte, daß sie ihren Angreifern vergeben konnte.

Die meisten von uns realisieren nicht, mit welcher Macht die unvergebene Vergangenheit die Gegenwart durchdringt. Es ist wie ein Magnet, der gleiches anzieht. Die Neurologen sagen, daß jeder Gedanke, den wir denken, und jedes Gefühl auf chemischem Weg eine Nervenbahn ins Gehirn ätzt. Je öfter wir diesen Gedanken denken oder das Gefühl fühlen, um so tiefer wird die »Spur« im Gehirn. Die Angst- und Zornspuren dieser Frau waren sehr tief. Das Bild, wie sie überfallen worden war, wurde immer wieder vorgeführt. Ihre Vergangenheit erschuf ihre Gegenwart und Zukunft immer wieder. Und die einzige Wahl, die sie ihrer Meinung nach hatte, war, so zu werden wie die Angreifer: Waffen mit Waffen zu bekämpfen. Sie steckte so voll Zorn, daß es für sie undenkbar war, die Vergangenheit loszulassen oder den Gangstern zu vergeben. Das Beste für sie schien zu sein, in eine Therapie oder Analyse zu gehen, wo sie den negativen inneren Animus oder männlichen Seelenanteil heilen konnte, der sie offensichtlich sowohl in der äußeren als auch in der inneren Welt angriff.

Die Beziehung zwischen Vergebung und geistiger Selbstverteidigung besteht darin, daß die Samen der Schattenenergie zu unserer Seele gehören und von Generation zu Generation und von einem Leben zum anderen weitergereicht werden. Wenn sie bereit sind, aufzubrechen, und wir das Unkraut in unserem eigenen inneren Garten nicht ausreißen, müssen wir uns gewöhnlich damit in der Außenwelt auseinandersetzen. Vergebung ist eine mutige Tat, weil wir dabei die vergangene Verletzung als Möglichkeit benützen, unsere eigene Seele zu heilen und uns und der anderen Person zu vergeben. Wenn wir uns nur als das Opfer erfahren, haben wir die Lektion über die Ermächtigung durch die Heilung der Seele nicht gelernt. Dann sind wir für immer der Barmherzigkeit der äußeren Welt ausgeliefert, die, wie wir alle wissen, nicht immer so barmherzig ist.

Vergebung gibt uns Kraft, weil sie uns »loshakt« von der Vergangenheit und den Leuten darin, die uns verletzt haben. Sie befreit von ihrer Macht, Schmerz zu schaffen. Sie fordert die Kontrolle über unser eigenes Selbst wieder ein und ermöglicht es uns, mit sauberer Energie in die Zukunft zu gehen. Die Vergebung verdammt nicht, was jemand uns angetan hat. Im Gegenteil, sie zwingt uns dazu, die Dunkelheit der Tat und ihre Konsequenzen anzuerkennen. Aber sie zwingt uns auch, unsere Teilnahme sowohl an der Tat als auch die Bewahrung der Verletzung *in uns* anzuerkennen. Die Vergebung ermöglicht unsere Heilung durch unsere Wahl, loszulassen. Sie gibt uns die Gelegenheit, unser eigener Heiler zu werden, statt darauf zu warten, daß der andere seine Kränkung korrigiert. Letzteres ist die Position des Kindes und des Opfers, ersteres die des machtvollen Heilers.

Manchmal bedeutet Loslassen der Vergangenheit und ein machtvoller Heiler zu werden den Mut zu haben, dem Schmerz gegenüberzutreten, den wir bei anderen verursacht haben. Sie sind nicht immer die Angreifer. Gleichgültig für wie gut und makellos wir uns halten, sind wir häufig diejenigen, die uns nahestehende Menschen verletzt haben, entweder durch Unterlassung oder durch Taten. In manchen von uns bewirkt dies ein tiefes Schuldgefühl. Schuld ist eine lebensbedrohende Krankheit. Wir bestrafen uns damit selbst, weil wir uns für schlecht, wertlos und einen Versager halten. Es ist ein geistiger Zustand, in dem wir die schmerzvolle Erinnerung wieder und wieder erleben, der Zustand eines »mentalen Gemetzels«, ein Ausdruck, der einmal während der Meditation in mir auftauchte.

Es besteht ein enormer Unterschied zwischen Schuld und Reue. Schuld ist mentale Grausamkeit. Sie ist das uns selbst beschuldigende Wiederabspielen des Schadens, den wir jemand anderem oder uns zugefügt haben. Monat für Monat und Jahr für Jahr spulen sich die Schuldgefühle in unserem Geist ab, endlos, wie in Sartres *Geschlossene Gesellschaft*. Reue ist der Weg nach draußen. Reue ist das tiefe Zulassen und Fühlen der Trauer, des Kummers, den wir uns und anderen zugefügt haben. In dem Workshop »Vergeben und nicht mehr urteilen« führe ich die Leute durch eine »Reue«-Meditation, in der sie in einen Spiegel blicken und sich klar und deutlich sehen, ohne die Vergoldung, die so viele von uns unserem Spiegelbild gern hinzufügen würden. Ich lasse die Leute tief in ihr Herz tauchen und sich an die Zeiten in ihrem Leben erinnern, in denen sie etwas getan haben, das sie bedauern. Ich gebe ihnen Zeit, wegen dieser Fehler, dieser Sünden zu trauern. Wie ich schon erwähnte, ist Sünde ein alter Ausdruck aus dem Bogenschießen und bedeutet »das Ziel verfehlen«. Wir alle verfehlen es manchmal. Deswegen brauchen wir uns nicht schuldig zu fühlen, doch wir können deswegen trauern. Diese tiefe Herzenstrauer kann heilend sein. Aus dieser Trauer kann der Wunsch entstehen, die Hand auszustrecken und um Vergebung zu bitten. Wir brauchen dazu keinen bestimmten Tag, wie den Bußtag im Judaismus, um um Vergebung zu bitten. Wir müssen nicht waren, bis wir auf dem Totenbett liegen, um aus Reue Besserung zu geloben. Jeder Tag kann ein Tag der Versöhnung sein, ein Ausdruck, der Christen vertraut ist. Jeder Tag kann ein Tag für Buße, Vergebung und Heilung sein.

Einige der bewegendsten Geschichten über Vergebung stammen aus den Workshops, die ich am Esalen Institute in Big Sur, Kalifornien abgehalten habe. In der Woche zwischen Weihnachten und Neujahr war es meistens der Workshop »Vergebung«. Manchmal traf er auf Silvester oder Neujahr. Ich erinnere mich an einen Mann, der die Geschichte erzählte, wie er mit seinem Vater und seinen drei Brüdern ein Geschäft gegründet hatte. Inzwischen hatte jeder jeden verklagt. Da die Hausaufgabe während des Workshops darin bestand, jemand zu treffen, anzurufen oder zu schreiben und um Vergebung zu bitten, schrieb er noch am Abend vier Briefe, einen an seinen Vater und jeweils einen an seine Brüder. Am nächsten Morgen steckte er sie in den Briefkasten. Er rief seine Sekretärin an, um zu fragen, wie es mit dem Prozeß stand, und sie hatte ein Neujahrsgeschenk für ihn: Vater und Brüder hatten jede Anklage gegen ihn fallengelassen. Er stürzte in den Workshop, um uns die Geschichte zu erzählen. Er konnte sein Glück noch gar nicht fassen. Am Ende der Geschichte fragte er zögernd: »Glauben Sie, ich kann meine Briefe wieder aus dem Kasten holen?« Alle lachten. Ich verneinte. »Jene Briefe und die Absicht dahinter haben auf telepathischem Weg die Heilkraft der Vergebung in Ihrer Familie erschlossen. Ihr Vater und Ihre Brüder empfingen Ihre Bitte um Vergebung auf der Seelenebene, ohne sich dessen aber bewußt zu sein. Sie werden noch tiefer gerührt sein, wenn sie die Briefe erhalten. Lassen Sie sie im Kasten.« Er tat es.

Ein Mann Mitte Sechzig kam Weihnachten zum Esalen Institute, nachdem bei ihm im selben Jahr Dickdarmkrebs festgestellt worden war. Ein Jahr zuvor war er von seiner Frau geschieden worden. Am Abend der Hausaufgabe rief er seine ehemalige Frau an und bat sie um Verzeihung. Am nächsten Tag erzählte er uns, daß es danach in der Leitung lange still blieb. Er dachte schon, sie würde ihm nicht antworten. Als sie schließlich sprach, sagte sie zu ihm, sie hätte nicht gedacht, daß sie diese Worte je von ihm zu hören bekommen würde. Sie unterhielten sich, sie vergab ihm, und am folgenden Thanksgiving lud sie ihn zu sich und ihren erwachsenen Kindern ein. Sie begannen sich wieder zu sehen und heirateten im folgenden Jahr wieder. Sein Krebs heilte. Dieser Mann wurde ein Student von mir und absolvierte das Ausbildungsprogramm. Er und seine Frau luden mich eines Abends zum Essen ein, um ihre Wiederverheiratung zu feiern. Es treibt mir sogar jetzt noch die Tränen in die Augen, wenn ich darüber schreibe. Die Macht der Vergebung ist lebensrettend. Sie öffnet auf geheimnisvolle und lebensverändernde Weise die Tür zu Liebe und Heilung und heilt alles, was sich auf ihrem Weg befindet.

Selbstvergebung ist der höchste Akt der Heilung (siehe Heilmeditationen). Sie hängt von niemand ab, nur von uns. Beim Vergeben anderer können wir uns immer sagen, daß »sie uns nicht weh tun wollten. Sie wußten es nicht besser«. Wir können ihnen vergeben, weil dabei etwas zu gewinnen ist, wie ihre Liebe oder Gegenwart in unserem Leben. Doch uns selbst zu vergeben bedeutet, daß wir die Position des Vergebers und des Vergebens, des Segners und des Gesegneten einnehmen müssen. Wir müssen uns vor den Spiegel stellen und die Wahrheit unserer eigenen Taten ansehen, den Schmerz der Reue fühlen und unser Herz unserem Wundsein öffnen. Wenn wir uns selbst vergeben, treffen wir die Wahl, dem Leid ein Ende zu machen. Die Wahl, damit aufzuhören, uns wieder und wieder zu kreuzigen. Durch das Eingeständnis unserer Verantwortung und eine tiefe Erfahrung der Reue wählen wir die Heilung der Wunde. Verantwortung ist »die Fähigkeit zu antworten«, im Unterschied zu Verpflichtung, was »sich binden« bedeutet. Durch unsere Fähigkeit, auf unsere Sünden, auf die »Zielverfehlung« zu antworten, binden wir uns los von Selbsthaß, Selbstverachtung, Selbstbeschämung und Selbstmißbrauch. Wir befreien uns von dem Besitz generationenlangen Selbsthasses und generationenlanger Scham, die begannen, als wir aus dem Garten Eden ausgestoßen wurden. Wir treffen die Wahl, uns in den Kummer über unsere Hybris zu versenken, die unserem falschen Selbst, unserem falschen Ego erlaubte, unser Leben zu kontrollieren.

Gott ist der Hüter des Gartens in uns. Der große Geist,

wie ihn die Ureinwohner Amerikas nennen, der uns sagt, wann wir reif genug sind, mehr zu erfahren, und wann nicht; der uns sagt, wann der Apfel für unsere unentwickelte Seele und unser zartes Ego giftig ist und wann wir bereit sind, hineinzubeißen. Die Schlange ist die kraftvolle Weisheit, die kraftvolle Kenntnis der Geheimnisse, die für das Ego eines Kindes giftig, sogar todbringend sind. Wenn wir zu früh in den Apfel beißen, gehorchen wir nicht unserem inneren großen Geist und verraten ihn, und unsere Verbindung mit Gott ist zerbrochen, durchtrennt. Die einzige Möglichkeit, wieder nach Hause zu gelangen, ist, die Reue über unsere Taten, die Trauer über unseren Verrat, den verheerenden Verlust unserer Heimat im Garten und unsere Verbindung zur bedingungslosen Liebe zuzulassen.

Durch einen großen Raum mit vielen Fenstern blickte ich auf Gesichter voll Licht. Die Teilnehmer des Workshops »Vergebung« arbeiteten zu zweit, und jeder hatte eine Liste mit sieben Punkten verfaßt, für die er gern Vergebung erhalten würde. Der eine Partner war der Spiegel des anderen für bedingungslose Liebe und Vergebung. Während der eine Partner jeden Punkt, einen nach dem anderen, laut aussprach und sagte: »Ich würde gern Vergebung erhalten für …«, öffnete der andere Partner, der Spiegel, sein Herz, und alle Liebe und alles Licht, zu dem er fähig war, strahlten von seinen Augen und seinem Körper aus. Zuerst sprach niemand, dann kamen die leisen Worte: »Dir ist vergeben.« Der Partner, der um Vergebung bat, bat immer weiter, bis das Erlebnis von Liebe und Vergebung von seinem Herzen eingesogen worden war. Bis er zuließ, Selbstvergebung zu spüren. Tränen strömten über Gesichter, andere waren voll Scham. Manche Teilnehmer saßen angsterstarrt da, andere lächelten besorgt. Während sie mit der Übung fortfuhren und meine Asstistenten und ich langsam herumgingen, die Hände vorsichtig auf die Herzen der Menschen legten und ihnen halfen, ihren inneren Garten zu öffnen, begann eine Sanftheit den Raum zu durchdringen. Augen fingen an zu glänzen, Schultern entspannten sich, das Atmen wurde tief. Irgendwann stand ich vorne im Raum, mit Tränen in den Augen, und während eine große Wärme mein Herz erfüllte, blickte ich auf ein Meer von Vergebung und Liebe von solch kraftvoller Schönheit, daß ich ohne den Schatten eines Zweifels wußte, wenn ich hier und jetzt starb, würde das in Ordnung sein.

7 Träume

Ich wollte ein Zuhause haben. Einen Ort, der mir gehörte und wo Selbstliebe, Ganzwerdung, Vergebung und Kraft weiter wachsen konnten. Mein Leiden sollte ein Ende haben, all die Verhaltensweisen, durch die ich mich verraten und meiner Seele geschadet hatte, sollten aufhören. Ich wollte keinen Helden mehr haben, der mir erzählte, wer ich war und was ich brauchte. Ich mußte meinen wahren Wert in mir selbst finden, statt zu versuchen, ihn in einem Laden zu kaufen oder in den Augen eines anderen Menschen zu entdecken.

An einem Wochenende, als ich auf Haussuche war, kamen meine Freunde Paula Lawrence und Charles Bowden, beide durch Film und Theater sehr bekannt, nach Connecticut, um mich zu besuchen. Wir fuhren durch die Städte, die der Tornado verwüstet hatte, und sahen die Schäden. Der ganze Ort Bantam, auch die Kirche, war dem Erdboden gleichgemacht worden. In Cornwall waren Morgen von Bäumen umgeknickt wie Streichhölzer. In anderen Teilen waren die Baumwipfel weggerissen worden. Es war ein seltsamer, unheimlicher Anblick. In gewisser Weise war es, als blickte ich auf die Überbleibsel meiner Ehe. Glücklicherweise waren außer in Bantam keine Häuser zerstört, und nur ein Mensch war getötet worden, ein Camper im Wald.

Charles und Paula schienen mir Glück zu bringen, denn als wir durch einen der Orte fuhren, kamen wir an einem

Schild »zu verkaufen« vorbei. Im Vorbeifahren konnte ich nur einen raschen Blick darauf werfen, und das Haus war von der Straße aus kaum zu sehen. Aber ich kritzelte die Telefonnummer des Maklers auf ein Stück Papier. Ich hatte mir schon einige Häuser angesehen. Eines in Sharon, an einer kleinen Staubstraße. Ein reizendes Cottage mit mehr als zwei Morgen Land. Das Haus war für eine Preson groß genug, und der Garten war sehr hübsch, aber das Schlafzimmer lag unterhalb des Hauses. Ich hätte mitten im Winter hinausgehen und eine steile Treppe hinuntertappen müssen, um mich schlafen zu legen. Das schien mir keine angenehme Aussicht zu sein und auch nicht sicher. Ich setzte mich mehrmals ins Wohnzimmer und versuchte mir vorzustellen, wie ich hier lebte, aber es gelang mir nicht. Es fühlte sich nicht richtig an. Jedesmal, wenn ich überlegte, ob ich es kaufen sollte, wurde ich deprimiert und hätte am liebsten geweint. Ich war nicht sicher, ob ich die Energie des Besitzers auffing oder es ein Zeichen war, daß ich das Haus nicht kaufen sollte. Ich beschloß, daß letzteres zutraf, und suchte weiter.

Ich fand ein süßes altes Bauernhaus in Lakeville, in das ich mich verliebte. Es lag weiter nördlich, als ich geplant hatte, doch die Stadt war schön und hatte viel zu bieten. Das Haus war im Innern völlig renoviert worden und hatte drei Schlafzimmer, einen Holzofen und eine moderne Küche. Der Besitz war klein, und die gewundene Zufahrt endete in einer Sackgasse, doch ich fand, daß ich mit diesen Problemen fertig werden konnte. Ich wollte das Haus haben. Eigentlich konnte ich es mir gar nicht leisten. Ich machte ein Angebot, das ich für vernünftig hielt, doch die Besitzerin war anderer Meinung. Ich versuchte zu handeln. Sie wollte mit dem Preis nicht runtergehen. Ich war am Boden zerstört. Ich hatte mein Herz an dieses Haus verloren und konnte mich bereits dort leben sehen. Also mußte ich diese Idee aufgeben.

Eine Freundin erinnerte mich daran, daß dieses Haus nicht zu bekommen ein Zeichen war, daß es noch etwas Besseres gäbe. Hab' ein bißchen Vertrauen – wie ein Senfkorn. Oh, ja, Vertrauen, Glauben. Erzählte ich das nicht immer allen anderen Leuten? Ich holte tief Luft, schloß die Augen und betete – mit ganzer Kraft. So hatte ich mein ganzes Leben schon gebetet. Mit zehn schrieb ich meinem Vater einen Brief, daß er geheilt werden würde, wenn er nur an Gott und Jesus glaubte. Meine Mutter fand ihn im Schreibtisch meines Vaters, nachdem er gestorben war. Ich schrieb ihn ungefähr zu der Zeit, als ich mit meiner Mutter und einer Tante, die im Chor sangen, zu Billy-Graham-Veranstaltungen ging. Ich trat vor, wenn er die Leute rief. Ich wollte gerettet werden. Während der Krankheit meines Vaters saß ich oft in der Trinity Lutheran Church oben auf der Empore und betete für seine Heilung. Es funktionierte nicht; ich verstand nicht warum. Vielleicht hörte Gott mich nicht. Ich betete um das richtige Haus für mich und gab mich ganz dem Gebet hin. Ich befragte das Tarot, es war ein schönes Kartenspiel, das von Frauen für Frauen entworfen worden war. Ich hatte festgestellt, daß mein Unbewußtes manchmal durch das I Ging oder das Tarot zu mir sprach. Es war immer dieselbe Karte. Wie oft ich auch mischte und die Karten ausbreitete, ich zog jedesmal dieselbe. Es war die mit den Jungfrauen, die lieber von der Klippe springen, als sich den Kriegern zu unterwerfen. Sie wählen den Tod statt Vergewaltigung und Gefangenschaft. O mein Gott, hoffentlich bedeutete das nicht Tod. Nun, wenigstens bewies es meine Bereitschaft, etwas zu unternehmen.

Ich rief meine Maklerin an und erzählte ihr von dem Haus, das ich im Vorbeifahren entdeckt hatte. Sie sprach mit der anderen Immobilienfirma und machte für mich einen Besichtigungstermin aus. Das Haus war gerade zum Verkauf angeboten worden und sollte am nächsten Tag in der Angebotsliste stehen. Ich war die erste, die es zu sehen bekam. Als wir eintrafen, blickte ich durch den Garten auf ein kleines braunes Haus, das von der Straße weit zurückgesetzt lag. Auch ein kleines Nebengebäude war da. Wir gingen hinein, und sofort entdeckte ich die Wand aus roten Ziegeln und einen großen Kamin. Ich liebe Kamine. Von den anderen Häusern hatte keines einen gehabt. So wie das Haus wirkte, war ich überzeugt, daß ich es mir nicht leisten können würde. Ich ging durch die Küche, das Wohnzimmer und den Flur und hinauf in den ersten Stock. Dort lagen ein Bad und drei kleine Schlafzimmer – sehr klein. Eines hatte auch einen Kamin. Mein Herz machte einen Sprung. Zwei Kamine! Im ganzen Haus gab es nur zwei Schränke. Ich sah zum Fenster des hinteren Schlafzimmers hinaus. Der Blick war atemberaubend schön. So etwas hatte ich kaum noch gesehen. Er reichte über den rückwärtigen Teil des Besitzes und hinunter bis zu einer großen Wiese mit einer

Reihe von Ahornbäumen und Pinien. Rechts lag das Feld eines Nachbarn, und weit in der Ferne zu meiner Linken stand ein kleines Haus auf einem Hügel. Hier würde ich leben wollen – falls ich es mir leisten konnte.

Ich fragte nach dem Preis. Ich traute meinen Ohren nicht. Das Haus war erschwinglich. Ich beschloß, ein Angebot abzugeben, das ich von einer Überprüfung abhängig machte. Wir verhandelten etwas hin und her, und schließlich war die Sache perfekt. Ich ließ einen Fachmann kommen, der sich das Haus ansah. Er wies auf ein paar Probleme hin, mit dem Fundament und dem Dach, dem Schuppen und der Isolierung. Ich wußte, es würden ein paar Reparaturen anfallen, aber im Gegensatz zu den anderen Häusern hatte es wenigstens einen Keller und einen Dachboden, um Sachen unterzubringen.

Wir setzten das Verkaufsdatum auf den letzten Tag im September fest. Meine meisten Besitztümer waren noch eingelagert von damals her, als ich dachte, ich würde mich scheiden lassen. Das war jetzt zwei Jahre her. Deshalb hatte ich nicht viel zu packen. Mich endgültig von der Ehe zu lösen fiel mir schwer, doch ich war wegen des neuen Hauses sehr aufgeregt und spürte die ganze Wirkung der Trennung erst, nachdem ich eingezogen war. Ich ließ das Haus von oben bis unten putzen und säuberte jedes Zimmer mit Kerzen, Salbei, Wasser und Gebeten. Am Tag des Verkaufs und des Umzugs entdeckte ich, daß das extragroße Bett nicht um die Ecke ging, um es ins Schlafzimmer stellen zu können. Das eine Schlafzimmer war nicht groß genug; ich würde die Wand zwischen zwei Schlafzimmern einreißen lassen müssen. Ich rief meinen

Bauunternehmer an, und er kam ein paar Tage später heraus. Es war erstaunlich, was bei den Arbeiten alles zum Vorschein kam. Als sie durch die Wand brachen, tauchten viele Schichten von farbiger Tapete auf – rosa, blau und elfenbeinfarben. Und viele Farbschichten, vermutlich voll Blei. Ich schützte Mund und Nase. Und Pferdehaar zum Isolieren! Mein Vater würde gelächelt haben.

Nach dem Umzug dauerte es noch etwa eine Woche, bis alles so weit in Ordnung war, daß ein Übernachten möglich war. Was der Möbelwagen nicht mitgebracht hatte, transportierte ich mit meinem Wagen. Es wurden mehrere Fuhren, doch der Weg war nicht lang. Schließlich war ich bereit, die erste Nacht im Haus zu verbringen. Um mir Gesellschaft zu leisten, kam ein Freund und schlief auf der Couch im Wohnzimmer. In jener Nacht träumte ich, ein Mann sei am Wohnzimmerfenster links vom Kamin erschienen. Er war klein, alt, mit freundlichem Gesicht und spähte voll Neugier herein. Am nächsten Tag erzählte ich meinem Freund davon. Er hatte den gleichen Traum gehabt. Wir sahen uns erstaunt an. Wer war der Mann? Wir nahmen an, es mußte der ursprüngliche Besitzer gewesen sein, der Verwalter, der zuerst hier gewohnt hatte, als das Cottage für ihn gebaut worden war und er das größere Steinhaus nebenan verwaltet hatte. Ich fühlte mich geborgen, umsorgt, von einem guten Geist, einem Engel, bewacht.

Einen Monat später wurde die Scheidung ausgesprochen. Durch eine Scheidung und einen neuen Lebensanfang, dachte ich, würde ich zu mir zurückfinden und mir ein eigenes Reich schaffen, statt mich darauf zu verlassen, daß es jemand anders für mich tat. Mein Verstand hatte die richtigen Vorsätze, doch mein Unbewußtes befaßte sich immer noch mit einem zerstörten Fundament, einem Schoß ohne Geborgenheit. Mein Haus lag auf einem Abhang mit einer alten Trockenmauer als Fundament. Jedesmal, wenn es heftig regnete, lief das Wasser durch den Keller. Die Fenster ließen die kalte Luft herein, das Dach leckte, die Vordertreppe war baufällig. Die Wasserleitungen mußten repariert, der Sicherungskasten erneuert werden. Der Schuppen neigte sich auf die rechte Seite. Am Tag meiner Scheidung regnete es so heftig, daß das Wasser durch die Schornsteine in die beiden Kamine strömte und die Scheibe eines offenen Küchenfensters zerbrach. Es waren viele Reparaturen notwendig, aber zu jener Zeit konnte ich mir kein anderes Haus leisten.

Der Grund und Boden war jedoch sehr schön. Ein knapper halber Morgen mit Birnen- und Äpfelbäumen, sehr alt, mit tiefen Wurzeln. Nicht alle waren in gutem Zustand, aber sie lieferten eine Menge Früchte. Im Herbst lagen die Äpfel überall auf dem Boden und machten das Gehen schwierig, aber sie gaben der Erde Nährstoffe zurück. Es gab noch andere Bäume: Zypressen, griechische Olivenbäume, Bergeschen, Birken und Kirschbäume und kürzlich gepflanzte Nadelbäume. Leider mußte ich an der vorderen Ecke des Hauses einen Nadelbaum fällen. Mein Bauunternehmer sagte, die Wurzeln würden ins Haus und ins Fundament eindringen. Außerdem verdunkelte er zwei Fenster des Wohnzimmers. Es gefiel mir gar nicht, ihn umsägen zu lassen. Die Vögel schienen sich in seinen Zweigen zu versammeln. Aber ich beschloß, vernünftig zu sein, und ich liebte das Licht. Als der Baum verschwunden war, lief Wasser durch diese Ecke des Fundaments, da es keine Wurzeln mehr gab, die es zurückhalten konnten. Der Gärtner erzählte mir später, daß das Fällen überflüssig gewesen sei, weil Wurzeln immer den Weg des geringsten Widerstands wählen, im Gegensatz zu mir. Der Baum hatte dem Fundament also nicht geschadet. Bis heute tut es mir leid, daß ich ihn fällen ließ.

Auch Blumen und Büsche waren da. Ein großer lavendelfarbener Fliederbusch, eine rote Kletterrose, vier Pfingstrosen und zwei Stechpalmen, die eine stand groß und beschützend an der Eingangstür. Ein paar mehrjährige Pflanzen waren im Garten übriggeblieben. Ein Nachbar erzählte mir, daß der frühere Besitzer viele Pflanzen mitgenommen habe. Die Küche und das zweite Schlafzimmer gingen auf eine große Wiese hinaus, an deren Ende riesige Ahornbäume standen, die jeden Herbst flammend rot und golden werden würden.

Doch das schönste an meinem Besitz waren die Vögel: Kardinalvögel, Rotkehlchen, Gelbfinken, Zaunkönige, blaue Eichelhäher und Trauertauben. Wenn ich im Frühjahr erwachte, erfüllte mich der Gesang mit Freude. Ich blickte aus der Scheune und beobachtete das Taubenpaar, wie es auf dem linken Dachgiebelende saß und gurrte. Der knallrote Kardinalvogel kündigte seine Suche nach einem Weibchen an, und die kleinen braunen Zaunkönige und die Rotkehlchen nisteten im Sommer in den Zweigen bei meinem Schlafzimmerfenster. Ich stellte ein Vogelbad auf, damit ich sehen konnte, wie die Vögel darin herumflatterten, und hängte ein Futterhäuschen auf, das einmal sieben Gelbfinken anlockte. Das Futterhäuschen hing ein Jahr da, bis ich merkte, daß es auch Mäuse ins Haus zog. Die Erdhörnchen waren niedlich, saßen oben auf der wackligen Treppe an der Eingangstür und piepsten und lenkten die Aufmerksamkeit auf die vielen Löcher, die sie im Garten gegraben hatten, und die vielen Iriszwiebeln, die sie in ihrem Bauch verdauten. Rote und graue Eichhörnchen rannten über den alten Holzzaun. Manchmal liefen sie, kleine Äpfel im Mund, hinauf zu den hohlen Stämmen der älteren Apfelbäume. Weiße und gelbe Schmetterlinge flogen zwischen den Bäumen von Pflanze zu Pflanze.

An einem Morgen stand ich am Küchenfenster und hörte Elefanten. Ich war überzeugt, das war ein Zeichen, daß ich den Bezug zur Wirklichkeit nun endgültig verloren hatte. Elefanten in Connecticut. Aber ich hörte sie ganz deutlich. Ich sah aus dem Fenster, dessen Scheibe inzwischen erneuert worden war, und bemerkte, daß sich in der Ferne etwas bewegte. Ich holte das Fernglas und suchte den Horizont ab. Elefanten gingen im Kreis, und da erinnerte ich mich: Dort war eine Farm, die Zirkustiere während der Wintersaison in Pflege nahm. Ich seufzte vor Erleichterung tief auf.

Ich begann, das Haus reparieren zu lassen. Die Haustür wurde erneuert, damit mehr Licht in die Küche fiel und ich hinaussehen konnte. Wasserrohre und elektrische Leitungen wurden repariert und zwei Absaugpumpen im Keller installiert. Die Wände erhielten einen neuen Anstrich, die Kamine bekamen neue Abzugsklappen, und im Arbeitszimmer ließ ich einen Schreibtisch einbauen. Im nächsten Frühling bepflanzte ich den Garten, setzte vor dem Haus mehr Rosen und mehrjährige Pflanzen und entlang den Wegen einjährige Blumen. Die Kräuter pflanzte ich direkt bei der Haustür, damit ich sie leicht erreichen konnte. Grüne Minze, Pfefferminze, Rosmarin, Gartenraute, Majoran, Thymian, Zitronenmelisse und Liebstöckel. Im Sandkasten, den die Kinder des früheren Besitzers zurückgelassen hatten, pflanzte ich Rucola, Radicchio, Erbsen, Tomaten und sechs Arten von Salat. Ich grub meine Hände in die Erde und fühlte ihre Fruchtbarkeit unter den Nägeln. Ich unterhielt mich mit den Erdhörnchen und sagte ihnen, daß ihr Lärmen mich verrückt machte. Ich umarmte die Bäume und spürte die kühle feuchte Stärke ihrer hohen Stämme. Ich war dankbar, daß ich lebte und nicht kaputtgegangen war.

Ich war dabei, mir ein sicheres Zuhause zu schaffen. Das Problem war nur, daß ich weiter Leute zur Tür hereinließ. Statt mich nur auf meine eigene Heilung einzustellen, ließ ich mich in eine neue Beziehung verwickeln. Ich folgte weiter dem Vorbild meiner Mutter und versorgte »den anderen« mit Liebe, Heilung, Aufmerksamkeit und Energie und sorgte damit unbewußt dafür, daß ich geliebt wurde und nicht allein war. Und natürlich war es nicht genug, was ich für den anderen tat oder nicht tat. Für jemand, der als Kind gehungert hat, ist die Ersatzbrust nie groß genug. Und ich wählte weiterhin Männer, die gehungert hatten. Ich mußte erst durch Schaden klug werden. Vermutlich hatte die weibliche Seite Gottes be-

215

schlossen, mir die Gabe des spontanen Heilens zu schenken, weil sie wußte, daß ich in meinem persönlichen Leben so langsam lernte.

Ich brach mir den Fuß – ich weiß heute noch nicht genau, auf welche Weise. Irgendwie verfing er sich unter einem Schaukelstuhl. Es war mein rechter Fuß, der männliche Fuß, der mit dem ersten Chakra verbunden ist, dem Chakra des Überlebens, der Sicherheit und Erdung. Ich war noch nicht kräftig genug, mein eigenes Gewicht zu tragen. Ich war noch nicht genug in meiner eigenen männlichen Energie geerdet. Meine Verbindung zu meinem früheren Mann, die Ehe und die männliche Erdung waren kaputt. Ich erwachte um zwei Uhr nachts und schrie vor Schmerzen. Oder genauer, ich erwachte von meinem Schreien. Ich war allein im Haus. Allein, im ersten Stock, und niemand da, der mir helfen konnte. Ich rief meinen neuen Freund an, der ein paar Stunden entfernt wohnte, und er schlug vor, einen Krankenwagen zu rufen. Hilflos lag ich da, und mein Fuß verkörperte in jenem Moment all die Qual, allein zu sein, verängstigt und hilflos. Ich weinte und weinte. Das Kind in mir wollte, daß sich jemand um mich kümmerte. Ich wollte keinen Krankenwagen rufen. Ich wußte nicht genau, ob die Haustür nicht abgeschlossen war. Ich war im Schlafanzug, es war mir peinlich. Ich rief den Krankenwagen.

Den nächsten Monat über ging ich auf Krücken. Es war schwierig, die Treppen zu steigen, deshalb zog ich ins Wohnzimmer. Ich konnte nicht arbeiten. Ein neues Haus, und ich war kaum imstande, mich zu bewegen. Es war schwierig, aber ich hatte dadurch viel Zeit, betrübt zu sein, zu meditieren und für mich zu bleiben. Ich entdeckte, daß mein Mann meine Krankenversicherung gekündigt hatte. Die Gesellschaft hatte mir nie eine Bestätigung geschickt, wozu sie rechtlich verpflichtet gewesen wäre, so gab es nicht einmal fremde Leute, die sich finanziell um mich gekümmert hätten. Ich versuchte gerichtliche Schritte zu unternehmen, aber ich war einfach zu müde. Ich gab auf und bezahlte die Rechnungen selbst.

Wie immer in Krisenzeiten war meine Mutter zur Stelle. Sie half mir, das Haus zu kaufen, und zog sogar einige Monate später für eine Woche ein, als ich zum Arbeiten nach Kalifornien mußte. Ihre Stärke war die Krisenbewältigung; ihr skandinavisches Blut half ihr immer, sich zu behaupten. Sie hielt stets ein Licht hoch, was von ihrem gut christlichen Haß auf die Dunkelheit kam. Es war schwer für sie, mich leiden zu sehen.

Nachdem mein Fuß geheilt war, begann ich das Hausinnere zu ordnen. Schachtel um Schachtel öffnete ich mein Leben und setzte es wieder zusammen. Ich hängte Nancy Azaras Bilder im Wohnzimmer auf. Das eine stellte zwei heilende Hände dar und viele klarblickende Augen. Das andere war klein, in Türkis und Gold, mit einem Rahmen. Sie hatte es mir zum Geburtstag geschenkt. Es zeigte viele goldene Füße, die in einer Spirale gingen. Zusätzliche Füße, falls ich welche brauchte, was zutraf. Und eine kleine holzgeschnitzte Yoni in Rot und Gold, das Symbol der Hindus für weibliche Macht und Magie. Jedes Jahr findet in Indien ein Fest statt, auf dem die

Frauen Durga feiern, die Große Mutter der Fruchtbarkeit und der Zerstörung der Dämonen. Die Hindus glauben, daß beides zusammengehört. Fruchtbarkeit, sexuelle Magie und Schutz. In den Tempeln hängen Schnitzereien von sexuellen Posen, in denen der Mensch das Göttliche trifft, an den Wänden. Durch geschlechtliche Vereinigung wird neues Leben in der menschlichen Seele und im menschlichen Körper geboren.

Ich hatte ein Bücherregal im Gang einbauen lassen, das von Wand zu Wand reichte und die zweitausend Bücher aufnehmen sollte, die ich über die vielen Jahre meines Studiums von Religion, Mythologie, Heilen und Psychologie erworben hatte. Ich bat einen Händler für gebrauchte Bücher, vorbeizukommen und sie sich anzusehen. Ich konnte sie nicht alle unterbringen und beschloß, ein paar hundert wegzugeben. Es fiel mir schwer, loszulassen, aber es waren nur Bücher. Wenn ich eine Ehe loslassen konnte, eine ganze Lebensweise, würde ich auch imstande sein, mich von ein paar Büchern zu trennen.

Ich packte Fotos aus, die meine Freundin Judy gemacht hatte, Fotos von meinem Haus in Woodstock und ein paar von mir, eines bei einem Springbrunnnen; ein paar Kunstfotos von Natur, zerbrochenem Glas, rennenden Pferden; geschnitzte Statuen der Jungfrau Maria, von Jesus und Franziskus von Assisi aus Italien; die Skizze einer schönen alten amerikanischen Eingeborenenfrau von meinen Freunden Charles und Paula; Fotografien von meiner Reise nach Indien und Nepal, die ich in handgeschnitzte, mit Lotosblüten bemalte Rahmen gesteckt hatte; ein Foto von Tara, der Göttin des Heilens und des Erbarmens; gelbe und rosafarbene Wasserlilien; den Gipsabdruck des Gesichts einer meiner Studentinnen, die auch bei Nancy Azara studiert hatte. Sie hatte Flammen modelliert, die von ihrem Gesicht aufzuckten und ihre Schöpfung rot, blau und goldgelb angemalt. Das Gold brach aus dem siebten Chakra hervor. Ich plazierte das Werk am Fuß der Treppe zum ersten Stock. Es erschreckte Freunde, die dort so etwas nicht erwartet hatte. Es war, als stieße man in Connecticut plötzlich auf Durga oder Kali; mir gefiel das. Mein Freund schlug vor, es woanders aufzubauen. Er warf es einmal um, und von der Brustplatte sprang ein Stückchen ab – interessant. Ich stellte es nicht woanders auf.

Ich baute meinen Meditationsaltar in einer Ecke meines Schlafzimmers auf und stellte eine Statue von Tara aus Nepal und mehrere Buddhas aus Indien auf. Ich hatte auch ein Päckchen süß riechender grauer Asche aus den Händen von Sai Baba, einem indischen Guru. Dazu kam eine blaß-blaugraue Keramikschale mit tausend Buddhagesichtern darauf, die der Künstler Nicholas Kirsten aus Seattle gemacht hatte. Ich hatte noch zwei andere Stücke von ihm erworben: einen chinesischen Mönch, der auf einer an einen Schoß erinnernden Öffnung stand, die neues Leben symbolisieren sollte, und ein kleines, an Buddha erinnerndes Figürchen mit einer runden Scheibe aus Türkis, die von seinem Kopf ausging und die Wiedergeburt darstellen sollte. Kurz nachdem ich in mein Haus gezogen war, hatte ich geträumt, daß diese Figur aus meiner Fingerspitze herauswuchs. Aus dem rechten Zeigefinger, in den ich mich als Kind mit einem Messer geschnitten hatte. Wiedergeburt, die aus alten Wunden wächst.

Ich legte auch ein Paar offene Hände aus Milchglas auf den Altar, das Geschenk einer Patientin, deren Heilung ich unterstützt hatte. Durch jahrelanges Trinken hatte sie einen schweren Leberschaden bekommen. Die Ärzte erklärten, ohne Lebertransplantation würde sie nicht mehr lange zu leben haben. Nach einer Woche Heilarbeit war sie geheilt. Jahre später erlitt sie einen Schlaganfall und bestand darauf, daß meine Heilkassetten in ihrem Krankenhauszimmer vierundzwanzig Stunden am Tag gespielt würden. Zum Erstaunen ihrer Ärzte begann sie wieder zu sprechen und wurde in Rekordzeit gesund. Eine handbemalte goldene und blaue Schachtel mit einer kleinen Glaskugel darin plazierte ich auch auf dem Altar, zusammen mit einer winzigen Messingdose aus Afrika, die Nancy und ich in einem Laden in New York gekauft hatten. Auf dem Deckel saßen Vögel, alle in einer Reihe.

Ich lehnte verschiedene kleine Engelkarten, die Freunde mir geschickt hatten, gegen den Altar. Dazu ein kleines Bild der heiligen Anna, ein Foto meiner Mutter, damit ich ihr Heilenergie schicken konnte, wenn ich meditierte, ein Foto von Guruji, eines von Gurumai, der jungen und schönen Frau, die auf den indischen Guru Muktananda gefolgt war – endlich hatte eine Frau, eine Göttin, die Nachfolge eines Gurus angetreten. Und eine Schönheit war sie auch, die in der Tiefe ihrer Augen und in ihrem Lächeln die Gute Mutter zu verkörpern schien.

Muktananda war einmal in meinen Heilraum gekommen, zusammen mit einer meiner Studentinnen, die seine Anhängerin war. Er war kürzlich verschieden, und sie trauerte um ihn. Persönlich kennengelernt hatte ich Muktananda nie, aber ich konnte seine mächtige und liebevolle Gegenwart spüren. Ich fühlte mich gesegnet, weil ich so etwas erleben durfte. Viele Male wurde ich selbst geheilt durch meine Heilung anderer, weil der dabei ablaufende Prozeß mich mit der tiefen Liebe und dem tiefen Frieden in Berührung bringt, die für uns alle erreichbar sind, wenn wir unser Herz öffnen.

Auf den Sims über dem Kamin in meinem Schlafzimmer stellte ich zwei Statuen von Kuan-yin, der chinesischen Göttin des Erbarmens. Die eine war dunkel, die andere weiß – zwei Gesichter der Göttin, dunkel und hell, schwarz und weiß, yin und yang. Ich fügte ein kleines Foto von Paula Lawrence hinzu, auf dem sie unter einem geschnitzten Bogen stand. Hinter ihr in der Ferne war ein Baum zu sehen. Das Bild war in Mexiko aufgenommen worden. Sie hatte schwarzes Haar, war ganz in weiß gekleidet, links von ihr stand ein rot blühender Busch, vor ihr war leuchtendblaues Wasser; und Licht fiel durch den Bogen. Eine Hand war erhoben, die andere wies nach unten, wie eine stehende Tara, die alle Elemente von Erbarmen, Fruchtbarkeit und Schönheit ausstrahlt. In einem Doppelrahmen kam noch das einzige Bild von mir als Kind mit rotgoldenem Haar auf den Sims, neben meinem Großvater, dem Vater meiner Mutter, der starb, ehe ich geboren wurde. Bilder meiner Großnichte und meines Großneffen, die Enkel meiner Halbschwester, kamen in einen anderen Doppelrahmen. Und dazu noch ein Foto von mir, wie ich den kleinen Jungen hielt, der die Fruchtwasseranalyse überlebte, die nie stattfand.

An die Wand neben meinem Meditationsaltar hängte ich ein Bild, das ich von meinem Nachbarn Robert Hall gekauft hatte, einem Maler. Seine Bilder faszinierten mich. Jedes war etwas Besonderes, voll Leben und Farbe, Bewegung und Kraft. Von einem Gemälde, das bei ihm zu Hause hing, war ich so begeistert, daß er mir anbot, für mich ein ähnliches zu malen. Ich nannte es »Engeldrachen«, als ich entdeckte, wie das Zusammenspiel all der Chakrafarben durch das Bild schwebte wie viele Drachen. Dieses erste Bild hängte ich ins Büro. Das zweite, in das ich mich verliebte, zeigte aufrecht stehende weiße Holzstücke mit einer glühenden goldenen Sonne in der Mitte. Mir fiel sofort das Wort »Auferstehung« ein, als ich es sah. Ich wußte, daß seine Frau Elise, die meine enge Freundin werden sollte, es nicht so leicht hergeben würde, obwohl sie und auch ihr Mann daran gedacht hatten, seine Bilder zum Verkauf an eine Galerie zu geben. Aber ich machte so oft »ooh« und »aaah«, bis sie es mir schließlich gaben. Das Bild hängt neben meinem Meditationsaltar und ist das erste, was ich sehe, wenn ich den Raum betrete. Seitdem habe ich noch mehr von ihm gekauft, auch ein Bild mit Weiß- und Blattgold, das ich »Chor« nenne. Es hängt in meinem Behandlungszimmer zwischen meinem Stuhl und dem des Patienten. Ich erwarb auch noch eine großartige Fläche von Bewegung und Form, die »Mood Indigo« heißt und eine der schönsten Darstellungen des dritten Auges, des sechsten Chakras ist, die man sich vorstellen kann. Robert Hall ist eine heilende Seele. Ich plazierte überall im Haus Kristalle. In den Bücherregalen, auf meinem Altar, auf dem Kaminsims. Ich liebte Kristalle und Steine, alle Arten und Farben: Bergkristall, Amethyst, Rosenquarz, Rauchquarz, Kalzit, Topas, Türkis, Zitrin. An dem Bergkristall, den ich mit eigenen Händen in Arkansas ausgegraben hatte, hing ich besonders. Meine Schwiegermutter Hilda und ich waren zusammen hingefahren und saßen auf einem Berg von Lehm und Schmutz, gruben die Hände tief in Mutter Erde und zogen Steine heraus. Es war schwer zu unterscheiden, was wertvoll war und was nicht. Alles war dunkel und lehmig, bis die Stücke in eine chemische Lösung getan wurden, die die Lichthindernisse entfernte. Dann verschwanden Eisen und Schmutz, und die spitzen Facetten eines harten durchsichtigen Gebildes tauchten auf. Eine Umwandlung, reine Alchimie – genau wie bei der Arbeit mit der Seele.

Und ich arbeitete mit meiner Seele. Als die anfängliche Aufregung über das Finden und Organisieren meines neuen Hauses abgeklungen war, holten mich die Monate des Leidens, der Trennung und der Scheidung wieder ein. Ich brach zusammen. Ich hatte Zeiten tiefer Depression, die drei Tage dauern konnte. Manchmal war ich nicht fähig, mich auch nur zu bewegen. Nach dem Mittagessen mußte ich zwei Stunden schlafen. Es war, als käme mein Körper zu einem völligen Stillstand. Jetzt hatte ich ein Zuhause, in dem ich mich sicher fühlte, und ich konnte alles zulassen. Ich trauerte um mein verlorenes Leben, meine Ehe, meinen Mann, mein Haus und meine Familie. Er besaß ein großes Haus, das für fast neun Jahre auch zu meinem geworden war. Ich hatte alles aufgegeben. Es war meine Wahl gewesen, doch das linderte den Schmerz nicht. Ich hatte sogar meinen Hund bei ihm gelassen, weil ich dachte, daß ich allein nicht für ihn sorgen könnte.

Ich meditierte und versuchte, mir zu vergeben und die Vergangenheit loszulassen. Ich arbeitete mit der Traurigkeit, der Wut, der Angst und der Hoffnung. Ich tröstete mein gebrochenes Herz und beschwichtigte das Kind in mir. Ich lauschte den Vögeln und schmiegte mich in die Stille. Ich lag vor dem Kamin und beobachtete die Flammen. An einem Abend vergaß ich, die Kaminklappe zu öffnen, und versengte mein schönes Seelenbild auf dem Kaminsims darüber. Eine Sensitive namens Marion Wurster hatte es gemalt, in Form eines Mandala, eines runden Ganzen mit verschiedenen Teilen, die die Aspekte meines spirituellen Wachstums darstellten, die ich lernen sollte, in meine Seele zu integrieren. Ich hatte immer noch mit der brennenden Feuerenergie in mir zu tun. Besser, ich nahm mich vor Zorn in acht, vor dem Schatten, damit er mich nicht verbrannte.

Ich mußte hundert Meilen fahren, um zu meiner Praxis in der Stadt zu kommen, und deshalb machte ich die Reise nur einmal in der Woche. Während meines Aufenthaltes dort übernachtete ich entweder bei meiner Mutter oder bei meinem neuen Freund. Ich fuhr fort, an zwei oder drei Tagen der Woche Privatpatienten zu behandeln und an drei Wochenenden im Monat zu arbeiten. Ich unterrichtete am New York Open Center in Manhattan, am Esalen Institute und am Mt. Madonna Center in Kalifornien, am Wainwright House in Rye, New York, am Omega Institute in Rhinebeck, New York, und am Rowe Conference Center in Rowe, Massachusetts. Zusätzlich dazu lief mein dreijähriges Ausbildungsprogramm für Heiler, das ich *Touching Spirit* nannte. Jetzt hatte ich ein Haus, um das ich mich kümmern mußte. Und alle Rechnungen mußte ich selbst bezahlen – nur nicht aufgeben, immer weitermachen.

Jahre später meinte eine Freundin, daß ich nach der Scheidung besser ein Jahr zu meiner Mutter ziehen und etwas Geld hätte sparen sollen. Ich konnte es nicht; es erschien mir als ein Schritt zurück. Die Idee war undenkbar. Ich brauchte Abgrenzung und ein sicheres Nest, um wiederzuerstehen – mein eigenes Nest, nicht das von jemand anderem. Deshalb floß all mein Geld, meine ganze Energie in Zahlungen für das Haus, in den Wagen, eine Praxis, eine Sekretärin, in Reisen, Telefon, Steuern und in die unzähligen Ausgaben, die mit der Aufrechterhaltung eines neuen Lebens verbunden sind.

Ich begann, mehr auf meine Träume zu achten. Ich hatte mich schon immer mit ihnen beschäftigt und war auf dem College von C.G. Jung und Joseph Campbell besonders fasziniert gewesen. Von beiden hatte ich Material für meine Vordiplomarbeit mit dem Thema »Nikos Kazantzakis – Mythos, Metapher und Realität« verwendet. Später, in meiner Magisterarbeit, stellte ich C.G. Jung Sigmund Freud gegenüber und legte dar, wie der antireligiöse Freud gegen Ende seines Lebens schließlich die Existenz der Telepathie hatte zugeben müssen. Er lenkte die Aufmerksamkeit der westlichen Welt auf die Träume als dem »Königsweg zum Unbewußten« und analysierte aggressive und sexuelle Triebe. C.G. Jung ging weiter und wendete Traummaterial des persönlichen Unbewußten auf das kollektive Unbewußte an, mit unzähligen Symbolen und Bildern. Er machte die Welt mit den Begriffen des Schattens, der Anima und des Animus bekannt und sah die Erforschung von Träumen als eine Heilreise der Seele an. Er glaubte an die parapsychologische Dimension der Träume, das heißt, daß Träume Botschaften der Seele seien.

Jung war überzeugt, daß die erste und hauptsächliche Funktion der Träume darin besteht, auszugleichen, das heißt, sie stellen das seelische Gleichgewicht zwischen dem Bewußten und dem Unbewußten wieder her oder halten es aufrecht. In dieser Funktion meinte er, daß Träume Vorahnungen sein können, die vor Gefahren, sogar vor dem Tod warnen. Wenn diese Warnungen ignoriert werden, kann das zu Unfällen, Krankheit und Tod führen. In *Der Mensch und seine Symbole* gibt Jung ein Beispiel für diese warnende Funktion der Träume:

Ich erinnere mich an den Fall eines Mannes, der ... eine fast krankhafte Leidenschaft für gefährliches Klettern in den Bergen entwickelte, als eine Art von Ausgleich. Er versuchte »über sich selbst hinauszuwachsen«. Einmal nachts in einem Traum sah er sich von dem Gipfel eines hohen Berges in den leeren Raum treten. Als er mir von seinem Traum erzählte, erkannte ich die Gefahr sofort und versuchte, der Warnung Nachdruck zu verleihen und ihn zu überzeugen, sich zurück-

zuhalten. Ich sagte ihm sogar, daß der Traum seinen Tod
durch einen Unfall in den Bergen vorausahnen ließ. Es war
vergebens. Sechs Monate später »trat er ins Leere«.

In seiner Abhandlung »Die praktische Verwendbarkeit
der Traumanalyse« beschreibt Jung eine zweite Funktion
des Traums – die Diagnose von organischen Krankheiten. Er war wegen eines siebzehn Jahre alten Mädchens
konsultiert worden. Ein Arzt hatte progressive Muskel-
schwäche diagnostiziert, ein anderer hielt die Sache für
einen Fall von Hysterie. Als Jung dem Mädchen begegnete, bat er sie, einen Traum zu beschreiben. Sie erzählte
die folgenden drei Träume:

> *Ich kam abends nach Hause. Alles ist still wie der Tod. Die*
> *Tür zum Wohnzimmer ist halb offen, und ich sehe, daß meine*
> *Mutter am Kronleuchter hängt. Sie schwingt im kalten Wind,*
> *der durch die offenen Fenster bläst, hin und her.*
> *Ein andermal träumte ich, daß eines Nachts ein schrecklicher*
> *Lärm im Haus ausbrach. Ich stehe auf und entdecke, daß ein*
> *verschrecktes Pferd durch die Zimmer rennt. Schließlich findet*
> *es die Tür zum Gang und springt durch das Korridorfenster*
> *vom vierten Stock auf die Straße unten. Ich war entsetzt, als*
> *ich es dort liegen sah, völlig verstümmelt.*

In einem Kommentar zu diesem Fall stellt Jung fest: »Es
ist bekannt, daß man häufig von seinem eigenen Tod
träumt, aber das ist keine ernste Sache. Wenn es wirklich
um den Tod geht, spricht der Traum eine andere Sprache.« Indem er sich ausführlich über diese andere Spra-

227

che verbreitet, stellt Jung fest, daß er in diesem Fall durch die symbolisierte Wirklichkeit der Träumerin zur Interpretation und Prognose gekommen sei. Er habe erkannt, daß das unbewußte Leben des Mädchens sich selbst zerstörte. Er bestätigte diese zweite Funktion der Träume, die Diagnose von organischen Leiden, und in diesem Fall traf es zu.

Zusätzlich zu Träumen, die als Warnung vor organischen Krankheiten auftreten und sie vorhersagen, stellte Jung noch eine dritte Beziehung zwischen Träumen, Krankheit und Tod fest. Er beschreibt den Fall eines Psychiaters, der mit einer Reihe von Träumen zu ihm kam, die seine zehnjährige Tochter aufgeschrieben und ihm zu Weihnachten geschenkt hatte. Alle Träume begannen als Märchen mit einem »Es war einmal« und enthielten einen komplizierten religiösen Symbolismus, mit dem sich das Mächen im täglichen Leben nie auseinandergesetzt hatte. Neun der zwölf Träume enthielten Anspielungen auf Zerstörung und Wiedererstehen. Jung hatte den Eindruck, daß weder Themen noch Symbolik in diesen Träumen auf die bevorstehende Pubertät hinwiesen, sondern im Gegenteil Motive eines alten Menschen waren, der sich dem Tod näherte. Beim ersten Lesen der Träume hatte er das »unheimliche Gefühl von drohendem Unheil«. Erfahrungen zeigen, daß das unbekannte Nahen des Todes eine *adumbratio* (einen vorausahnenden Schatten) über Leben und Träume des Opfers wirft. Das Mädchen starb tatsächlich ungefähr ein Jahr, nachdem sie ihrem Vater das Traumbuch zu Weihnachten geschenkt hatte, an einer Infektionskrankheit. Jung stellte fest, daß die Träume des Mädchens »eine Vorbereitung auf den Tod waren, die sich durch Kurzgeschichten ausdrückte, wie bei primitiven Initiationen oder wie die Koan im Zenbuddhismus«. Diese Funktion der Träume, die Vorbereitung auf den Tod, führte nach Jung direkt zu einer vierten: der Vorhersage der Zukunft. In seiner Autobiographie *Erinnerungen, Träume, Gedanken* schildert Jung immer wieder Träume und Visionen, die künftige Ereignisse voraussagten. Sein eigenes Nahtoderlebnis im Jahr 1944 leitete eine außerkörperliche Erfahrung oder Vision ein, bei der er den Tod seines Arztes statt seinen eigenen sah. Eine Patientin von Jung träumte ungefähr zwei Monate vor ihrem Tod, daß sie das Leben nach dem Tod gesehen hatte, und beschrieb es im Detail. Mehrere Monate, ehe Jungs Mutter starb, hatte er einen Traum, der es vorhersagte. Während einer Zugfahrt sah er im Geist immer wieder einen Unfall durch Ertrinken und entdeckte später, daß er sich zur gleichen Zeit zugetragen hatte, als er von diesem Bild bestürmt wurde. Diese Vorfälle brachten Jung zu dem Schluß, daß unsere Vorstellungen von Zeit, Raum und Kausalität bestenfalls unvollständig sind und daß ein Teil der Seele vielleicht tatsächlich außerhalb von Zeit und Raum existiert. Jungs Schlüsse sind die gleichen, die heute von den führenden Köpfen der Physik untersucht werden, zu denen auch Michio Kaku mit seinem Buch *Hyperspace* gehört, das ich im zweiten Kapitel erwähnte. In den klassischen Geschichten von *Gullivers Reisen* gibt es eine Zeile, die lautet: »Ich bin dort gewesen, wo du träumst.« Vielleicht gibt es nur eine sehr feine

Trennungslinie zwischen Träumen und Wirklichkeit, falls überhaupt.

Träume scheinen aus einer Lebens- und Seelendimension zu kommen, die sehr viel mehr weiß als unser rationaler Verstand. Von unserem höheren oder tieferen Selbst, das mit Gott noch immer verbunden ist und mit unserem Körper, mit Wahrheit und Heilung. John Sanford, Agnes Sanfords Sohn, Pfarrer der Episkopalkirche und Psychoanalytiker der Jungschen Schule, schrieb ein Buch mit dem Titel *Träume: Die vergessene Sprache Gottes.* Geistige Literatur, auch die Bibel, ist voll von Träumen und Visionen und Geschichten über Heilungen, die geschahen, weil man diese Träume und Visionen beachtete. Joseph wollte sich von Maria scheiden lassen, weil er sie für eine Hure hielt, bis ein Engel des Herrn ihm im Traum erschien und sagte, sie werde einen Sohn gebären, den er Jesus nennen sollte. Indem wir unsere Träume beachten, erkennen wir diese Dimension von Leben und Tod, Heilung und Liebe an. Im Talmud heißt es an einer Stelle, daß jeder nicht beachtete, nicht verstandene Traum wie ein ungeöffneter Liebesbrief sei, ein Liebesbrief unserer Seele. Bei den Sufis gibt es einen ähnlichen Ausspruch. Wir träumen nachts bis zu eineinhalb Stunden; im Lauf eines Lebens sind das vier Jahre kostenloser Therapie, die die meisten Leute ignorieren.

Wenn Patienten oder Studenten zu mir kommen, frage ich immer, ob sie ihre Träume aufzeichnen und sie zu verstehen versuchen. Neun- von zehnmal ist die Antwort nein. Oder die Leute sagen, sie können sich nicht an sie erinnern oder sie ergeben keinen Sinn oder sind »nicht wichtig« und handeln nur von alltäglichen unwichtigen Dingen. Die meisten Menschen haben einen großen Widerstand gegen Träume. Viele haben Angst vor ihnen. Was, wenn sie tatsächlich etwas bedeuten? Was ist dann mit den schlechten Träumen, den Alpträumen? Die müssen auch etwas zu bedeuten haben, und diese Vorstellung gefällt uns nicht. Schließlich geschehen sie ohne unsere bewußte Kontrolle.

Gleichgültig wie furchterregend ein Traum ist – er ist immer ein Geschenk. Wie Gebet und Meditation sind Träume ein Weg, wie unsere Seele, sogar Gott, mit uns kommunizieren kann. Sie sagen uns, worauf wir die Heilung einstellen müssen, damit wir besser dabei mithelfen können, ein neues Leben zu schaffen. Träume sind Fenster zur Seele – ähnlich wie beim Windows-Computerprogramm. Doch statt mit DOS oder Worten arbeiten unsere Träume gewöhnlich mit Bildern. Sie sind wie Fenster, durch die wir sehen können, wie Körper und Seele funktionieren. Die Ärzte haben jetzt eine Wechselbeziehung zwischen Träumen von Verlust und Tod und Herzkrankheiten festgestellt. Als einer meiner Freunde träumte, er gehe eine Treppe hinunter und werde von einer Frau mit langem dunklen Haar mit einem Messer ins Herz gestochen, schlug ich vor, daß er eine medizinische Generaluntersuchung in Erwägung ziehen sollte. Ich machte mir Sorgen wegen seines physischen Herzens und seines Blutdrucks, aber auch wegen seines emotionalen Herzens. Diese dunkle innere Frau, eine Gestalt der negativen Anima, versuchte zu ihm durchzudringen und sein Herz zu öffnen. Und als einzige Möglichkeit dazu blieb ihr die Gewalt, eine Sache, die im Leben meines Freundes nicht unbekannt war. Dies ist nicht die beste Lösung, um ein Herz zu öffnen, und kann eine nachteilige Wirkung auf das physische Herz haben.

Träume verraten uns auch, wann wir Probleme oder Schmerzen haben oder verliebt sind. Sie sagen uns auch, ob Hades herumläuft und versucht, unsere Persephone zu stehlen, oder ob ein Aspekt unserer Seele heilt, wie ein Tier, das ein Junges gebiert, neues Leben. Ich habe die heilende Kraft der Träume in meinem eigenen Leben erfahren und die Traumdeutung in meine Heilarbeit mit Patienten integriert. Jung und Freud haben mich am meisten beeinflußt, aber ich verwendete durch meinen ehemaligen Mann, einen Gestalttherapeuten, auch den gestalttherapeutischen Ansatz für die Traumdeutung. Manchmal bitte ich Patienten und Studenten, die Figuren und Gegenstände ihres Traums zu verkörpern und von deren Position aus die Geschichte des Traums zu sehen. Beim Ausbildungsprogramm *Touching Spirit* nehmen wir manchmal den Traum eines Studenten und stellen ihn als Psychodrama mit allen Gruppenangehörigen dar. Dies kann neue Erkenntnisse bringen und tiefere Bedeutungsebenen des Traums bloßlegen. Ein Teilnehmer am laufenden Ausbildungsprogrammm, Michael Kaplan, erinnerte sich, daß die körperliche Darstellung seines Traums mit seiner Ausbildungsgruppe für ihn emotional viel wirksamer war als nur darüber zu sprechen. Er berichtete mir, daß das Psychodrama einen lebhaften und nachhaltigen Eindruck auf ihn hatte und das Vertrauen in seine Mitstudenten verstärkte.

Wir machen auch Gruppentraumarbeit. Wir nehmen einen Traum und lesen ihn laut vor, während jeder von uns ihn an sich erfährt, als sei er sein eigener. Oft wird so dem Träumenden geholfen, neue Dimensionen und Deutungen zu erkennen. Wir machen es genau wie Jungs Patienten und zeichnen und malen Träume und fügen auf diese Weise die visuelle Dimension von Farbe und Form hinzu, um Träume zu verstehen.

Mit meinen eigenen Träumen zu arbeiten hat mich über den Heilungsprozeß der Seele mehr gelehrt als alles Studium von Jung, Freud oder der Gestaltpsychologie. Während ich an meiner Magisterarbeit schrieb, beschloß ich, von jedem Traum ein Aquarell zu malen. An einem Morgen träumte ich, mein Vater würde mir rote Rosen schenken. Als ich die Rosen aufs Papier gemalt hatte, sahen sie verwelkt aus, beinahe tot. Ich war traurig. Die echte Bedeutung des Traums enthüllte sich mir erst, als ich versuchte, ihn visuell wiederzuerschaffen. Liebe, Leidenschaft und romantischer Idealismus, die jedes kleine Mädchen für den eigenen Vater fühlt, dauern nicht immer an. Manchmal verwelken sie, verblassen und sterben mit dem Erwachsenwerden. Jedenfalls war es bei mir so gewesen.

Als ich beschlossen hatte, nach sechsmonatiger Prüfung in meine Ehe zurückzukehren, gingen mein Mann und ich zu einem Eheberater. Nachdem wir ein Jahr mit diesem Mann gearbeitet hatten, beschloß ich, allein weiterzumachen. Ich hatte mich immer vor dem Zorn meines Mannes gefürchtet und meine Angst nie mit seinen guten Eigenschaften und der tiefen Liebe, die wir in guten Augenblicken miteinander teilten, in Einklang bringen können. Eines Nachts träumte ich von einem Gorilla in einem Käfig. Der Gorilla war wütend, knurrte und fletschte die Zähne. Ich konnte die Gefahr des Zorns sehen und fühlen, diese primitive Wut. Ein friedlicher unbekannter Mann stand draußen vor dem Käfig und sagte zu mir, daß der Gorilla nicht gefährlich sei. Wem sollte ich glauben? Mir oder diesem Mann? Meinen eigenen Augen und Ohren, meinem Instinkt? Oder der Behauptung dieses Mannes? Ich beschloß, mir selbst zu glauben. Ich erkannte zu jener Zeit nicht, und auch der Therapeut machte es mir nicht klar, daß der Gorilla sowohl ein Teil von mir als auch ein Teil meines Mannes war. Ich hatte vor meinem eigenen primitiven Ärger über meine Gefangenschaft in einem Käfig genausoviel Angst wie vor seiner Energie. Ich wählte den Weg hinaus aus dem Käfig.

Zu jener Zeit träumte ich auch von einer reizenden jungen Frau mit blondem Haar – einer jüngeren Version von mir, einer Persephone, süß, lieb und naiv. Im Traum verschwand sie vor meinen Augen, und ich wußte, ich würde sie nie wiedersehen – niemals. Verlust und Kummer waren so groß, als sei jemand gestorben. Sie war gestorben. Ich würde nie wieder jene junge Frau sein, sie war für immer fort.

Ein Freund von mir hatte Jahre später einen ähnlichen Traum von einer Frau, die vor seinen Augen verschwand. Er sagte, er wußte, daß er sie niemals wiedersehen würde, und spürte eine schreckliche Leere und Trauer. Damals kämpfte seine junge Frau, eine enge Freundin von mir, mit Krebs, und viele Jahre lang war es ihr mal besser, mal schlechter gegangen. Aber an jenem Punkt war nicht offensichtlich, daß sie sterben würde – nur in seinem Traum. Ich wies ihn darauf hin. Er begann, den Trauerprozeß über ihren bevorstehenden Tod durchzumachen. Es war sowohl eine Vorahnung von ihrem Tod als auch der Prozeß seiner eigenen Trauer. Mehrere Monate später starb sie. Eine Woche vor ihrem Tod träumte ich, sie sei gestorben und ihr Mann habe mich nicht angerufen, um es mir zu sagen. Ich war verärgert und betroffen. Irgendwie schaffte ich es, nach der Beerdigung zur Zusammenkunft in ihrem Haus zu erscheinen. Im Traum suchte ich nach ihr und spürte ihre Abwesenheit. Ich begriff, daß meine Anwesenheit nicht notwendig war. Sie war nicht im Haus. Eine Woche später rief ihr Mann an einem Morgen an, um mir zu berichten, daß sie gerade gestorben sei. Ich war eine der ersten, die er verständigte. Ich war niedergeschlagen, aber vorbereitet. Ich traf alle Vorbereitungen, um zur Beerdigung nach Seattle zu fliegen, aber ein Schneesturm verhinderte es. Der Traum fiel mir ein, und ich begriff, daß sie nicht mehr in ihrem Haus oder in Seattle war. Ich konnte mir ihr auch von Connecticut aus Zwiesprache halten. Ich tat es.

In einer Nacht hatte ich einen Mandala-Traum. Mandalas sind kreisförmige Bilder, die das Universum als ein Ganzes darstellen. Tibetische Mönche machen bei vielen Zeremonien und Ritualen, auch bei Heilungen, Sandmandalas mit herrlichen Farben. Das Mandala in meinem Traum war leer bis auf ein kleines braunes Haus im unteren linken Teil. Ich verstand die Bedeutung nicht, weil ich zu jener Zeit in einem Haus aus natürlichem grau gewordenem Holz wohnte. Erst ein paar Jahre später, als ich mich scheiden ließ und nach einem Haus suchte, sollte ich den Traum verstehen als eine Vorahnung, daß ich mein braunes Haus kaufen und ein neues Leben beginnen würde.

Träume können auch den Heiler in uns wecken, um unseren Körper zu heilen. Einmal hatte ich abends zu viel gegessen und ging mit Magendrücken ins Bett. Ich schloß die Augen, um zu schlafen, und legte die Hände über den Magen und betete darum, von meinen Beschwerden befreit zu werden. Ich schlief ein und träumte, daß ein Wesen aus weißem Licht am Bettende stand und weißes Licht in meinen Magen strahlte. Ich erwachte mit einem Gefühl von starker Wärme im ganzen Körper, und mein Magen war in Ordnung. Es ist unmöglich zu klären, ob dieses Wesen aus weißem Licht mein eigener, nach außen projizierter innerer Heiler war oder eine Wesenheit, die am Fußende des Bettes stand und mir Heilung schickte. Ich glaube, daß beides möglich ist.

Eines der ungewöhnlicheren Phänomene, die in meinem Traumleben auftreten, ist meine Fähigkeit, in den Traum eines anderen hinüberzugehen. Oder ich entdecke, daß jemand anders in meinem eigenen Traum auftaucht. Wie ich schon erwähnte, wird dieses Phänomen häufig Astralreise genannt. In den Kulturen der schamanischen Stämme wird es überall akzeptiert, und der Schamane erledigt seine Arbeit häufig in der Traumzeit. Ich stellte fest, daß ich im Traum manchmal Gespräche mit Studenten führte oder Informationen über Patienten erhielt. Während eines meiner Träume besuchte ich eine Patientin im Krankenhaus. Ich konnte genau erkennen, wie der Raum aufgeteilt war, wo sich das Bett befand und daß am Bettende ein Stuhl stand, auf dem eine alte Frau saß. Meine Patientin stellte sie mir als ihre Mutter vor. Als ich am nächsten Tag ins Krankenhaus kam, entdeckte ich, daß das Zimmer genauso eingerichtet war wie im Traum. Auch der Stuhl war da mit der alten Frau, die die Patientin mir als ihre Schwiegermutter vorstellte, die wie eine Mutter zu ihr gewesen sei. Dies kann erklärt werden als Seelenreise, oder als Fernsehen, eine Form von Hellsichtigkeit, bei der die Person eine Szene oder einen Ort in allen Einzelheiten aus der Ferne sehen kann. Der Sensitive Ingo Swann ist für diese Art von Arbeit berühmt und hat Forschern und Archäologen mit genauen Karten des Ozeanbodens und der dort zu findenden Ruinen versorgt.

Es ist für mich nichts Außergewöhnliches, wenn meine Studenten mir erzählen, daß ich sie in ihren Träumen besuche. Gewöhnlich bin ich mir dessen nicht bewußt, obwohl ich manchmal von meinen Studenten träume. Ein Beispiel, an das ich mich noch lebhaft erinnere, ist ein Traum, in dem ich mit einer Studentin sprach. Was ich zu ihr sagte, weiß ich nicht mehr, doch am nächsten Morgen kam sie ins Seminar und berichtete, daß ich sie in einem Traum besucht hatte. Sie erzählte, sie sei wegen eines bestimmten Problems und seiner Lösung am Vortag sehr besorgt gewesen. In dem Traum hatten sie und ich über diese Sache gesprochen, und glücklicherweise erinnerte sie sich noch daran.

Häufig träumen Studenten und Patienten von mir als Zeichen, daß sie mich als positive weibliche Gestalt in ihr Seelenleben integriert haben. Ich werde zu der guten Mutter, die sie nie hatten, oder zum archetypischen Heiler, der ihr eigenes Heilungspotential verkörpert. Wenn ich als negative Gestalt in ihren Träumen auftrete, signalisiert das die Notwendigkeit, sich anzuschauen, was der Träumer auf mich projiziert, das heißt, es geschieht eine negative Übertragung. Es erfordert auch, daß ich mich selbst betrachte und nachforsche, ob es etwas gibt, das ich in meiner Beziehung zu dieser Person überprüfen sollte. Vielleicht sieht der Träumer etwas in mir, das ihm angst macht. Was im Traum gesehen wird, kann wahr sein oder auch nicht. Es hängt davon ab, wieviel Übertragung der eigenen negativen Mutter auf mich projiziert wird. Doch da Träume ausgleichend wirken – das heißt, sie zeigen uns in unserem Schlafleben immer das, was wir im Wachzustand nicht sehen –, sind sie eine gute Möglichkeit, mit sich selbst ehrlich zu sein.

Während der vielen Jahre, die ich mit Krebspatienten arbeitete, haben mir manche im Lauf ihrer Behandlung ihre Träume offenbart. Einer ist ein besonders gutes Beispiel für die vorhersagende Kraft der Träume. Bei einer Frau Anfang Dreißig, verheiratet, zwei kleine Kinder, wurde Gebärmutter- und Darmkrebs festgestellt. Sie hatte folgenden Traum: »Ich träumte, daß ich die halbe Chemotherapie einem Mann gab, den ich nicht kannte. Ich sagte zu ihm: ›Die Chemotherapie wird entweder mich heilen oder Sie töten.‹«

Als ich sie fragte, was sie mit dieser männlichen Figur

assoziierte, wußte sie keine Antwort. Offensichtlich war der Mann eine Animusgestalt. Dann bat ich sie, zu diesem Mann im Traum zu werden und durch ihn zu sprechen. Sie sagte: »Ich weiß nicht, warum sie mir diese Chemotherapie gibt. Ich brauche sie nicht. Ich verstehe das nicht.« Als ich von diesem Traum erfuhr, hatte ich wie Jung ein ungutes Gefühl. Trotz der Erklärung »entweder – oder« im Traum, kam ich zu dem Schluß, daß sie in Wirklichkeit versuchte, sich zu heilen, indem sie diese Verkörperung des Animus tötete und dadurch beide vernichten würde – sich selbst und den Animus. Sie starb ein paar Monate später. Eine andere Patientin, auch eine Frau Anfang Dreißig, mit einem Kind, hatte Krebs mit Metastasen in den Knochen. Der Krebs hatte sich zuerst in einem kleinen Leberfleck an der Ferse gezeigt, war dann sieben Jahre lang völlig geheilt und trat danach wieder mit besonderer Bösartigkeit in Erscheinung und verbreitete sich rasch in ihrem ganzen Körper. Ungefähr zwei Monate, ehe sie starb, träumte sie, daß es sehr wichtig sei, ihrem Sohn eine Religion zu geben und eine Grabstelle für sich auszusuchen: James Hall hat zu diesem Thema in seinem Buch *Jungian Dream Interpretation* festgestellt:

Menschen, die sich dem organischen Tod nähern, haben Träume … die das wache Ego dazu ermuntern können, sich bewußt auf Probleme und Verantwortlichkeiten einzustellen, statt auf den herannahenden Tod des physischen Körpers. Es scheint, daß Träume viel weniger mit dem Tod des Körpers als mit dem Individuationsprozeß zu tun haben.

239

Der Individuationsprozeß ist das, was Jung Reise der Seele zur Ganzwerdung nennt. Das heißt, das Bewußte und Unbewußte, Körper und Geist, Herz und Verstand erreichen einen Ort der Heilung und Ganzheit. Der Schatten und alle inneren Gestalten, positive und negative, Anima und Animus, sind mit dem Ego und der Persönlichkeit in Frieden. Es ist ein Zustand des Gleichgewichts, des Friedens und der Erfüllung.

Wenn mich jemand wegen eines körperlichen Leidens aufsucht, ist es mein Ziel, seine Seele zu sehen und die Art, wie sie sich durch seinen Körper ausdrücken möchte, zu erkennen. Eine Krankheit löst den Griff des Egos auf, und die Seele kann durchscheinen. Diese Erfahrung ist nicht immer angenehm und häufig sehr erschreckend für uns. Wir mögen es nicht, wenn wir die Kontrolle verlieren. Die meisten von uns greifen nach einem Heilmittel, das sie uns so schnell wie möglich wieder zurückgibt: Schmerztabletten, Antidepressiva, Antibiotika, Grippetabletten, Operation. Dr. Gerwin Neumann, der Larry Bird am Rücken operierte, erzählte bei einer Diskussionsrunde über Rückenschmerzen im Interface Center in Boston, daß einmal ein Zahnarzt zu ihm gekommen sei, der sofort operiert werden wollte. Als Neumann eine konservative Langzeitbehandlung vorschlug, erklärte der Zahnarzt, er könnte von seiner Praxis nur einen Tag oder zwei wegbleiben und würde am liebsten an einem Freitag operiert werden, damit er am Montag wieder arbeiten könnte. Dies ist ein extremes Beispiel für die niedrige Toleranzschwelle, die die meisten bei Schmerz, Krankheit oder allem haben, was unsere Kontrolle über unser Leben gefährdet. Das Problem bei dieser Einstellung ist, daß wir ignorieren, was unsere Seele uns sagen will, wenn wir unser Ego wieder die Kontrolle übernehmen lassen. Die Seele muß dann einen anderen Weg finden, um unsere Aufmerksamkeit zu erregen. Jedesmal, wenn sie es versucht und es ihr mißlingt, wird sie hartnäckiger und deutlicher. Vielleicht kommt es zu einer anderen Krankheit oder zu einem Unfall, oder man hat einen Alptraum. Der Kreislauf beginnt immer wieder von neuem, bis wir ihn durchbrechen, indem wir die Seele beachten.

Eine meiner Patientinnen wurde mir von einem Neurologen geschickt, der alle möglichen Tests mit ihr gemacht hatte und zu keiner Diagnose kam. Ihre Symptome waren starke Benommenheit und Schwäche in den Beinen, so daß sie an bestimmten Tagen nicht einmal gehen konnte. Ihr Arzt hatte die Möglichkeit erwogen, daß sie multiple Sklerose, Epilepsie, Migräne oder einen Gehirntumor haben könnte. Die Patientin war sich nicht sicher, ob sie mit mir arbeiten wollte. Sie erklärte mir, sie wolle einfach, daß die Medizin feststelle, was mit ihr nicht in Ordnung sei, damit sie mit ihrem Leben weitermachen könnte. Während der ersten Sitzung merkte ich, daß es eine verborgene Botschaft gab, die ihre Seele ihr zu übermitteln versuchte. Sie hörte nicht darauf. Ich führte sie durch die Meditation »Mit dem Körper kommunizieren«, und sie konnte in Berührung mit dem tiefen Schmerz kommen, weil sie als Kind von ihrem Vater verlassen worden war. Sie erkannte auch, wie unglücklich sie über ihre Beziehung zu ihrem Mann war. Seit mehre-

ren Jahren hatte sie daran gedacht, aus der Ehe auszu-
brechen, aber sie hatte sich nicht erlaubt, einfach wegzu-
gehen; sie hatte zuviel Angst. Am Ende der ersten Sitzung
sagte sie, sie zögere zu glauben, daß Emotionen irgend
etwas mit ihrer Kindheit zu tun haben könnten, denn das
würde heißen, daß sie verrückt sei. Ich versicherte ihr,
daß das nicht der Fall war.

Acht Monate lang arbeiteten wir jede Woche zusammen
und erforschten ihre Kindheit und ihre Ehe, ihre Ängste
und ihre Trauer. Bei jeder Sitzung machte ich eine Heilung durch Handauflegen. Diese Energie fungierte als
Katalysator für die Heilenergien in ihrem eigenen Körper, damit sie den Heilungsprozeß beginnen konnte.
Wochen vergingen, und sie beschloß, ihren Mann zu
verlassen. Sofort nach diesem Entschluß wurden ihre
Beine kräftiger. Ihre Benommenheit ließ nach, verschwand aber nicht völlig. Einmal wurde ihr während
einer Sitzung schwindlig, weil sie mit starken Zorngefüh-
len auf ihren Vater in Berührung kam, der sie in ihrer
Kindheit verlassen hatte. Sie griff in ihre Handtasche, um
ihre Medizin hervorzuholen. Ich bat sie, mit mir für fünf
Minuten ein Experiment zu machen. Sie zögerte. Sie
beharrte darauf, daß es ihr, wenn sie das Medikament
nicht sofort einnahm, zu schwindlig werden würde, um
nach Hause fahren zu können. *So war es immer gewesen.*
Meine Intuition verriet mir, daß, wenn ich sie dazu veranlassen konnte, diese Assoziation aufzugeben und sich
auf ihre Gefühle einzustellen, sie imstande wäre, den
Schwindel loszulassen. Von diesem Plan erzählte ich ihr
aber nichts, weil ich das Ergebnis nicht beeinflussen

wollte. Schließlich war sie einverstanden, fünf Minuten mitzuspielen. Ich ließ sie die Augen schließen und in ihre Gefühle von Ärger hineingehen. Ich bat sie, herauszufinden, wo in ihrem Körper sie diese Gefühle spürte und was für eine Wirkung sie auf sie hatten. Ich bat sie, sie voll zu fühlen und auszudrücken. Nach den fünf Minuten öffnete sie die Augen. Als ich fragte, wie sie sich fühlte, rief sie aus: »Mir ist nicht mehr schwindlig! Es ist das erstemal seit zwei Jahren, daß ich die Medizin nicht genommen habe, wenn ich einen Schwindelanfall hatte!« Sie konnte die Sitzung ohne Schwindel beenden und nach Hause fahren, und an jenem Tag brauchte sie das Medikament nicht mehr. Mit der Billigung ihres Arztes verringerte sie die Dosis von drei Tabletten zweimal täglich auf eine halbe Tablette zweimal täglich. Sie führt jetzt ein normales Leben. Wenn sie einen Schwindel nahen fühlt, kann sie mit den Emotionen, die sie hat, in Berührung kommen und sie zulassen. Der Schwindel hört dann auf.

Diese Frau ist ein großartiges Beispiel für die Heilkraft von Leiden. Das klingt seltsam, nicht wahr? Leiden hat Heilkräfte? Oh, ja. In ihrem Buch *Versuchung durch Erkenntnis* schreibt Elaine Pagels, daß Jesus sagte, wenn wir nicht hervorbrächten, was in uns ist, würde uns dies vernichten, im umgekehrten Fall aber retten. Krankheit ist die Botschaft der Seele an unser bewußtes Selbst, daß im Zentrum des Leidens etwas Bedeutsames ist, das wir erkunden müssen. Man kann eine Perle der Weisheit, ein Goldnugget in der Schlacke, im unedlen Metall oder der *prima materia* unseres Körpers finden. Wie bei den Statuen der Kali befindet sich eine kleine goldene Göttin der geistigen Wiedergeburt im Bauch des Leidens. Dies ist der alchimistische Prozeß der Heilung, als ob das unedle Metall in Gold verwandelt würde. Dies ist der Prozeß der Auferstehung, in den wir alle verwickelt sind. Statt sich über den Schmerz zu stellen, müssen wir in sein Zentrum hineintauchen, seine wahre Bedeutung für unser Leben herausdestillieren und dieser Bedeutung erlauben, uns zu heilen.

Gerade durch diesen alchimistischen Heilungsprozeß wird der physische Körper zu einem wiederauferstandenen Körper. Die alten Muster und das alte Gepräge sterben und machen Platz für eine neue Lebenskraft. Der Körper erinnert sich an Ganzheit, Gesundheit und seine Verbindung mit Gott. Statt sich also auf die Eindrücke und Muster der Vergangenheit zu verlassen, können wir von der Lebenskraft genährt werden, die freigesetzt wurde, als wir die Energie zurückforderten, die in ungeheilten Emotionen, Gedanken und Überzeugungen gespeichert und unterdrückt war. Diese unsichtbare Bewußtheit nimmt dann in unserem Körper sichtbare Form an. Sie wird zu einer Heilenergie, die für uns immer erreichbar ist, wenn wir sie beachten. Das bedeutet, daß unser physischer Körper jeden Augenblick wiedergeboren wird, genau wie unser Bewußtsein wiedergeboren wird. Zusammen steigen sie wieder auf, in einer Spirale der Evolution, die die ganze Menschheit auf die vollkommene Auferstehung zubewegt, auf die Erleuchtung, wie Buddhisten und Hindus es nennen.

Der auferstandene Körper enthält all die Weisheit, Liebe, Heilkraft, Bewußtheit und Erleuchtung, die unsere Seele in allen Leben, inklusive des jetzigen, erworben hat. Wenn wir in ein neues Leben in einer anderen physischen Form geboren werden, bringen wir diese Auferstehung in unseren neuen Körper und unser neues Leben mit, so daß sie sich weiter entwickeln kann.

Nicht alle Menschen, die zu mir kommen, haben köperliche Symptome oder Krankheiten. Manche wollen geistige Führung und Heilung ihrer Gefühle. Die Träume dieser Art von Menschen zu untersuchen ist genauso wichtig wie bei physischen Krankheiten. Eine meiner Patientinnen träumte immer wieder von Händen. Das machte ihr angst. Nach dem Tod ihrer Mutter träumte sie, daß die Hände ihrer Mutter aus einem Schrank nach ihr griffen. Ein andermal war es eine blutige Hand, durchgedreht wie ein Hamburger, die neben ihr auf dem Bett lag. Ein dritter Traum handelte von einer sich frei bewegenden Hand, die zu keinem Körper gehörte. Mitten in der Nacht erwachte sie in kalten Schweiß gebadet und entdeckte, daß sie im Schlafzimmer stand und sich das Nachthemd heruntergerissen hatte. Dann versuchte jemand, in ihre Wohnung einzubrechen. Dann erlebte sie in der U-Bahn einen Schußwechsel. Ich versuchte, sie in eine Analyse zu schicken, aber sie wollte nicht. Ihre positive Übertragung auf mich war so stark, daß ich der einzige Mensch war, mit dem sie über diese Dinge sprach. Und sie hatte schreckliche Angst, weil sie es tat. Ihrer Überzeugung nach hatten Träume »nichts zu bedeuten«; sie wollte nicht über sie sprechen. Denn das bedeutete, daß sie sich mit ihnen auseinandersetzten mußte, weil sie eine Wirklichkeit waren. Aber sie war so verzweifelt darüber, daß sie nachts aufwachte und mitten im Schlafzimmer stand, ohne Nachthemd, daß sie damit einverstanden war, über ihre Träume zu sprechen. Wie sich herausstellte, hatte die Mutter bei einem der letzten Male, die sie sich vor ihrem Tod sahen, den Arm der Tochter gepackt und ihn dabei zufällig zerkratzt. Die Mutter hatte lange Nägel, die sie immer schön polierte. Sogar als ihr Körper durch den Alkohol zerstört wurde, pflegte sie die Nägel weiter. Wie meine Patientin sich erinnerte, war das das einzige, worum sich ihre Mutter kümmerte. Die Mutter tat das auch noch, nachdem sie ihre Kinder verlassen und sie Pflegeeltern und schließlich der Großmutter meiner Patientin übergeben hatte. Sie sah ihre Mutter erst vor ihrem Tod wieder.

Diese Träume waren wie ein Fenster zur Seele meiner Patientin. Sie verschafften uns Zugang zu Gesprächen über ihre Beziehung zu ihrer Mutter und über all die Trauer, den Verlust, die Verlassenheit, die Furcht und den Zorn, die damit verbunden waren. Die nächtlichen Schrecken hörten auf, und sie schlief zum erstenmal seit Monaten nachts durch. Sie fing an, Träume von Männern zu haben, und das gab uns die Möglichkeit, ihre Beziehung zu ihrem Vater und ihrem eigenen beschädigten Animus, das heißt zur männlichen Energie zu erkunden. Ihre Seele heilt, langsam, aber sie heilt. Wenn sie ihre Träume nicht beachtet hätte, wären sie immer auswegloser geworden, und ihr Leben auch. Vielleicht hätte sie durch den Streß ihrer Seele bei dem Versuch, ihre Aufmerksamkeit zu erregen, einen Nervenzusammenbruch erlitten. Sie hätte sich an Hades verlieren und niemals den Weg zurück ins Licht finden können. Doch sie besaß den Mut, sich ihrer Unterwelt zu stellen, ihre Schatten zu erforschen und im Dunkeln sehen zu lernen. Sie ist dabei, eine wiederauferstandene Persephone zu werden, wie so viele Frauen.

Bei meinem eigenen Versuch, meine innere Persephone zu finden und ihr zurück ins Licht zu helfen, verirrte ich mich immer wieder in der Dunkelheit. Obwohl ich geschieden war und ein neues Haus für mich allein aufgebaut hatte, verrieten mir meine Träume, daß ich immer noch in einem Labyrinth gefangen war. In gewisser Weise fühlte ich mich wie die sumerische Göttin Inanna, als sie an einem Metzgerhaken hing und auf jemand wartete, der sie befreite. Sie war in die Unterwelt gereist, um ihrer dunklen Schwester Ereshkigal ihre Aufwartung zu machen, deren Mann gerade gestorben war. Verrückt vor Kummer, Ärger und Eifersucht, reagierte Ereshkigal sich an Inanna ab und machte sie zu ihrer Gefangenen. Sie hängte sie zum Verrotten an einen Haken. Inanna war hilflos und hing da, bis sie von Großvater Enki, dem Gott der Weisheit, gerettet wurde, der für ihre Befreiung sorgte. Welche Ironie – ich habe keinen meiner beiden Großväter gekannt.

Nach meiner Scheidung hatte ich eine Beziehung mit einem wundervollen, liebenswürdigen und sanften Mann. Aber um seinen Schatten und seinen Mutterkomplex hatte sich nie jemand gekümmert, und auf vielfältige Art und Weise hungerte er innerlich auf einer emotionalen Ebene. Aber ich war nur in der Lage, mich um mich selbst und meine eigenen Bedürfnisse zu kümmern, ein Zuhause aufzubauen, mein Leben wieder zu kitten und mehr als ganztags zu arbeiten. Ich konnte nicht auch noch für einen hungernden Mann sorgen. In mancher Hinsicht sorgte er für mich, doch da er innerlich hungerte, war schließlich seine Energie aufgebraucht. Bei uns beiden. Gegen Ende hatte ich Träume, in denen ich in der Luft schwebte und ihn um Hilfe rief. In einem anderen Traum stand ich auf einem zwischen zwei hohen Gebäuden gespannten Seil. Ich hatte einen herrlichen Blick auf den Sonnenaufgang, den Horizont, Bäume ud Flugzeuge, aber ich war von der Erde gelöst, nicht in meinem Körper. Ich begann vom Seil zu gleiten und rief ihn um Hilfe. Er stand auf dem Dach des einen Gebäudes. Ich konnte ihn nicht erreichen. Ich erwachte. Ich erkannte, ich verließ mich darauf, daß Männer in der Außenwelt für mich sorgten, da ich keine starke männliche Energie in meinem Innern hatte, keinen positiven Animus. Meine innere männliche Gestalt war noch immer in einer Art heroischem patriarchalischen Ideal gefangen – je mehr Macht, desto besser. Das Rennen gewinnen, der Beste sein. Überwältigen, dominieren, kontrollieren, stehlen, Besitz ergreifen. Oder, wie in einem meiner Träume, in der Luft gefangen, im Geist, im Idealismus, durch das violette Licht des spirituellen Chakras fliegend. Jungianer nennen es geistiger Animus. Wir erleben es in unserer Kultur ständig, geistiger Perfektionismus: Denke, bete, bleib in der Welt der Ideen, Ideale, Ziele, Worte, Reinheit. Kein Körper, nichts Feminines, kein Boden, nichts Dunkles, alles soll leicht sein. Leicht, leicht, leicht.

Ich begann mich zu fragen, warum ich, nach zwanzig Jahren Jung-Studium und fünfzehn Jahren Unterricht in Traumarbeit, nie in eine formelle Analyse gegangen war. Als ich zwanzig war, hatte ich bei einem Freudschen Analytiker begonnen, doch wegen der Kosten nicht weitergemacht. Ich erinnere mich, in jener Zeit einen Traum von einer wunderschönen Pflanze gehabt zu haben, mit orangefarbenen Blüten, zarten Blüten, wie Tuffs aus Schönheit, innen voll Luft. Im Traum blies ich auf die Blüten, und sie verwelkten. Der Analytiker half mir zu erkennen, wie sehr mich meine innere Selbstverurteilung schwächte. Es sollte viele Jahre dauern, bis ich die Bedeutung der Farbe Orange und ihre Beziehung zum zweiten Chakra, dem der Sexualität und Kreativität, erkannte. Dieses harte Selbsturteil, das zu meinem inneren Animus gehörte, ließ meine innere weibliche Energie verdorren. Andere Therapeuten, mit denen ich in späteren Jahren arbeitete, waren Psychotherapeuten der verschiedensten Richtungen, hatten aber keine analytische Ausbildung. Jetzt wollte ich endlich den Sprung machen. Ich wollte zu einem Jung-Schüler gehen. Ich wußte, daß eine ganze Dimension meiner Seele nicht geheilt war, und ich wollte das abstellen. Ich wagte den Schritt.

Ich rief eine Jungianerin an, die mir sehr empfohlen worden war, und machte einen Termin aus. Sie schlug vor, ich sollte meine Träume von nun an aufschreiben und die Unterlagen mitbringen und während der ganzen Analyse auf ihrer Spur bleiben. Zwei Wochen später ging ich zum erstenmal zu ihr. Sie öffnete die Tür, und unsere Blicke begegneten sich. Im nächsten Augenblick wußte ich, daß sie die richtige war. Ich sah sie mit all meinen Augen, ihre Dunkelheit, ihre Tiefe. Sie wußte Bescheid, sie war dort gewesen. Und das brauchte ich. Sie war Inanna und Persephone gewesen und hatte überlebt. Sie würde wissen, wie man mich ins Licht zurückholen konnte. Ich trat ein.

Ich hatte keine Ahnung, daß ich noch eine Weile länger bei Hades in der dunklen Unterwelt bleiben sollte. Sie wollte mich nicht so schnell nach oben lassen. Ich hatte einen Traum von meinem Haus, sein Fundament war riesig. Das stimmte sogar, aber ich wußte, daß mein inneres Fundament gemeint war. Wasser drang ein, das emotionale Element der Psyche. Ich ging daran, das zu heilen. Ich träumte, daß ich in einem großen Swimmingpool schwamm, ein gutes Zeichen. Meine Egostruktur war in der Lage, das »Wasser zu halten«. Manche Träume wurden schlimmer statt schöner, ein Hinweis darauf, daß ich tiefer in die verborgenen Schichten meines Unbewußten hinabtauchte. Ich träumte, ich würde körperlich angegriffen. Ich erzählte ihr von der Gruppe, die mich psychisch attackiert hatte. Sie schlug vor, wir sollten zuerst herausfinden, wer mich von innen her psychisch angriff. Das würde meine Fähigkeit, mich vor äußeren Angriffen zu schützen, stärken.

Wieder hatte ich einen Traum von einem Seil. Ich sah hinunter in den Schlamm und wollte nicht springen. Doch ich wußte, daß ich keine Wahl hatte. Ich sprang.

Es war eine Art geistiger Archäologie. Ich grub den Schatten meiner Mutter aus, den Schatten meines Vaters, meines Großvaters, den ganzen teutonischen Schatten von Verzweiflung und Wut, der mir von meinen Vorfahren in Skandinavien und Deutschland vererbt worden war. Die nordische Kosmologie ist sehr dunkel. Zum Schluß werden Götter und Göttinnen, sogar der Himmel vernichtet. Niederlage und Tod sind sicher. Es bleibt einem nichts anderes übrig, als dem Ende mit Heroismus gegenüberzutreten. Zieh in die Schlacht mit gehobenem Schwert und blick dem Tod ohne Angst ins Gesicht. In der »Älteren Edda« wird nur einmal, fast am Schluß, in ein paar Zeilen angedeutet, daß es nach der totalen Auslöschung noch etwas anderes gibt. Ein dünner Hoffnungsfaden, auf den man sich nicht verlassen kann. Kein Wunder, dachte ich. Kein Wunder daß es in meiner Familie so viele brennende Wurzeln und umgestürzte Bäume gibt. In einer Nacht träumte ich von meiner Großmutter, der Mutter meiner Mutter, wie sie auf einem Berggipfel stand, den Himmel hinter sich. Sie war seit vielen Jahren tot. Als Kind hatte ich sie sehr geliebt, und ich fragte mich oft, ob sie über mich wachte. Im Traum stand ich unten am Berg neben einem umgestürzten Baum. Sie belehrte mich, wie ich den Baum aufrichten sollte – den Familienstammbaum. Ich hatte Mühe damit, doch schließlich gelang es mir.

Ich hatte auch einen Traum, in dem ich einer Behinderten bei einem Wettstreit half. Ihre Beine waren zum Teil verkrüppelt, und sie mußte in einer Art Rennwagen sitzen, den sie mit den Armen fortbewegte. Zwei oder drei von uns halfen ihr, das Rennen zu bewältigen. Ich fragte mich, warum ihr soviel daran gelegen war, bis an ihre Grenzen zu gehen, um an einem Rennen teilzunehmen, das sie nicht gewinnen konnte. Nach dem Erwachen lag ich lange Zeit im Bett da und spürte dem emotionalen Ansturm dieses Traums nach. Ich erkannte, daß ich mich körperlich bis an meine Grenzen gefordert hatte, um an einem Rennen teilzunehmen, das ich nicht gewinnen konnte. *Kapituliere vor der Wirklichkeit deines Körpers* war der Satz, der durchkam, während ich dalag. Kapitulieren. Wie vernichtend ironisch, daß die wahre Heilung darin liegt, sich dem Körper zu ergeben. Wenn ich mich meiner Furcht vor Niederlage und Tod ergebe, werde ich in ein neues Leben wiedergeboren. Die Auferstehung.

Mein ehemaliger Mann ist Triathlet geworden. Ich denke zurück an die Zeit, als er versuchte, mich dazu zu bringen, mich körperlich zu fordern, zu laufen, stark zu werden. Was ich hatte, waren ein verkrüppelter Körper und eine verkrüppelte Seele, und was ich tun mußte, war, meine Schwäche zu fühlen. Ich erkannte es damals, sagte es auch zu Freunden von mir, aber mein Wissen gab ich her für Liebe, dafür, geliebt zu werden. Liebe oder Wahrheit. Ich wählte die Liebe. Jetzt wähle ich die Wahrheit – meine Wahrheit.

Als ich einmal morgens ein paar Träume voll schwieriger Emotionen über den Tod aufschrieb, schaltete ich »CBS Sunday Morning« mit Charles Osgood ein. Sie brachten einen Bericht über Virginia Hamilton. Die Kinderbücher, die sie schreibt, sind voll afroamerikanischer Folklore und Geschichten. Ihre Großeltern waren Sklaven gewesen, und sie wollte die Volksweisheit jener Generationen für die Kinder kommender Generationen erhalten. Ich hörte, wie afroamerikanische Frauen voll Gefühl auf ihr Werk reagierten, und brach in Tränen aus, als eine von ihnen gestand: »Niemand hat mir gesagt, daß ich meiner Großmutter zuhören sollte, und jetzt ist sie nicht mehr da.« Mir wurde bewußt, daß man mir nicht nur nicht gesagt hatte, ich sollte meiner Großmutter zuhören, sondern daß man mir auch nicht vorgeschlagen hatte, sie nach ihren Geschichten, ihrer Kindheit und ihrem Leben zu fragen. Keiner in meiner Familie sprach je über sein Leben. Es war wie ein stillschweigend vereinbartes Tabu. Ich habe in regelmäßigen Abständen meine Mutter gebeten, sich mit mir hinzusetzen und mir von ihr und unserer Familie zu erzählen. Sie berichtete, daß ihre Mutter und ihr Vater nie über ihre Vergangenheit, ihre Kindheit und ihre Eltern sprachen. Sie wußte sehr wenig darüber, fast gar nichts. Es gab keine Geschichten. Mir kam der Gedanke, wie freudlos eine Vergangenheit gewesen sein mußte, wenn jemand sie so tief vergräbt, daß keine Geschichten darüber erzählt werden. In jenem Augenblick vermißte ich meine Großmutter. Ich wollte ihre Stimme hören, wiederauferstanden in visionären Worten, die Bilder in mein drittes Auge malen konnte, gleichgültig, wie dunkel das Wasser war. Ein Spiegel, ein Spiegel der Seele. Ich wollte, daß die Toten in Legenden von Geburt und Tod, Liebe und Hoffnung, Verlust und Wiedergeburt wieder lebendig wurden.

Mein Freund, der Geschichtenerzähler Derek Burrows, hat ein solches Erbe. Er macht Musik und erzählt Geschichten aus seiner Kindheit auf den Bahamas. Sofort als ich ihm begegnete, konnte ich fühlen, wie seine Seele durch seine Stimme und sein Gesicht strahlte und die meine berührte. Er verkörpert lebendige Magie. Er erzählte mir die Geschichte von seinem Avocadobaum. Als kleiner Junge wollte er unbedingt einen Avocadobaum haben. Seine Familie pflanzte einen, und er wartete und wartete darauf, daß Avocados wachsen würden. Sie wuchsen nicht. Schließlich fragte er eines Tages seinen Großvater, warum der Baum keine Früchte trug. Der Großvater nahm ein Messer und schnitt in den Baum. Er wandte sich zu Derek um und sagte: »Du wirst sehen, nächstes Jahr wird er zwei oder drei Avocados haben. Der Baum denkt, er stirbt, und macht Früchte.« Es stimmte. Was für ein Erbe! Was für ein Großvater!

Während ich mein Erbe durch meine Träume ausgrub, stellte ich fest, daß sie tiefer wurden. Trotz meiner vielen Jahre von Therapie und Traumarbeit gab es noch eine Menge mehr zu tun. Es war, als würde ich einer Zwiebel die verschiedenen Häute abziehen. Ich drang immer tiefer in meine Seele vor und fand vergrabene Schätze. Manchmal war der Schatz dunkel, verängstigt, wütend, körperlos und in meinem wachen Leben nicht gelebt. Persönlichkeiten, die ich begraben hatte und die wieder integriert werden mußten. Ich fand Animusfiguren, männliche Seelengestalten, mit denen ich eine Beziehung eingehen mußte. Ich stellte fest, daß ich mit einem Mann in der Außenwelt keine gute Beziehung haben konnte, solange ich keine gute Beziehung mit all meinen internen Männern aufgebaut hatte.

Ich entdeckte mehr Aspekte meines inneren Schattens, der dunklen weiblichen Gestalt, die ich von meiner Mutter, meiner Großmutter und Urgroßmutter geerbt hatte.

Es gab innere Gestalten von anderer Herkunft: italienisch, spanisch, südamerikanisch. Ich hatte Jahre damit verbracht, durch die ersten paar Schichten zu graben. Jetzt legte ich die Keller des Gebäudes bloß, das das Zuhause meiner Seele war.

Ich träumte von verlorenen Kindern, hungernden Kindern, Babys, die im Dunkeln zurückgelassen wurden. Und schließlich, nach langer Seelenarbeit, hatte ich Träume von einer Schwangerschaft. Über die Jahre hatte ich immer wieder davon geträumt, aber das Kind wurde entweder nie geboren, oder es kam zu früh oder tot auf die Welt. Ich fand auch Tiere in meinen Träumen. Manche waren verletzt oder am Sterben, andere gesund. Ich erkannte, wie sehr ich das innere instinktive Urleben in mir vernachlässigt hatte. Ich hatte Jahre damit verbracht, anderen zu helfen, gesund zu werden. Jetzt mußte die innere Überlebenskraft in mir genährt und geschützt werden. Tiere sind sehr instinktiv und auf das Überleben ausgerichtet. Sie denken nicht vernunftgemäß und überreden sich nicht, diese oder jene Tat zu tun oder nicht zu tun. Sie handeln immer in ihrem eigenen Interesse und im Interesse des Schutzes ihrer Jungen. In mir wuchs ein Kind; ich mußte das gleiche tun. *Niemand* würde dieses Kind abtreiben.

Gott hatte viele Male versucht, mich zu befruchten. Mein Schoß hatte den Samen nicht immer behalten. Ich war mir nicht immer eine gute Mutter gewesen. Sobald ich befruchtet wurde mit Liebe, Vergebung, Schutz, gab ich es für jemand anderen aus. Ich sah ihn als mein Kind, das aller Geschenke würdig war, die ich in meinem Schoß hatte. Ich opferte mich. Nachdem ich mich durch noch ein paar andere sehr kurze und falsche Beziehungen gekämpft hatte, schloß ich die Tür vor Außenseiten. Ich wollte mein Zuhause für mich selbst haben. Ich hatte mein ganzes Leben als Erwachsene in Beziehungen mit »dem anderen« verbracht, und jetzt würde ich allein weitermachen müssen. Keine weiteren Beziehungen, keine weiteren Ehen. Nur ich, schwanger mit mir selbst, befruchtet von Gott.

Ich erinnere mich an eine Vision, die ich vor vielen Jahren hatte, vor meiner Ehe. Ich war zu Hause und hatte Erkältung und Halsschmerzen wie als Kind. Meine Atmung hatte sich verändert, und ich war in einem anderen Bewußtseinszustand. Ich sah Ambrose, Olga Worralls verstorbenen Mann, einen mächtigen Geistheiler, wie er am Fuße meines Bettes stand und sagte: »Du wirst nie mehr allein sein.« Ich dachte, er meinte, ich würde bei meiner Arbeit Hilfe von Heilern von drüben erhalten, vom Himmel. Es war mir nicht in den Sinn gekommen, es könnte heißen, daß ich bei meinem eigenen Heilungsprozeß nicht allein wäre. Jetzt erinnerte ich mich wieder an diese Vision, und sie tröstete mich. Allein und doch nicht allein – damit konnte ich fertig werden.

8 Hunger

Sie saß auf dem Boden und erbrach sich. Eine Studentin meines Heilworkshops, die Bauchspeicheldrüsenkrebs hatte. Sie war gerade mit der Erinnerung in Berührung gekommen, wie sie gestillt worden und die Milch ihrer Mutter sauer gewesen war.

Sie verbrachte den Rest des Workshops »Den inneren Heiler wecken« damit, daß sie immer wieder auf die Toilette ging und sich erbrach. Die ganze entsetzliche Angst des Neugeborenen, giftige Milch zu bekommen, während es nach der Nahrung der süßen, zärtlichen Brust hungert, hatte sie mit voller Wucht getroffen. Angst vor dem Sterben, Kummer, Verlust, Zorn, Hunger, Abhängigkeit. Ein ganzes Leben voll Ablehnung hatte sie in jenem einen Augenblick eingeholt, und ihr Körper wollte das Gift loswerden. Später erzählte sie mir, daß sie drei Tage lang gebrochen hatte. Schließlich hielt sie sich nur noch durch kleine Schlucke von süßem Karottensaft am Leben. Der Krebs verschwand. Jeder Onkologe wird sagen, daß Bauchspeicheldrüsenkrebs nicht einfach verschwindet. Er tat es aber, und sie blieb gesund.

Die erste Kostprobe von Leben ist nicht immer süß. Kein Wunder, daß so viele von uns gern in den Mutterleib zurückkehren würden, in das »Meer der Glückseligkeit« wie Freud es nannte. Er glaubte wie Marx, daß die Religion Opium fürs Volk sei. Daß wir alle zurück in den Schoß und weiterschlafen wollen, ins Unbewußte zurückkehren möchten. Das mag wahr sein, aber es ist auf keinen Fall die Definition von Heilung oder Spiritualität, die ein Weckruf ist, damit wir entdecken, wo unser wahrer Hunger begraben liegt, und wir ihn mit gesundem Essen befriedigen können.

Der erste Gott, den wir haben, wenn unsere Seele beschließt, eine körperliche Form anzunehmen, ist unsere Mutter. Sie ist die schöpferische Matrix, durch die wir uns formen. Wir bleiben für neun Monate in ihrem Bauch und nähren uns von der Milch ihrer Brüste noch ein paar Monate länger. Wenn wir Glück haben, ist die Milch süß und stammt von einem gesunden Körper, einem gesunden Geist, einer gesunden Seele. Wenn nicht, ist die Muttermilch sauer oder wir werden mit industrieller Babynahrung gefüttert. Wir müssen sie schlucken, weil wir sonst sterben. Was für eine Wahl: Tod oder Gift.

Die einzig mögliche Art, eine solche Wahl zu überleben, ist, einen Teil des Hungers zu unterdrücken. Ich habe neugeborene Katzen beobachtet. Wenn die Mutter sie trocken geleckt hat, finden sie automatisch die Warze. Sie sind gierig beim Saugen und drängen alle anderen weg, um an die Milch zu kommen. Sie klagen und jammern, bis die Mutter sich hinlegt, wenn sie hungrig sind, und sie so lange säugt, wie sie wollen. Wenn man versucht, sie zu früh zu entwöhnen, und ihnen anderes Futter unter die Nase schiebt, verweigern sie es. Als meine Katze Junge bekommen hatte, fraß sie alles Futter auf, das für die Jungen hingestellt worden war, damit sie es nicht fraßen. Instinktiv wußte sie, wie lange sie sie säugen mußte. Sie spazierte im ganzen Wohnzimmer herum, als die Jungen auf ihren Füßen standen, und prüfte alle Blätter der Zimmerpflanzen, ob sie giftig seien. So etwas hatte sie vorher nie gemacht. Sie wollte nicht zulassen, daß ihre Jungen vergiftet würden.

Kleinkinder verbringen nicht jede wache Minute mit ihrer Mutter wie die meisten Katzenjungen. Sie dürfen nicht schieben und stoßen und weinen und darauf beharren, daß ihre Mutter sich hinlegt, wann immer sie es wollen. Man erlaubt ihnen nicht, die Brust oder die Flasche wegzuschieben, wenn es ihnen nicht schmeckt. Sie können es versuchen, aber viele Male zwingt man sie zu essen, was sie nicht mögen, genau wie später, wenn sie das essen müssen, was auf ihrem Teller ist, oder sitzen bleiben müssen, bis sie es tun. Es läuft darauf hinaus, daß sie negative Emotionen, Gedanken und Überzeugungen essen, zusammen mit der Nahrung.

Ein Psychotherapeut erzählte mir einmal eine wahre Geschichte, die er über einen Fall von Kindsmißhandlung gehört hatte. Jeden Morgen saß ein Sohn am Frühstückstisch und versuchte sich ein Glas Milch einzuschenken. Und jedesmal schüttete er etwas Milch daneben. Das war seit Jahren so gegangen. Der Vater stand mit einer brennenden Zigarette hinter ihm. »Trink jetzt die Milch!« befahl der Vater. Voll Angst, er könnte etwas Milch verschütten, hob der Junge mit zitternden Händen das Glas, und natürlich vergoß er etwas. Der Vater nahm die brennende Zigarette und sagte, während er den Nacken des Jungen damit versengte: »Ich tue das zu deinem eigenen Besten. Ich muß dich lehren, die Milch nicht zu verschütten.« Diese sadistische Beziehung bestand jahrelang, bis ein Lehrer schließlich die Brandmale im Nacken des Jungen entdeckte.

Da war ein kleiner Junge, der sowohl nach Nahrung wie nach Liebe hungerte, und er erhielt nichts als Grausamkeit, Sadismus, Schmerz und Demütigung. Das Kind mußte seinen natürlichen Hunger unterdrücken, sonst hätte er es getötet oder verrückt gemacht. Der Junge lebte in Angst und Schrecken und bemühte sich, dem Vater zu gefallen, damit er einen Tropfen Anerkennung oder Liebe von ihm erhielt. Ohne Hilfe wäre er in die gleiche Projektion von Grausamkeit verfallen wie sein Vater und hätte Zorn und Kummer an einem anderen menschlichen Wesen ausgelassen, wahrscheinlich an einem Kind, wie er selbst eines war.

Die meisten Eltern sind nicht so sadistisch und versuchen, ihr Bestes zu tun, wenn es um die Ernährung ihrer Kinder geht. Aber wenn sie selbst Gift essen mußten oder zu wenig oder zuviel zu essen bekamen und sich mit diesen Problemen nicht auseinandergesetzt haben, wird das Essen, das sie ihren Kindern geben, nicht gesund sein. Wenn sie als Erwachsene noch immer nach einer guten Brust hungern, werden sie versuchen, ihre Kinder zum Essen zu zwingen. Ich sah einmal einen Vater, der eine Stunde lang alle fünf Minuten seiner einjährigen Tochter die Flasche mit Babynahrung in den Mund steckte, obwohl das Kind sie immer wieder wegschob und offensichtlich nicht hungrig war. Ich beobachtete, wie das kleine Mädchen immer ärgerlicher wurde, das Gesicht verzog und wie eine Gefangene auf seinem Schoß saß. Vorsichtig deutete ich an, daß das Kind nicht hungrig sei, aber er war so mit seinem eigenen inneren unbewußten Hunger beschäftigt, daß er keine Kontrolle hatte über das, was er tat. Sie wollte herumkrabbeln und mit ihrem leuchtendroten Ball spielen, und so setzte ich mich mit ihr auf den Boden und ließ den Ball hin und her springen. Damit verschaffte ich ihr ein paar Augenblicke der Freiheit, und sie kicherte fröhlich, bis der Vater sie wieder aufnahm. Ich saß da und dachte bei mir, daß schon diese kleine strahlende Göttin Zorn auf ihren beherrschenden Vater entwickelt hatte, und wenn das so weiterging, woran ich nicht zweifelte, würde es schließlich damit enden, daß sie die Männer haßte. Was für eine Tragödie. Wo war die Mutter? Sie war auch da und versuchte mehrmals, dem Vater zu sagen, daß ihre Tochter nicht hungrig war, aber auch sie resignierte. Sein Griff war zu fest, seine Psyche ein Gefängnis, für alle. Ich hätte ihm am liebsten diese kleine Göttin aus den Händen gerissen und sie für immer befreit, doch ich wußte, daß ihre Seele aus irgendeinem Grund diese Familie und dieses Karma gewählt hatte, um daraus zu lernen, und das Kind würde sich für den Rest seines Lebens mit diesem Thema auseinanderzusetzen haben. Ich konnte nicht durch einen kühnen Griff die ganze Vorgeschichte des Vaters ändern. Jene Momente, wenn ich das Leiden anderer erleben und dieses Wissen mit trauriger Geduld ertragen muß, sind eine Tortur für mich. Besser, es nicht zu erleben? Nein. Besser, ich lasse zu, daß mein Mitgefühl mein Herz noch ein wenig mehr aufreißt und ich durch Gebete und Meditationen an den folgenden Tagen und Abenden der Familie Heilung und die Nahrung wahrer

Liebe schicke. Und ich kann die ganze Sache als einen Spiegel benützen, der mich erinnerte, nach innen zu blicken, auf meine eigenen Probleme des Hungers.

Nachdem ich mit der kleinen Göttin und dem roten Ball gespielt hatte, fuhr ich an jenem Abend nach Hause und meditierte. Ich schloß die Augen, versenkte mich tief in mein Inneres und ließ das Gefühl des Zorns zu, das ich über einen solchen beherrschenden Vater spürte. Ich verarbeitete alle Fälle, bei denen ich meinem Gefühl nach zuviel hinuntergeschluckt hatte, zu Hause, in der Schule, in meiner Ehe, im Leben, im Beruf. Ich erlebte wieder die Gefangenschaft, wenn ich gegen meinen Willen in Situationen festgehalten wurde, weil ich nicht die Kraft oder den Mut gehabt hatte, meine Freiheit zu fordern oder sie mir zu nehmen. Ich erkannte, daß es in meiner Kindheit meistens so gewesen war. Ich frage mich manchmal, ob wir alle Kindheit und Jugend als Gefangenschaft erfahren. Wir sind bedürftig und hängen von denen ab, die für uns sorgen, und stecken deshalb in der Wirklichkeit aller anderen fest und sind in ihr gefangen. Kein Wunder, daß wir so tun, als würden wir niemand brauchen, auch wenn es nicht stimmt. Es ist, als würden wir einen Teil unserer Seele für Fürsorge und Liebe hergeben. Ich meditierte über meine Ehe und darüber, wie gefangen ich mich in ihr gefühlt hatte. Ich hatte versucht zu lieben und mich bemüht, geliebt zu werden und meinen Erwartungen und denen eines anderen gerecht zu werden. Ich hatte versucht, frei und gleichzeitig gebunden zu sein.

Ich erinnere mich an eine Zeit, als ich zwölf war und

meine Tante darauf bestand, daß ich einen neuen Wintermantel brauchte. Ich brauchte keinen, aber ihr gefiel der Schnitt des Mantels nicht, den ich besaß, und sie verlangte, daß ich ihn ersetzte. Sie sagte, sie würde ihn mir zu Weihnachten schenken. Ich bedankte mich, erklärte aber, daß ich den mochte, den ich hatte. Sie erwartete, daß ich mich ihrem Wunsch fügte. Ich weigerte mich – eines der wenigen Male, das ich mich in jenem Alter behauptete. Eine beherrschende, dominierende, bedrängende Frau, die es nicht zu kümmern schien, was ich wollte oder brauchte, sondern die nur auf ihre eigenen Wünsche eingestellt war. Eine Flasche Gift in Form eines Geschenks.

Einmal kam eine Patientin zu mir, die sich über den Besuch ihrer Mutter aufregte, die am Vortag angekommen war. Sie war so aus der Fassung, weil sie gemeinsam zur Sitzung gefahren waren und ihre Mutter Parfum benutzt hatte, worauf meine Patientin höchst sensibel reagierte. Sie wagte aber nicht, irgend etwas darüber zu ihrer Mutter zu sagen. Ich fragte sie nach dem Grund. Die Frage weckte eine Erinnerung in ihr. Als junges Mädchen hatte sie einmal mit ihrer Großmutter und ihrer Mutter eine vierstündige Autofahrt unternommen. Ihre Großmutter hatte sich mit Parfum überschüttet, und meine Patientin sagte, daß die Dämpfe sie betäubten. Sie bat ihre Großmutter, ein Fenster zu öffnen, doch diese weigerte sich, weil sie den Zug nicht ertragen konnte. Meine Patientin beklagte sich, daß der Geruch zuviel für sie sei, und die Antwort der Großmutter war: »Was ist mit dir los! Alle Frauen benützen Parfum!« Sie mußte vier

Stunden in dem ungelüfteten Wagen sitzen und das schwere, Übelkeit erregende Parfum einatmen. Nachdem sie ihren Bestimmungsort erreicht hatten, lag sie drei Tage krank im Bett. Wir verbrachten eine ganze Stunde damit, über diese Vergiftung sowohl ihres Körpers als auch ihrer Psyche zu sprechen. Sie war wütend und traurig, weil sie sich als so hilflos erfahren hatte, daß sie nichts weiter hatte unternehmen können, und weil ihre Großmutter ihren Bedürfnissen gegenüber so gefühllos gewesen war. Ich fragte sie, warum sie nicht verlangt hatte, daß man sie hinausließ. Sie hätte einen Bus oder einen Zug nehmen können. Doch das war ihr nicht in den Sinn gekommen. Wenn wir von dieser Art negativem Mutterkomplex gelähmt sind, fallen uns andere mögliche Lösungen nicht sofort ein, sondern erst später. Ich erzählte ihr von einer Zeit, als ich mit einer Freundin zusammenwohnte, deren Freund für ein paar Tage zu Besuch kam. Der Besucher überschüttete sich immer mit Eau de Cologne und verstreute seine Toilettensachen im ganzen Bad. Sowohl meine Freundin als auch ich waren äußerst geruchsempfindlich und benützten nie irgendwelche Duftstoffe. Wir baten ihn, seine Toilettensachen aufzuräumen und kein Eau de Cologne zu verwenden, solange er in unserem Haus war. Widerwillig fügte er sich, doch wir konnten sehen, daß er beleidigt war. Ein oder zwei Monate später kam er wieder zu Besuch. An einem Morgen erwachte ich im ersten Stock und merkte, wie der Geruch nach seinem Eau de Cologne die Treppe hochschwebte. Ich spürte, wie eine Welle des Zorns durch meinen Körper ging. Der schützende Zorn der guten Mutter in mir, die nicht zuließ, daß ihr inneres Kind von einem beleidigenden, passiv-aggressiven Mann vergiftet wurde. Ich sagte ihm, daß er offensichtlich keinen Respekt für unsere Wünsche und Bedürfnisse habe und er in ein Hotel ziehen müsse.

Als Kinder hungern wir so nach der Liebe und Anerkennung unserer Eltern, daß wir fast zu allem bereit sind, um sie zu bekommen. Wenn sie uns kein Essen geben, sterben wir. Wenn wir nicht berührt werden, sterben wir auf der Gefühlsebene. Kinder sind in einer lebensgefährlichen Lage: Ein Augenblick des Ungehorsams, und wir können bestraft, ignoriert, mißbraucht oder von einem Laster überfahren werden. Wenn menschliche Wesen in andauernder Gefahr sind, unternehmen sie gewöhnlich alles, um am Leben zu bleiben, auch wenn es das Abtöten ihrer Gefühle, Gedanken, Überzeugungen und Bedürfnisse bedeutet – auch wenn es heißt, daß sie ihr wahres Selbst, ihre wahre Stimme und ihre wahre Seele verleugnen müssen. Manchmal sind wir wahre Meister im Verkleiden und finden Überlebenschancen, während wir unsere Lebendigkeit und unseren Hunger nach Liebe zum größten Teil vergraben, damit sie keinen Schaden nehmen.

Aber der Hunger hat die Eigenart, in den aufschlußreichsten Augenblicken den Mund aufzureißen. Ich hielt in Boston einen Workshop ab. Am Freitagabend saß eine junge Frau in der ersten Reihe, direkt vor mir. Ich hielt sie für Anfang Zwanzig, obwohl sie wie nicht viel älter als vierzehn aussah. Sie war lieb, passiv, traurig, dünn und sehr hungrig. Ich sah, daß sie nur mit einem kleinen Teil dieses Hungers in Berührung war. Während der Meditation an jenem Abend rollten ihr die Tränen über die Wangen. Nach der Meditation, als die Teilnehmer ihre Erfahrungen austauschten, ging ich zu ihr und machte eine Bemerkung über ihre Traurigkeit. Sie brach in Tränen aus und erzählte, sie hätte eine Stimme gehört, die gesagt habe, daß sie nicht leben wolle. Ich fragte sie, ob sie während des ganzen Wochenendes am Workshop teilnehmen würde, und sie bejahte. Ich hatte nur wenig Zeit, legte etwa eine Minute die Hand auf ihr Herz und sagte dann zu ihr, sie sollte sich während des Wochenendes immer direkt vor mich setzen. Wir würden uns noch weiter unterhalten.

Am nächsten Morgen, vor Beginn des Workshops, hielt ich nach ihr Ausschau. Sie war nirgends zu sehen, und eine andere Frau saß auf dem Stuhl direkt vor mir. Ich hatte überlegt, ob ich den Platz für sie reservieren sollte, doch dann beschloß ich, es nicht zu tun. Ich wollte sehen, wieviel Energie sie darauf verwenden würde, rechtzeitig zu kommen, um ihn sich selbst zu erobern. Ungefähr fünf Minuten nach Beginn des Workshops erschien sie, stellte fest, daß ihr Platz besetzt war, und wählte die Reihe dahinter, von wo aus sie mich nicht so gut sehen konnte. Ich lächelte ihr zu, und sie erwiderte mein Lächeln.

Nach der Mittagspause kehrte sie in den Raum zurück. Sie sah blaß aus, fast grau, als sei alle Lebenskraft von ihr gewichen. Meine innere Stimme sagte: »Frag sie, was sie gegessen hat!« Ich wartete, bis wir meditiert hatten und es Zeit für den Austausch darüber war. Alle hatten farbige Bilder der Symptome gemalt, die sie quälten. Sie meldete sich freiwillig, trat vor und sprach über ihr Bild. Ich erinnere mich nicht mehr, was es war, weil ich so mit meiner hartnäckigen inneren Stimme beschäftigt war, die immer wieder verlangte, daß ich sie fragte, was sie gegessen hatte. Schließlich tat ich es. Ihre Antwort: »Nichts.« Sie hatte kein Geld für das Mittagessen gehabt. Ich fragte sie, ob sie keines besäße oder keines mitgenommen habe. Wie sich herausstellte, hatte sie keines mitgenommen, und als ihr ein Gruppenteilnehmer ein paar Dollar leihen wollte, hatte sie abgelehnt. Da war er, der Archetyp des hungernden Kindes, das nicht einmal glaubte, es verdient zu haben zu essen. Ich erzählte ihr von meiner inneren Stimme und was sie gesagt hatte, und ihre Augen weiteten sich. Jemand hatte sie bemerkt – endlich. Sie würde sich nicht zu Tode hungern müssen, damit jemand ihr Leid bemerkte. Ich fragte die Gruppe, ob jemand etwas Obst für sie hätte. Einige Teilnehmer kamen einer nach dem anderen nach vorn und legten Früchte auf den Tisch neben mir: einen Apfel, eine Banane, eine Orange, eine dicke Scheibe Brot, eine Flasche mit Saft. Ich hielt die Hände darüber und reinigte alles von fremder Energie. Ich nahm ihr das Bild ab, legte Obst und alles andere in ihre Hände und bat sie, zu ihrem Platz zurückzukehren und zu essen. Sie aß. Das Brot, den Stoff des Lebens, zuerst.

Am nächsten Tag war sie auf dem Parkplatz, als ich aus meinem Wagen ausstieg. Ich fragte, wie es ihr ginge. Sie berichtete, daß ihr Hund in der Nacht überfahren worden und gestorben war. Sie tat mir schrecklich leid, und ich überlegte, ob dies ein Zeichen dafür war, daß ihre innere Tierenergie, ihre instinktive Lebenskraft, es nicht schaffen würde. Ich behielt meine Gedanken für mich, und wir gingen gemeinsam hinein. Sie sagte noch irgend etwas darüber, daß ihr Vater sie abholen werde und er schrecklich zu ihr sei.

Ich fand einen Essensgutschein für die Cafeteria oben auf meinem Tisch. Workshopleiter bekommen sie unentgeltlich. Da ich für die Mittagspause andere Pläne hatte, drückte ich ihn ihr in die Hand. Sie traute ihren Augen nicht. »Wirklich? Sie brauchen ihn nicht?« Nein. Ich stellte mir vor, daß ihre Mutter alle emotionale Nahrung für sich selbst gebraucht und für ihre Tochter nichts übrig gelassen hatte. Bei mir war das nicht der Fall; ich hatte mehr als genug davon. Nach dem Essen waren ihre Wangen rosig, und ihr Gesicht strahlte. Während der Nachmittagspause aß sie auf ihrem Platz einen großen Keks. Ich machte eine Bemerkung darüber zu einer meiner Assistentinnen, die mir erzählte, sie habe sie oben in der Cafeteria gesehen, wie sie eine große Portion aß. In diesem Augenblick wußte ich, daß sie entschlossen war zu leben. Ich erkannte, daß ihr Hund sich statt desssen geopfert hatte, damit sie leben konnte. Manchmal tun das Tiere für ihre Besitzer: Sie nehmen Krankheit und Unfälle, sogar den Tod auf sich, um sie zu schützen. Ich mußte mich für ein paar Minuten abwenden, damit niemand meine Tränen bemerkte. Ich hatte gerade gesehen, wie Lazarus aus seinem Grab auferstanden war. Ich fühlte mich so unendlich dankbar für den verzweifelten Kindheitshunger, den ich als Teil meiner eigenen Heilung wieder zugelassen und durchlebt hatte, daß ich, wenn ich bei einem anderen in das Gesicht des Hungers blickte, seinen offenen Mund sehen und ihn füttern konnte.

Ich erinnere mich, daß ich als Kind immer Hunger hatte. Ich dachte ans Essen und stellte mir die nächste Mahlzeit vor. Wie viele Leute in den fünfziger Jahren, lebte mein Familie vor allem von Fleisch, Käse, zu lange gekochtem Gemüse und Zucker. Nicht daß meine Mutter nicht gesundheitsbewußt gewesen wäre; auf ihre Weise war sie es und mischte im Mixer rohe Karotten, Sellerie, Äpfel und Rosinen. Ehe die Entsafter aufkamen, steckten wir alles in einen normalen Mixer und zerkleinerten es, bis es fast trinkbar war. Aber das war nur eine Ergänzung zu der Ernährungsweise mit zuviel Fett und zuviel Zucker.

Aber gleichgültig, wieviel ich aß, ein tieferer Hunger blieb, ein Brunnen der Entbehrungen. Erst Jahre später sollte ich erkennen, wie hungrig ich nach Liebe, Sicherheit, Ordnung, Stabilität, Wirklichkeit, Wahrheit und Klarheit war. Ich hungerte nach jemand Zuverlässigem, der ein echtes Selbstwertgefühl und eine kräftige Erdung in der Wirklichkeit hatte. Nach jemand, der mir dabei half, mit der rauhen Wirklichkeit des Lebens fertig zu werden, ohne die bittere Galle mit Eis oder Zucker zu versüßen oder zu sagen: »Keine Angst. Alles wird in Ordnung kommen. Gott wacht über dich.« Ja, Gott wacht über uns alle, oder, wie ich lieber glaube, er wohnt in uns allen. Aber das bedeutet nicht, daß alles in Ordnung kommen wird und wir unseren Hunger verleugnen und durch unerschütterlichen Optimismus und einen Becher Häagen-Dazs-Eis ersetzen können. Denn das würde heißen, daß wir unseren Mund voll Zucker stopfen, Alkohol trinken, Drogen nehmen, kaufen, spielen und zwanghafte Beziehungen haben.

Der Hauptbestandteil der Muttermilch ist Zuckeralkohol, vorverdauter Milchzucker, der direkt ins Blut geht, wie der in Flaschen abgefüllte Alkohol, den die Erwachsenen trinken. Babys, die gerade gestillt worden sind, fallen danach selig in einen betäubten Schlaf. Ist es da ein Wunder, daß Alkoholiker nach dem Trinken häufig das gleiche tun? Ist es etwa erstaunlich, daß Leute, die eine Menge Zucker essen, sehr aufgeregt und high werden und bald darauf abstürzen und zusammenbrechen und dann einschlafen oder in eine vom Zucker ausgelöste Betäubung geraten?

Ich aß eine Menge Zucker und Milchprodukte, Ersatz für die Muttermilch, die ich nie bekam. Meine Mutter starb beinahe in den drei Tagen, die meine Geburt dauerte, und ich war voll blauer Flecken, weil man mich mit der Zange herausgerissen hatte. Sie war zum Stillen zu schwach, und ich reagierte auf jede Babynahrung allergisch, die sie mir einzuflößen versuchten. Die ersten paar Wochen muß ich mein Leben halb verhungert zugebracht haben. Kein erfreulicher Eintritt in die Welt. Heute weiß man, daß sich als ein Vorteil des Stillens Kiefer, Kehle und Brustmuskeln ordentlich entwickeln. Ich habe mein Leben lang mit meinem Nacken und meinem engen Kiefer Probleme gehabt; vielen Leute ergeht es so.

Babys, die gestillt werden, haben den Vorteil, daß sie das Kolostrum aufnehmen, das in den ersten zwei oder drei

Tagen nach der Geburt abgesondert wird, ehe die eigentliche Milchabsonderung beginnt. Das Kolostrum ist eine dünne, gelbliche Flüssigkeit und hat eine große Menge Proteine und Kalorien und dazu Antikörper und Lymphozyten, die bei der vom Menschen gemachten Babynahrung nicht reproduziert werden können. Antikörper sind Eiweißsubstanzen, die in Blut und Gewebe entstehen und Angreifer und Eindringlinge wie Bakterien und Viren vernichten oder schwächen. Lymphozyten sind Zellen im Blut und Lymphgewebe, die ihren Ursprung in den Stammzellen haben, von denen alle Blutzellen kommen. Sie bilden und stärken unser Immunsystem, die Basis von lebenslanger Gesundheit. Ohne ein gutes Immunsystem sind wir anfällig für das Eindringen von Bakterien und Viren von außen und für jede degenerierte Zelle, die sich im Körper eventuell bildet.

Babys, die gestillt werden, haben auch die Erfahrung körperlicher und emotionaler Bindung an ihre Mutter. Der Fetus wird von der Außenwelt durch den Mutterschoß abgeschirmt und durch das Blut der Mutter ernährt, das die Plazenta bildet. Die Barriere des Mutterkuchens filtriert viele Toxine, obwohl manche doch hindurchdringen, wie zum Beispiel der Alkohol. Wenn das Kind geboren ist, schützt die Mutter es weiter mit ihrem Körper. Sie muß dafür sorgen, daß bedrohliche Personen, Tiere und Situationen, die das Wohlbefinden des Babys stören könnten, ferngehalten werden. Während des Stillens helfen Arme, Hände, Stimme und Herzschlag, sich mit dem Kind zu verbinden.

Wenn man keinen aufgerissenen Mund erkennen kann,

besteht die Gefahr, daß man von ihm verschlungen wird. Der Hunger ist eine große Kraft auf der Welt. Jemand, der am Verhungern ist, wird fast alles tun für Nahrung, Drogen, Macht, Sex, Geld, Liebe, Alkohol oder was für »Nahrung« im Moment am sättigendsten erscheint. Niemand möchte gern herumlaufen und rufen: »Ich bin hungrig! Ich bin hungrig! Wo ist meine Mutter?!« Dies ist nicht nur peinlich, sondern bedeutet auch, daß wir unseren Hunger und die große Rolle, die er in unserem Leben spielt, zugeben. Es ist viel angenehmer zu sagen: »Ich will der Direktor der Firma werden.« Oder »Ich will zehn Millionen Dollar verdienen.« Oder »Ich möchte eine Frau haben, die wie Cindy Crawford aussieht.« Wenn wir keine Neugeborenen mehr sind, die nach der guten Brust mit der süßen Milch suchen, ersetzen wir sie durch viele andere Dinge. Bei diesem Substitutionsprozeß unterdrücken wir den ursprünglichen Hunger, bis er für unseren Verstand nicht mehr erkennbar ist. Ist der ursprüngliche Hunger stark genug, bleibt er unbefriedigt. Erreicht er das Stadium des Verhungerns, verwandelt er sich in Sucht oder Zwanghaftigkeit irgendwelcher Art. Dieses Verhalten führt dann dazu, Ersatzhandlungen immer wieder zu wiederholen, die – wie Alkoholismus – uns vernichten, töten können, wenn sie nicht überprüft werden. Wenn wir die symbolische Bedeutung des Verhaltens zugeben, daß es eigentlich eine Suche nach Nahrung für einen hungernden Körper und eine hungernde Seele ist, haben wir eine Chance, die ursprüngliche Wunde in uns zu berühren. Dann können wir langsam eine heilende Beziehung aufbauen, die eine neue, innere gute Mutter entstehen läßt, die tatsächlich die Bedürfnisse sowohl unserer Seele als auch unseres Körpers befriedigen kann.

Diese gute innere Mutter, die neu gebildet werden muß, braucht ein Vorbild. Kinder lernen durch Nachahmung. Wenn die eigene Mutter kein gutes Modell für Selbstliebe, Energie, Ganzheit und Erdung war, brauchen wir jemand anderen dafür. Aber die Leute möchten auch nicht herumlaufen und jeden, dem sie begegnen, fragen: «Sind Sie eine gute Mutter, von der ich mich erst ernähren kann und die dann mein Vorbild wird?» Ob wir es zugeben wollen oder nicht – genau das tun die meisten von uns.

Ich verbrachte den größten Teil meines Lebens, ohne zu erkennen, daß ich hungrig war, und noch viel weniger, wie hungrig ich war. Ich bot mich als Nahrung für die anderen an, und dann wunderte ich mich, daß ich emotional und körperlich so müde und ausgehungert war. Ich ernährte die Leute nicht nur mit meiner eigenen Energie, sondern verschmolz mit ihnen und fühlte ihren eigenen Hunger. Als Teil des Prozesses, eine gute Mutter zu werden, änderte ich meine Eßgewohnheiten, schränkte den Verbrauch von Zucker, Fleisch und Kaffee ein und ließ alle Milchprodukte weg. Ich aß mehr Vollkorngetreide, Gemüse und Obst; zusätzlich gab es Misosuppe und Algen wegen Jod und Kalzium. Ich begann früher ins Bett zu gehen. Statt um halb zwölf oder Mitternacht legte ich mich um zehn Uhr schlafen. Dafür stand ich freiwillig früher auf, manchmal um fünf oder sechs Uhr.

Körper und Seele zu heilen ist kein linearer Prozeß. Es ist eher wie eine Spirale. Der Prozeß dreht sich ständig im Kreis, während er vorwärtsschreitet. Obwohl man nicht immer dieses Gefühl dabei hat. Wenn wir in einem Zyklus von alles verschlingendem Hunger sind und an den falschen Orten nach Nahrung suchen, können wir uns vorkommen, als wären wir im Tretrad eines Hamsterkäfigs gefangen und liefen und liefen, ohne irgendwo anzukommen. Dies nennen die Psychologen Wiederholungszwang; unsere Seele wiederholt gewisse Muster so lange, bis wir schließlich die Lektion gelernt haben und in die nächste Klasse aufrücken. Dies kann eine sehr frustrierende Erfahrung sein. Es kann sich anfühlen, als lägen wir von der ganzen Welt verlassen im Staub und müßten immerzu Staub essen.

Bei mir war es jahrelang so. Ich fragte mich immerzu, warum ich nicht vorankam, obwohl ich doch so hart arbeitete. Warum konnte ich nie soviel Geld sparen, um mir einmal freizunehmen? Warum war ich immer so müde? Sobald ich mich ausruhte und wieder voll Energie war, verbrauchte ich meine Kräfte bei anderen Menschen, bei der Arbeit, bei irgendwelchen Dingen, bei meiner Hektik, erfolgreich zu sein. In mancher Hinsicht war ich zu erfolgreich. Ich hatte zu viele Patienten, zu viele Kurse, zu viele Workshops, mußte zu viele Flugzeuge erwischen. Die Leute fragten mich immer wieder: »Wie schaffen Sie das alles?« Ich wußte es nicht; ich hatte immer alles geschafft. Ich hatte abends immer fünf Stunden Hausaufgaben gemacht, sogar in der High-School. Ich war immer bis vier Uhr morgens aufgeblieben, um meine Arbeiten zu schreiben, zu studieren und einen Abschluß zu machen. Ich war immer aufs Ganze gegangen; ich kannte es nicht anders. Ich war dazu erzogen worden, alles zu investieren, mich zu verausgaben, alles von mir hinzugeben, so daß für mich nichts übrigblieb. Die meisten Leute erkennen nicht, daß die achtziger Jahre nicht nur die Zeit der Dekadenz waren. Es war auch die Zeit des Hungers. Bei allen war die Seele so ausgehungert, daß sie konsumierten, was sie in die Finger bekommen konnten. Die Regierung konsumierte, die Verbraucher konsumierten, der Aktienmarkt konsumierte. Wenn wir die Horrorbilder unserer Kultur wie auch die der ganzen Welt betrachten, können wir feststellen, daß sie alle in irgendeiner Form den alles verzehrenden Hunger darstellen. Die Filme, die mir, während ich heranwuchs, den größten Schrecken einjagten, waren »Der weiße Hai« und »Der Exorzist«. Fast bis zehn Jahre nach ihrem Erscheinen weigerte ich mich, sie mir anzusehen, und dann sah ich sie nur im Fernsehen. Instinktiv wußte ich, daß meine Psyche zu jener Zeit zu zart war, um sie auszuhalten, vor allem wenn sie auf einer riesigen Leinwand gezeigt wurden. Aber »Alien« habe ich mir angesehen, und dieses Geschöpf mit den riesigen Dinosaurierzähnen und dem tropfenden Speichel. Und erst kürzlich sah ich den Film »Das Schweigen der Lämmer« über einen Psychiater, der ehemalige Patienten verschlingt – eine Metapher unserer heutigen Kultur, die einen frösteln läßt. Wenn Psychiater, Mütter und Heiler jeder Art die Wunden ihres eigenen inneren verzehrenden Hungers nicht geheilt haben, sind sie unbewußt dazu gezwungen, die Energie ihrer Kinder und Patienten zu verschlingen. Üblicherweise wird dieses Phänomen die verschlingende Mutter genannt; oder, wie die Psychologin Melanie Klein sich ausdrückt, eine »schlechte Brust«. In Büchern wird der Horror von Autoren wie Stephen King repräsentiert. In »The Shining« ist die Hauptperson ein Schriftsteller, der vom Alkohol loszukommen versucht und in der toten Saison Hausmeister eines Hotels wird, das »Overlook« heißt, damit er sein Buch beenden kann. Er lebt dort allein, ohne irgendwelchen menschlichen Kontakt zu haben, und muß sich mit seinen eigenen Dämonen des Hungers und der Verlassenheit auseinandersetzen wie alle Süchtigen. Nachdem seine Frau und sein Sohn schließlich eintreffen, wird er zu einem Monster von Mann, durch seine eigenen Dämonen wahnsinnig geworden, und hat tausend Seiten mit einer einzigen Zeile vollgeschrieben: »Nur Arbeit und kein Spiel macht aus Jack einen langweiligen Kerl.«

Jeden Abend hören wir in den Nachrichten von Mord und Grausamkeiten, von Schulbusunfällen, von Auftragnehmern der US-Regierung, die bei Bauaufträgen neunhundert Dollar für eine Schraube verlangen, und von Bosnien, das in einem blutigen Gemetzel Menschenleben verschlingt. Blut spielt häufig eine große Rolle bei Horrorbildern. Blut ist die Lebensenergie, das »Wasser« des Lebens, das durch unsere Adern fließt. Wenn es in unserem Körper ist, sehen wir es kaum, höchstens als harmloses Erröten in den Wangen oder als blaue Färbung der Venen in unseren Händen. Wenn es hinausgelangt und sich überall ausbreitet, ist es von einem hellen, schockierenden Rot und erinnert uns an Aderlaß und Tod, der in jedem Moment unseres Lebens möglich ist. Manche Leute werden beim Anblick von Blut ohnmächtig.

Während der Zeit, als ich an diesem Kapitel schrieb, wurde in einer Abendsendung im Fernsehen, in der nur Sensationen ausgeschlachtet werden, ein Mann gezeigt, der Blut trinkt. Ich wollte sofort ausschalten, doch ich zwang mich, die ersten paar Minuten zuzusehen. Er erzählte, daß er als Junge im Schulhof mit einem anderen Jungen gekämpft hatte, der sich auf ihn setzte. Der Junge blutete, und etwas Blut tropfte ihm in den Mund. Er sagte, er habe zum erstenmal menschliches Blut geschmeckt, und es sei »berauschend« gewesen. Von da an hatte er einen Hunger – oder Durst – nach Blut. Das Programm wurde für die Werbung unterbrochen. Es hieß, es würde danach berichtet werden, woher der Mann das Blut nahm. Ich wollte das nicht wissen; ich wechselte den Sender.

Diese Beispiele sind schrecklich. Sie jagen den meisten von uns Angst ein und widern uns an. Wir müssen dabei an das Böse und den Teufel denken. Alles, was häßlich ist oder stirbt, blutet oder stirbt, muß aus einer Quelle des Bösen stammen. Diese Sichtweise des Körpers, der Erde und des Weiblichen entstand durch die Bemühungen der christlichen Welt, sich so weit wie möglich vom Heidentum abzugrenzen. Die westliche Zivilisation hat seitdem versucht, Religion, Gesellschaft und Bewußtsein von Schmutz und Blut so keimfrei zu machen, daß sie nur noch in Horrorfilmen, Büchern, cellophanverpacktem

Fleisch und den Abendnachrichten auftauchen. Aber durch die Trennung von Licht und Dunkel, dem Blutlosen und dem Blutigen, dem Reinen und dem Schmutz haben wir auch unsere Psyche von dem tiefen inneren Hunger nach Liebe und der süßen Milch getrennt, die die Basis unseres Körpers und unserer Seele bilden. Gerade durch diese Trennung von unserem wahren Hunger wird er in den Untergrund verdrängt und nimmt eine alles verschlingende Form an. Indem wir unseren Hunger ins Licht des Bewußtseins hochholen, erheben wir Anspruch auf unsere Menschenhaftigkeit, unsere Abhängigkeit und unser Bedürfnis nach Geist und Materie, Gott und Mutter, Liebe und Nahrung. Wir beanspruchen das Recht, mit unserem Schöpfer eins zu werden.

Während des Festes in Indien zu Ehren von Kali, der hinduistischen und tibetischen Göttin von Tod und Vernichtung, die den Weg zur Wiedergeburt freimacht, wird eine Schale mit Blut und Milch gefüllt, die die beiden Lebenssäfte darstellen, aus denen wir gebildet werden und nach denen wir hungern und die Kali trinkt, um Hunger, Leben, Tod und Wiedergeburt zu symbolisieren. Im Christentum nehmen wir die heilige Kommunion, die das Blut von Christus in Form von Wein, Pflanzenblut (Trauben) darstellt und seinen Körper in Form von Brot oder Oblaten. Vor seiner Kreuzigung setzte sich Jesus mit seinen Jüngern zu seinem letzten Passahfest, das wir Christen das Letzte Abendmahl nennen. Er brach das Brot, reichte es den Jüngern und sagte: »Nehmet, esset; das ist mein Leib.« Dann nahm der den Kelch, den die Artuslegende später den Gral nannte, füllte ihn mit Wein und reichte ihn ihnen, indem er sagte: »Trinket alle daraus; das ist mein Blut des neuen Testaments, welches vergossen wird für viele zur Vergebung der Sünden.« Die Jünger tranken den Wein und aßen das Brot als sein Blut und seinen Körper, seine Lebenskraft, so daß er, wenn er starb, in ihnen weiterleben würde. In dem Nachvollzug des Letzten Abendmahls, genannt Eucharistie, essen Christen den Körper und trinken das Blut desjenigen, der Geist und Materie verbindet, Vater und Mutter, Reinheit und Schmutz, Milch und Blut. Wir nehmen den Erlöser in uns auf, um Gott lebendig in jeder Körperzelle zu erleben. Und indem wir erfahren, daß Gott in jeder Zelle unseres Körpers lebt, werden wir eins mit unserem Schöpfer.

Ich trat gegen den Kühlschrank – fest. Ich trug derbe Holzschuhe, so daß ich mir den Fuß nicht weh tat. Es tat mir gut. Ich hörte, wie drinnen noch ein Fach hinunterfiel, und trat wieder zu. Ein Anfall von verleugnetem und unterdrücktem Hunger, der sich in Schlafen und Essen und ständige Müdigkeit und Überarbeitung verwandelt hatte.

Ich war hinuntergegangen, um das Abendessen zu machen, und öffnete den Kühlschrank. Ein Fach in der Tür zerbrach, und der Inhalt ergoß sich auf den Küchenboden. Das war der letzte Tropfen an einem Tag, an dem nichts geklappt hatte. Ich brummte und brüllte und trat gegen den Kühlschrank. Ich konnte mich nicht erinnern, wann so etwas so gutgetan hatte. Ich spürte die Kraft meines Fußes, wie er gegen die Tür trat. Ich war erstaunt, daß es nicht weh tat. Ich spürte, wie Flammen von Energie durch meinen Körper jagten. Ich fühlte mich wie die ägyptische Göttin Hahtor oder die tibetische Kali bei einem Wutanfall. Meine Katze kam und beobachtete mich. Sie hockte auf dem Boden und blickte mich mit ihren grünen Augen an, die meinen grünen Augen begegneten. Einen Augenblick lang hatte ich das Gefühl, daß sich unsere Energien verbanden und sie meine Heftigkeit in ihrer eigenen kollektiven Psyche erkannte, der einer Tierart, die für ihren Hunger und ihren Jagdinstinkt bekannt ist.

Zum erstenmal seit Wochen fühlte ich mich richtig lebendig. Ich merkte, wie ich laut knurrte: »Ich will Energie. Ich will Essen. Ich will Liebe. Ich will Stärke. Ich will Freude. Ich will Gesundheit. Ich will Heilung. Ich will Schönheit. Ich will Freunde. Ich will Sicherheit. Ich will das *alles*. Jetzt. Hier. In diesem Augenblick. Das ganze Leben. Völlig wach. Ich will das alles.« Ich hörte Donner. Für den Bruchteil einer Sekunde der Ewigkeit konnte ich nicht unterscheiden, ob er aus mir kam oder von draußen. Es war gleichgültig. Ich stand mitten in der Küche, und alle meine Augen waren offen, und ich sah und fühlte Kreise und Pyramiden, Sonnen und Monde, Sterne und Planeten, Tiere und Pflanzen, Blut und Milch, Licht und Schatten, Liebe und Mut, wie sie alle auf einmal aus mir hervorströmten. In meinem totalen Hunger war ich vollkommen erfüllt vom Leben.

9 Wilde Engel

Eine Menagerie, glaube ich, nennt man das – drei Katzen und einen Hund. Nachdem ich sechs Jahre lang allein in meinem kleinen Haus aus dem frühen neunzehnten Jahrhundert gewohnt hatte, lebte ich plötzlich, innerhalb von drei Monaten, mit drei Katzen und einem Hund zusammen.

Es begann damit, daß ich eine streunende Katze adoptierte. Eine ehemalige Studentin erzählte mir, daß ein schöner weiß-grauer Kater mit grünen Augen an der Tür ihres Apartmenthauses in Queens, New York, säße. Er sah sehnsuchtsvoll durch das Fenster auf ihre beiden anderen Katzen. Sie konnte nicht noch eine dritte aufnehmen, weil sie die zweite gerade gekauft hatte und die beiden Schwierigkeiten hatten, miteinander auszukommen. Sie nannte ihn Elias und gab ihm jeden Tag Futter und Wasser. Das ging nun schon zwei Wochen so, und sie konnte niemand finden, der ihn nahm. Sie dachte, sie müßte ihn in ein Tierheim geben, denn er sah verzweifelt und verängstigt aus, und mehrere kleine Jungen waren hinter ihm her.

Während sie diese Geschichte des Jammers erzählte, hörte ich eine Stimme in meinem Kopf sagen: »Nimm die Katze!« Nein, erwiderte mein Verstand. Ich konnte kein Tier halten, zuviel Verantwortung, zuviel Durcheinander. Ich reiste viel, wie sollte ich das machen? Ich hatte als Kind Hunde gehabt, Weimaraner, und sogar

Heidi, meiner Hündin, geholfen, einen Wurf von sechs Jungen zur Welt zu bringen. Ich liebte sie. Wir hatten den größten männlichen Welpen behalten und die anderen verkauft. Lange Zeit hatte ich mit den beiden Hunden gelebt. Dann, auf dem College, hatte ich eine Katze. Sie blieb ein Jahr, bis die Schule entschied, daß man einen schrecklichen Fehler gemacht habe, Tiere in den Wohnheimen des Colleges zuzulassen. Ein kleines Durcheinander, ein kleines Chaos; als ob es auf dem College nicht schon chaotisch genug zugegangen wäre. Die Tier mußten packen, und meine Katze fuhr nach Hause und lebte bei meiner Mutter, wo sie glücklich zu sein schien und blieb, bis sie fast zwanzig Jahre später starb.

Die Stimme in meinem Kopf war hartnäckig. »Nimm die Katze. Sie gehört dir.« Nein, nein, unmöglich. Die Studentin redete immer weiter über ihre Katze. Schließlich rief ich: »Halt! Ich nehme den Kater!« Sie sah mich verblüfft an. »Wirklich?« Sie traute ihren Ohren nicht. Ja, wirklich. Ich sagte ihr, daß sie die Katze vorher zum Tierarzt bringen müßte, der sie auf Flöhe, Zecken und Katzenleukämie untersuchen sollte und ihr verschiedene Spritzen gab. Ich stand mehrere Tage danach unter der Dusche und dachte plötzlich: Was wäre das Schlimmste, was in diesem Fall passieren könnte? Daß diese Katze ein Weibchen und schwanger ist. Eine halbe Stunde später klingelte das Telefon, es war meine Studentin. »Ich glaube, wir müssen die Katze umtaufen. Elias ist ein Weibchen – und trächtig.« Ich hatte es doch gewußt. Ich holte tief Luft. Wie hätte ich eine trächtige Katze wieder auf die Straße jagen oder in ein Tierheim stecken können? »Okay, ich nehme sie.«

Ich hängte ein und dachte an den Hund, den ich während meiner Ehe hatte, einen schönen Golden Retriever mit Namen Ezekiel's Golden Chariot, kurz Zeke genannt. Mein Mann hatte ihn mir zum Geburtstag geschenkt. Als wir uns mehrere Jahre später trennten, entschloß ich mich, ihn im Haus bei meinem ehemaligen Mann zu lassen. Ich wollte ihn nicht aus seinem Zuhause reißen, und ich wußte nicht, wo ich anfangs wohnen würde. Er hing auch sehr an meinem Mann, und ich fand, er sollte einen Hof und ein großes Haus zum Spielen haben. Ich glaubte nicht, daß ich allein mit ihm fertig werden würde, da ich soviel unterwegs war. Ich kam nie auf den Gedanken, jemand zu nehmen, der sich während meiner Abwesenheit um ihn gekümmert hätte. Ich erinnere mich nicht mehr, ob es zu jener Zeit schon diese Haustierbetreuung gegeben hatte wie heute. Und wer meine Nachbarn sein würden, wußte ich nicht.

Jahre später dachte ich, daß ich ihn im Stich gelassen hätte. Mein ehemaliger Mann hatte versucht, für ihn zu sorgen, und nahm ihn im Wagen mit zu seinem Arbeitsplatz. Doch das Ganze war ihm zuviel geworden, und so hatte er den Hund seiner Tochter gegeben, ohne mir etwas zu sagen. Sie liebte ihn und war seit kurzem verheiratet. Zeke war zweimal verlassen worden, und die Tochter meines Mannes sagte, er habe drei Wochen lang nicht fressen wollen. Sie fragten sich, ob er am Leben bleiben würde. Glücklicherweise starb er nicht. Als ich die Geschichte hörte, war ich völlig niedergeschmettert. Der

Vorfall brachte mich wieder in Berührung mit der Realität, daß ich den Hund im Stich gelassen hatte, und dann mit all den anderen Fällen, in denen ich in meinem Leben verlassen worden war.

Ich dachte sofort an meinen Vater und wie sein Alkoholismus dazu geführt hatte, daß er mich emotional verließ. Im einen Augenblick war ich sein kleines Baby gewesen, das er im Schaukelstuhl beschwichtigte und dem er Wiegenlieder vorsang, und im nächsten war ich das kleine Kind, das er von seinem Schoß schob, weil ich »zu groß« war, und das er schließlich völlig durch seine eigene Flasche ersetzte. Als ich viele Jahre später meine Mutter wegen seines Alkoholismus und seines Gefühlsverfalls befragte, erzählte sie mir, daß mein Vater in der Kindheit von seiner Mutter verlassen worden war. Offensichtlich war sie von ihrem ausfallend gewordenen Mann weggegangen und hatte das Neugeborene zu ihren Eltern mitgenommen. Und dann verschwand sie mit einem Mann und seiner Yacht. Mein Vater wurde als Kleinkind auf einer Farm mit seinen Großeltern allein gelassen, die vermutlich bemüht waren, sich so gut wie möglich zwischen den unregelmäßigen Besuchen seiner Mutter um ihn zu kümmern. Wie ich war er ein Einzelkind. Ich sah ein Foto von ihm im Alter von vier oder fünf Jahren: Er war das traurigste Kind, das ich je gesehen habe.

Später heiratete er und hatte eine Tochter, meine Halbschwester; und die Geschichte des Verlassenwerdens erhielt eine Fortsetzung. Ich erfuhr, daß seine Frau ihre Tochter nahm und nach Hause fuhr, um bei ihren Eltern zu leben. Meiner Halbschwester wurde erzählt, daß unser

Vater sie verlassen hatte. Bis heute weiß niemand, wie es wirklich war, und ich bin zu sehr in dieses Problem verstrickt, als daß ich klar erkennen könnte, was tatsächlich geschah.

Die Geschichte des Verlassenseins meiner Mutter reicht auch sehr tief. Meine Großmutter, ihre Mutter, wurde früh Waise, beide Elternteile starben. Die Frau, die das kleine Mädchen aufnahm, starb, als meine Großmutter sechzehn war. Nun stand sie ganz allein da in der Welt. Sie heiratete meinen Großvater, der aus Schweden kam. Er starb jung und ließ sie mit vier Kindern zurück: meiner Mutter, zwei Schwestern und einem Bruder. Meine Mutter hatte ihren Vater vergöttert und war über seinen Tod untröstlich. Viele Jahre später starben ihre Mutter und alle Schwestern und ihr Bruder, und meine Mutter hatte außer mir niemand mehr auf der Welt.

Als Kind war meine Mutter ständig krank. Sie wurde kurz nach ihrer Geburt mitten im Winter in einer offenen Pferdekutsche nach Hause gebracht, bekam Lungenentzündung und starb beinahe. Was für ein Willkommen auf der Erde! Das neugeborene Baby muß das Gefühl gehabt haben, ermordet zu werden. Sie erzählte später, daß ihr Vater sich darüber äußerte, was für ein kränkliches Kind sie sei und daß sie nicht in seine robuste Familie passen würde. Ablehnung – sie hatte kaum den Mutterleib verlassen, und schon war sie beinahe am Sterben und wurde abgelehnt. Obendrein war sie das dritte Mädchen; ihre Eltern hatten einen Jungen gewollt.

Während der Kindheit hatte meine Mutter die meiste Zeit eine Entzündung der oberen Atemwege und Allergien. Jeden Sommer wurde sie »zur Erholung« auf eine Farm geschickt, wo man ihr viel Milch zu trinken und viel Butter und Käse zu essen gab und sie Mengen von Pollen, Heu und Blumen ausgeliefert war. Niemand wußte, daß sie eine Milchunverträglichkeit und Umweltallergie hatte. Ihre Eltern glaubten, sie würden ihr Bestes tun, doch sie fühlte sich verlassen, abgelehnt und krank. Die Wahrheit ist, daß sie gezwungen wurde, Gift zu essen, wieder fast umgebracht! Die Buddhisten haben recht, wenn sie sagen, daß die Quelle allen Leidens die Unwissenheit ist. Unwissenheit ist nicht Dummheit; sie bedeutet, nicht zu wissen. Gerade das, was wir nicht wissen oder nicht wissen wollen, ist es, was uns und die, die wir lieben, vernichten kann.

Ich erinnere mich an eine Frau, die in einem meiner Workshops aufstand und ihre Geschichte erzählte. Sie war mit einem Geburtsfehler auf die Welt gekommen, der mehrere Operationen und Krankenhausaufenthalte notwendig machte, als sie noch ein kleines Kind war. Sie sagte, sie hatte das Gefühl, als würde jeder sie nur quälen, und eine unterdrückte Wut darüber, daß man sie mißbraucht hatte, blieb in ihr zurück. Erst jetzt, dreißig Jahre später, konnte sie verstehen und den Menschen vergeben, die versucht hatten, ihr zu helfen. Und sie konnte die Fürsorge anerkennen, die sie in ihre Heilung investiert hatten.

Gefühle sind nicht rational. Das Bewußtsein, in diese körperliche, materielle Welt des Leidens hineingeboren zu sein, beruht auf Erfahrung. Als neugeborene Babys haben wir kein begriffliches Denken und können keine intellektuellen Sprünge machen. Wenn wir uns abgetötet, verlassen, abgelehnt und mißbraucht fühlen, können wir uns nicht einreden, daß die Leute, die uns diese Gefühle verursachen, sich nur bemühen, so gut sie können, für uns zu sorgen. Erst machen wir eine Erfahrung auf körperlicher Ebene, dann haben wir Emotionen, und erst später, wenn wir mehrere Jahre alt sind, fangen wir an, über Dinge nachzudenken und Fragen zu stellen. Aber selbst dann drehen sich die Fragen eher um Themen wie: Warum gibt es Wolken am Himmel? Woher kommen die Kinder? Es ist sehr selten, daß ein Kind ein tiefes inneres emotionales Leid ausdrückt. Wie wir heute durch die vielen Tausende von Kindern, die jedes Jahr mißbraucht werden, wissen, verbergen die meisten wahren Schmerz und Verzweiflung, aus Angst, auch noch die geringste Aufmerksamkeit und Liebe zu verlieren, die sie haben. Ihre Egostruktur ist nicht stark genug, um eine Konfrontation auszuhalten, wenn das Liebesverlust und Verlassenwerden bedeutet. Die meisten Kinder idealisieren ihre Eltern lieber, als daß sie das Risiko eingehen, sie zu verlieren, eine Erfahrung, die bei einem Kind gleichbedeutend ist mit Tod. Also werden Angst und Zorn unterdrückt, gewöhnlich bis wir erwachsen sind und feststellen, daß andere Leute als unsere Eltern beginnen, durch ihr Verhalten derartige Gefühle in uns auszulösen. Meine Mutter dachte bei ihrer Eheschließung, daß sie einen freundlichen und liebevollen Mann heiratete. Sie erkannte nicht, daß die Verlassenheit, die er in seiner Kindheit erlebt hatte, zurückkehren, ihn quälen und sich in Alkoholismus verwandeln würde. Vermutlich dachte sie, daß sie ihren Teil zu einer dauerhaften, liebevollen Ehe und einem ebensolchen Heim beitragen und er es genauso machen würde. Auf der bewußten Ebene fängt man gewöhnlich mit den besten Absichten an. Es ist dann die unbewußte Armut der Seele und des Herzens, die sich beim ersten Anzeichen von Verlassenwerden regt. Erst starb die Mutter meines Vaters, dann die meiner Mutter, der er sehr nahestand; Verlassenwerden durch Tod. Dann mußte er in der Arbeit jemandem kündigen, einer Frau, die für die Firma fünfundzwanzig Jahre lang gearbeitet hatte. Er wollte es nicht tun, aber es wurde von oben angeordnet. Sie hatte eine Familie. Es war ihm schrecklich; Verlassenwerden durch Zurückweisung. Wieder und wieder wirft das Leben Probleme der Verlassenheit auf. An irgendeinem Punkt bricht die Egostruktur zusammen und wird in die ursprüngliche Wunde zurückgedrängt, die gewöhnlich in der vorsprachlichen Stufe entsteht und in Verbindung mit der Mutter. Ein Neugeborenes hat Anspruch auf bedingungslose Liebe. Ein neugeborenes Leben ist das Kostbarste, was es auf Erden gibt. Es ist total unschuldig, abhängig, zerbrechlich. Die Menschen, die es in die Welt gesetzt haben, haben die Pflicht, dafür zu sorgen, daß es gefüttert, geschützt, genährt und bedingungslos geliebt wird. Ein neugeborenes Leben, ob Mensch oder Tier, ist hilflos und kann keine Entscheidungen für sich treffen oder richtig von falsch unterscheiden. Man kann mit einem Neugeborenen nicht vernünftig reden und ihm nicht vorschreiben, nicht hungrig zu sein, nicht zu urinieren oder keinen Stuhlgang zu haben, einen nicht zu beißen

288

oder zu ärgern, wenn man schlafen möchte. Ein Neugeborenes handelt aus dem Instinkt heraus und aus der Notwendigkeit, am Leben zu bleiben.

Junge Hunde gehören zu den Geschöpfen auf dieser Welt, über die man sich am meisten ärgern kann. Wenn man nicht mehrere hat, so daß sie ihr aggressives Spiel untereinander ausmachen können, lenken sie ihre Aufmerksamkeit auf einen selbst. Man gehört zur Meute. Hunde tun sich, wie Wölfe, in Rudeln zusammen und sind in der Wildnis niemals allein. Sie springen, zwicken, beißen einen in die Ferse, graben ihre Zähne durch die Hosenbeine und machen überall auf den Boden. Sie tun das nicht, um einen zu ärgern; sie tun es aus Lebensfreude. Sie sind glücklich, weil sie spielen können, weil wir da sind, und benützen ihre Schnauze, um dieses Gefühl auszudrücken. Sie wollen das Leben schmecken und beißen hinein, genau wie bei neugeborenen Kindern das Saugen eine der ersten Erfahrungen ist, bei der sie den Mund benützen, um den Körper ihrer Mutter in Form einer ersten Nahrung eines neuen Lebens in sich aufzunehmen. Meine Buchhalterin erzählte mir, daß ihr Baby an ihrem Kinn zu saugen pflegte. Babys stecken alles in den Mund. Schmecken, aufnehmen, verdauen, ausscheiden – ein Kreislauf, der unser ganzes Leben lang andauert.

Und so beschloß ich, einer streunenden trächtigen Katze ein Zuhause zu geben, nur einer einzigen Katze. Um eine Katze allein konnte ich mich kümmern; die Jungen würde ich verschenken. Ich fragte Freunde und die Familie, noch ehe die Katze eintraf. Für vier fand ich ein mögliches Zuhause. Der Tierarzt sagte, daß Katzen gewöhnlich vier bis sechs Junge bekämen. Die Mutter wollte ich Psyche nennen, was Seele im Griechischen bedeutet. Eine schwangere Seele, für mich ein schöner Vergleich. Ich fühlte mich mit meinem eigenen Seelenheilungsprozeß schwanger und war überzeugt, Psyche war zu mir gekommen als eine Spiegelung meiner eigenen inneren Schwangerschaft. Ich lernte endlich, wie ich für meine Seele ein sicheres Zuhause und einen nährenden Schoß schaffen konnte, damit sie gedieh. Das Wachstum der Seele schließt Neugeburt, neues Leben ein, was gewöhnlich die innere Entwicklung eines heilen, gesunden Kindes auf einer tiefen innerpsychischen Ebene bedeutet, die sich in Träumen zeigt. Statt das innere hungrige Kind hungern zu lassen oder Befriedigung durch materielle Dinge und Menschen zu finden, hatte ich mich auf einer Seelenebene auf Aufmerksamkeit und Selbstliebe eingestellt. Endlich schenkte ich meinem Innenleben mehr Aufmerksamkeit als der Außenwelt und all ihren Anforderungen.

Tiere tauchen häufig in Träumen auf, wenn der Träumende auf seine innere instinktive Lebenskraft aufmerksam gemacht werden soll. Ein Tier, ein Haustier, zu erwerben, um für es zu sorgen, kann uns diese Instinkte auch bewußtmachen. Über die Jahre haben mich viele Menschen wegen Heilung ihrer Tiere aufgesucht. Haustiere werden zu einem Teil der Familie. Sie sorgen gewöhnlich für bedingungslose Liebe, die von Menschen nicht immer zu bekommen ist. Pflegeheime haben festgestellt, daß Hunde und Katzen für alte Menschen, die krank sind, heilsam sein können. Allein daß man ein lebendiges, liebendes, sanftes und pelziges Wesen hat und es streicheln kann, ist ein herrlicher Balsam für Seele und Körper.

Ich erhielt einmal einen Brief von einer Frau, bei deren kleinem Hund die Hinterbeine plötzlich gelähmt waren. Sie wollte wissen, ob sie irgend etwas tun könne oder ob ich imstande sei, das Tier zu heilen. Da sie ziemlich weit weg wohnte, erklärte ich ihr, daß ich eine Fernheilung machen würde, bei der sie auch mitwirken könnte. Ich schilderte ihr, wie sie die Hand auflegen sollte. Ein paar Wochen später erhielt ich einen reizenden Brief von ihr, in dem sie berichtete, daß ihr Hund jetzt völlig gesund sie und munter herumspringe. Da beschloß ich, eine Heilmeditation zu schaffen, die für Tiere, Kinder und Erwachsene verwendet werden kann (siehe Heilmeditationen).

Eine Woche, ehe Psyche kam, fuhr ich zum Pferderennen nach Saratoga. Eine meiner Kolleginnen, Nini Gridley, wohnte in der Nähe, und ihr Vater hatte Logenplätze an der Ziellinie. Ich hatte eine vage Erinnerung, daß ich als Kind Saratoga mit meinen Eltern besucht hatte. Sie liebten beide Pferde. Mein Vater hatte während des Zweiten Weltkriegs auf einem Stützpunkt in Pomona, Kalifornien, als Armeeangehöriger arabische Hengste trainiert und gezüchtet. Ich erinnere mich, daß mein Vater mir erzählte, er könnte mit der Hand an der Flanke eines Pferdes entlangfahren und feststellen, welcher Muskel überanstrengt oder gerissen sei – ein in Uniform arbeitender Sensitiver. Ich weiß, daß ich meine tiefe Intuition und meine sensiblen Hände von ihm habe. Meine Eltern verbrachten ihre Flitterwochen im Bluegrass-Land Kentucky und erlebten noch Man O'War, das Pferd, das in den vierziger Jahren das Kentucky Derby gewann. Nach dem Tod meines Vaters schenkte meine Mutter ihr großes, schönes Bild dieses Pferdes meiner Halbschwester, die in Pennsylvania lebte und dort versuchte, Pferde zu züchten.

Mein Vater hatte vor der Ehe ein Pferd gekauft, Baby, das in einem Stall in Manhattan stand und manchmal auf eine Ranch im Norden des Staates New York kam. Ich erinnere mich, daß ich als Kind auf der Ranch war und auf einem Pferd ritt. Man erzählte mir, daß die Ranch manchmal in einem Film als Kulisse diente. Ich erinnere mich noch, wie ich auf dem Rücken einer gutmütigen alten Stute saß und meinen Ritt genoß, bis wir uns auf dem Pfad zwischen zwei Bäumen durchzwängen mußten. Mein Knie blieb an einem der Bäume hängen, aber das Pferd lief weiter. Wieso meine Knie so weit abstanden, weiß ich nicht, aber ich erinnere mich noch an den Schmerz. Er hat den Ritt unauslöschlich in mein Gedächtnis geprägt, wie Schmerz das häufig tut.

Nini und ich waren mit dem Wagen unterwegs zum Essen und zu dem ersten Rennen des Tages, als wir auf schrecklichen Verkehr stießen. Ich dachte, alle Autos seien zu den Rennen unterwegs, doch Nini erklärte, so schlimm sei es noch nie gewesen. Sehr langsam schoben wir uns Schritt für Schritt weiter die Straße entlang bis zu einer Verkehrsampel, wo wir das Ergebnis eines scheußlichen Unfalls sehen konnten. Ein Bus war mit einem Pferdetransporter zusammengestoßen. Ich wollte nicht hinsehen. Die Fahrerkabine des Transporters schien völlig eingedrückt zu sein, und Ambulanzen und Polizei waren überall, und man versuchte, den Mann herauszuziehen. Ich konnte nur an das arme unschuldige Pferd denken. »Sieh! Dort drüben!« rief Nini. Ich öffnete die Augen und blickte nach rechts. Neben der Straße stand ein schöner kastanienbrauner Hengst. Rechte Hinterhand und Hüfte schienen verletzt zu sein, er konnte kein Gewicht darauf legen; unten beim Huf war etwas Blut. Ein Mann hielt die Zügel, während sie auf Hilfe warteten. Mir wurde schlecht. Ich habe zwanzig Jahre mit kranken und verletzten Menschen zu tun gehabt, aber ein leidendes Tier ist beinahe mehr, als ich ertragen kann. Am liebsten wäre ich aus dem Wagen gesprungen und zu dem Pferd gelaufen, aber ich wagte es nicht. Ich wollte es nicht erschrecken, und bei soviel Fahrspuren und Aufregung war es wohl auch gefährlich. Ich schlug vor, daß wir dem Pferd Heilung schickten. Während wir im Schrittempo an dieser scheußlichen Szene vorbeifuhren, schloß ich die Augen, öffnete das Herz und betete für die Heilung des Pferdes und alle anderen, die bei diesem Unfall verletzt worden waren. Ich stellte mir das Pferd umgeben von weißem heilendem Licht vor und visualisierte vorsichtig blaßblaues Licht, das zur Schmerzerleichterung und Heilung verwendet wird, und ließ es durch Hüfte und Hinterhand fließen. Ich rief die Engel an, die Tiere heilen, den heiligen Franziskus, Maria, Jesus und Buddha und alle anderen, die mir einfielen, vor allem Gott. Wir brauchten zwanzig Minuten, um an dem

Unfall vorbeizukommen, und während dieser Zeit sandten Nini und ich dem Pferd Heilenergie. Meine Augen waren voller Tränen des Mitgefühls, und ich dachte, ich würde die restlichen Festlichkeiten dieses Tages nicht durchstehen können.

Wir kamen zu dem Restaurant und begrüßten Ninis Vater und die Gäste. Der Tisch war schon voll besetzt, und Nini und ich setzten uns an einen kleinen Nebentisch. Wir starrten uns an und wußten genau, was die andere dachte. Nini sprach zuerst. Sie hatte sich während der Heilung mit dem Pferd stark verbunden gefühlt; mir war es ebenso ergangen. Wir würden bis zu den Fernsehnachrichten später am Abend warten müssen, um das Ergebnis zu erfahren. Wir hatten getan, was wir tun konnten. Beim Heilen ist eine der wichtigsten Regeln, daß man alles tut, wozu man in der Lage ist, losgelöst vom Ergebnis. Das liegt in Gottes Hand. Wir aßen zu Mittag und fuhren zu den Rennen. Mr. Gridley führte uns zu wunderbaren Logenplätzen direkt bei der Ziellinie, und Nini und ich machten es uns bequem. Ich kam mir mit meinem langen, elfenbeinfarbenen Kleid, den Plateausandalen und dem von Nini geliehenen großen Hut sehr elegant vor. Ich hatte noch nie so einen Hut getragen. Ich beschloß, meine intuitiven Fähigkeiten zu testen und kleine Zweidollarwetten auf die Pferde abzuschließen, die meiner Meinung nach gewinnen würden. Es war eine völlig neue Erfahrung für mich, und ich beschloß, mich zu amüsieren. Es waren neun Rennen. Ich schlug die Liste mit den Pferden für das erste Rennen auf, und meine Augen fielen sofort auf »Toomuchpleasure«. Ich quietschte vor

Vergnügen, das mußte der Gewinner sein! Mein Verstand warf noch einen Blick auf die anderen Pferde des Rennens, aber ich wußte, auf welches ich setzen würde. Ich setzte meine beiden Dollar. Während ich wartete, las ich mich durch die Favoriten von zwei Experten. Meine Wahl war nicht darunter; ich hatte eine gewagte Wette abgeschlossen. Mir war das recht. Schließlich war nach allgemeiner Meinung meine ganze Karriere als Geistheilerin ein Wagnis.

Inzwischen sah ich mich etwas um. Tausende von Menschen saßen auf überdachten dunkelgrünen Zuschauertribünen. Die meisten Frauen hatten Hüte auf. Gott sei Dank trug niemand mehr weiße Handschuhe. Mr. Gridley machte uns mit seinen Freunden bekannt, und wir plauderten. Die Luft war geladen mit Spannung. Der Gong ertönte, und wir wußten, es war Zeit für das erste Rennen. Wir setzten uns. Wir konnten von uns aus die Startlinie nicht sehen, so beobachteten wir sie am Bildschirm. Der Schuß ging los! Als die Pferde die erste Kurve nahmen und ihre Namen ausgerufen wurden, war mein Pferd nicht darunter. Aber bei der zweiten Kurve, da war es! Es war ein kurzes Rennen, Toomuchpleasure gewann. Der erste Platz. Doch konservativ wie ich bin, hatte ich, wie ich zu meiner Bestürzung merkte, nicht auf Sieg gesetzt, sondern nur auf Platz. Mein Gewinn war nur acht Dollar. Aber das war in Ordnung; ich war glücklich. Als Mr. Gridley hörte, daß ich auf das richtige Pferd gesetzt hatte und sonst niemand (auch er nicht), war er so beeindruckt, daß er die Differenz zwischen Sieg und Platz ausglich. Später am Tag setzte er bei einem anderen

Rennen auf einen Außenseiter, auch für uns, und wir gewannen jeder zweihundert Dollar! Ich setzte auf alle neun Rennen, und mein Pferd gewann jedesmal, entweder Sieg oder Platz.

An jenem Tag dachte ich an meinen Vater. Nicht so sehr bei den Rennen selbst, sondern später, als ein Freund von Mr. Gridley uns zum Ring mitnahm, in dem die Pferde vor dem Rennen vorgeführt werden. Sein Freund besaß ein Fohlen, ein schönes Pferd. Man erwartete nicht, daß es gewinnen würde, aber es sollte mitlaufen. Die Schönheit und Kraft dieser geschmeidigen und eleganten Tiere zu erleben war aufregend. Ich hätte sie lieber in freier Wildbahn gesehen. Aber ich wußte, daß sie gut gehalten und geliebt wurden, und außerdem konnten sie so nicht von Pumas gefressen werden. Mir fiel das Pferd ein, dem Nini ud ich Heilenergie geschickt hatten, und ich fragte mich, was daraus geworden war. Fotos wurden gemacht, und stolze Besitzer musterten ihre Konkurrenten.

Am Ende des Tages gingen wir, um etwas auszuruhen, in das Restaurant, tranken etwas, aßen eine Kleinigkeit und sprachen darüber, wie schön die Rennen gewesen waren. Und obwohl wir von dem langen heißen Nachmittag erschöpft waren, beschlossen wir, uns noch das Polomatch anzusehen. Ein Tisch war dort für uns reserviert worden. Ich beobachtete, wie Pferde und Reiter mit Eleganz und Präzision förmlich vorbeischwebten und miteinander verwachsen zu sein schienen. Urkraft der Tiere, gezähmt und auf ein Ziel gerichtet – zu gewinnen. Die donnernden Hufe, das Klicken, wenn ein Hammer die Holzkugel traf.

Nini und ich fuhren ins Haus zurück, erfüllt von den Erlebnissen eines fast vollkommenen Tages. Wir stellten das Fernsehen an und warteten beklommen, als die Elf-Uhr-Nachrichten begannen. Fast sofort wurde angekündigt, daß sie später über den »bizarren« Unfall mit einem Pferd berichten würden. Wir warteten; die Minuten schlichen vorbei, unsere Besorgtheit wurde fast unerträglich. Um sie zu überdecken, sprachen wir über den Tag. Schließlich berichtete der Sprecher von einem Verkehrsunfall, in den ein Pferdetransporter und ein Bus verwickelt gewesen waren. Der Fahrer des Transporters lag im Krankenhaus auf der Wachstation. Das Pferd, das fast drei Meter durch die Luft gewirbelt und auf dem Busdach gelandet war, ehe es zur Erde stürzte, war wohlauf. Das war das »Bizarre« an der Geschichte: Dem Pferd ging es gut. Nini schrie laut: »Ja!« Meine Augen füllten sich mit Tränen. Ich holte tief Atem und dankte Gott und allen anderen, die sich an der Heilung beteiligt hatten. Dem Pferd ging es gut; mein Tag war vollkommen. Kein noch so großer Gewinn bei den Rennen hätte mir das Gefühl vermitteln können, das ich hatte, als ich an jenem Abend zu Bett ging.

Eine Woche später kam Psyche. Ich hatte mich ein paar Minuten verspätet, und meine Assistentin hatte sie in die Praxis gelassen. Ich ging in die Küche. In einer Ecke saß eine schöne weiße und dunkelgraue Katze mit grünen Augen. Ich habe grüne Augen. Ich wußte, daß wir miteinander auskommen würden. Eine kurzhaarige, geschmeidige ägyptisch aussehende Katze. Sie erinnerte mich an die Katze mit dem goldenen Ohrring im Metropolitan

Museum of Art in New York, wo ich ein paar Jahre gearbeitet hatte, nachdem ich am College die Abschlußprüfung gemacht hatte und in Europa und den Mittelmeerländern herumgereist war. Psyche besaß die gleiche hoheitsvolle Haltung.

Ich sprach leise mit ihr und sagte, daß sie bei mir ein schönes Zuhause haben würde. An jenem Nachmittag hatte ich ein paar Privatsitzungen, und deshalb ließ ich sie in der Küche, wo Näpfe voll Futter und Wasser und ihr Kistchen standen. Sie schien ziemlich neugierig und kühn zu sein. Dann fuhren wir nach Hause, wo sie sich sofort wohl fühlte. Sie fraß ordentlich und trank viel Wasser, was viele Katzen nicht tun. Am nächsten Morgen lag sie zusammengerollt am Fußende des Bettes auf meiner Daunendecke. Wir blickten uns an. Ich wußte, wir würden zusammen glücklich sein.

Ich brachte sie zu einer Tierärztin, die mir empfohlen worden war. Die Katze schien gesund zu sein und war im ersten Monat trächtig, was bedeutete, daß sie in etwa einem Monat werfen würde. Ich hatte beabsichtigt, zehn Tage nach Maine zu fahren und Urlaub zu machen, den ich dringend nötig hatte. Ich prüfte im Kalender nach, wann ich zurückkommen würde und wann die Katze so weit sein würde. Meine innere Stimme sagte mir, daß beide Tierärzte sich getäuscht hatten und sie wahrscheinlich in der Woche, in der ich in Maine war, werfen würde. Ich wollte sie nicht in einem noch fremden Haus allein lassen. Obwohl mir alle Leute erzählten, daß Katzen großartige Mütter sind und mit einer Geburt keine Schwierigkeiten haben, fühlte ich mich unbehaglich bei dem Gedanken, sie so kurz nach ihrer Ankunft schon allein zu lassen. Ich annullierte meine Reise nach Maine. Woche für Woche wurde ihr Bauch dicker. Sie war unterernährt, als ich sie bekam, und blieb ziemlich schlank, wahrscheinlich, weil alles Futter, das sie aß, für das Wachstum der Jungen verwendet wurde. Sie schien zufrieden zu sein, wenn sie in meiner Nähe sein konnte, und rollte sich oft auf meinen Schuhen am Boden des Schranks in meinem Arbeitszimmer zusammen. Sie wanderte durchs Haus und entdeckte neue Stellen, die Sicherheit und Bequemlichkeit beim Werfen versprachen. Ich besorgte eine Pappschachtel, wie die Tierärztin vorgeschlagen hatte, und legte sie mit Zeitungen aus. Die Katze mochte meine Schuhe lieber, und ich hatte das Gefühl, als wäre sie sich schon klar, wo das Ereignis stattfinden sollte.

Natürlich warf Psyche eine Woche früher, um ein Uhr nachts am Sonntag des Labor-Day-Wochenendes. Um zehn Uhr abends begann sie sehr unruhig zu werden, strich durch das Haus und machte in der Kehle ein komisches piepsendes Geräusch. Obwohl es eine Woche zu früh war, spürte ich, daß die Wehen einsetzen würden. Ich versuchte zu schlafen, aber ich lag weiter hellwach da. Sie sprang auf mein Bett und begann sich im Kreis zu drehen und zu kratzen. Den von mir vorbereiteten Karton hatte sie nie angenommen. Ich machte Licht und sah, daß ihr Bauch sich bewegte. Vorsichtig nahm ich sie auf und stellte sie auf den Boden, damit sie nicht auf meinem Bett ihre Jungen kriegte. Sie lief sofort in den Schrank. Ich hatte alle Schuhe weggeräumt und breitete nun ein paar alte Handtücher auf dem Schrankboden aus, auf die sie sich sofort legte. Ich saß neben ihr und sprach sanft mit ihr. Die Wehen hörten für eine Weile auf, und sie schien sich zu beruhigen. Ich nahm die Daunendecke vom Bett und legte mich neben ihr nieder, ahnend, daß die Geschichte die ganze Nacht dauern würde. Ich rief die Tierärztin an, und ihr Anrufbeantworter sagte, daß sie verreist sei. Ich kam mir vor, als versuchte ich, an einem Wochenende, mitten in der Nacht, einen Installateur zu erreichen. Ich rief in der Notaufnahme der Tierklinik an, falls ich später Hilfe brauchte, und sie gaben mir ein paar Ratschläge, was ich mit Psyche machen sollte, wenn sie sich nicht selbst um alles kümmerte.

Um halb zwölf Uhr begannen die Wehen wieder. Jetzt wurde es ernst. Wir behielten die ganze Zeit über Augenkontakt. Es dauerte eineinhalb Stunden, bis das erste Junge geboren war. Der endgültige Durchbruch schien sehr schmerzhaft zu sein, denn Psyche stieß einen Schrei aus. Neugeborene Katzen sind nicht gerade die schönsten Geschöpfe der Welt und sehen eher ein wenig wie ertrunkene Mäuse aus. Eine Freundin von mir hatte mir einen Schrecken eingejagt, als sie erzählte, daß Katzen manchmal ihre Jungen fressen, und als Psyche begann, an dem Jungen zu knabbern, sofort, nachdem es herausgeglitten war, rief ich voll Angst: »Friß es nicht!« Natürlich zerkaute sie die Nabelschnur, aber da ich noch nie gesehen hatte, wie Katzenjunge geboren werden, überwältigte mich die Sorge. Bald erkannte ich, was sich abspielte, und beruhigte mich, während ich zusah, wie der Prozeß der instinktiven Fürsorglichkeit ablief. Ehrfürchtig beobachtete ich, wie Psyche das Kleine völlig sauber leckte und das Junge den ersten quietschenden Atemzug tat. Abgesehen von der Säuberung dient das heftige Lecken auch dem Zweck, Lungen und Därme anzuregen. Psyche leckte das Junge volle eineinhalb Stunden lang, bis das vollkommenste blaß-taubengraue Katzenjunge unter der schleimigen Membran auftauchte. Ich wartete darauf, daß die Plazenta herauskam, und als es soweit war, machte ich den Fehler, den Kopf nicht schnell genug abzuwenden, als Psyche sie fraß. Ich hatte die ganze Geburt erlebt, aber an diesem Punkt mußte ich aufstehen, ins Badezimmer gehen und hergeben, was um halb zwei Uhr morgens noch in meinem Magen war. Wie C.G. Jung schrieb, gibt es keine Geburt des Bewußtseins ohne Schmerz. Er hätte hinzufügen sollen, daß es manchmal ein unschöner und ekelhafter Prozeß ist.

Als ich zurückkam, begann das neugeborene Junge herumzukrabbeln, im Augenblick noch blind, aber instinktiv nach der Warze suchend, um zu trinken. Es war erstaunlich, wie dieses winzige Geschöpf, kleiner als meine Hand, vor meinen Augen zum Leben erwachte. Psyche lag auf der Seite und bot dem Jungen den Bauch dar, damit es saugte. Das Kleine brauchte fast eine halbe Stunde, bis es eine Warze fand, aber dann begann es gierig nach Milch zu saugen. Psyche schien sich zu entspannen. Es ist fast unmöglich festzustellen, was für ein Geschlecht neugeborene Katzenjungen haben, doch meine Intuition verriet mir, daß das erste weiblich war. Ich zögerte, es zu berühren, weil ich gelesen hatte, daß viele Leute die Jungen viel zu früh und viel zu oft berühren. Sie sind so zerbrechlich und brauchen Zeit, um kräftig zu werden und mit der Mutter eine Bindung einzugehen, genau wie Menschenbabys. Auf der ganzen Welt überwachen heute Intensivstationen für Neugeborene genau, wie häufig Babys berührt werden, damit ihr zartes Nervensystem nicht überreizt wird.

Der erste Tierarzt in Queens hatte gesagt, er könnte drei Junge in ihrem Bauch fühlen, deshalb erwartete ich die Geburt von noch zwei Katzen. Ich stellte keine Wehen mehr fest. Meine Tierärztin in Connecticut hatte mich gewarnt, daß eine Katze, im Gegensatz zu vielen anderen Tieren, ihre Wehen kontrollieren kann und es manchmal auch tut. Ich lag fast die ganze Nacht neben Psyche auf meiner Daunendecke und wartete auf das zweite Junge. Um vier Uhr morgens erhob ich mich schließlich und kroch in mein Bett, um zu schlafen. Um sieben erwachte ich und sah nach der jungen Mutter und ihrem ersten Jungen. Mutter und Tochter waren wohlauf. Ich konnte bei Psyche keine weiteren Wehen feststellen. Ich setzte mich zu ihr und unterhielt mich ein paar Minuten mit ihr, dann ging ich in die Küche, um mir mein eigenes Frühstück zu machen.

Den ganzen Morgen über warf ich immer wieder einen Blick in den Schrank. Psyche hatte keine Wehen. Gegen zehn Uhr begann ich mir Sorgen zu machen, daß etwas nicht stimmte, und rief die Notfallstation der Tierklinik an – es war der Sonntag des Labor-Day-Wochenendes. Wenn sie bis mittags kein anderes Junges geworfen hätte, solle ich sie in die Klinik bringen, eine Stunde Fahrt von meinem Haus. Ich legte den Hörer auf und ging hinauf.

Ich wußte, sie vom Schrankboden aufzunehmen würde ein Schock für sie sein. Sie sah so wohlig und zufrieden aus mit ihrem ersten Jungen. Ich konnte aber genau sehen, daß noch mehr Junge in ihrem Bauch waren. Ich legte mich neben sie und sprach mit ihr. Ich erzählte ihr, was für Sorgen ich mir wegen der anderen Jungen machen würde und daß sie noch das Junge Nummer zwei werfen sollte, damit wir nicht in die Klinik fahren müßten. Sie starrte mir direkt in die Augen, und plötzlich kam mir schlagartig zu Bewußtsein, daß ich eine Heilerin war und meine Heilfähigkeiten nicht benützte, um ihr zu helfen. Bis heute bin ich überzeugt, daß sie mir diese Botschaft auf telepathischem Weg übermittelte. Ich holte tief Atem, schloß die Augen und versenkte mich in mein Herz. Ich öffnete mein Herz voll Liebe und Mitgefühl für ihr Wohlergehen und betete, daß Gottes Wille geschehe. Ich konnte fühlen, wie meine Hände warm zu werden begannen. Ich legte die rechte Hand auf ihren Bauch und lag neben ihr da. Ich konnte spüren, wie die tiefe Wärme der Heilenergie von meiner Hand in ihren Bauch hinüberströmte, und sie schien zufrieden zu sein, dazu- liegen und sie aufzunehmen. Ich schloß die Augen wie sie, und wir lagen zusammen mehrere Minuten still da. In einem gewissen Augenblick konnte ich fühlen, daß die Heilenergie genügte, zog langsam die Hand weg, stand auf und wusch mir die Hände. Dann setzte ich mich hin und ruhte mich ein wenig aus. Als ich zum Schrank zurückkehrte, merkte ich, daß ihr Bauch sich zu bewegen begann. Etwa eine halbe Stunde später wurde das zweite Junge geboren, schneller und leichter als das erste.

Wie das erste leckte sie auch das zweite mehr als eine Stunde lang sauber. Das Junge war nach dem Trocknen nicht blaßgrau, sondern dunkel, tief dunkelgrau mit weißem Unterbauch, weißen Pfoten und weißer Nase. Es war ein seltsames Grauschwarz, und ich gebe zu, daß ich das zweite Junge nicht besonders anziehend fand. Es sah aus, als habe es in der Asche des Kamins herumgetollt. Es war auch kleiner als das erste. Meine Intuition verriet mir, daß es männlich war, obwohl es zu winzig war, um irgend etwas feststellen zu können. Ich wollte es so kurz nach der Geburt nicht gleich anfassen. Psyches Bauch sah ziemlich flach aus, und als ich mich intuitiv mit ihr verband, spürte ich, daß keine weiteren Jungen da waren, die geboren werden wollten. Nachdem sie die beiden mehrere Stunden gesäugt hatte, stand sie auf, um etwas Wasser zu trinken und zu essen. Vorsichtig nahm ich die Jungen hoch und legte ein frisches Handtuch auf den Schrankboden. Psyche schnupperte bei ihrer Rückkehr mißtrauisch daran, doch sie sah, daß ihre Jungen sicher und geborgen waren und legte sich neben sie. Erstaunlich, wie geschickt und vorsichtig sie ihren Körper um sie legte, so daß ihre Warzen von den gierigen Schnauzen jederzeit bequem zu erreichen waren. Ich beobachtete voll Beklommenheit, ob sie sich unabsichtlich auf sie legen und sie ersticken würde. Ich saß griffbereit da, um gegebenenfalls ein Junges unter ihr hervorzuziehen. Ein- oder zweimal lag sie tatsächlich auf dem einen, weil sie dem anderen aus dem Weg gehen wollte, doch die Jungen krabbelten unter ihr hervor und brachten sich gleich wieder in die richtige Position, um zu trinken. Je weniger ich mich einmischte, um so besser. Ich war eine Beobachterin, eine Schülerin von Mutter Natur, die dabei war, neues Leben in die Welt zu bringen.

Erstaunlich war auch, was für einen natürlichen Mutterinstinkt Psyche besaß. Sie war eine gute Mutter und beschnupperte genau jedes Handtuch, das ich in den Schrank legte. Als ich begriff, daß sie alles kontrollieren wollte, was in den Schrank kam, ließ ich sie erst an jedem Handtuch schnüffeln, ehe ich es hineinlegte. Erst mußte es von ihr untersucht werden. Ich war die einzige, die ihre Jungen anrühren durfte. Als meine Haushälterin und ein paar Freunde kamen und einen verstohlenen Blick auf die Szene werfen wollten, hielt sie sie auf der anderen Seite des Zimmers in Schach, indem sie sich zwischen die Jungen und die Besucher stellte. Sie setzte sich auf den Boden und gab einen warnenden Laut von sich. Sie verließ den Schrank nur, um zu essen, zu trinken und sich zu erleichtern. Die ganze Zeit über war sie mit ihren Jungen beschäftigt.

Ich dachte, daß es mehr Schmutz geben würde, wie bei kleinen Hunden, aber ein paar Tage nach der Geburt merkte ich, daß Psyche nach ihren Jungen selbst saubermachte. Ich brauchte nur jeden zweiten Tag frische Handtücher bereitzulegen und dafür zu sorgen, daß Psyche immer frisches Futter und Wasser hatte und ein sicheres, ruhiges Zuhause. Ich war fasziniert, was für eine vollkommene, fürsorgliche Mutter sie war. Ich hatte zwanzig Jahre als Heilerin gearbeitet und ebenso lange meine eigene Psychotherapie und Analyse betrieben, und hier erhielt ich ein lebendiges Beispiel der besten

Mütterlichkeit, das mir je unter die Augen gekommen war. Psyche ging mit ihrem ganzen Körper in diesem Prozeß auf. Sie wußte genau, was ihre Jungen brauchten und wann. Sie hatte keinen anderen Job, nur diesen einen, sich um ihre Jungen zu kümmern. Nicht alle Tiermütter sind so gut; manche verlassen die Jungen oder fressen sie, wenn es zu viele sind. Tiere im Zoo, die keine Vorbilder mehr haben, wissen manchmal nicht, was sie mit den neugeborenen Jungen machen sollen. Die meisten Tiere lernen, wie die Menschen, durch Beobachtung. Doch bei uns allen ist der Urinstinkt, für andere zu sorgen, sie zu bemuttern, zu beschützen und zu heilen, in der DNS kodiert.

Das instinktive Verhalten, das ich bei Psyche und ihren Jungen beobachtete, veränderte sich, als sie aus dem Schrank kamen, und erschreckte mich sehr. Nach einigen Wochen, als sie über die Handtücher aus dem Schrank und auf den Boden krochen, begann Psyche sie anzugreifen, sie an der Kehle zu packen, sie auf die Seite zu werfen und zuzubeißen, bis die Jungen vor Angst und Schmerz quiekten. Zuerst wollte ich einschreiten. Es fiel mir schwer, solche klagenden Schreie auszuhalten. Doch ich erkannte, daß sie ihnen Unterwerfung beibrachte und vormachte, wie man angriff und sich verteidigte. Es war besser, sie in Ruhe zu lassen. Es war immer wieder dasselbe; alles spielte friedlich, und dann geschah der Angriff. Manchmal mußte ich aus dem Zimmer gehen. Manchmal war ein Schrei so laut, daß es klang, als würde das Junge ermordet, und ich mußte »Aufhören!« rufen, weil ich es nicht mehr länger aushielt. Doch ich beobachtete, wie die Jungen sich entweder aufsetzten oder einfach dalagen und warteten. Statt vor der Mutter wegzulaufen, machten sie sich auf mehr gefaßt. Wie die Katze ihren Jungen die Selbstverteidigung beibrachte, ließ mich daran denken, wie armselig meine eigene Kindheit gewesen war, was das Lernen von Angreifen und Selbstschutz betraf. Als ich zwei Jahre alt war und meine Mutter noch arbeitete, kam eine Freundin der Familie und paßte auf mich auf. Sie hieß Mardee. Während sie da war, spielte ich mit einem kleinen rothaarigen Jungen meines Alters namens Johnny. Jahre später erzählte Mardee mir, daß er mich jedesmal schlug, mir mein Spielzeug wegnahm und mich ganz allgemein schikanierte. Ich kam in Tränen aufgelöst zu ihr gelaufen, und sie gab mir den Rat, zurückzuschlagen. Das war für mich etwas völlig Neues. Aber offensichtlich kam sie mit ihrem guten Rat nicht sehr weit. Meine Mutter kehrte nach Hause zurück und machte ihn zunichte, indem sie mir erklärte, ich dürfe nie ein anderes Kind schlagen, nicht einmal zur Selbstverteidigung. Und so wurde ich völlig davon abhängig, daß immer ein Erwachsener da war und mich schützte. Ich lernte nicht, es selbst zu tun. Eine so einfache Sache drückte meinem ganzen Leben ihren Stempel auf. Ich lernte nie, mich vor negativer Energie und Feindseligkeit zu schützen, bis ich Heilerin wurde und erkannte, wieviel Schmerz und Leid ich von anderen in mich aufnahm. Wie in früheren Kapiteln schon erwähnt, entwickelte ich die geistige Selbstverteidigung. Doch durch die segensreichen kleinen Katzen und ihren Sportplatz in meinem Haus wurde das Konzept von Aggression und

307

Selbstverteidigung in einen neuen Zusammenhang gestellt. Mir wurde klar, wie unendlich abhängig wir davon sind, daß Eltern und Erwachsene unserer Umgebung uns lehren, mit dem Leben fertig zu werden. Von Geburt her sind wir nicht darauf vorbereitet. Wenn die Menschen unserer Umgebung in dieser Beziehung keine richtigen Fähigkeiten entwickelt haben, lehren sie uns etwas Falsches. Dann erleben wir, wie wir versagen, wenn es darum geht, uns zu ernähren, zu versorgen und zu schützen. Urinstinkte, um zu überleben; grundlegende Mutterinstinkte, wenn wir für jemand anderen sorgen, und Instinkte der Selbstbemutterung, wenn wir versuchen, für uns selbst zu sorgen.

Eine meiner Studentinnen des Ausbildungsprogramms legte einmal eine Fallstudie ihrer Klientin vor ihren Klassenkameraden dar. Sie berichtete von einer Frau Mitte Dreißig, die seit zwei Jahren ständig an Blutungen aus der Gebärmutter litt. Sie war bei Ärzten gewesen und hatte Medikamente genommen, alles vergeblich. Die Frau war seit zehn Jahren in psychoanalytischer Behandlung und wurde seit vier Jahren von meiner Studentin massiert. Die Blutung hatte begonnen, als sie zum erstenmal eine Beziehung zu einem Mann hatte. Über die Kindheit gab es wenig Informationen, da meine Studentin wußte, daß sie in Therapie war und die Frau nicht gern über diese Zeit sprach. Mehrmals hatte meine Studentin das Thema anzuschneiden versucht und war immer wieder abgewiesen worden. Wir erfuhren jedoch, daß die Patientin beschlossen hatte, abzunehmen, als sie ihre erste Beziehung begann. Sie ging dabei so vor, daß sie dreimal am

Tag eine tiefgekühlte Weight-Watcher-Mahlzeit aß. Sie glaubte, so genug abzunehmen, und hörte mit allen Körperübungen auf. Meine Studentin hatte angedeutet, daß sie sich nicht richtig ernährte und körperliche Ausarbeitung brauche, aber sie wollte davon nichts hören. Sie hatte ganz offensichtlich etwas dagegen, irgendeine Art von Beziehung zwischen ihrem Körper und ihren Emotionen anzuerkennen, und als meine Studentin sie fragte, warum sie so ärgerlich sei, stritt sie alles ab. Sie saugte den ganzen Tag an Eisstückchen, obwohl ihr ständig kalt war und sie sich zu Hause immer in eine Decke hüllte. Als meine Studentin sie durch die Meditation »Mit dem Körper kommunizieren« führte, um sie mit ihrer Gebärmutter in Berührung zu bringen, fühlte sich die Frau voll Kraft. Es war das erstemal, daß sie sich je ihrer Gebärmutter bewußt geworden war.

Meine unmittelbare innere Reaktion auf diese Falldarstellung war die Frage, was für eine Art von mütterlicher Fürsorge diese Frau bekommen hatte. Sie wußte nicht, wie man sich ernährte. Statt gesundes, frisches Essen für sich zuzubereiten, verließ sie sich auf vorgefertigte Industrienahrung oder »Instant-Brust«, wie ich es nenne. Sie besaß keine aggressive Energie, die notwendig ist, um Übungen zu machen. Und in der analytischen Arbeit ist Eis die »negative Mutter«. Demeter trauert darüber, daß Persephone von Hades entführt wurde und es in der Welt keine Wärme, keine Fruchtbarkeit und keine Fülle mehr gibt. Diese Frau war in einer tiefen Kälte und sorgte durch eisige Nahrung und Eisstückchen, daß sie dort blieb. Womit wollte sie dadurch in Verbindung bleiben?

Oder *nicht in Verbindung* bleiben? Es spielen immer beide Möglichkeiten eine Rolle. Das Ego versucht, etwas zu unterdrücken, das es zu überwältigen droht, doch die Seele wählt genau die richtigen Symptome, um sicherzugehen, daß der wirkliche Schlüssel zur Heilung nicht für immer verlorengeht.

Die Frau war bis Mitte Dreißig nie mit einem Mann zusammengewesen – heutzutage sehr ungewöhnlich. Nicht verheiratet, keine Kinder. Ich fragte mich im stillen, ob sie als Kind von einem Mann sexuell mißbraucht worden war. Oder war sie lesbisch? In der Akupunktur und der chinesischen Medizin wird überliefert, daß viel Eis und eisiges Essen dazu führt, daß man Wärme, Blut und weibliche Energie verliert. Aber Blut ist auch Sexualität, Leidenschaft, und harte Eisstücke zu kauen ist eine aggressive Handlung. Anscheinend wurde bei dieser Frau eine alte emotionale Wunde aufgerissen, als sie diese Beziehung begann, und die Blutung war das Ergebnis dieses Traumas. Höchstwahrscheinlich war die Blutung für die Frau auch eine Möglichkeit, sich davor zu schützen, sexuell von ihrem Freund »vergewaltigt« zu werden. Es ist sehr schwierig, Sex zu haben, wenn man ständig blutet. Was symbolisierte die Blutung? Wenn sie als Kind vergewaltigt worden war und sich nicht dagegen hatte wehren können, war es möglich, daß diese Beziehung die Erinnerung an dieses Trauma in ihrem Körper wieder geweckt hatte. Ihr Körper und ihre Seele bluteten – als Ergebnis dieses Traumas, aber auch, um sich gegen diesen wieder bewußt gewordenen Vorfall zu schützen.

Meine Studentin hatte kürzlich begonnen, zusätzlich zur Massage die Hand aufzulegen, und sich darauf eingestellt, mit den Händen Energie durch den Milz- und Lebermeridian zu schicken. In der chinesischen Medizin heißt es, daß diese Energiebahnen an der Blutbildung beteiligt sind. Der Zustand der Frau besserte sich, und sie hatte seit zwei Jahren zum erstenmal einen normalen Menstruationszyklus. Außerdem hatten sie und ihr Freund sich getrennt. Ich konnte mir vorstellen, daß die Heilung zusammen mit der Lösung der Beziehung den Streß von der alten seelischen Wunde aufgelöst hatte, wodurch sich der Körper heilen und wieder ausbalancieren konnte. Meine Studentin umsorgte sie wie eine Mutter, indem sie sie mit gesunder, ganzheitlicher Energie ernährte und Mitgefühl zeigte. Der Körper der Frau saugte diese Energie ein und reagierte darauf wie auf eine Nahrung und verwendete sie, um die Hormone auszugleichen und sich zu heilen. Wenn allerdings die Wunde aus der Kindheit, die durch die Beziehung wieder aufgebrochen war, in der Analyse nicht behandelt wurde, konnte sie wieder unterdrückt werden, bis etwas oder jemand auftauchte und sie ihr wieder bewußtmachte. Ich fragte, was mit dieser Frau in der Therapie eigentlich geschah, daß sie nach zehn Jahren immer noch nicht fähig war, sich mit etwas anderem als Instant-Brust zu ernähren, und sie immer noch nicht die Beziehung zwischen ihrem Körper und ihren Emotionen erkennen konnte. Aber es war nicht an uns, ihre Therapie in Frage zu stellen. Wir hätten sie nur in den Konflikt gebracht, sich zwischen Therapeut und Heiler entscheiden zu müssen.

Wenn meine intuitive Diagnose stimmte, war diese Frau ein Beispiel für das, woran so viele Männer und Frauen litten, weil sie nicht gelernt hatten, richtig für sich selbst zu sorgen. Im Gegensatz zu Psyche und ihren Jungen wurde dieser Frau nicht beigebracht, wie man sich richtig ernährte, sich um seine Bedürfnisse kümmerte und sich schützte. Sie hatte ihre aggressiven Instinkte unterdrückt und versuchte, durch Hungern eine Figur zu bekommen, die, wie sie glaubte, einem Mann gefallen würde. Darunter lagen unterdrückter großer Zorn und große Angst, vor allem, wenn sie als Kind mißbraucht worden war. Sie hatte keine Verbindung zu ihrer Vergangenheit, ihrem Zorn, ihrer Psyche und sah nicht, daß Körper und Seele zusammenhingen. Der Begriff Psychologie kommt von dem griechischen *psyche*, Seele, und *logos*, Wissen. Eine Kenntnis von der Seele – die besaß sie nicht.

Tiere lernen das Bemuttern auf zwei Arten: durch Instinkt und durch Beobachtung. Was sie bei ihrer Mutter beobachten und was sie bei ihr erleben, hinterläßt einen Abdruck in ihrem Gehirn und in ihrer Erinnerung. Soviel wir wissen, denken sie in ihrem Leben nicht in begrifflichen Vorstellungen wie die Menschen. Sie bilden sich instinktive Gefühle und instinktives Verhalten nicht ein oder lehnen es ab, weil sie von Erwachsenen gesagt bekommen, was gut ist oder schlecht und ob sie gute oder schlechte Kinder sind, wenn sie diese Dinge tun oder fühlen. Haustiere können bis zu einem gewissen Grad dazu erzogen werden, sich bewußt zu sein, ihren Besitzern gefallen zu wollen. Katzen kann man nur wenig erziehen, sie bleiben wilder als Hunde. Es bedeutet, daß sie ihre Bedürfnisse und Instinkte nicht sublimieren oder unterdrücken, weil andere das so wollen. Wenn man versucht, eine Katze gegen ihren Willen hochzuheben, wird sie sich wehren, bis sie überwältigt wird. Zieht man eine Katze am Ohr, wird sie vor einem zurückweichen oder einen beißen. Wenn ein kleines Kind einen Hund am Ohr zieht, wird er, wie viele Hunde, nichts dagegen haben, weil er weiß, daß das Kind ungefährlich ist und er dem Besitzer gefallen möchte.

In der Kindheit brachte man uns bei, unseren Eltern zu gefallen. Wir lernen, unseren Eltern zu gehorchen, genau wie Hunde oder Wölfe in Rudeln. Doch im Gegensatz zu diesen Tieren wird uns auch gelehrt, unsere wilde, instinktive Urnatur zu ignorieren. Schreien, weinen, rennen, Dinge kaputtmachen, essen, lachen, lieben, glücklich sein, erforschen. Als Kinder reagieren wir sofort auf Dinge und Menschen, außer es wird uns beigebracht, diese Reaktionen zu ignorieren und unseren Eltern oder anderen dominierenden Erwachsenen zu gefallen. Wenn wir körperlich, sexuell und emotional mißbraucht werden, lehrt uns der dominierende Erwachsene, unsere Schmerzgefühle zu ignorieren und das zu tun, was er will. In der Schule wird uns gelehrt, dem Lehrer und dem Schulsystem zu gehorchen. Bei der Arbeit lernen wir, dem Chef zu gehorchen und der Firma. In der Ehe wird uns beigebracht, unsere persönlichen Bedürfnisse und Wünsche zum Nutzen und Gedeihen der Ehe zu unterdrücken.

Eine gewisse Menge von Zurückhaltung ist notwendig, um ein gesunder Erwachsener zu werden. Wenn wir alle jeden Augenblick das täten, wozu wir Lust haben, würde es viel mehr Morde, hemmungslosen Sex, unerwünschte Kinder und Leid auf der Welt geben. Aber Beherrschung bedeutet nicht Unterdrückung von Bewußtheit oder Handlung. Wenn ein Kind mit einer Alkoholikerin als Mutter aufwächst und beigebracht bekommt, seine eigenen Bedürfnisse zu unterdrücken, um für seine Mutter zu sorgen, kann es zu einem Erwachsenen werden, der wie ein fürsorglicher, gebender Mensch wirkt. Die Frau kommt mit Menschen vielleicht gut aus, hat großes Geschick im Organisieren und ist manchmal ein großartiger Ehepartner. An irgendeinem Punkt jedoch wird sich die Frau der Tatsache bewußt, daß sie innerlich leidet, tief unten, wo ihre wilde, instinktive, kreative Natur ist. Sie wird erkennen, daß sie nicht für sich selbst lebt und kein eigenes Leben hat. Sie ist das, was man allgemein »co-abhängig« nennt. Sie lebt ihre Bedürfnisse aus, indem sie sie auf andere Leute projiziert und für diese sorgt. Sie kann so damit beschäftigt sein, anderen Nahrung zu geben, daß sie selbst sich nicht auf gesunde Weise ernährt. Ihr Zorn wird an die Oberfläche brodeln, und sie hat vielleicht Lust, alles zu zerstören, was sie geschaffen hat: ihre Ehe, ihren Job, ihr altes Selbst. Sie agiert die gemeingefährliche oder selbstmörderische Wut aus, indem sie diese Gebiete ihres Lebens durch eine Affäre, eine Kündigung oder den Versuch, sich die Pulsadern aufzuschneiden, vernichtet. Beherrschung bedeutet hier, daß diese Frau ihre Wutgefühle zuläßt und ihr Verlangen, alles und jeden zu vernichten, erkennt, statt sie zu unterdrücken, wie sie es in der Vergangenheit tat.

Sie wird bei jemand, der dazu ausgebildet ist, Hilfe und Unterstützung suchen, damit sie genährt, ihr gegeben und sie bemuttert wird. Sie wird ihre Gefühle dadurch zurückhalten, daß sie ein kraftvolles Ego aufbaut, eine starke, für sich selbst sorgende Natur und echtes Selbstwertgefühl. Sie wird ihre Gefühle bei Leuten ausdrücken, die sie kennen müssen, und diesen ehrlichen Gefühlen erlauben, sie selbst mit Brennstoff zu versorgen, um ein neues Leben aufzubauen, richtig zu essen und für sich zu leben. Eine meiner Studentinnen hat dies alles getan; sie kam aus genau diesen Verhältnissen.

Eines der größten Hindernisse für die Erschaffung eines neuen Lebens ist der Wunsch, daß alle instinktiven, wilden Bedürfnisse in uns verschwinden mögen. Eine andere Studentin von mir, die auch mit einer Alkoholikerin als Mutter aufwuchs, kämpft noch mit diesen Bedürfnissen. Sie erzählte mir, daß sie einen entsetzlichen Alptraum gehabt hätte. Sie erwachte mitten in der Nacht, weil sie mit dem Kopfkissen auf das Bett einschlug. Sie hatte geträumt, daß zwei oder drei »flaumige, runde gelbliche Dinger mit Füßen« zu ihr ins Bett gesprungen seien. Sie waren »böse« und »drauf aus, sie fertigzumachen«. Sie wollte, daß sie »verschwänden und mich in Ruhe ließen«. Ich fragte sie, was an jenem Tag passiert sei. Sie arbeitet in einem Krankenhaus und kümmert sich um kranke und verängstigte Menschen. An jenem Tag hatte sie dreizehn Stunden gearbeitet. Viele Patienten hatten sie mit ihren Bedürfnissen überfallen und versucht, sie zu verschlingen, genau wie die gelben flauschigen Wesen in ihrem Traum. Sie hatte den ganzen Tag damit verbracht, die Bedürfnisse anderer Menschen zu erfüllen, ihren Hunger zu stillen und ihr Leiden zu erleichtern. Ich fragte sie, wie sie versucht hatte, sich davor zu schützen, überrannt zu werden. Sie hatte es nicht versucht. Sie sagte, gewöhnlich dusche sie sich, wenn sie von der Arbeit nach Hause komme, aber an diesem Tag hatte sie nicht einmal das getan; sie war zu müde gewesen. Ich erinnerte sie an die Techniken der geistigen Selbstverteidigung, die ich sie gelehrt hatte: Dusche, wenn du von der Arbeit nach Hause kommst, um alle fremde Energie von deinem Körper zu entfernen. Lege deine Kleidung an einen Ort, wo sie auslüften kann, aber nicht in den Raum, in dem du schläfst. Iß etwas Nahrhaftes. Und meditiere vor dem Schlafen, damit die Energie jedes Menschen, den du tagsüber getroffen hast, von deinem Körper freigegeben wird. Umgib dich am nächsten Morgen in der Meditation mit einem Ball aus goldenem Licht, damit du bei der Arbeit energetisch geschützt bist. Iß tagsüber ordentlich. Mach mehrmals eine Pause und geh raus, um frische Luft zu schnappen. Ich fragte, was sie an dem bewußten Tag gegessen hatte: ein gegrilltes Käsesandwich zum Lunch und eine Schüssel Pudding zum Abendessen, beides aus der Cafeteria des Krankenhauses. Sie ist auf Milchprodukte allergisch und verträgt schlecht Zucker. Ich fragte, warum sie so armselig gegessen hätte. Sie antwortete, sie hätte keine Zeit dazu gehabt, besser zu essen, und alle anderen Sachen in der Cafeteria seien ungenießbar. Ich sagte, es würde weniger Zeit beansprucht haben, wenn sie ein paar Nüsse, Vollkornkekse, Obst und eine Instantsuppe

316

mitgenommen und in ihrem Schreibtisch oder ihrer Handtasche verwahrt hätte. Sie gab das widerwillig zu; Zeit war also nicht der ausschlaggebende Faktor. Die Leute benützen die Zeit als Entschuldigung für eine schlechte Selbstbetreuung. Wahrscheinlich hat sie mehr Zeit gebraucht, von ihrem Schreibtisch aufzustehen, in die Cafeteria zu gehen, Trostnahrung wie Pudding und gegrillten Käse zu kaufen, die die Muttermilch nachahmen, und wieder zu ihrem Schreibtisch zurückzukehren, als wenn sie das Essen von zu Hause mitgebracht hätte. Ihr Verhalten stammte daher, daß sie ihre eigenen Bedürfnisse nicht wahrhaben wollte. Ich machte ihr klar, daß sie ihren Tag damit verbringt, sich um die Bedürfnisse anderer Leute zu kümmern, und ihre eigenen ignoriert. »Die flaumigen, runden gelblichen Dinger mit Füßen« sind sehr unkontrollierte, primitive, kindliche Bilder. Sie sind ihre Bedürfnisse. Gelb ist die Farbe des dritten Chakras, des Magens und des Verdauungssystems, und des Willens, der Motivation und der Vitalenergie. Die Füße symbolisieren die Erdung, das erste Chakra, das Chakra des Überlebens und der Sicherheit. Ich erklärte ihr, daß die gelben Wesen tatsächlich hinter ihr her waren. Sie wollten sie dazu zwingen, auf ihren Magen, ihre Sicherheit und ihren Willen, sich um das hungernde Kind in ihr zu kümmern, zu achten. Sie sagte, sie wünschte, diese Bedürfnisse und jenes Kind »würden einfach verschwinden«. Ich fragte sie, ob ihre Mutter jemals das gleiche ihr gegenüber gefühlt hatte. »Ständig«, antwortete sie. Das ist der Grund, warum ihre Mutter sie und ihren Bruder und ihre Schwester, also drei Kinder, bei der Großmutter ließ und wegging, um später an Alkoholismus zu sterben.

Ich erklärte ihr, sie müsse die Tatsache akzeptieren, daß sie im Innern ein zweijähriges Kind mit sich herumtrage, das sie brauche, körperlich und emotional sehr hungrig sei und nicht verschwinden würde. Wenn sie das Gefühl habe, sie möchte, daß dieses Kind und ihre Bedürfnisse verschwinden, handle sie gegen sich selbst so, wie ihre Mutter gegen sie gehandelt habe. Sie war über diese Analogie verblüfft. Ich sagte, sie müsse aufhören, sich selbst und ihre Bedürfnisse im Stich zu lassen, und lernen, dem inneren kleinen Kind eine gute Mutter zu sein. Sie antwortete, sie wolle es versuchen.

An jenem Nachmittag fuhr ich nach Hause und dachte unterwegs an meine beiden Freundinnen, die Maklerinnen waren. Einmal waren wir spät am Nachmittag losgefahren, um ein Haus zu besichtigen. Keine der beiden hatte zu Mittag gegessen, eine hatte nicht gefrühstückt. Ich schlug vor, anzuhalten, damit sie essen könnten, aber sie lehnten ab. Eine der Freundinnen saß auf dem Rücksitz und steckte sich Glukosetabletten in den Mund, um ihren Blutzucker auszugleichen. Ich kostete eine. Sie machte mich schwindlig – reiner Fruchtzucker. Als ich fragte, warum keine von ihnen gegessen habe, antworteten beide, daß sie zu beschäftigt gewesen seien. Beide sind Mütter und haben Kinder. Oder sollte ich sagen, beide sind hungernde Kinder mit Kindern; nirgends gibt es Mütter – eine mutterlose Kultur. Ich fuhr nach Hause und aß zu Abend.

10 Zuhause

Er jaulte und bellte und winselte. Ein kleiner Wolf in weißem Pelz, der in einem hölzernen Laufstall saß, allein. Ich fühlte mich sofort mit ihm verbunden. Ich ging zu der Kiste und kniete mich nieder. Mit leiser, liebevoller Stimme sagte ich: »Ist ja in Ordnung. Dir geht's gut. Du bist hier sicher und geborgen.« Er schwieg und blickte zu mir her, und einen Augenblick lang starrten wir uns nur an. In unserem Blick lag eine Art Wiedererkennen. Er kam näher und setzte sich ganz dicht an die Stangen. Ich langte mit der Linken hinein und streichelte zart seinen Nacken, während er mich mit zurückgelehntem Kopf musterte. Da verliebte ich mich in ihn.

Ein halbes Dutzend Kinder stürzte in die Tierhandlung und auf unsere Kiste zu. Sie riefen »ooh« und »aah« und langten hinein, um ihn zu streicheln. Ich stand auf und ging zur Katzenabteilung. Er drehte sich kurz nach mir um und sah mich noch einmal an, ehe die Kinder ihn überwältigten. Ich blieb zwanzig Minuten in dem Laden, und während der ganzen Zeit verhielt er sich ruhig, auch nachdem die Kinder verschwunden waren. Ich brachte den Katzenkies und das Futter zu meinem Wagen, nachdem ich ihn noch ein wenig gestreichelt hatte. Ich setzte mich in den Wagen und wollte losfahren und konnte es nicht. Ich kehrte in das Geschäft zurück und fragte die Verkäuferin, was für ein Hund er sei. Ein weißer deutscher Schäferhund. Ich hatte noch nie einen gesehen.

Männlich, zehn Wochen alt. Ich fragte, woher der Hund käme, wer der Züchter sei. Wie sich herausstellte, gehörte er zu den amischen Mennoniten in Pennsylvania. Mein Vater war im Land der Amisch im Lancaster County von Pennsylvania aufgewachsen. Das war einer jener Augenblicke, wo mich ein nicht erklärbares Zusammentreffen von Umständen mit voller Wucht traf. C.G. Jung nannte dieses Phänomen Synchronizität.

Als ich als Kind, mit zehn Jahren, meinen ersten Hund haben wollte, sagte mein Vater, es gäbe zwei Hundearten, die er mir nicht schenken würde: einen deutschen Schäferhund und einen Dobermannpinscher. Mein Vater hatte im Zweiten Weltkrieg in Pomona, Kalifornien, als Armeeangehöriger Pferde trainiert und gezüchtet und mit beiden Hunderassen gearbeitet. Ein Dobermann hatte ihn einmal angegriffen und ihm beinahe den Arm abgebissen. Er fürchtete, daß beide Rassen zu bösartig, unberechenbar und gefährlich seien. Wir einigten uns auf einen Weimaraner, einen deutschen Jagdhund, der einem Labrador ähnlich sieht.

Ich verließ den Laden und fuhr nach Hause. Es war nicht zu fassen, daß ich daran dachte, einen Hund zu kaufen. Ich konnte kaum mit drei Katzen fertig werden. Wie sollte ich mich um ihn kümmern? Wer würde für ihn sorgen, wenn ich verreisen mußte? Würden die Katzen und der Hund sich vertragen? Ich mußte verrückt sein. Ich rief die Tierhandlung an und sprach mit dem Besitzer. Ich fragte ihn über Massentierzüchtung aus. Er versicherte mir, daß sie nur mit einem Agenten arbeiteten, der zu den einzelnen Züchtern fuhr und die besten

Hunde aussuchte; sechsmal im Jahr fuhr er persönlich zu den Züchtern. Ich erklärte ihm , ich würde das Wochenende brauchen, um darüber nachzudenken. Ich würde eine Anzahlung auf den Hund machen und sei auch bereit, sie zu verlieren, wenn ich ihn nicht nähme. Er war einverstanden, und wir verabredeten, daß ich ihn am Montag gegen Mittag anrufen würde.

Ich konnte diesen Hund nicht aus meinem Kopf bekommen. Den ganzen Tag, die ganze Nacht dachte ich an ihn. Ich wußte nicht, was ich tun sollte. Ich wollte ihn nicht aus einem Impuls heraus kaufen. Wenn ich ihm nicht das bestmögliche Zuhause geben konnte, sollte ihn lieber jemand anders kaufen. Das hatte er verdient. Ich wollte ihn nicht kaufen und im Stich lassen. Als mein Verstand am Ende war, was immer ein Segen ist, meditierte ich. Ich schloß meine Augen, versenkte mich in meinen Atem und dann in mein Herz. Ich brach in Tränen aus. Mir wurde der Verlust meiner Hunde wieder bewußt, vor allem von Zeke. Der arme Zeke – zweimal verlassen! Ich war nicht fähig gewesen, mich ordentlich um mich selbst zu kümmern, geschweige denn um einen Hund. Soviel Verzweiflung, soviel Leid am Ende einer Ehe. Ich konnte nur in Deckung gehen und meine Wunden lecken. Wie ein Wolf in seinem Versteck, im Dunkeln, der darauf wartete, daß seine Wunde heilte. Ah ja. Ein Wolf, der klassische Archetyp von wildem Hunger und goldenen Augen. Vor ein paar Jahren hatte ich von einem schlafenden Wolf in einem Koffer geträumt. Ich suchte nach Lebenszeichen an seinem Körper, sogar nach einem kleinen Parasiten. Ich fand nichts. Schließlich erwachte mein eigener innerer wilder Wolf und war hungrig. Animalische Urkraft, Schönheit, Hunger, instinktive Lebenskraft – das Leben mit einem Biß.

Ich ließ meinen Verlust, meine Trauer, mein Leid zu. Ich trauerte nicht nur um Zeke, sondern auch um mich, um mein eigenes inneres Tier, um meine eigene innere unerlöste Abhängigkeit von Hunger, Aufmerksamkeit, Fürsorge, Vertrauen, Intimität und Liebe; um den Verlust von Unschuld, Freiheit und Heimat. Durch den kleinen weißen Hund regten sich all die Dinge wieder, von denen ich gedacht hatte, daß die Trauer über sie vorbei sei. Ich erkannte, daß Leben nicht linear ist, sondern in Spiralen immer wieder auf sich zurückkommt und dabei immer tiefere Schichten von Erkenntnis und Bedeutung, Erfahrung und Liebe berührt. So wie der kleine Hund in jener einsamen Holzkiste geheult hatte, hatte ich gedacht, ich könnte ihn vor seiner Verlassenheit retten. Ich hatte nicht erwartet, daß er mich vor meiner retten würde – was für eine Überraschung.

Am nächsten Tag fuhr ich wieder hin, um ihn mir erneut anzusehen. Die junge Verkäuferin setzte ihn zusammen mit einem Rottweiler in den Laufstall, und die beiden purzelten durcheinander, knurrten und spielten wie Hunde in der Wildnis. Sie erinnerten mich an meine beiden kleinen Katzen, die sich beim Spielen immer gegenseitig umzubringen schienen. Dann nahm die Verkäuferin den Rottweiler heraus, damit der Schäferhund seine Aufmerksamkeit auf mich einstellte. Wie am Vortag starrte er wieder zu mir hoch, und unsere Herzen kamen sich näher. Ich sprach freundlich mit ihm und streichelte ihm über Hals und Rücken. Ich fragte ihn, ob er mit mir nach Hause kommen wolle. Trotz meiner Sensitivität konnte ich seine Antwort nicht verstehen; ich war zu sehr in die Geschichte verwickelt. Ich verließ den Laden. Zu Hause rief ich im Laden an und bat, daß man mir seine Unterlagen per Fax durchgab. Sein Vater ist Frosty Hansen, seine Mutter Sheba's Winter White. Ich rief die Auskunft wegen der Nummer des Züchters an – sie hatten sie nicht. Ich rief das Geschäft an und ließ mir die Nummer des Agenten geben. Er sagte, die Amisch-Leute hätten keine Telefone; er müßte ihnen immer schreiben. Der Schäferhund war von zwei Tierärzten untersucht worden, hatte seine Spritzen gekriegt und eine Wurmkur gemacht. Er war bereit.

Am Sonntag abend fuhr ich zum drittenmal hin, um ihn mir anzusehen, und nahm ihn mit nach Hause. Ich konnte nicht bis Montag mittag warten. Die jungen Katzen hatten noch nie einen Hund gesehen, aber Psyche sicherlich. Sie tat, als sei sie freundlich und neugierig und stellte sich genau vor seine Nase. Sie fauchte und fuhr ihm blitzschnell mit den Krallen ins Gesicht. Sie erwischte ihn nur an der Seite des Gesichts, es kam kein Blut. Er jaulte vor Angst und Schmerz und begann am ganzen Körper zu zittern. Ich trug ihn hinauf in mein Arbeitszimmer, wo er die ganze Nacht in meiner Nähe sein konnte, und sperrte die Katzen aus. Kein schönes Willkommen in seinem neuen Zuhause.

Ich ließ ihn auf seinem Bett für ein paar Minuten allein, um Zeitungen und sein Futter und Wasser zu holen, und als ich zurückkehrte, hatte er bereits den Boden meines

Arbeitszimmers beschmutzt. Ich sagte zu ihm, daß das schon in Ordnung sei, und tätschelte ihn zart. Ich verbrachte einige Zeit damit, mit ihm zu reden und ihn leicht zu streicheln. Wenn kleine Hunde aufgeregt sind, zwicken, beißen und kauen sie. Ich hatte vergessen, wie sehr. Er begann in meine Hände zu zwicken, in meine Hosenbeine, in mein Hemd; in alles, was er erreichen konnte. Er wollte spielen. Er wedelte mit dem Schwanz und schien glücklich zu sein, jemand ganz für sich allein zu haben. Ich versuchte ihn zu animieren, mit seinem Spielzeug zu spielen, aber mein Körper erschien ihm attraktiver. Vielleicht wollte er feststellen, wie seine Adoptivmutter schmeckte. Wie alle Babys steckte er alles in den Mund. Ich spielte eine Weile mit ihm und hoffte, daß er müde werden würde. Er machte mich müde. Als ich wieder einmal das Zimmer verließ, begann er mitleiderregend zu jaulen und versuchte verzweifelt, über das Gitter hinauszuklettern, um ins Schlafzimmer zu kommen. Die Möglichkeit, verlassen zu werden, war zuviel für ihn. Die einzige Methode, ihn zu beruhigen, war, sich mit ihm in sein Bett zu legen, und das tat ich dann auch. Ich rollte mich um ihn zusammen und legte Arm und Hand über ihn, damit er ein Gewicht spürte, denn ich wußte, daß er von seinen acht Brüdern und Schwestern, die alle aufeinander gelegen hatten, Körperwärme und Herzschlag gewohnt war. Er schloß die Augen und schlief sofort ein. Ich lag da, hielt mein neues Baby in den Armen und erfüllte es mit Heilenergie und Liebe. Ich war erschöpft. Etwa eine halbe Stunde später wurde ich schläfrig. Ich würde versuchen aufzustehen, ohne ihn zu wecken. Ich packte ein großes schweres Strandtuch und legte es über seinen kleinen Körper, damit er weiterhin ein Gewicht spürte und glauben konnte, ich sei noch da. Ich stand auf und ging für zwei Stunden schlafen.

Alle zwei Stunden wachte ich auf. Ging es ihm gut? Er schlief. Ich lag wach. Was hatte ich bloß getan? Was würde am Morgen los sein, wenn er mit den Katzen zusammentraf? Ich würde ihn die Treppe hinunter- und zur Haustür hinaustragen müssen, damit er draußen sein Geschäft erledigte. So war es dann auch, als er um vier Uhr erwachte. In den nächsten vierundzwanzig Stunden trug ich ihn alle paar Stunden hinauf und hinunter, bis ich fast nicht mehr konnte. Ich rief die Tierärztin an, und sie gab mir den Rat, ihn in die Küche zu stecken, einen Kinderzaun in den Türrahmen zu machen und die Katzen ins Wohnzimmer abzuschieben. Ich trug alles Zeug der Katzen aus der Küche und seine Sachen hinein. Auf diese Weise konnte ich ihn auch durch die Küchentür mit ins Freie nehmen. Ich brauchte ihn nur vier Stufen hinunterzutragen, bis er es einmal selbst schaffte. Psyche schlug mehrmals mit der Pfote nach ihm, als er seine Nase durch die Kinderabsperrung stecken wollte, um sie zu riechen. Cinder, das männliche Junge, schien von Anfang an neugierig zu sein, setzte sich auf die andere Seite der Absperrung und starrte hindurch. Pearl wollte nichts mit ihm zu tun haben.

Die Tierärztin hatte mir erzählt, daß es bei Hunden und Wölfen in der Wildnis eine Rangordnung von Herrschen und Unterwerfung gibt. Ein Männchen und ein Weibchen dominieren, die anderen und die Jungen gehorchen. Unter ihnen gibt es auch eine Hackordnung, und sie kämpfen untereinander, um ihre Stellung einzunehmen. Nach einer Erziehungstheorie darf man junge Hunde niemals die Oberhand über den Haushalt gewinnen lassen. Sie dürfen nicht darüber bestimmen, was jemand tut oder was geschieht. In der Broschüre, die die Tierärztin mir gegeben hatte, stand, daß der Hundehalter immer lauter und bestimmter sein müsse als der Hund, wenn es um unangebrachtes Verhalten ging. Ich begann die Testosteronvergiftung beim Mann zu verstehen, wie manche Frauen die männliche Dominanz bezeichnen. Je lauter und aggressiver die Show ist, die man abzieht, desto mehr Dominanz beweist man.

Je mehr Zeit und Aufmerksamkeit ich dem neuen kleinen Hund widmete, um so glücklicher würde er sein, dachte ich. Ich ließ ihn am Abend aus der Küche, und er durfte bei mir im unteren Wohnzimmer bleiben. Er lag neben der Couch auf dem Boden, während ich das lodernde Feuer genoß. Ich liebte diese Augenblicke, schön und ruhig, zart und liebevoll. Aber nach ein paar Stunden wachte er natürlich auf und wollte spielen. Er rannte herum und suchte nach etwas, nach jemand, den er noch nicht vernichtet und zu zerkauen versucht hatte. Etwas Neues war das Faszinierendste für ihn, und er verriet sein bereits vertrautes Spielzeug für alles, in das er seine Zähne schlagen konnte. In meine Hände, meine Kleidung, Zeitschriften, Post, meinen Kaffeetisch. Da ich nicht so strafend und ärgerlich sein wollte, wie mein Vater, soviel ich mich erinnerte, manchmal mit mir und den Hunden gewesen war, bemühte ich mich, geduldig und verständnisvoll, freundlich und entschieden mit ihm zu sein. Wieder und wieder nahm ich ihm Sachen aus dem Mund, sagte ihm, daß er das nicht dürfe, und ersetzte sie durch einen harten Kauknochen.

Er übernahm die Initiative. Als er aus der Küche kam und den Geschmack der Freiheit spürte, drehte er durch. Er zerkaute nicht nur alles, was ihm vor die Schnauze kam, er folgte mir auch, wenn ich das Zimmer verließ. Wenn ich hinaufging, um etwas zu holen, saß er am Fuß der Treppe, die für ihn noch zu steil und glatt war, und bellte und jammerte, bis ich wieder auftauchte. Seine Angst vor dem Verlassenwerden war groß; ich konnte nichts erledigen. Die Tierärztin sagte, ich solle ihn in eine Kiste stecken oder ihn in der Küche lassen, egal, wieviel Lärm er machte. Ich setzte ihn in seine Kiste, blieb bei ihm und räumte die Küche auf, so daß er mich sehen konnte. Als ich mich niederkniete, um die Schnappschlösser an seiner Kiste zu schließen, tauchte er plötzlich an meinem linken Ohr auf und bellte heftig. Es warf mich beinahe um. In meinem Ohr dröhnte es, dann wurde es taub. Schmerz – es reichte. Ich schrie ihn an: »Ruhe!« Verblüfft über meine Lautstärke und meinen Zorn, hörte er auf zu bellen und machte Platz. Er sah mich mit seinen braunschwarzen Augen an, als wollte er sagen. »Wau! Ich wußte nicht, daß du so energisch sein kannst.« Ich war selbst erstaunt und begriff, daß ich zu nachsichtig mit ihm gewesen war, zuviel Verständnis für seine Angst, verlassen zu werden, gehabt hatte. Vielleicht hatte ich mich sogar mit ihm identifiziert. Ich hatte gedacht, daß er ängstlich sei, bedürftig wie ein Kind. Aber ich hatte vergessen, daß er genau wie ein Kind darauf vertrauen mußte, daß ich für uns beide Geborgenheit schaffen konnte, und wenn ich so erledigt war, daß ich nichts anderes mehr tun konnte, als auf ihn aufzupassen, schuf ich keine sichere, ruhige Umgebung für uns.

Mir wurde auch bewußt, daß ich mein eigenes Bedürfnis nach Gesellschaft, nach einem Gefährten, vor sein Bedürfnis, erzogen zu werden, gestellt hatte. Als Gefährte taugte er noch nicht viel; er war schließlich erst zwölf Wochen alt. Ich hatte zugelassen, daß sich meine Bedürfnisse mit seinen vermischten. Keine perfekte Mutter; ich würde noch einmal von vorne anfangen müssen. Sicherheit und Liebe kommen immer zuerst. Wenn ich zugelassen hätte, daß seine Dominanz mein Leben beherrschte, hätte sich schließlich in mir soviel Groll und Feindseligkeit angestaut und meinen Komplex, eine schlechte Mutter zu sein, geweckt, daß ich nicht in der Lage gewesen wäre, ihn mit Liebe, Fürsorge und Geduld zu behandeln. Vielleicht hätte ich ihn auch loswerden, ihn verlassen, ihn weggeben wollen, wie den armen zwölf Wochen alten schwarzen Labrador, über den beim Tierarzt eine Annonce hing. Die Familie hatte entschieden, daß sie nicht mehr mit ihm fertig werden würde, und wollte ihn los sein. Nur 35 Prozent aller Hunde beenden ihr Leben beim ursprünglichen Besitzer. Der Rest wird verlassen, verkauft, weggegeben oder getötet. Es ist ein Verbrechen gegen Leben und Liebe; es ist das Verbrechen der schlechten Mutter. Um meinen eigenen inneren Mutterkomplex zu heilen und wegen der Integrität von Herz und Seele, hatte ich mich lebenslänglich verpflichtet,

Star zu lieben. Das wußte ich. Ich hatte ihn ausgesucht; ich würde ihn bei all meinen Handlungen berücksichtigen müssen. Ich würde ein Leben voll Liebe, Heilung und Geborgenheit für ihn schaffen müssen. Ich konnte nicht alle Hunde der Welt retten, aber ich konnte ihn rettten – und mich.

Wochenlang machte ich abends das gleiche durch: Star versuchte, alles, was in sein Blickfeld kam, zu zerkauen und zu zerreißen. Es war eine Schlacht, bei der ich versuchte, ihm Benehmen beizubringen. Schließlich kapitulierte ich eines Abends. Ich ließ ihn im Wohnzimmer herumrennen und mit allem spielen, in das er seine Zähne versenken konnte: Kleenexschachteln, Stiefel, Zeitungen. Zwei Stunden später wurde er ruhiger. Nachdem er für ein paar Minuten nach draußen verschwunden war, kehrte er zurück und kletterte neben mich auf die Couch. So etwas hatte er noch nie gemacht. Er drückte sich zwischen Couchrückenlehne und meine rechte Seite, legte sich hin, den Kopf an meiner Schulter, und sah mir in die Augen. Ich sagte zu ihm, daß er ein guter Kerl sei, und streichelte seinen Kopf und seinen Nacken. Ich schloß die Augen und sank in einen leichten Schlaf. Es war der Himmel. Als ich erwachte, war es nach Mitternacht, und er lag auf meinen Füßen, unten bei der Couch. Ich lächelte – Kontakt. Dieser kleine Hund hatte mich einen vollen Monat lang wahnsinnig gemacht, als ich nichts anderes hatte haben wollen als sanfte Zuneigung und Gesellschaft. Nach zwei Stunden wilder Aggression war er bereit zum Schmusen. Mir schauderte, wenn ich daran dachte, wie ich versucht hatte, seine Lebhaftig-

keit zu unterdrücken, weil ich sie für zu wild, zu zerstörerisch gehalten hatte. Dieser Hund hatte kein Verhal-
tensproblem; ich hatte eines. Mein Verhalten hatte seine
Bedürfnisse nicht berücksichtigt. Ich begriff, daß er ein
energiegeladener, selbstbewußter Hund war, der mehr
Auslauf, mehr Gelegenheit zum Spielen brauchte, und
das vor allem draußen. Er brauchte mehr Chancen, jedes
neue Ding, das ihm in den Weg kam, zu zerbeißen und
zu kosten. Er brauchte mehr Möglichkeiten, sich auszu-
toben.

Am nächsten Morgen erwachte ich um sechs Uhr und
nahm ihn aus der Kiste, in der er schlief. Er lief sofort
hinaus. Während der Nacht war es wärmer geworden. Als
wir in die Küche zurückkehrten, machte ich mir irgend
etwas zum Frühstück, wobei er mich nicht störte. Er lag
ruhig da und sah mich an. Kein Springen, kein Zwicken,
kein Bellen. Ich nahm ihn mit hinaus zum Spielen. Ich
warf seinen Ball wieder und wieder, und er rannte los,
um ihn zu holen und mir zu bringen. Nach knapp einer
Stunde, in der wir fest gespielt hatten, ging er zum
erstenmal von allein ins Haus, legte sich hin und war drei
Stunden lang völlig ruhig und still, während ich oben
schrieb. Ich kam mehrmals in die Küche, um mir Kaffee
zu holen oder ein zweites Frühstück, und er lag einfach
dösend da, blickte mich kurz an und schlief wieder ein.
Stille, Zeit, Friede – es war ein Wunder.

Nachdem ich mit Schreiben fertig war, kam ich hinunter
in die Küche. Er kaute an einem meiner Stiefel. In lei-
sem, freundlichem Ton sagte ich, ihm fest in die Augen
blickend: »Sei nett zu dem Stiefel. Ich mag ihn.« Er sah

mich an, als hätte er verstanden, und ließ den Stiefel fallen. Er ließ ihn auf dem Boden liegen und nahm ihn nicht wieder in die Schnauze. Ich traute meinen Augen nicht; das war ein neuer Hund. Er ging zur Tür und machte zum erstenmal ein Zeichen, daß er hinauswollte. Ich öffnete die Tür, und er ging allein hinaus. Das war auch etwas Neues. Vier Wochen lang hatte ich Mantel, Stiefel und Handschuhe anziehen und draußen auf ihn warten müssen. Er war noch nie allein hinausgegangen. Den ganzen Tag tat er das und erkundete den Hof bis in alle Ecken. Ich beobachtete ihn vom Fenster im ersten Stock aus. Es war, als hätte er in seiner Entwicklung einen Riesensprung gemacht, nur weil er sich einen Abend lang hatte austoben können. Ich dachte daran, wie das bei den Kindern von uns Menschen war: Wie wir versuchen, sie dazu zu bringen, so zu sein, wie es für uns angenehm ist, damit sie als Erwachsene »gut angepaßt« sind. Was für ein Kind richtig sein kann, ist für ein anderes Kind falsch. Was bei einem jungen Hund als wildes, zerstörerisches Verhalten ausgelegt wird, ist vielleicht nur seine Wolfsnatur, die ihre Kraft erprobt.

Ein Elefant im Zimmer ist Chaos. Chaos ist das einzige, wogegen wir uns ein Leben lang wehren. Wir wollen ein sicheres, beschütztes, berechenbares Leben aufbauen, das uns nie unvorbereitet erwischt. Wir wollen ständig eine volle Brust und immer über sie verfügen können, so wie es sein sollte, wenn wir neugeboren und bedürftig und abhängig sind. Wir wollen unsere Kräfte messen und feststellen, daß sie den Aufgaben des Lebens gewachsen sind. Im Gegensatz zu einem Bergsteiger, der ohne Sicherheitsseil tausend Meter über dem Boden an der Kante eines scharfen Felsens hängt und weiß, daß er jeden Augenblick sterben kann. Wir wollen wissen, daß wir das nicht tun werden. Wir wollen unser Leben bestimmen und wissen, daß auch unsere größten Risiken sicher sind. Daß wir das Spiel des Lebens gemeistert und gewonnen haben. Alles um uns her ist eine Darstellung genau dieses Wunsches, und wenn dieser Wunsch in Gefahr gerät, ist der Teufel los. Wenn die perfekte Ehe und Familie zerbricht, greifen die Leute nach Schußwaffen und Messern und Worten, die für das Herz tödlich sein können. Wenn der Aktienmarkt zusammenbricht und wir das Spiel mit dem Geld verlieren, springen Leute von Gebäuden oder suchen in anderen Ländern Schutz. Wenn der Schmerz über das Leben als zu unerträglich wahrgenommen wird, versuchen die Menschen, die eine Sache zu kontrollieren, die sie kontrollieren können – den Tod: wann, wie und wo.

Wir tun alles, um unser Universum in eine Ordnung zu bringen, die wir begreifen können. Wir geben anderen Leuten die Schuld an unseren emotionalen Schmerzen, wir beschuldigen unseren Körper, daß er uns verrät, und die Regierung, daß sie uns im Stich läßt. Wir sehen die Religion anderer Leute als falsch an, die eigene als richtig. Wir verteufeln andere Länder und nennen Geschöpfe von anderen Planeten Fremde. Wir konstruieren Glaubenssysteme und Weltanschauungen, die uns von jedem und allem getrennt halten, das unsere persönliche Welt in ein Chaos zu verwandeln droht. Da wir die ganze Zeit die Schuld auf andere übertragen, wollen wir auch, daß sie diejenigen sind, die reparieren, was mit unserer Welt nicht stimmt.

Wenn, wie die Psychologen uns sagen, einer der Maßstäbe für mentale Gesundheit die Fähigkeit ist, Angst auszuhalten, und wenn Angst sich dadurch entwickelt, daß wir wieder und wieder mit dem Chaos konfrontiert werden, dann muß die Basis der spirituellen Gesundheit die Fähigkeit sein, der dunklen Leere des Chaos ins Gesicht zu sehen, gelassen zu atmen, mit Liebe in unserem Herzen dazusitzen und darauf zu warten, daß die Schöpfung eine Lichtspur bildet, die uns den Weg zeigt. Wir müssen erkennen, daß wir uns in einem ewigen Zustand des Seins und Werdens befinden, von Beständigkeit und Fließen, wie jedes andere lebendige Geschöpf und jede andere Galaxis. Im dunklen Chaos gibt es viele Lichter, die sich bilden und Farben in die dünne Luft schleudern, ob unsere Augen sie sehen oder nicht. Wir sind in einem schwangeren Leib, dunkel und reich und fruchtbar. Nur weil wir nicht wahrnehmen können, wo sich die nächste Zelle bilden wird, heißt das nicht, daß das Leben ohne Bedeutung oder schöpferischen Plan ist. Die schrecklichsten Katastrophen sind vielleicht eine alles rettende Gnade, die ungeahnte Schätze in Herz und Seele bringt. Es bleibt mir unvergeßlich, wie eine meiner Patientinnen mir erzählte, daß ihre Krankheit ihr das Leben rettete. Neues Leben aus dem wahrgenommenen Chaos, neues Leben aus Furcht vor dem Tod. Es ist nur Leiden. Nur Leiden: ein Geschenk im Wolfspelz, ein Schatz mit Zähnen. Und wenn am Ende alles nur Chaos ist und alle Liebe und Fürsorge, die wir auf unsere Leben verwandt haben, keinen Plan oder keine Bedeutung haben – was für einen reichen Bildteppich haben wir inmitten des dunklen Nichts gewebt. Was für tiefen Frieden waren wir bereit, aus dem Chaos zu schaffen.

Tagebucheintragung, Mitte November
Der erste große Schnee im Jahr, fünfzehn Zentimeter von strahlendem Glanz. Star ist verwirrt, als er den ersten Schritt in diesen kalten weißen Flaum tut. Er senkt die Nase, zieht die Kälte in seine Nase hoch und schnaubt. Ich gehe vor ihm die Stufen hinunter, damit er begreift, daß ihm nichts passiert, und vorsichtig, Schritt für Schritt, senkt er seine Pfoten langsam in den Schnee. Als er sicheren Grund entdeckt, überrascht er mich damit, daß er mit der Schnauze einen Tunnel in den Schnee gräbt. Als er entdeckt, daß der Schnee seinem Spiel keinen Widerstand leistet, rennt er wieder und wieder im Kreis, daß die Flocken fliegen, und verführt mich fröhlich, es ihm nachzumachen. Ich renne über das hintere Feld, und er bleibt mir auf den Fersen.
Ich wechsle einen Augenblick die Wirklichkeiten und bin wieder in meiner Kindheit, bei meinem Hund Heidi. Wir spielen im Schnee. Wir rennen herum und werden nicht müde und freuen uns, daß wir lebendig sind und jung. Spielen – ich spiele. Star und ich laufen an der Grenze meines halben Morgens entlang. Der Schnee reicht bis über den Bauch, und er sieht mich an, damit ich ihm sage, daß dieses alles verschlingende weiße Meer sicher ist. Jedesmal, wenn ich zu ihm sage »guter Kerl«, rennt er weiter voraus, wackelt mit dem Schwanz und tanzt im Kreis. Ich fühle mich vollkommen lebendig. Fühle alle meine Sinne, alle meine Muskeln, Nerven und

Organe. Ich atme die kalte, trockene Luft in meine Lungen ein. Ich spüre die nasse Kälte des Schnees, der in meine Stiefel dringt. Es gibt jetzt nichts anderes mehr in meinem Leben als diesen Augenblick der Freude. Ich renne mit Star das Gelände hinauf und wieder hinunter. Ich fliege auf zwei Beinen, ich bin ein Kind. Ich höre mich vor Vergnügen kichern und kreischen wie ein kleines Kind, das das Leben entdeckt hat und es laut herausschreit. Ich bin alle Kinder, die je mit ihrem Hund im Schnee gespielt haben. Ich lege mich in den Schnee und mache einen Engel.

Wir rennen viermal um das Grundstück und zurück zur Haustür. Ich schleudere den Schnee von meinen Stiefeln und öffne die Tür. Stars kleiner Körper ist mit Schnee bedeckt, und ich trockne ihn mit einem Handtuch und gebe ihm das, was er am liebsten hat, ein Schweinsohr. Es ist ein stinkendes, hartes Stück dunkelbraunes Fett. Als man ihm in der Tierhandlung eines gab, fragte ich, was das sei. Die Verkäuferin sah mich entsetzt an und überlegte wohl, wie ich reagieren würde, dann gab sie zu, daß es tatsächlich das Ohr eines Schweines sei. Vermutlich ist es besser, als wenn er ein lebendiges Schwein fängt und frißt. Besser für mich.

Ich gehe ins Arbeitszimmer hinauf und blicke aus dem Fenster mit meiner Lieblingsaussicht. Man sieht den rückwärtigen Teil des Grundstücks, das sich leicht abwärts senkt bis zu einem Feld und einer Zeile von Ahornbäumen und Pinien. Sie sind jetzt mit reinem Weiß bedeckt, das dunkle Braun und Grün zeichnen einen herrlichen Kontrast zum Schnee. Die Büsche und großen Gräser auf dem Feld bohren sich durch die Decke. Der einzige Tannenbaum, der winzig war, als ich in das Haus zog, ist nun über drei Meter groß, und seine Arme bergen schweres weißes Pulver und warten auf die Weihnachtslichter. Ich hatte überlegt, ob ich den Baum fällen sollte, weil er einmal die Aussicht auf die hintere Wiese stören würde, aber jetzt sehe ich ihn als vollkommenen Baum des Lebens, der darauf wartet, mich daran zu erinern, wie kostbar jeder Baum für unseren Planeten ist.

Ich würde gern wissen, ob die Menschen in Bosnien heute Schnee haben. Ich möchte es gern wissen, ob sie ihn so erleben, wie ich gerade. Ich möchte wissen, ob die Kinder spielen und Freude spüren. Ich möchte gern wissen, wie viele Kinder es noch gibt. Was, denke ich, bringt Männer eigentlich dazu, rotes Blut durch die Freude von weißem Schnee strömen zu lassen und zu versuchen, noch ein Stück Erde zu ergreifen und sich einzuverleiben, wenn Gott doch in ihrer Seele lebt. Wenn sie doch nur ihrer inneren Suche eine Richtung gäben und von den Früchten ihres eigenen inneren Baums des Lebens äßen – es würde keine Seele hungern. Das Gelobte Land ist nicht ein Stück Boden, das der Nachbar besitzt. Man kann es nicht mit Kugeln oder Zorn erobern; es kann nur mit Frieden und Geduld gefunden werden. Wieviel Mut die Freiheitskämpfer bräuchten, darauf zu warten, daß ein Baum in ihrem Herzen wächst.

Zu meiner Linken kann ich mehrere Meilen weit über das Feld sehen, bis zur Tierfarm, wo die Elefanten mich mit ihrem Trompeten begrüßten, als ich einzog. Die flachen Hügel in der Ferne, mit einem kleinen roten Bauernhaus auf der Kuppe und einem reinen weißen Feld links von ihnen. Manchmal hatte ich gedacht, mein Haus sei zu klein, zu alt, zu heruntergekommen und mache zuviel Arbeit. Ich habe mir ausgemalt, daß ich eines Tages in der Lage wäre, mir etwas

Großartigeres leisten zu können. Ein schwarzer Rabe durch-
schneidet den grauen Himmel im Flug. Rechts ist das Ende
des Feldes meiner Nachbarin, das sie jeden Sommer gemäht
hat, um Heu zu haben, und auf dem die Füchse spielen. Ich
lasse meine Augen über diese Weite von reinem Frieden gleiten.
Ich nehme sie mit meiner Seele auf und atme sie mit dem
Herzen ein. In diesem Augenblick gibt es auf der Welt keine
schönere Aussicht. Es gibt keinen Ort auf der Welt, an dem
ich lieber wäre. Ich bin zu Hause.

11 Revolution

Eine Revolution in der Kirche, zu der Petrus den Grundstein legte. Die Marble Collegiate Church von New York lud mich ein, während der Fastenzeit über Heilung zu sprechen. Im nächsten Jahr sollte ich den ersten Gottesdienst mit Handauflegen halten, der in der Kirche je stattfand. Heilen scheint bei dieser Kirche Tradition zu sein; sie wurde 1628 gegründet und ist in der ganzen Welt als die Kirche von Norman Vincent Peale bekannt, der von 1932 bis 1984 dort Pfarrer war. Um emotionale, mentale und seelische Heilung hatte man sich dort immer gekümmert. Jetzt hatte man eine Heilerin eingeladen, die mit Handauflegen arbeitete und obendrein ein Laie war – ein ziemliches Risiko.

Ich hatte immer dafür gebetet, daß das Handauflegen in den christlichen Kirchen wieder praktiziert würde. In den vier Evangelien des Neuen Testaments gibt es mehr als siebzig Beispiele, wie Jesus durch Berührung oder Worte heilte. Als ich die Arbeit für meinen Abschluß in beratender Seelsorge schrieb, schilderte ich die Verbindung zwischen Seelsorge und Heilarbeit, die ich bereits seit zehn Jahren machte. Ich sprach über die Beziehung von Seele und Körper und daß die Kirchen beschlossen hätten, sich nur auf die Seele zu konzentrieren und dadurch den Kontakt zu dem Gebot »Geh und heile« verloren. Da Jesus die Hand aufgelegt hatte, konnte ich nicht verstehen, warum die Kirche diesen Brauch aufgegeben hatte. Ich erinnere mich, daß ich einmal mit einer Freundin und ihrem Freund, einem ehemaligen Priester, zu Abend aß. Meine Freundin hatte gemeint, er solle mich kennenlernen, weil sie dachte, meine Arbeit würde ihn interessieren. Er war höflich, aber skeptisch. Ich werde nie vergessen, daß er, nachdem er endlos geschwiegen hatte und die Unterhaltung versickert war, fragte: »Glauben Sie wirklich, daß Gott körperliche Gestalt annimmt, um zu heilen?« Ich war verblüfft. Natürlich glaubte ich das. Er etwa nicht? War das nicht die Botschaft des Neuen Testaments? Jesus, als Gott in menschlicher Gestalt, kam, um uns zu heilen. Der Freund antwortete nicht eindeutig verneinend, aber ich konnte an dem Schmerz in seinem Gesicht und dem Ton seiner Stimme erkennen, daß er es nicht glaubte. Dann fragte er, ob ich wirklich glaube, daß ich heilen könnte. Ja, natürlich; jeder kann heilen, wenn er sich Gottes Gegenwart öffnet. Er senkte den Kopf und starrte lange auf den Eßtisch. Es war offensichtlich, daß er nicht überzeugt war, er habe die Kraft zu heilen. Da wußte ich, warum er den Priesterstand verlassen hatte. Er hatte kein Zeichen für Gottes heilende Gegenwart in der Welt gesehen. Er tat mir leid; ein Mensch ohne den lebendigen Gott in sich ist für das Leben tot.

Ich war erstaunt, daß jemand, der sich in die Botschaft des Neuen Testaments versenkte, glauben konnte, Gott existiere nicht mehr als lebendige Gegenwart, als heilende Gegenwart. Ich fragte mich, wie viele andere Priester, Geistliche und Pfarrer jeglicher Konfession in die Kirche eingetreten waren, um für sich einen lebendigen Gott zu finden, und nicht etwa, weil sie Gott entdeckt hatten und diese Entdeckung mit anderen teilen wollten. Ich fragte mich, wie viele scheiterten.

Als meine Mutter mit einer lebensgefährlichen Infektion im Krankenhaus lag, Antibiotika nehmen mußte und am Tropf hing, erschien der Krankenhauskaplan, um ihr Trost zu spenden. Glücklicherweise war ich gerade da; er hatte eine Erkältung und fühlte sich offensichtlich nicht gut. Meine Mutter kannte ihn aus den Jahren, die sie an diesem Krankenhaus gearbeitet hatte, und deshalb bemühte ich mich, freundlich zu sein. Aber der schützende Mutterinstinkt in mir hätte ihn am liebsten hinausgeworfen, sobald er durch die Tür getreten war. Ich war wütend, weil er neue Krankheitserreger in ein Zimmer einschleppte, in dem jemand sich von einer ernsthaften Krankheit erholen sollte. Er setzte sich ans Bettende, und sie unterhielten sich ein paar Minuten über ihr Befinden. Dann fragte er meine Mutter, ob sie in die Kirche ginge. Das hatte sie lange Zeit getan, aber sie sagte, daß sie ein reiches geistiges Leben habe und sich allein darin übe. Er redete das übliche Zeug, warum sie in die Kirche kommen sollte. Ich begann mich zu ärgern. Er hustete und schneuzte sich ständig; ich hielt es nicht mehr aus. Ich stellte ihn wegen seiner Erkältung zur Rede und sagte, er sollte zu Hause im Bett liegen und sich um sich selbst kümmern. Er gestand das ein, erklärte aber, daß er zu viele Patienten besuchen und trösten müsse. Der Zorn sprühte aus meinen Augen; ich erklärte ihm, daß er meine Mutter seiner Erkältung aussetzte und ihre Gesundheit gefährde. Ich sagte ihm, die beste Methode, ein

Heiler zu werden, sei die, sich erst einmal um sich selbst zu kümmern. Er sah mich mit einem verblüfften Gesichtsausdruck an; offensichtlich war ihm dieser Gedanke noch nie gekommen. Meine Mutter erklärte ihm, daß ich Geistheilerin sei. Ich sagte, wir würden ihm Heilenergie für seine Erkältung schicken. Er antwortete, er glaube nicht an Heilfähigkeiten. Ich blickte dem Mann fest in die Augen und wußte, was ich zu tun hatte: »Ein Krankenhauskaplan, der nicht an Heilung glaubt? Warum haben Sie dann einen priesterlichen Beruf?« Das Kinn fiel ihm herunter, und er versuchte, sich herauszuwinden. Aber er hatte es gesagt: Er glaubte nicht daran. Er ging. In der folgenden Woche, von seiner Erkältung völlig genesen, kam er in das Zimmer meiner Mutter und entschuldigte sich bei ihr für sein Benehmen. Er sagte, er habe eine Menge Seelenforschung betrieben, nachdem er uns verlassen habe. Ich hatte meine Aufgabe erfüllt, meine Mutter geschützt und ihm geholfen, aufzuwachen. Vielleicht sogar geholfen, bei ihm den inneren Heiler zu wecken.

Ich glaube, daß der wahre Wert einer Religion und jeder religiösen Überlieferung darin liegt, den Anhängern zu helfen, zur lebendigen Gegenwart Gottes in ihnen zu erwachen. Das Ziel des Heilers ist das gleiche: den Heiler im anderen zu wecken. Das Außergewöhnliche an dieser Arbeit ist dabei, daß ein Heiler zu sein bedeutet, geheilt zu werden. Die Heilung geschieht nie nur in einer Richtung. Wir erleben Heilung während des Prozesses, andere zu heilen. Buddha erlebte seine Erleuchtung, während er unter dem Bodhi-Baum saß und anderen half. Jesus erlebte seine eigene Reise zu Erkenntnis, Tod und Auferstehung, während er Anhänger sammelte, die die Botschaft der Liebe als einziges Gesetz hörten und es durch seine Berührung und seine Lehren erlebten. Mutter Theresa half ihrer Seele, sich zu entfalten, während sie Sterbenden half. Nach Jahren der Folter in Vietnam fand Thich Nhat Hanh inneren Frieden, indem er andere die Botschaft des Friedens lehrte.

Wahres Dienen ist eine tiefe religiöse Erfahrung, und Erfahrung ist heilig. Es ist ein Transformationsprozeß, der sich in jedem Augenblick erneuert. Jeder, der die Praxis der Selbstliebe und Selbstheilung lernt, während er dazu beiträgt, das Leid anderer Menschen zu erleichtern, ist ein Geistheiler. Es spielt keine Rolle, ob wir allein arbeiten oder innerhalb einer Kirche oder eines Tempels. Eine Rolle spielt jedoch, daß wir unserer inneren Führung folgen, unserer direkten Verbindung mit Gott, statt Vorschriften und Gesetzen, die andere Leute gemacht haben. Mystiker aller religiösen Überlieferungen, ob im Osten oder Westen, sagen uns, daß die Heilung der Seele ist, als nähme man Gott zum Liebhaber. Man läßt die innere Erfahrung der Vereinigung mit Gott zu, um Heilung zu geben. Jede Handlung, die aus dieser Vereinigung kommt, ist wahr, liebevoll und heilend. Wenn man diese Verbindung verloren oder nie besessen hat, können religiöse Vorschriften dabei helfen, ein Leben aufzubauen, das ein spirituelles Leben vortäuscht. Trotzdem müssen wir das Herz finden, die Seele der Liebe finden.

Ich war begeistert und mehr als nur ein wenig nervös, daß

man mich eingeladen hatte, in einer Kirche zu sprechen. Ich hatte mich immer gefragt, wie mein Verhältnis zur konventionellen Religion eigentlich war. Ich kam mir wie eine Außenseiterin vor, die selbständig Handauflegen praktizierte. Wenn Leute mich fragten, zu welcher Kirche ich gehörte, versuchte ich ihnen so taktvoll wie möglich beizubringen, daß ich eine Privatpraxis hätte und bereit sei, mit Menschen jedes religiösen Hintergrunds zu arbeiten. Ein paar Jahre zuvor hatte ich bei einem Retreat Morton Kelsey kennengelernt, einen Priester der Episkopalkirche und Schriftsteller. Ich hatte eine Anzahl seiner Bücher gelesen: *Sünde, Tabu oder Geschenk; Trance, Ekstase und Dämonen; Dreams: A Way to Listen to God* und *Afterlife*. Ich hatte auch Material von ihm bei meiner Abschlußarbeit verwendet. Ich hatte das Glück, bei dem Retreat seiner kleinen Diskussionsgruppe zugeteilt zu werden. Als er erfuhr, daß ich eine Geistheilerin sei, lud er mich ein, während des Schlußgottesdienstes am letzten Abend die Hände aufzulegen. Es war ein sehr bewegendes Erlebnis, neben dem Mann zu stehen, den ich so sehr achtete, und die Hände auf jeden Menschen zu legen, der vortrat, um Heilung zu empfangen. Er sagte etwas zu mir, das ich immer in Erinnerung behalten werde. Er sagte, er würde mich in seine eigene Kirche zur Heilarbeit einladen, wenn er eine hätte. So etwas hatte noch nie jemand zu mir gesagt. Ich fühlte mich geehrt und war tief bewegt.

Jetzt hatten Arthur Caliandro, der Pfarrer von Marble, und Florence Pert, die stellvertretende Pfarrerin, den Mut besessen, mich, eine Laienheilerin, einzuladen, um über das Handauflegen zu sprechen. Ich erinnere mich, wie ich zum erstenmal das Innere von Marble sah. Es ist eine weite Kirche mit hoher Decke und geschnitzten Holzbalken und dicken kastanienbraunen Kissen mit goldenen Lilien, die sich überall wiederholen. Die Bänke sind zum Chor hin ausgerichtet, und Galerien laufen im ersten Stock die Wände entlang. Der Altarraum wird von einem vergoldeten hölzernen Bogen eingerahmt, und das vergoldete Lesepult hat als Fuß einen großen vergoldeten Engel. Wenn Marble voll besetzt ist, sind zwölfhundert Menschen anwesend. Als ich diesen heiligen Raum betrat, konnte ich die Anwesenheit des Heiligen Geistes spüren. Einhundert Jahre Liebe erfüllten dieses Heiligtum: lebendige Liebe, wahre Heilung.

Mein erster Vortrag in der Kirche fand an einem Fastensonnabend statt. Dazu gab es einen Halbtagsworkshop, bei dem ich über das Erwecken des inneren Heilers in jedem von uns sprach. Ungefähr zweihundertfünfzig Leute waren gekommen. Ich erinnerte sie daran, daß Jesus als Heiler Menschen mit seinen Händen und auch mit seinen Worten berührte. Ich sprach über den Heiligen Geist, der durch uns wirkt, wenn wir dem Christus Herz und Geist öffnen und um Heilung bitten. Ich sprach über den Wert des Gebets, geführte Bildvorstellungen und Vergebung. Da die meisten Leute keine Erfahrung mit dem Handauflegen als einer Form der Heilung hatten, schilderte ich meine Erlebnisse als Heilerin und wie ich glaubte, daß die Heilung vor sich ging. Da die Zuhörer auf Bänken saßen, war es zu schwierig, meine in der Ausbildung befindlichen Studenten auszusenden, um

Handauflegen zu üben, deshalb führte ich die Leute durch mehrere Meditationen und ließ sie während der Schlußmeditation der Selbstheilung die eigenen Hände auf ihr Herz legen. Viele Menschen kamen danach zu mir und berichteten, daß sie in ihren Händen Prickeln und Wärme gefühlt hätten; bei anderen hatten sich die Symptome gebessert. Manche erlebten, daß sich ihr Herz öffnete. Die Reaktion war großartig, und manche meiner ältesten Studenten und Kollegen, wie die Heilerin Gene Jennings, hörten mich an jenem Sonnabend in der Marble Collegiate Church zum erstenmal einen Vortrag halten.

Im folgenden Jahr wurde ich wieder eingeladen, um in der Fastenzeit einen Heilgottesdienst zu leiten. Ich trug einen Talar. Ich hatte etwas getan, was ich gewöhnlich nicht mache: Ich hatte mich vorbereitet. Ich hatte eine Predigt ausgearbeitet und meine Notizen mitgebracht. Während ich im Warteraum seitlich vom Hauptraum wartete, fragte mich einer der Hilfspfarrer, ob er für mich etwas auf das Pult legen sollte. Ich gab ihm die Seiten mit meiner Predigt. Nachdem ich am Rednerpult mit der ersten Seite fertig war, drehte ich sie um, und dann war da nichts mehr. Nichts – der Rest meiner Predigt war verschwunden. Ich starrte entsetzt auf das Pult. Ich blickte über die Versammlung von sechshundert Leuten und holte tief Luft. Was sollte ich tun? Ich konnte nicht erkennen, ob man bemerkt hatte, daß etwas nicht stimmte, deshalb machte ich einen Scherz darüber, daß die Blätter mit der restlichen Predigt verschwunden seien und ich, so gut ich konnte, weitermachen würde. Die

Gemeinde kicherte, die Pfarrer wirkten nervös. Später erzählte mir Gene Jennings, daß niemand etwas gemerkt haben würde, wenn ich nichts gesagt hätte, und ich hätte kaum eine Sekunde ausgesetzt. Mein Herz aber hatte mindestens ein paar Schläge ausgesetzt. So tat ich, was ich offensichtlich am besten kann: improvisieren und mich von der Inspiration führen lassen. Der Vorfall lehrte mich eine Lektion, die ich noch zweimal lernen mußte. Gott scheint mir die Gabe verliehen zu haben, mich mit Geist zu erfüllen, wenn ich vor einem Publikum stehe. Was ich sagen soll, fließt durch mich wie ein Fluß. Wenn mein Ego die Worte vorbereitet, negiere ich diesen Prozeß und verliere die Verbindung mit dem Geist und der Zuhörerschaft.

Die Kirche hatte vorne sechs Stühle für das Handauflegen aufgereiht: Nach dem Ende der Predigt stellten sich Arthur Caliandro, Florence Pert, ich und drei Hilfspfarrer hinter diese Stühle. Von der Gemeinde trat einer nach dem anderen vor und setzte sich auf einen Stuhl, sobald er frei wurde. Ich verlor jedes Zeitgefühl. Fast alle kamen. Jeder hatte nur ein paar Sekunden Zeit, um zu erzählen, warum er Heilung brauche, und für ein Gebet, während der Heiler die Hand auflegte. Ein Mann verwickelte mich in seine verzweifelte Geschichte. Er redete immer weiter und zog mich in seinen Strudel, und ich konnte ihn nicht aufhalten. Ich merkte, wie mein geistiger Schutz sich auflöste und es mir die Kehle zuschnürte, während ich versuchte, ihm zu widerstehen und zu sagen, daß keine Zeit zum Reden sei und höchstens eine Minute für die Heilung. Als ich ihn schließlich dazu gebracht

346

hatte, aufzustehen und zu gehen, mußte ich hinausgehen und die nächste Damentoilette aufsuchen. Ich hustete so heftig, daß ich kaum atmen konnte. Eine der Kirchenhelferinnen kam, um zu sehen, ob mit mir alles in Ordnung sei, und mir zu sagen, daß noch mehr Leute warteten, was mir nur zu bewußt war. Aber ich war von dem hungernden und leidenden Dämon des Mannes ausgesaugt worden und brauchte ein paar Minuten, um ihn loszulassen. Heilen kann gefährlich sein. Ohne es zu wollen, handeln manche Menschen in ihrer Verzweiflung wie geistige Vampire und saugen dem Heiler so viel Lebenskraft ab wie möglich – oder jedem, der gerade da ist, um sie mit Energie zu versorgen. Dies sind die Dämonen, die Jesus hinauswarf. Ich konnte noch nicht so gewandt mit ihnen umgehen.

Der Heilgottesdienst war ein bewegendes Erlebnis für alle von uns, die daran teilnahmen, und die Kirche beschloß danach, ihn jedes Jahr zur Fastenzeit zu wiederholen. Sie luden mich auch ein, bei ihrer Zehn-Uhr-Stunde am Sonntag vormittag vor dem Gottesdienst zu sprechen. Jeden Monat stellte ein anderer Redner in einem großen Raum neben der Kirche an allen Sonntagvormittagen ein bestimmtes Thema dar. Im ersten Jahr sprach ich im März über »Den inneren Heiler wecken«. Jeden Sonntagmorgen nahmen achtzig bis hundert Leute teil. Ich hatte die Studenten meines Ausbildungsprogramms eingeladen, hinzukommen und die Hand aufzulegen. Zehn erschienen, und Gene Jennings, inzwischen die Hauptplatzanweiserin, teilte jedem bestimmte Reihen zu. In einer Stunde konnte ich über Heilung sprechen und die

Zuhörer durch eine kurze Heilmeditation führen, bei der jedem die Hand aufgelegt wurde. Die Leute erzählten, wieviel Wärme, Prickeln oder Energie sie gespürt hatten. Ich beobachtete, wie die Menschen ihr Herz öffneten und mit der Heilenergie und der Kraft in Berührung kamen, mit der Gott jeden von uns erfüllt hat. Ich versuchte zu erklären, daß Jesus Christus, der Heiler, heute in jedem von uns lebt, und daß den Heiler in uns wecken bedeutet, sich seiner Gegenwart bewußt zu werden und die Heilung auf körperlicher, emotionaler, mentaler und geistiger Ebene zuzulassen. Nach der Meditation kamen Leute zu mir, denen die Tränen in den Augen standen. Ich war dankbar, daß ich meine Heilarbeit in einer Kirche machen konnte, wo sie hingehörte.

Im folgenden Jahr lud mich Florence Pert wieder zu einer Sonntagsrunde ein, wieder im März. Diesmal sprach ich über »Vergeben und nicht mehr urteilen«. Nach der Veranstaltung warf ich jedesmal einen verstohlenen Blick auf das Gottesdienstprogramm, und unweigerlich sprach Arthur Caliandro über das gleiche Thema. An einem Sonntag sprachen wir beide über den Umgang mit Zorn. Es mußte zwischen uns ein besonderes telepathisches Band bestehen. Ähnlich wie bei meinen Assistenten, die sich gewöhnlich in die gleichen Farben kleideten, die auch ich trug, ohne daß wir uns vorher abgesprochen hätten. An einem Sonntag kamen alle in Rot, am nächsten in Blau; wir freuten uns über solche einfachen Beispiele für Telepathie. Die meisten Leute würden denken, es sei reiner Zufall, aber wir wußten es besser. So etwas geschah ständig.

348

Der März und ich schienen gut zusammenzupassen, und Florence fragte mich deshalb, ob ich jeden März zur »Ten O'Clock Hour« der Marble Church kommen könnte. Ich sagte voll Freude zu. Im dritten Jahr wollte ich über »Auferstehung und Heilung« reden, weil Ostern war, aber Florence hielt das Thema für »zu schwer«. Vielleicht war die Kreuzigung schwer, aber die Auferstehung erschien mir sehr viel leichter. Im Veranstaltungskalender hatte man, wie ich entdeckte, das Thema in »ein neues Leben erschaffen« umgeändert. Gehorsam stellte ich mich auf dieses Thema ein, aber immer wieder tauchte die Vorstellung der Auferstehung in meinen Vorträgen auf. Mir wurde immer bewußter, daß Heilen und Wiederauferstehen eigentlich das gleiche waren. Indem wir unseren Körper, Herz, Geist und Seele heilen, befinden wir uns im Prozeß der Auferstehung. Jeden Augenblick, hier und jetzt.

Vor Jahren hatte ich einen besonderen Osterheilkreis angekündigt, den ich »Auferstehung und Heilung« nannte. Vierzig Leute meldeten sich, und ich mußte die Gruppe in zwei Kreise an verschiedenen Abenden aufteilen. Das Thema der Wiederauferstehung fasziniert und inspiriert alle, Christen und Nichtchristen. Wie Gerald Epstein in seinem Buch *Healing into Immortality* feststellt, spricht jeder Jude in seinem Morgengebet von der Auferstehung. Die Hindus und Buddhisten im Osten sprechen von der Wiederauferstehung als von der Reinkarnation und Erleuchtung. Sie glauben, daß sie Leben für Leben in einem neuen Körper reinkarniert werden, so daß die Seele sich entwickeln und das Leid heilen kann, das sie mit sich trägt. Wenn dieses Leid vollständig erlöst ist, erlebt man einen Zustand der Erleuchtung oder vollkommenen Auferstehung. Weitere Leben sind nicht mehr notwendig. Ein neuer Körper ist nicht mehr erforderlich, außer man beschließt, als Bodhisattva wiederzukommen, als jemand, der freiwillig wiedergeboren wird, um das Leid der anderen zu erleichtern.

Ich begann die Parallelen zwischen Heilung, Reinkarnation, Erleuchtung und Auferstehung zu erkennen und sprach darüber. In der Offenbarung des Johannes ist von der Wiederauferstehung am Ende der Zeiten die Rede, bei der jeder, der jemals gelebt hat, in physischer Form zurückkehrt. Im Osten gibt es endlose Zyklen von Tod und Wiedergeburt, ein Ende der Zeit ist nicht vorauszusehen. Abhängig vom Karma oder der Anhäufung von Handlungen und dem Bewußtsein, kann sich eine Seele in menschlicher Form bis zur Erleuchtung entwickeln, oder sie wird als Tier, Vogel oder Insekt wiedergeboren. Die Bodhisattvas legen das Gelübde ab, auf die eigene Erleuchtung zu verzichten, bis alle empfindungsfähigen Wesen, einschließlich der Tiere, erlöst sind, aber es dürfte ziemlich klar sein, daß dies nicht so schnell geschehen wird, falls überhaupt.

Und was ist mit heute? Wenn, wie die Wissenschaftler uns zu erzählen beginnen, die Zeit nur eine Vorstellung des Geistes ist und alles im Universum sich in Zyklen von Tod und Wiedergeburt entwickelt, dann entwickeln sich die Menschen ebenfalls in Zyklen von Tod und Wiedergeburt – unser Körper, unser Geist, unsere Seele. Wenn für einen Christen jeder Augenblick eine Gelegenheit ist, den lebendigen Christus in unserem Leben lebendig zu erfahren, sprechen wir dann nicht über den auferstandenen Christus? Nach C.G. Jung symbolisiert Jesus die lebendige Verkörperung des Selbst, und das ganze Bewußtsein ist auf Gott ausgerichtet und drückt ihn aus: Körper und Geist zusammen, in einem Wesen. Deshalb ist jeder von uns eine lebendige Verkörperung der Heilung in Evolution, einer Evolution durch Geburt, Verfolgung, Tod und Wiedergeburt. Wir entwickeln uns in Gottes Gegenwart, und Gott entwickelt sich in uns. Wir begegnen und berühren uns jeden Augenblick, bis es keine Trennung mehr gibt. Bis wir uns wieder erheben, und dann kommt es zur Vereinigung und Heilung und Wiederauferstehung.

Diese Vereinigung mit Gott ist es, die ich erlebe, wenn ich die Hand auflege. Indem ich nach innen gehe, um mich zu heilen, und nach außen, um jemand anderen zu heilen, erlebe ich, wie Gottes Gegenwart in meinem Herzen und meinem Körper, in Geist und Händen erwacht. Das Bewußtsein der göttlichen Gegenwart und Licht erfüllen mich. Wenn ich die Hände ausstrecke, um sie über einen Körper zu halten, suche ich nach dem Ort im Menschen, an dem ich den Geist Gottes berühren kann; der Boden der Begegnung, heiliger Boden. Durch Berührung dieser Stelle im Menschen kann ich häufig helfen, daß Gottes Gegenwart tief in seiner Seele erwacht. Ich bringe zum Boden der Begegnung eine Energie des Bewußtseins mit, ein verkörpertes Leben und Licht, die in dem anderen diese Dinge auch entzünden können. Durch körperliche Berührung wird das Göttliche aus dem Bereich des körperlosen Geistes geholt und manifestiert sich. Der Geist berührt uns, wir berühren den Geist: *Touching Spirit, Geistberührung.*

Nach dem lebendigen Gott, dem wahren Heiler, in einem Menschen zu suchen ähnelt dem Versuch, das neue Kohlenstoffmolekül zu finden, das die Wissenschaftler C 60 nennen. Als sie mit ihrer Forschung begannen, sagten ihnen alle Instrumente und Theorien, daß dieses Molekül existieren mußte. Aber niemand konnte es finden; keiner hatte einen greifbaren Beweis für dieses Molekül, das man für eines der stärksten hielt. Man dachte, es käme im Ruß vor, aber man konnte es nicht herausfiltern. Man stellte die Theorie auf, daß C 60 im Sternenstaub vorhanden sei. Die Wissenschaftler überlegten, welche atomare Form es hätte. Ein Wissenschaftler spielte mit den Atomen von Kohlen- und Wasserstoff und glaubte, es müsse ein Molekül aus Hexagrammen, vermischt mit Pentagrammen sein. Es bildete einen perfekten Ball. Einen Ball wie die geodätische Kuppel, die Bucky Fuller für die Weltausstellung von 1967 konstruierte; einen Soccerball. Dutzende von Wissenschaftlern verbrachten Jahre mit dem Versuch, C 60 zu *berühren*, doch es war so schwer zu fangen, daß es lange Zeit Theorie blieb. Schließlich erwärmte ein Wissenschaftler in Arizona Graphit, legte es in eine Lösung, und es entstand eine rote Flüssigkeit, die C-60-Kristalle enthielt. Die anderen Wissenschaftler waren sprachlos über die Einfachheit der Lösung.

Das Handauflegen ist eine einfache Methode, die lebendige Gegenwart Gottes in jedem Menschen zu berühren.

Es hängt nicht von komplizierter Theologie, einer Doktrin, einem Kanon oder einem ökumenischen Abkommen ab. Es ist die organische Wirklichkeit von Liebe in Aktion. Es ist die feminine Komponente der Religion; die Mutter, die ihr Kind mit den Händen hält und seinen Hunger mit ihrer Brust stillt. Dieser Akt der Liebe ist instinktiv, organisch und körperabhängig. Ich bin überzeugt, das Handauflegen verschwand aus den christlichen Kirchen, weil die Christenheit in die Falle von Verstand, Vorschriften und Dogmen, von Doktrinen und Machtkämpfen geriet. Durch die patriarchalische Trennung vom organischen femininen Körper der Heilung verschwand die Liebe. Das Weibliche wurde auf eine idealisierte Jungfrau Maria abgeschoben, und die Kirchen vergaßen, daß Jesus selbst das dunkle organische Weibliche in Form von Maria Magdalena eingeladen hatte, Teil seiner Reise und Botschaft der Liebe in physischer Form zu sein.

Das organische Feminine bedroht die Welt, die stolz auf Kontrolle und Beherrschung ist. Dies gilt für die persönliche Ebene in jedem von uns und auch für das große Ganze. Wir haben Angst vor körperlicher Berührung; sie macht uns das Kind in uns und sein organisches Bedürfnis nach Liebe, Wärme, Zärtlichkeit, Süße und Gerüchen bewußt. Wir verlieren diese Bedürfnisse nie, gleichgültig, wie alt wir werden. Die Mutter ist die erste Erfahrung, die wir als Neugeborene machen, nachdem wir das Reich des körperlosen Geistes verlassen haben. Unsere Seele bewegt sich durch einen weiblichen Körper voll Wärme und Blut in eine physische Welt, und wir beginnen unsere früheren Leben und Erfahrungen zu vergessen. Die Mutter übernimmt vorübergehend Gottes Rolle als Schöpfer, Gebärender, Ernährer und Liebender. Wenn unsere Mutter uns nicht liebevoll berührt und keine Geborgenheit und keine Bequemlichkeit in der physischen und emotionalen Welt unserer Kindheit erschafft, lernen wir, die feminine organische Welt als chaotisch und bedrohlich, strafend und schmerzlich oder als fern und ablehnend zu fürchten. Der physische Körper wird zu einem lästigen Aufenthaltsort, statt zu einem sicheren Zuhause. In einem Körper zu leben heißt zu lernen, mit Begrenzungen und der Abgeschnittenheit von der vollkommenen Vereinigung mit Gott und Mutter zu leben.

An einem Nachmittag hatte ich den Sender Connecticut Public Radio eingeschaltet; ein Priester erzählte die Geschichte eines kleinen Mädchens und ihres neugeborenen Bruders. Sie bestand immer wieder darauf, daß sie mit ihm allein sein wollte. Ihre Eltern machten sich Sorgen wegen seiner Sicherheit, aber das kleine Mädchen war liebevoll und freundlich zu ihm, deshalb gaben sie schließlich nach. Das kleine Mädchen ging ins Schlafzimmer und schloß die Tür. Doch sie stieß sie nicht ganz zu, sie blieb einen Spalt offen – groß genug für die Eltern, um zu hören, was das Mädchen zu dem neugeborenen Bruder sagte: »Erzähl mir, wie Gott sich anfühlt. Ich fange an, es zu vergessen.« Sie bat ihn nicht, von Gott zu erzählen oder ihn zu beschreiben. Sie wollte sich erinnern, wie Gott sich anfühlte: das organische, fühlende Reich der Wirklichkeit. Eins zu sein mit der Energie des Geliebten ist es, was das Kind in uns möchte. Wie Jesus sagte, wenn wir nicht wie die kleinen Kinder würden, kämen wir nicht in das Himmelreich. Das Himmelreich ist in uns, und in uns ist die organische Gefühlsebene unseres göttlichen Seins.

Ich wurde von der Catholic Health Association eingeladen, bei ihrem Jahrestreffen zu sprechen. Sie fragten, ob ich einen Halbtagsworkshop mit Handauflegen abhalten könnte. Sie nannten ihn »Streck die Hand aus und berühre«. Zuerst mochte ich den Titel nicht, ich fand, er klang zu sehr nach einem Werbeslogan. Sie erwarteten, daß mehrere hundert Leute zu meinem Workshop kämen, da die Zahl der Anmeldungen für das Treffen bei zwölfhundert lag. Ein paar Wochen vor dem Ereignis teilten sie mir mit, daß sich mehr als 80 Prozent der ursprünglichen Anmeldungen auch für meinen Workshop interessierten, der mit vierhundert Leuten ausgebucht sei. Ob ich den Workshop erweitern könne? Ich war damit einverstanden und rief noch einen weiteren Assistenten an, damit er mich nach St. Louis begleitete. Als wir eintrafen, waren 650 Leute für den Workshop eingeschrieben, und er mußte im großen Ballsaal des Hotels abgehalten werden. Ich war fassungslos; ich hatte noch nie zuvor zu so vielen Menschen auf einmal gesprochen und ganz sicherlich noch nie so vielen Leuten in vier Stunden das Handauflegen beigebracht.

An jenem Morgen ging ich in den Ballsaal und nach vorne auf die Bühne. Ich blickte über dieses weite Meer von Gesichtern und Körpern. Man hatte mir gesagt, daß Geistliche aller Art da sein würden, katholische und evangelische, vielleicht sogar einige Fundamentalisten.

Frauen und Männer hielten sich ungefähr die Waage. Als ich etwas genauer hinsah, entdeckte ich viele Männer mit Priesterkragen und Frauen in Schwesterntracht. Ich traute meinen Augen nicht; manche waren über sechzig, über siebzig. Warum waren sie gekommen? Warum wollten sie sich anhören, was ein viel jüngerer Laie, eine Geistheilerin, über das Handauflegen zu sagen hatte? Ich hatte gebetet, ich hatte meditiert. Ich hatte Gott um Führung gebeten und darum, die richtigen Dinge zu sagen. Ich kam zu dem Schluß, daß ich wahrscheinlich gleich hier auf der Bühne auf dem Scheiterhaufen verbrannt werden würde.

Ich wartete auf den Angriff. Er fand nie statt. Ich sprach über meinen Werdegang als Heilerin und vermied anfangs sorgfältig, in irgendeiner Weise das Wort »sensitiv« auszusprechen. Ich erklärte, was ich tat und daß ich glaubte, wir seien alle Heiler, ob wir zur Kirche gehörten oder nicht. Ich führte meine Zuhörer durch eine Meditation und spielte herrliche Heilmusik im Hintergrund ab. Nach der Hälfte der Zeit bat ich um Fragen. Im Mittelgang stand auf halber Höhe ein Mikrophon; jetzt war es soweit. Ich war überzeugt, jemand würde zu einer schneidenden Attacke ansetzen. Nichts passierte; alle schienen einen echten Hunger nach Informationen über das Heilen zu haben. Viele Leute beschrieben bewegende und kraftvolle Erfahrungen während der Meditation. Erleichterung.

In der zweiten Hälfte des Vormittags bat ich alle 650 Teilnehmer, sich zu Paaren zusammenzutun. Meine Assistenten und ich hatten sorgfältig geplant, wie die Heilung funktionieren sollte, und zu meinem großen Erstaunen ging alles leicht und rasch. Das Paar entschied, wer Heiler und wer Patient sein sollte, dann nahmen alle ihre Plätze ein. Die Patienten saßen auf den Stühlen, die Heiler standen hinter ihnen. Ich führte sie durch den Prozeß des Handauflegens. Im Hintergrund spielte leise Musik, und alle schlossen die Augen. Ich blickte über diese Diener Gottes, die ihre Herzen der Liebe öffneten und ihr Ego baten, aus dem Weg zu gehen. Im Raum wurde es still, mein Herz öffnete sich. Ich sah Gesichter, erfüllt von Licht und Lächeln. Schultern entspannten sich. Für mehr als zwanzig Minuten blieben die Leute völlig still und ruhten im heilenden Herzen von Gottes Gegenwart. Ich beobachtete, wie sich 325 Paar Hände liebevoll ausstreckten, um den Geist Gottes in ihrem Partner zu berühren. Ich spürte die Kraft dieser Liebe im Raum. Ich sah meine Assistenten an; sie waren von Ehrfurcht ergriffen und demütig und schauten mich mit Tränen in den Augen an. Und auch ich blickte mit Tränen in den Augen auf dieses Wunder hinaus.

Nachdem die Heilung zu Ende war, saßen die Leute zusammen und tauschten ihre Erfahrungen aus. Mein Instinkt führte mich hinunter ins Parkett, um mit einem alten Paar zu sprechen, einem Priester in den Siebzigern und einer etwa gleichaltrigen Frau mit einem Rückenproblem. Beide strahlten und lächelten. Sie erzählte ihm, daß sie die Wärme in seinen Händen gespürt habe und weißes Licht durch ihren Körper geströmt sei; ihr Rücken sei fast sofort besser geworden. Ich betrachtete sein Gesicht, sogar seine Runzeln schienen zu strahlen. Ich lä-

chelte zurück und fragte, ob er jemals zuvor das Handauflegen praktiziert hätte. Er verneinte. Wie war es gewesen? Wundervoll. Während ich in das strahlende Gesicht
dieses Mannes sah, stellte ich mir vor, daß Gott für ihn
auf eine organische Weise lebendig geworden war, wie er
es noch nie erlebt hatte. Er spürte mit seinen Händen
den lebendigen Gott in einem fremden Körper. Er erlebte, daß seine Hände von Gottes Liebe erfüllt waren.

Nach dem Austausch wechselten die Paare ihre Rolle, so
daß jeder beim Handauflegen das Geben und Empfangen erleben konnte. Die Leute waren erstaunt über das,
was sie fühlten; sogar Skeptiker lächelten. Der Mann in
der ersten Reihe, der bei der ersten Meditation mit
verschränkten Armen und Beinen steif dagesessen und
die Augen offengelassen hatte, unterhielt sich aufgeregt
mit seinem Partner über die Wärme, die er in den Händen fühlte. Die Teilnehmer stellten gute Fragen. Sie
wollten wissen, wie sie diese Heiltechnik mitnehmen
konnten zu ihren Gemeinden und Krankenhauspatien-
ten. Ich beschrieb den Heilgottesdienst in der Marble
Collegiate Church in New York und schlug auch vor, daß
sie die Heilung bei der Einzelseelsorge einsetzen sollten.
Alles, was sie zu tun hatten, war die Hand auszustrecken
und den Menschen zu berühren, der litt. Seine Hand zu
halten und sein Herz oder seinen Kopf im Gebet zu
berühren. Vermutlich taten sie dies alles bereits, ohne
sich bewußt auf die Heilenergie zu konzentrieren. Die
Absicht war das wichtige; zuerst das Herz zu öffnen war
wesentlich. Ich war überwältigt von der Anerkennung,
die ich von dieser Gruppe von 650 Menschen erhielt, die

ihr Leben Gott geweiht hatten. Ich war in meinem Herzen tief berührt.

Am Nachmittag verließ ich St. Louis mit dem Gefühl, daß etwas sehr Bedeutendes geschehen war. Ich hatte eigentlich nie geglaubt, daß ich den Tag erleben würde, an dem ich vor Priestern und Schwestern stehen und über das Handauflegen sprechen, geschweige denn ihnen zeigen würde, wie man es machte. Es gab tatsächlich eine Revolution an der Basis der Kirchen, und ich war ein Teil davon. Was für ein großer Segen. An jenem Tag saß ich im Flugzeug, Tränen der Dankbarkeit in den Augen, und hatte das Gefühl, mein Herz würde zerspringen. Ich danke dir, Gott, sagte ich immer wieder. Ich danke dir.

Ich flog von St. Louis nach Louisville, Kentucky, um mit einer Gruppe von Krankenhausverwaltern des Sister of Nazareth Hospital System zu sprechen, das aus sieben Krankenhäusern in verschiedenen Staaten bestand. Ich war von Mark Dundon, dem Präsidenten, einem freundlichen und sensiblen Mann, eingeladen worden. Ich erklärte ihnen, was ich tat und wie ich mir eine Eingliederung der Geistheilung in das medizinische Modell und in die Krankenhäuser vorstellte. Ich schilderte ihnen mein Modell der Heilreise, das ich vor ein paar Jahren geschaffen hatte und in meinem Ausbildungsprogramm *Touching Spirit* verwendete.

Ich führte die Gruppe auch durch eine Heilmeditation, die Erkenntnisse aus »Mit dem Körper kommunizieren« mit der Heilkraft von »Meditation zur Selbstheilung« verband. Die Personen, die vor der Meditation am skeptischsten gewesen zu sein schienen, waren diejenigen, die hinterher die meisten Schwierigkeiten hatten, die Augen wieder zu öffnen. Ich glaube, Skeptizismus ist nicht nur ein Zeichen von Intelligenz, sondern auch für den unbewußten Wunsch, eine tiefe und verborgene Wunde zu schützen. Doch unter der Skepsis liegt der echte Wunsch, zu vertrauen und zu glauben.

Nach dem Vortrag und nach dem Mittagessen führten mich verschiedene Schwestern zu ihrem Heilzentrum. Ich war erstaunt; hier im Mutterhaus hatten sie einen Raum in ein Heilzentrum verwandelt. Sie machten beides – Beratung und Massagen. Ich wanderte im Zimmer umher und trat zum Massagetisch; die Energie war nicht gut. Ich fragte sie, ob jemand nach dem letzten Patienten den Tisch gereinigt habe. Sie verneinten. Ich fragte, ob sie etwas dagegen hätten, wenn ich es tun würde. Sie waren erfreut, daß ich mich daran beteiligen wollte, den Raum zu segnen und die Energien auszugleichen, und ich zeigte ihnen, wie sie es allein machen konnten. Ich schlug vor, bei der Arbeit eine Kerze brennen zu lassen, sich nach der Heilung die Hände in kaltem Wasser zu waschen und etwas Wasser auf den Massagetisch zu spritzen, wenn der Patient sich erhoben hatte. Etwas Räucherwerk anzuzünden und das Kreuz über dem Tisch und im Zimmer zu schlagen, würde die Reinigung vollständig machen. Die Verwendung eines bedeutsamen spirituellen Symbols, wie etwa des Kreuzes oder des Sechssterns, gibt dem Ritual eine Dimension von Tiefe und Kraft.

Die Heilreise – Ausbildungsprogramm TOUCHING SPIRIT

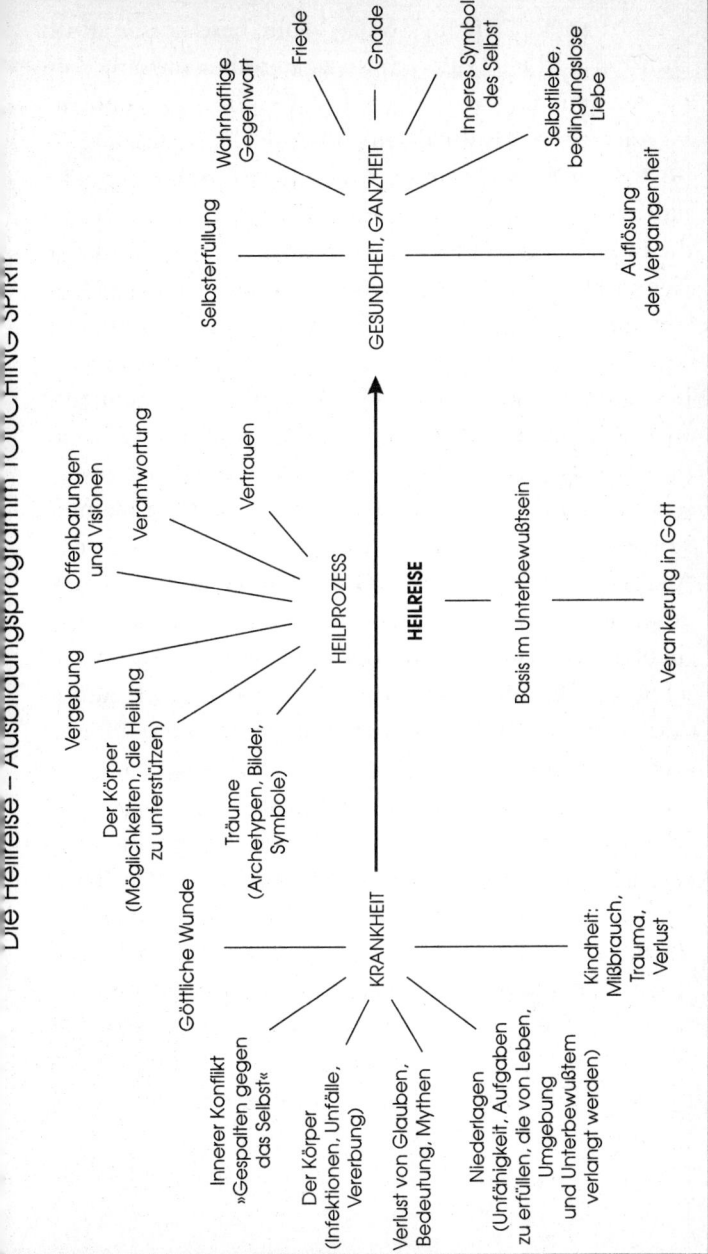

KRANKHEIT

Innerer Konflikt
»Gespalten gegen
das Selbst«

Der Körper
(Infektionen, Unfälle,
Vererbung)

Verlust von Glauben,
Bedeutung, Mythen

Niederlagen
(Unfähigkeit, Aufgaben
zu erfüllen, die von Leben,
Umgebung
und Unterbewußtem
verlangt werden)

Göttliche Wunde

Träume
(Archetypen, Bilder,
Symbole)

Kindheit:
Mißbrauch,
Trauma,
Verlust

HEILPROZESS

Vergebung

Der Körper
(Möglichkeiten, die Heilung
zu unterstützen)

Offenbarungen
und Visionen

Verantwortung

Vertrauen

HEILREISE

Basis im Unterbewußtsein

Verankerung in Gott

GESUNDHEIT, GANZHEIT — Gnade

Selbsterfüllung

Wahrhaftige
Gegenwart

Friede

Inneres Symbol
des Selbst

Selbstliebe,
bedingungslose
Liebe

Auflösung
der Vergangenheit

Nach dem Besuch im Heilzentrum beschlossen Ruth Dundon und ich, einen Spaziergang über das Anwesen zu machen. Es war ein schöner Frühlingstag, und die Vögel sangen. Als wir draußen vor der Kapelle standen, hörten wir Musik; es klang wie eine Flöte. Die Melodie hatte einen leicht orientalischen Charakter. Wir betraten die Kapelle, die um 1800 erbaut worden war. Im gleichen Augenblick überfiel mich eine Ahnung, daß ich hier schon einmal gewesen war. Es nahm mir den Atem, und ich spürte, wie ich an den Armen eine Gänsehaut bekam. Ich kannte diesen Ort. Die Musik erfüllte den Raum, und ich setzte mich in eine Bank, um die Kraft dieses Erlebnisses in mich aufzunehmen. Hier war Gottes Gegenwart, lebendig und überströmend. Ich konnte sie in meinem Körper spüren, sie mit den Ohren hören, sie mit den Augen sehen. Ich hatte das Gefühl, an einen Ort zurückgekehrt zu sein, an dem ich einst gelebt hatte. Ich wußte nicht, ob es an der Kapelle, der Musik oder daran lag, daß ich Gottes Gegenwart spürte. Ich wußte, daß ich zumindest in einem anderen Leben eine Nonne gewesen war, oder Schwester, wie man heute sagt. Vielleicht hatte sich ein Leben genau hier in Louisville, Kentucky, abgespielt. Es war nicht wichtig; in diesem Augenblick der Ewigkeit war ich zu mir selbst zurückgekehrt. Ich saß in tiefer Glückseligkeit da, bis die Musik aufhörte. Ich sagte zu Ruth, daß ich gern die Person finden würde, die gespielt hatte. Wir machten uns auf die Suche und entdeckten bald eine ältere Schwester in einem Raum hinter dem Altar. Sie lächelte über unsere Begeisterung und zeigte uns eine alte Kassette mit japanischer Seashore-Musik von James Galway. Wir gingen zum Buchladen auf der anderen Seite des Geländes und kauften sie uns beide.

Diese organische Erfahrung des Heiligen, das Wahrnehmen von Gottes Gegenwart im Leben, ist das eigentliche Fundament der Heilung. Wir sind Geist, verkörpert in der Materie. Im Judaismus ist mit *nephesh*, dem Wort für Seele, auch der physische Körper gemeint. Es gibt viele Arten, das physische Universum und den physischen Körper zu betrachten. Letzten Endes müssen wir alle zugeben, daß das Feminine, das Reich von Mutter Natur, unsauber und scheinbar chaotisch ist. Es kann uns durch Krankheit, Schmerz, Blitz, Wind, Schnee, Tornados und Epidemien aus unserer Sicherheit reißen. Die meisten Leute würden lieber glauben, Gottes Vermächtnis in der Genesis, daß wir die Macht über die Natur haben sollen, sei die Erlaubnis, zu versuchen, alles zu kontrollieren, auch das, was außer unserer Reichweite zu sein scheint. Worüber unser Verstand keine Macht hat, wird oft als das Schlechte und Böse angesehen, das man ignorieren oder bestrafen sollte. Im Westen wurde bis vor ein paar hundert Jahren angenommen, daß Krankheiten das Werk böser Geister waren und der Körper nicht etwas war, um das man sich kümmern oder das man freundlich behandeln sollte. Die Weisheit hat ihren Sitz im Verstand, das Böse im Körper.

Nikos Kazantzakis, Autor von *Alexis Sorbas* und vielen anderen Büchern, kämpfte sein ganzes Leben lang mit dieser Zweiteilung von Körper und Geist. Ich entdeckte Kazantzakis im College, als ich vergleichende Religionswissenschaften studierte. Sein Leben faszinierte mich; in meinem letzten Studienjahr beschloß ich, eine wissenschaftliche Arbeit über ihn zu schreiben, mit Hilfe meines Religionsprofessors und Beraters Ronald Gestwicki, der gerade seinen Doktor über Wallace Stevens' Gedichte machte. Wie mein Leben bis in jene Jahre, war auch das von Kazantzakis bis zu seinem Tod 1957 voll Krankheit und schwacher Gesundheit gewesen. Seine Liebe zu Gott und allen spirituellen Dingen veranlaßte ihn, das Problem des Leids in der Welt und die Aufteilung in Licht und Dunkel, Geist und Materie zu untersuchen. Er wollte Jesus und seine Mission als Erlöser verstehen, ein Thema, das er in allen seinen Schriften erforschte, vor allem in den Romanen *Griechische Passion*, *Brudermörder* und *Die letzte Versuchung*, das Martin Scorsese verfilmte. Kazantzakis quälte sich mit der Frage, wie ein guter und gerechter Gott Leid in der Welt zulassen konnte. Er wollte das beste aller Leben leben als eine Möglichkeit, Leid zu transformieren. In einigen Romanen bejahen seine Hauptpersonen das Leben, das Weibliche, den Körper und das Vergnügen daran. In anderen findet Kazantzakis an einer fast asketischen, aufopfernden Haltung Gefallen. Der Geist war für ihn rein und leicht, der Körper und das Feminine waren dunkel und chaotisch. Und doch kehrte er immer wieder zum Körper und einer Bejahung des Lebens zurück.

Ich identifizierte mich mit Kazantzakis' Ringen um das Verständnis von Körper und Geist, Leben und Tod. Für mich war verkörpert zu sein, allein schon am Leben zu sein, eine schmerzliche Herausforderung. In jenem Alter hatte ich keine Ahnung, wie tiefgehend diese Themen meine Zukunft beeinflussen würden. Zwanzig Jahre später war aus mir eine Heilerin geworden, deren Absicht es ist, auf physischem Weg neues Leben, wiederauferstandenes Leben ins Bewußtsein zu bringen – genau, was meiner Meinung nach Kazantzakis beabsichtigte, als er in *Brudermörder* schrieb: »In Wirklichkeit ist Christus auf die Erde gekommen und lag tot in uns, und wir alle weinten und warteten darauf, daß er wiederauferstand.« In *Der Felsengarten* schreibt er:

Wir müssen genau verstehen, daß wir nicht von einer Vereinigung mit Gott zur selben Vereinigung mit Gott fortschreiten. Wir gehen nicht von einem Chaos zu einem anderen weiter, auch nicht von einem Licht zum nächsten, nicht von einer Dunkelheit zu einer anderen Dunkelheit. Was wäre da der Wert unseres Lebens? Was wäre der Wert allen Lebens?
Sondern wir beginnen bei einem allmächtigen Chaos, bei einem tiefen Abgrund, aus einem Gemisch von Licht und Dunkelheit. Und wir – Pflanzen, Tiere, Menschen, Ideen – kämpfen in dieser flüchtigen Reise eines individuellen Lebens darum, das Chaos in uns in Ordnung zu bringen, den Abgrund zu säubern und soviel Dunkelheit wie möglich in unseren Körpern zu bearbeiten und sie in Licht umzuwandeln.

Jahre später, nachdem ich meinen Studienabschluß hatte, dachte ich oft daran, weiter zu studieren und meinen Doktor der Philosophie in Seelsorge zu machen, besonders um weitere Themen von Spiritualität und Religion zu erforschen. Ich fragte mich, wie es wohl sein würde, mit Menschen, deren Lebensweg eine Reise mit Gott war, über Heilung und Spiritualität zu diskutieren. Als dann Harvey Cox Thomas, Professor für Theologie an der Harvard Divinity School und Autor von *Fire from Heaven*, anrief und mich bat, über Heilung zu sprechen, war ich entzückt. Es war besonders bewegend, von ihm zu hören, weil wir uns viele Jahre lang nicht gesehen hatten. In den frühen siebziger Jahren, nachdem ich mein Studium abgeschlossen hatte, war ich durch Europa gereist. David Miller, Professor für Religion an der Syracuse University und Autor von *Gods and Games*, war ein externer Prüfer meiner Arbeit über Nikos Kazantzakis gewesen, und als er erfuhr, daß ich in der Schweiz sein würde, lud er mich ein, einen Vortrag von ihm anzuhören. Er fand auf einem schönen alten Besitz am See in Vevey statt. Jean Houston leitete dort einen Workshop über die Möglichkeit, mit tieferen Wahrheiten in Berührung zu kommen. Es war mein erster Workshop, der mit New Age oder alternativen Dingen zu tun hatte. An einem bestimmten Punkt des Workshops bat sie uns, einen Partner zu finden. Harvey Cox und ich – wir kannten uns damals noch nicht näher – taten uns zusammen. Wir sollten uns in die Augen sehen und in einen veränderten Bewußtseinszustand eintreten, in dem wir andere Wirklichkeiten sehen könnten. Ich erinnere mich, daß ich beobachtete, wie sein Gesicht von damals sich in das eines kleinen Kindes verwandelte und er dann zu einem alten Mann wurde. Es war, als könnte ich alle Zeitmasken seiner Seele sehen, während sie selbst dieselbe blieb.

Wie damals, als ich zum erstenmal in der Marble Collegiate Church sprach, machte ich den Fehler, mich auf das vorzubereiten, was ich sagen wollte. Vermutlich hatte ich Angst, die akademische Zuhörerschaft würde mehr wollen als nur einen Bericht über mein Leben und meine Arbeit als Heiler. Deshalb griff ich auf meine Abschlußarbeit zurück und nahm ein paar Seiten heraus, die meiner Meinung nach für mein Verständnis von Heilung wesentlich waren. Professor Cox hatte mir den Campus und die Kapelle gezeigt, in der ich sprechen würde. Es gab kein Kreuz, keinen Sechsstern, kein Symbol, keinen Schmuck. Er erzählte mir, daß alles wegen Meinungsverschiedenheiten entfernt worden sei; das hätte mir eine Warnung sein sollen.

An jenem Abend betrat ich die Kapelle, um zu sprechen. Meine studentische Assistentin, die in Boston wohnte, war schon früher gekommen und hatte Kerzen und meinen Kassettenrecorder aufgestellt. Ungefähr siebzig Leute kamen und füllten die Bänke. Ich begann über Geistheilung zu sprechen. Ich legte dar, daß alle Religionen und schamanischen Stämme eine Tradition der Heilung besaßen, bei der auf irgendeine Weise auch die Berührung eine Rolle spielte. Ich wollte den Zuhörern begreiflich machen, daß mir bewußt war, sie würden verschiedene religiöse Hintergründe haben. Ich habe meine ganze Laufbahn damit verbracht, besonders vorsichtig zu sein, um in puncto Religion niemand auf die Zehen zu treten. Ich wußte von mehreren früheren Leben, in denen ich für meine religiösen Überzeugungen verfolgt worden war. Ich habe immer versucht, keine konfessionelle oder sexistische Sprache zu verwenden, wenn ich über Heilung rede, und meine Langzeitstudenten, von denen viele keine Christen sind, haben mir immer wieder gesagt, wie willkommen und aufgehoben sie sich in meinem Ausbildungsprogramm fühlen.

Ich fuhr fort, darüber zu sprechen, daß wir alle Heiler seien und den Heiler in uns erwecken können. Ich sprach davon, daß Körper und Geist zusammenwirken und wir mit dem Körper kommunizieren müssen. Ich sprach vom weißen Licht und der Heilenergie und daß wir uns selbst heilen und, wenn wir wollen, an der Heilung anderer teilnehmen können. Ich schilderte verschiedene Patienten, mit denen ich über die Jahre zusammengearbeitet hatte, und die Ergebnisse meiner Heilarbeit bei ihnen. Ich brachte das Thema des Handauflegens zur Sprache, und dann machte ich einen schrecklichen Fehler: Ich las aus meiner Abschlußarbeit vor. Ich erwähnte eine Statue von Jesus in Europa, die während des Zweiten Weltkriegs beschädigt worden war. Eine Bombe hatte die Hände abgerissen, und statt sie zu ersetzen, hatte die Gemeinde beschlossen, die Statue ohne Hände zu lassen. Ich glaubte, dies sei ein schönes Symbol dafür, daß wir alle das Recht beanspruchen könnten, die Hände des Göttlichen zu sein, die in der physischen Welt wirken. Wir können zu diesen heilenden Händen werden und sie ausstrecken, um uns gegenseitig zu heilen.

Bumm, einer war hinausgegangen. Bumm, noch jemand ging hinaus. Ich spürte, wie mich Wellen von Zorn aus den hinteren Reihe der Kapelle trafen; vier oder fünf Leute verließen den Raum. In den zwanzig Jahren meiner Heilarbeit war mir so etwas noch nie passiert. Ich vermutete, zu Recht oder Unrecht, daß die Zuhörer, die verschwunden waren, glaubten, ich wollte ihnen das Christentum aufdrängen. Das war von der Wahrheit weit entfernt, doch sie blieben nicht und warteten nicht ab, um mich später deswegen zu fragen. Ich war erschüttert, machte aber weiter. Ich führte die restliche Gruppe durch eine Heilmeditation und ließ weißes Licht durch ihren Körper strömen und sie in jeder Zelle den lebendigen Gott spüren. Meine Studenten legten die Hand auf, so gut das bei den auf Bänken sitzenden Menschen möglich war. Ein Mann im hinteren Teil des Raumes lehnte das Handauflegen ab und saß einen Teil der Zeit mit offenen Augen da. Trotzdem – die Meditation war schön, und ich konnte am Ausdruck auf den Gesichtern erkennen, daß viele einen tiefen Zustand der Verbundenheit mit Gott erlebten. Zum Schluß saßen einige Leute schweigend da, ohne die Augen zu öffnen. Zumindest zu ihnen war ich durchgedrungen.

Dann begannen die Fragen. Ein paar Zuhörer erklärten, daß sie von Frieden erfüllt seien. Eine Frau in den hinteren Reihen sagte, sie konnte der Meditation nicht folgen, weil ich weißes Licht benützt hatte. Da ich vorher von Jesus gesprochen hatte, dachte sie, daß dieses Licht vielleicht Jesus sei. Sie war Jüdin und wollte Jesus nicht in ihrem Körper haben. Ich antwortete ihr, daß weißes Licht das göttliche Licht sei, die Grundenergie der Schöpfung, die Energie, aus der wir alle bestünden. Sogar afrikanische Stämme sprechen in ihrer spirituellen Überlieferung von weißem Licht. Der Mann, der das Handauflegen abgelehnt hatte, war, wie sich herausstellte, ein Geistlicher der Fundamentalisten. Er stand auf und predigte mir fünf Minuten lang. Er meinte, ich hätte die Patientin, von der ich gesprochen hätte, nicht bekehren und heilen können, weil ich den Himmel und die rettende Macht von Jesus Christus nicht beschrieb. Ich antwortete, daß jene Patientin keine religiöse Erziehung genossen habe; sie sei jüdischer Abstammung und mit ihrem geistigen Erbe nie vertraut gemacht worden. In den fünf Jahren, die ich mit ihr gearbeitet hatte, fand sie zu einer tiefen inneren Verbindung mit Gott und betete und meditierte täglich. Obwohl sie körperlich nicht gesund wurde, erforschte sie ihr spirituelles Leben auf eine Weise, wie sie es, wenn die Krankheit nicht gewesen wäre, nie getan hätte.

Nach dem Vortrag kamen viele Leute zu mir, um mir zu sagen, wie sehr es ihnen gefallen hätte. Aber ich wußte, daß ich gerade mit das schwierigste Publikum erlebt hatte, das mir je begegnet war. Ich versuchte mich zu erinnern, wie man sich als graduierter Student fühlte. Mir fiel ein, wie streitsüchtig alle gewesen waren, wie wichtig Meinungen zu sein schienen und wie entschlossen Studenten waren, ihre eigene Weltsicht zu erklären. Mir wurde bewußt, daß es etwas ganz anderes ist, die Gegenwart Gottes in seinem Leben und Körper zu *fühlen,* als darüber zu diskutieren und zu lesen. Ich fragte mich, wie viele Studenten der Harvard Divinity School sich, wie jener Priester, mit ihrer eigenen religiösen Erziehung und dem Verlust von Glauben und Lebenssinn herumschlugen. Ich fragte mich, wie viele in Kopf und Verstand feststeckten. Ich erinnerte mich, daß ich mich am Anfang meines Studiums geweigert hatte, das Wort Gott zu gebrauchen. Es erschien mir so abgenützt, daß es für mich keinen Sinn mehr hatte. Erst als ich Heilerin geworden war, hatte Gott wirklich eine Bedeutung für mich – das Wort selbst spielte keine Rolle mehr. Ich wünschte, ich hätte jene Studenten erreichen können, die wütend hinausgelaufen waren und dachten, ich sei nichts als eine weitere Christin, die sie bekehren wollte. An jenem Abend jedenfalls überzeugte ich sie nicht; ich war ihnen nicht revolutionär genug, dem Fundamentalisten dagegen war ich zu revolutionär. Professor Cox erzählte mir später, daß die meisten der Generation X, die nach dem Babyboom kam, »der Religion mißtrauten und sich nach Spiritualität sehnten«. Mein Vortrag hatte hitzige Diskussionen ausgelöst, die zwei Wochen andauerten. Hitzig bedeutet leidenschaftlich, und wo Leidenschaft ist, ist auch Gefühl. Das Herz wird berührt, und der innere Heiler kann lebendig werden. Vielleicht hatte ich mein Ziel doch erreicht.

Ich habe nie verstanden, was jemand motivieren kann, andere Leute zu seinen eigenen religiösen Ansichten bekehren zu wollen, außer es geschieht aus Machthunger oder Selbstbestätigung. Wie die meisten Buddhisten glaube auch ich, daß ein Rad viele Speichen hat und viele Wege zu Gott führen. Jede Religion hat ihre Schönheit, ihre Geschichten und Gleichnisse und ihre Methoden, auf dieser Welt die Liebe zu verwirklichen. Ich habe mir oft vorgestellt, daß ich, wenn ich das nächstemal angegriffen würde, aufstünde und zu meinem Angreifer sagte:

»Liebst du Gott?« Ich stelle mir vor, daß die Antwort »Ja« ist. Und meine Antwort wird sein: »Ich auch. Wo ist also das Problem?«

Ich kann mir nicht denken, daß Gott irgend jemand vom Himmel abweist, der ein Leben der tätigen Liebe gelebt hat. Wenn Jesus und Buddha recht haben und das Königreich des Himmels in uns ist, dann bedeutet das Herz zu öffnen und sein Leben von dieser Öffnung aus zu leben, daß wir hier und jetzt im Himmel sind. Es mag immer noch Leid auf der Welt geben, aber der Himmel kann in unserem eigenen Herzen existieren. Dem Leid in der Welt mit Liebe begegnen heißt Heilung geben. Das Leid der Welt mit den Händen der Liebe berühren wird die Revolution wieder in die Kirchen tragen – die Art Revolution, die sie vor langer Zeit erschuf.

12 Samenperlen

Ich schließe die Tür zu meinem Zuhause auf und gehe die Treppe hinauf und in mein Arbeitszimmer. Ich bin gerade von meinem Vortrag über Wiederauferstehung und Heilung in der Marble Collegiate Church zurückgekehrt. Die Aussicht aus dem Rückfenster mit den Baumzeilen und offenen Graswiesen begrüßt mich. Ohne den Mantel auszuziehen, setze ich mich an den Computer und schreibe:

> *Barfuß und erfüllt*
> *gehe ich über Gras*
> *bis zum Wegrand*
> *aus Stroh*
> *Baumzeilen*
> *pflanzen Leben*
> *auf meinen Weg*
> *bieten Chancen*
> *ein solides*
> *Wunder*
> *festzuhalten*

Die Worte strömen aus einem neuen Fluß in meiner Seele. Ich denke nicht über sie nach, plane sie nicht oder korrigiere sie. Sie fließen einfach durch mich hindurch, wie Heilenergie vor zwanzig Jahren durch meine Hände floß. Es ist zwei Uhr nachmittags, und sechs Stunden lang strömt dieses Wasser der Seele durch meine Finger und auf den Computerbildschirm. Den Mantel trage ich immer noch. Ich unterbreche und mache das Abendessen, setze ich mich wieder hin und schreibe weiter Gedichte, bis ich um elf Uhr ins Bett gehe. Am nächsten Morgen stehe ich auf und setze mich mit meinem Kaffee hinaus. Die Sonne scheint, die Vögel zwitschern, ein wahrer Frühlingstag voll Wiedergeburt. Ich gehe hinauf und bringe meinen Laptop nach draußen und sitze in der Morgensonne auf der Terrasse. Die Gedichte brechen aus mir hervor wie ein Zen-Koan oder Haiku, und jeder neue Bewußtseinsblitz ist wie der Flug eines Vogels durch mein Blickfeld.

Herabstoßende Vögel
flatternd
im Atem
Gottes

Bis zwei Uhr nachmittags, vierundzwanzig Stunden nachdem ich begann, habe ich fast hundert Seiten Gedichte geschrieben. Heilende, spirituelle Gedichte, deren Energie aus dem neuen Leben meiner Seele hervorströmt. Als ich noch einmal lese, was hervorbrach, fühle ich, wie sich mein Herz öffnet und Tränen fließen. Dies ist meine Heilung, die vor meinen Augen geschieht und durch alle Zellen meines Körpers geht. In meinen Träumen erscheinen jetzt gute Männer, positive männliche Figuren, positive Animusgestalten werden geboren. Ich träume von Michael Crichton, dem Schriftsteller, wie er mir ein Buch gibt; der Umschlag ist leer. Ich weiß, es ist meines.

Ich erinnere mich, daß mein Vater Gedichte liebte und sie meiner Mutter in ihrer Verlobungszeit vorlas. Er bewahrte kleine, in Leder gebundene Gedichtbände in seinem Nachttisch auf. Als Kind sah ich sie mir gern an und erinnerte mich immer an Rudyard Kipling: »Wenn ich eine Mauer baute, würde ich wissen wollen, wen ich mit einer Mauer umgab und wen ich draußen ließ und wen ich vielleicht beleidigte.« Und »Wenn du deinen Kopf oben behalten kannst, während alle anderen ihn verlieren und dir die Schuld geben.« Frühe Übung in geistiger Selbstverteidigung, weiter schritt der Unterricht nicht fort. Mein früherer Ehemann hatte Gedichte geschrieben, ein paar, die ich sehr schätze, für mich. Er war gut, sehr gut. Die Seele eines Poeten in Gestalt eines Kriegers. Ich erinnere mich an seine Gedichte voll Zärtlichkeit.

Aber ich – nicht in einer Million Jahren hätte ich gedacht, daß ich Gedichte schreiben würde! Ein Buch vielleicht, aber niemals Gedichte. »Unnütz, aber wesentlich« hat, glaube ich, jemand einmal von ihnen gesagt. Ich wurde dazu erzogen, nützlich zu sein. Als andererseits die Mitglieder seines Kabinetts im Zweiten Weltkrieg das Budget für die schönen Künste zusammenstreichen wollten, lehnte Winston Churchill das ab. Wenn wir nicht für die Freiheit, sich auszudrücken, kämpfen, antwortete er, wofür kämpfen wir dann?

Ich gebar. Gedichte. Die lebenslange Schwangerschaft verwirklichte sich schließlich. Innerhalb einer Woche hatte ich noch fünfzig neue geschrieben. Jeden Tag saß ich da und erlaubte ihnen, durchzufließen. Einige der wenigen Male in meinem Leben konnte ich meinen beurteilenden, rationalen, männlichen Animusverstand aus dem Weg schaffen, und der Geburtsprozeß verlief ohne Störung. Gewöhnlich höre ich die erste Zeile eines neuen Gedichts und weiß, ich muß mich sofort hinsetzen und sie einfangen, sonst verliere ich sie. Wie Annie Dillard über das Schreiben sagt: »Eine Zeile fällt von der Decke.« Innerhalb von sechs Monaten hatte ich fast sechshundert Seiten Gedichte. Ich hatte keine Ahnung, ob sie irgend etwas taugten, aber das war mir gleich. Sie waren eine Heilung für mich, und zum erstenmal in meinem Leben würde ich diese Kinder behalten und sie nicht zu rasch anderen Leuten anbieten, damit sie sie als Nahrung verschlangen. Die volle Wucht ihrer Geburt sollte tief im heilenden Grund meiner Seele gespürt werden, ehe ich sie mit anderen teilte.

> Lange Jahre
> trage ich
> einen schwangeren Schoß
> während Seelenlichter
> im Schlamm kämpfen
> damit sich
> ein ganzer Geist
> erhebt

Es dauerte Monate, ehe ich jemand erlaubte, sie zu sehen. Schließlich teilte ich sie mit meiner lieben Freun-

din Camille Hykes, der Herausgeberin großartiger, prä-
mierter Bücher wie *Shelter* von Jayne Anne Phillips und
Platte River von Rick Bass. Sie gefielen ihr. Ich hatte den
Mut, ein paar mehr engen Freunden zu zeigen; sie gefielen ihnen auch. Sehr selten kam ein Gedicht für einen
Patienten oder einen Studenten durch, und ich wußte,
daß ich es ihm als Teil seines Heilungsprozesses zeigen sollte. Wie das dunkle Gedicht, das ich schrieb, nachdem ich erfahren hatte, daß eine meiner jungen ver-
wundbaren Patientinnen von ihrem Wohnungsbesitzer
in ihrer eigenen Wohnung beinahe vergewaltigt worden
wäre:

> *Sieh klar*
> *nimm dein dunkles Auge an*
> *nicht jeder ist so nett*
> *es gibt hungrige Geister*
> *in Körpern lebend*
> *die deine Süße schlucken*
> *und deine Säfte verdauen*
> *es gibt wütende Vergewaltiger*
> *die deine Höflichkeit*
> *überwältigen und*
> *deine Perlen der Schönheit stehlen*
> *es gibt mordende Affen*
> *die deine Seele von der Liebe ablenken*
> *und dein Herz mit Worten fressen*
> *so wach auf, junge Persephone*
> *sieh die Gefahr*
> *wähle die Nachthexe*

Hekate dir zur Führerin
ehe Hades
deine Jungfräulichkeit stiehlt
und Mutter und Kind
trennt
von der Illusion
lebenslangen Spiels
und Männern auf weißen Pferden

Ich schrieb Gedichte über meinen ehemaligen Mann, meinen Vater, frühere Liebhaber und Freunde. Jedes Gedicht war seine eigene Heilung und bot Einblicke in die Vergangenheit und Vergebung in der Gegenwart. Ich besaß den Mut, meinem früheren Mann ein Gedicht zu schicken, das ich für ihn vor seiner Reise zu den Weltmeisterschaften im Triathlon in Neuseeland geschrieben hatte. Es gefiel ihm. Monate später rief ich ihn an und fragte, ob er noch ein paar Gedichte von mir lesen wolle. Er sagte ja. Wir trafen uns in der Spätsommersonne, saßen auf einer Bank und aßen ein Picknick. Nachdem wir fertig gegessen hatten, gab ich ihm eine Auswahl der Gedichte, darunter auch einige für ihn. Über manche lachte er. Ich war beleidigt. Er versicherte, er lache nur, weil die Bilder so kraß, so schlagkräftig seien; er könne es kaum glauben. Er las weiter, ziemlich lange. Einmal blickte er mir in die Augen und sagte: »Du bist eine Dichterin.« Mein Herz lächelte. Ich begann ein paar Gedichte zu meinen Workshops mitzunehmen. Ich hatte schreckliche Angst: Das war unbekanntes Gebiet, es könnte ein Reinfall sein. Ich könnte vor hundert Leuten dastehen, und die Gedichte würden ihnen nicht gefallen; sie könnten denken, ich sei verrückt. Schlimmer – ich hatte noch nie zuvor Gedichte laut vorgelesen. Was, wenn ich schrecklich war? Genau aus diesem Grund mußte ich es tun, das war mir klar. Ich wußte, ich mußte meiner Angst ins Auge sehen, mich behaupten und allen reinen Wein einschenken. Ich mußte zusammen mit meiner Seele wachsen.

Am Ende meines Freitagabendvortrags über »Den inneren Heiler wecken« im Interface Center von Boston holte ich ein paar Blätter heraus. Ich las ein Gedicht vor. Niemand ging hinaus. Ich hatte sie vorher gewarnt und gesagt, wenn sie gehen wollten, sollten sie es jetzt tun. Niemand verließ den Raum. Ich las weiter vor; die Leute lächelten. Ich konnte fühlen, wie eine tiefe Stille den Raum durchdrang. Die Worte schienen von ihr verschluckt zu werden, sobald ich sie aussandte. Ich kam zum letzten Gedicht, und die Kehle wurde mir eng. Nachdem ich es zur Hälfte gelesen hatte, füllten sich meine Augen mit Tränen, und meine Stimme brach; ich konnte nicht weiterlesen. Ich sagte, daß dieses Gedicht vorzulesen schwieriger sei, als ich angenommen hätte. Ich atmete ein paarmal tief und blickte auf. Die Leute waren immer noch bei der Sache. Ein Mann zu meiner Rechten, der während meines Vortrags tödlich gelangweilt gewirkt hatte, lehnte sich plötzlich mit weit geöffneten Augen vor. Ich begann noch einmal:

> *Ich habe meine Hände gebraucht*
> *und Liebe niedergelegt*

in die Herzen
jener die kommen
um zarter Fürsorge
und Worte willen
damit Hoffnung
in die Knochen schmilzt.
Ich habe Löcher
von zerbrochenen Verlusten
gefüllt
und gewohnte Erwartungen
aus ihrer Kreisbahn
bewegt
bis die Gesichter
aufleuchteten.
Ich habe Dämonen
des Hungers angestarrt
und den Boden unter meinen
Füßen bewahrt
wie einen Opferaltar
und das Kind eingeladen
Selbstliebe zu essen.
Ich habe mein Herz gebraucht
und das Licht der Liebe
niedergelegt
um den Pfad zerbrochener Träume
zu reparieren
und dem Spiegel seinen angestammten Platz
in den Augen der Gottheit
zurückzugeben.

Als alles vorbei war, bedankte ich mich für das Zuhören und wünschte allen *Namaste* (»Ich verbeuge mich vor der Gottheit in dir«). Mehrere Leute kamen zu mir, um sich zu bedanken. Eine Frau hatte Tränen in den Augen. Eine andere wollte wissen, wann die Gedichte veröffentlicht würden. Als ich an jenem Abend wieder auf meinem Zimmer war, wußte ich, daß etwas Außergewöhnliches geschehen war. Eine Vermählung von Licht und Dunkel, des Femininen und Maskulinen, von Boden und Geist. Meine Heilarbeit würde nie mehr die gleiche sein. Ich hatte meine wahre Seelenstimme gefunden, und sie berührte den Geist in den Seelen jener, die sie hörten, und schlug Wurzeln.

Tagebucheintragung, später Oktober
Ich erwache um halb sechs, und Samenperlen keimen in mir auf. Gedichte, mit dem sanften runden Schimmer von Perlen, die in der Stille ausgebreiteter Ketten glühen und nur getestet werden können, indem man mit den Zähnen darauf beißt.
Ich wohne in einem roten Sandsteinhaus an der Upper West Side von New York. Es gehört Fremden, Freunden meines Freundes. Die Wohnung ist groß und geräumig, mit viel Eiche und Glas und Kaminen ohne Feuer. Auf dem Kaminsims im Wohnzimmer steht ein großes gerahmtes Foto von einem runden Spiegel, der ein dunkles, perfekt zentriertes Kreuz zurückwirft. Das Schlafzimmer, in dem ich schlafe, geht auf den Hinterhof hinaus. Nachdem ich die Samenperlen auf einen Schmierzettel geschrieben habe, trinke ich Kaffee und esse ein kleines Fruchtmuffin. In der Wohnung ist es warm, und ich gehe zu der Tür, die auf den Balkon führt, um sie zu öffnen

und frische Luft hereinzulassen. Ich lege die Hand auf den Knauf und blicke durch die Scheibe. Dort, diagonal vor mir ausgespannt, ist ein langes dunkles Kabel, das von der linken Seite des Hauses bis zu dem Gebäude aus Ziegeln auf der gegenüberliegenden Seite des Hofs reicht. Wie Perlen gurrender Anmut sitzen mehrere Dutzend Tauben in einer Reihe darauf. Sie blicken in die gleiche Richtung, zu mir her. Ich stehe bewegungslos da, wie hypnotisiert, und wage nicht, mich zu rühren oder etwa zu atmen. Ich weiß, daß ich zufällig eine Szene sehe, die nur in diesem Moment auf der Erde ihren Zauber ausstrahlt. Als habe sich die ganze Schöpfung zum Frühstück getroffen und sei übereingekommen, für das Auge eines Dichters stillzuhalten, der in der Morgendämmerung erwacht ist. Für einen zeitlosen Augenblick balancieren die Tauben auf diesem Hochseil. Ich lasse meine Augen über das Kabel gleiten und zähle zwanzig bis zu dem anderen Haus, wo ich noch weitere zwanzig sehe; genau vierzig.

Meine Augen erforschen die Reihe. Einige Tauben sind nur dunkelgrau, andere variieren zwischen dunkel und hell. Ein paar haben einen weißen runden Fleck mitten auf dem Rükken, während bei zweien die Flügelspitzen aus reinem weißen Licht sind, das in der Luft aufblitzt, als sie eine Übungsrunde durch den Luftraum zwischen dem Kabel und dem schwarzen kunstvollen Balkongeländer drehen. Eine Taube ist beinahe ganz weiß, mit nur etwas Grau an den Flügeln und Schwanzfedern. Sie erinnert mich an eine völlig weiße Taube, die ich vor vielen Jahren auf dem Broadway sah. Sie stand mitten auf dem Bürgersteig, mit ein oder zwei unscheinbaren grauen Freundinnen. Ich glaubte, meinen Augen nicht zu trauen, als mir ihre Gegenwart auf dem Pflaster auffiel. Den anderen ging es ebenso, Dutzende von Menschen verlangsamten ihren Schritt. Manche, wie ich, blieben ganz stehen und blickten auf diesen reinweißen Vogel, der leichtfüßig über den heißen Zement lief. Mir war, als blicke ich auf den Heiligen Geist, der sich herabgelassen hatte, sich in einer Taube zu verkörpern, um uns daran zu erinnern, daß die Gottheit zu unseren Füßen lebt, sogar auf einer New Yorker Straße.

Während ich dieses Buch schrieb, sah ich auf der Columbus Avenue noch eine reinweiße Taube. Wieder blieb ich stehen und betrachtete sie voll Staunen. Zweimal in einem Leben – ich konnte es kaum fassen. Ich, die so an Wunder gewöhnt ist, weil sie mir täglich passieren, wurde von Ehrfurcht ergriffen. Mir fiel ein Artikel in irgendeiner New Yorker Zeitung ein, in dem der Autor schrieb, er habe ein Taubenjunges in einem Nest auf dem Sims vor seinem Küchenfenster gefunden. Ein einzelnes flaumiges, kleines Ding, das sich seinen Weg in diese Welt bahnte. Es überlebte mehrere Tage und verschwand dann. Der Verfasser war traurig und fasziniert; er las alles Erreichbare über Tauben und befragte Experten. Man sagte ihm, daß das Junge wahrscheinlich von einem anderen aggressiveren Vogel gefressen worden sei oder daß es aus dem Nest gefallen und tot sei. In der rauhen Umgebung von New York überleben nur sehr wenige junge Tauben, und deshalb sieht man sie oder ihre Nester selten.

Ich blickte auf diesen herrlichen weißen Engel, der mitten auf dem Gehweg Ecke 83. Straße und Columbus herumspazierte. Ich sah auf, um festzustellen, wie viele Leute ihn bemerkt hatten und stehengeblieben waren, um ihn zu bewundern, wie es Jahre zuvor der Fall gewesen war. Niemand blieb stehen; nicht ein einziger Mensch schenkte ihm Beachtung oder auch *nur einen Blick, soweit ich das beurteilen konnte. Ich fragte mich, was sich in diesen Jahren verändert hatte, daß nur zwei Avenues weiter diese große Schönheit und Anmut keinen Eindruck mehr machte. Blitzartig dachte ich, ob diese Taube wohl ein Junges der anderen sei. Irgendwie schien es mir nicht derselbe Vogel zu sein, obwohl es vermutlich der Fall hätte sein können. Ich weiß nicht, wie lange Tauben leben. Eine neue Verkörperung des Heiligen Geistes hatte die Columbus Avenue besucht. Ich konnte mich kaum von der Ecke trennen, um meiner eigenen Wege zu gehen.*

Jetzt beobachte ich, wie diese vierzig Tauben anmutig dasitzen und sich ab und zu die Federn putzen. Und dann machen zwei oder drei den Anfang und stoßen gleichzeitig durch die Luft, um ihr Fahrgestell an Balkonrändern und wieder oben auf dem Kabel und dem Gebäudedach zu erproben. Einmal fliegen alle los, und der ganze Luftraum zwischen den Häusern ist mit dem zarten Lärm und dem Anblick von flatternden Flügeln und Gurren erfüllt. Ich frage mich, ob sie das jeden Morgen so machen. Ob sie sich in diese Oase aus Raum und Bäumen und Fenstern zurückgezogen hatten, um das Erwachen der Schöpfung zu erleben. Sie wirken, als fühlten sie sich hier sicher, als hätten sie ein Zuhause gefunden, in dem sie spielen, nisten und ihren Tag beginnen können. Es kommt mir in den Sinn, daß jede Taube wie ein Mensch ist, mit Schatten von Grau, die durch Generationen von Schatten weitergegeben worden waren. Je dunkler das Grau, desto mehr verschmelzen sie mit ihrer Umgebung. Die weißen Flügelspitzen und das Geflatter von Licht fallen dem Auge auf. Sie sind gefährlich. Und doch stelle ich mir vor, daß sich diese Tauben wie Menschen irgendwie aus dem Schmutz und den

Schlacken, der Erde und dem Schatten der Schöpfung her-
ausentwickeln in eine Phase, in der es gefahrlos sein kann,
sein Licht zu zeigen und den hellen Glanz des Spiels des Geistes
aufzufangen.

Und dann kommen sie, die schwarzen Krähen. Drei Vögel,
groß, mit scharfem Schnabel, bedrohlich. Neununddreißig
Tauben fliegen davon. Eine brave graue ist bereit, auf der
Dachkante des gegenüberliegenden Gebäudes sitzen zu bleiben. Die Krähen stehen einfach da, wie Statuen oder Vogel-
scheuchen, und ihre Silhouetten zeichnen sich gegen den
Himmel ab, damit ich nicht vergesse, daß der scharfe Schnabel
des Schattens in der Welt existiert. Nachdem sie ihre Aufgabe,
das Gebiet zu beanspruchen, erfüllt haben, fliegen sie eine
nach der anderen davon. Der Hof ist für ein paar Minuten
leer. Ich frage mich, ob sie Verwandte der sieben Krähen sind,
die am Ende des Sommers alle Birnen meines Birnbaums gefressen hatten, weil es keinen Regen gab und sie wahrscheinlich durstig waren. Hunger – das ist es, was sie symbolisieren.
Den gierigen Hunger des schwarzen Schnabels, der kommt,
um zu nehmen, was er sucht. Ich sollte das nicht vergessen.

Ich blicke hoch. Die Tauben kommen allmählich wieder zurück. Ein paar tapfere, auch die weiße, stoßen herab und
stehen auf dem Gebäude, wo die Krähen standen. Zwölf
Jünger. Dann ein paar winzige braune Zaunkönige. Zwei
Seemöven steigen zu den Dächern von Wolkenkratzern auf.
Ein silberner Metallvogel, den Bauch voll Menschenfleisch,
zieht seine Spur Richtung Südwesten. Ein einsamer Blauhä-
her sitzt auf dem Geländer rechts von mir neben dem Fenster,
an dem ich schreibe. Der Tag hat begonnen mit Samenperlen
von erwachendem runden Glanz, in die ich mit den Zähnen

385

*beiße. Bei denen man sich daran erinnert, daß wir alle zu einer
großen gurrenden Schöpfung gehören, die voll Anmut vor
unseren Gesichtern tanzt und unsere Seele heilt, so daß wir
eine ganze Verkörperung des Geistes werden.*

*Ich stehe vom Schreibtisch auf und stelle mich wieder an die
Tür. Auf der anderen Seite des Hofs steht eine Taube auf dem
Schornsteinaufbau. Es ist die weiße Taube. Ich sehe genauer
hin. Ihre Flügel sind hellgrau, mit einem schönen schwarzen
Streifen im Grau. Sie steht hoch oben im Licht. Von links
schwebt ein Pflanzensamen mit glänzenden Staubfäden durch
mein Blickfeld. Ich frage mich, wo er zur Ruhe kommen und
Wurzeln schlagen wird.*

Heilmeditationen

Einführung

Die folgenden Meditationen können Sie allein machen oder sie – langsam – einem Freund, Familienmitglied oder Patienten vorlesen, der Heilung braucht. Wenn Sie allein meditieren, lesen Sie den Meditationstext am besten vorher einmal durch, damit Sie eine Vorstellung davon haben, was für Erfahrungen Sie machen können. Entweder lassen Sie sich dann von Ihrer Erinnerung leiten, oder Sie öffnen hin und wieder die Augen, um einen Blick auf den Text zu werfen.

Wenn Sie eine Meditation vorlesen, denken Sie daran, nach jedem Satz eine Pause einzulegen (fünf Sekunden) und nach jedem Absatz (20 Sekunden) ebenfalls, damit der andere genug Zeit hat, Ihre Anweisungen auszuführen. Die angegebenen Zeiten sind nur Vorschläge und können natürlich variiert werden. Das hängt auch von der Intensität der Meditation und den Bedürfnissen der jeweiligen Person ab.

Heilmeditationen können bei einer medizinischen Behandlung sehr nützlich sein, diese aber nicht ersetzen.

Die Chakras durch Farbe öffnen

Die Chakras sind Energieräder in unserem feinstofflichen Körper und enthalten und verteilen Lebenskraft. Durch Öffnen dieser Zentren regen wir die Heilung in unserem physischen Körper an und balancieren unsere emotionale, mentale und spirituelle Bewußtseinsebene aus. Manchmal drehen sich die Chakras im Uhrzeigersinn, manchmal entgegengesetzt. Wir lassen zu, daß jedes Chakra seinen natürlichen Rhythmus findet.

Nimm eine bequeme Position ein, entweder im Sitzen oder im Liegen. Die Arme sind nicht gekreuzt, die Beine nicht übereinandergeschlagen. Schließe die Augen. Atme einmal lang und tief ein und langsam wieder aus. Deine Atmung soll voll, tief und entspannt sein.

Während du von zehn bis null zählst, kommt dein Verstand zur Ruhe, und du wirst empfänglicher für die Weisheit deines Unbewußten und seine Heilkraft.

Zehn, neun, acht, sieben, sechs, fünf, vier, drei, zwei, eins, null. Jetzt bist du ganz tief entspannt.

Stelle deine Aufmerksamkeit auf einen Punkt über deinem Kopf ein, hoch oben im Himmel, und verbinde dich mit der strahlenden, kraftvollen weißen Lichtenergie, die auf dich herabfließt.

Erfahre dieses weiße Licht, wie es um dich fließt und durch dich fließt und deinen Körper mit seinem Leuchten erfüllt. Mit jedem Atemzug atmest du dieses Licht ein. Während es dich erfüllt und umgibt, durchdringt es dein ganzes Wesen und vereint sich mit dem Fluß von Lebensenergie, der bereits durch deinen Körper strömt.

Stelle deine Aufmerksamkeit auf die Basis deiner Wirbelsäule ein, wo sich das Steißbein befindet. Dies ist dein Wurzelchakra, dein Zentrum für Sicherheit und Erdung in der physischen Welt. Verbinde dich mit dem weißen Licht in deinem ersten Chakra, während es sich sanft in einer kreisförmigen Bewegung dreht.

Während die Lichtenergie langsam dein Wurzelchakra öffnet, wird es leuchtend rot. Spüre die Energie und Schwingung dieses roten Lichts, während es sich sanft in einer kreisförmigen Bewegung dreht.

Spüre, wie diese rote Lichtenergie durch deine Beine und Füße hinabfließt in den Boden und dich mit Mutter Erde verbindet.

Nimm jede Sinnesempfindung und jedes Gefühl wahr, die entstehen, während du dich mit der physischen Natur deines Körpers und Mutter Erde verbindest.

Dann laß zu, daß die Energie in deinem ersten Chakra allmählich in einer spiralförmigen Bewegung hinaufströmt in das zweite Chakra in deinem Becken.

Dies ist das Zentrum von Sexualität und schöpferischer Lebenskraft. Während die Lichtenergie das zweite Chakra öffnet, wird es leuchtend orange und dreht sich sanft in einer kreisförmigen Bewegung.

Nimm jede Sinnesempfindung und jedes Gefühl wahr, die entstehen, während du dich mit deiner Sexualität und deiner schöpferischen Lebenskraft verbindest.

Nun erlaube der Energie in deinem zweiten Chakra, in einer spiralförmigen Bewegung nach oben zu fließen, in dein drittes Chakra beim Solarplexus, unterhalb des Brustkorbs.

Dies ist das Zentrum von körperlicher Willenskraft, Motivation und Vitalität. Während die Lichtenergie das dritte Chakra öffnet, wird es leuchtend gelb wie die Sonne und dreht sich sanft in einer kreisförmigen Bewegung.

Nimm jede Sinnesempfindung und jedes Gefühl wahr, die entstehen, während du dich mit deiner körperlichen Willenskraft, Motivation und Vitalität verbindest.

Jetzt erlaube der Energie in deinem dritten Chakra, allmählich in einer spiralförmigen Bewegung hinaufzuströmen in dein viertes Chakra, dein Herzzentrum, in der Mitte deines Brustkorbs.

Dies ist dein Zentrum von Liebe und Mitgefühl. Während die Lichtenergie das vierte Chakra öffnet, wird es leuchtend grün und dreht sich sanft in einer kreisförmigen Bewegung.

Nimm jede Sinnesempfindung und jedes Gefühl wahr, die entstehen, während du dich mit deinem Herzen verbindest.

Nun erlaube der Energie in deinem Herzchakra, in einer spiralförmigen Bewegung allmählich weiter hinaufzufließen in dein fünftes Chakra in deiner Kehle.

Dies ist dein Zentrum des Selbstausdrucks. Während die Lichtenergie das fünfte Chakra öffnet, wird es leuchtend himmelblau und dreht sich sanft in einer kreisförmigen Bewegung.

Nimm jede Sinnesempfindung und jedes Gefühl wahr, die entstehen, während du dich mit deinem Selbstausdruck verbindest.

Nun erlaube der Energie im fünften Chakra, in einer spiralförmigen Bewegung allmählich hinaufzufließen in dein sechstes Chakra zwischen den Augenbrauen.

Dies ist dein Zentrum von innerer Sicht und höherer Einsicht. Während die Lichtenergie das dritte Auge öffnet, wird es leuch-

tend indigo (purpurblau) und dreht sich sanft in einer kreisförmigen Bewegung.

Nimm jede Sinnesempfindung und jedes Gefühl wahr, die entstehen, während du dich mit der Fähigkeit, klar zu sehen, verbindest.

Nun erlaube der Energie im dritten Auge, in einer spiralförmigen Bewegung allmählich hinaufzufließen in das siebte Chakra auf dem Scheitel deines Kopfes.

Dies ist dein Zentrum von spiritueller Bewußtheit und direktem Wissen. Während die Lichtenergie das siebte Chakra öffnet, wird es zu einem leuchtenden Violett und dreht sich sanft in einer kreisförmigen Bewegung.

Nimm jede Sinnesempfindung und jedes Gefühl wahr, die entstehen, während du dich mit deinem spirituellen Bewußtsein verbindest.

Jetzt erlaube deiner Bewußtheit, langsam alle deine Chakras hinabzusteigen und sie dabei zu erforschen. Während du jede Farbe wahrnimmst, laß zu, daß du die Energie fühlst, wie sie sich in jedem Zentrum langsam im Kreis bewegt.

Wenn du das erste Chakra am Ende der Wirbelsäule erreichst, verbinde dich wieder mit der roten Lichtenergie, die durch deine Beine und Füße hinabfließt und dir das Gefühl gibt, geerdet zu sein.

Wenn du bis zehn gezählt hast, kannst du die Augen öffnen: eins, zwei, drei, vier, fünf, sechs, sieben, acht, neun, zehn. Laß dir ein oder zwei Minuten Zeit, um dich daran zu gewöhnen, daß du wieder mit geöffneten Augen in dem Zimmer bist.

Mit dem Körper kommunizieren

Diese Meditation wird Ihnen dabei helfen, durch die Weisheit Ihres Unbewußten neue Erkenntnisse über die Natur eines körperlichen Symptoms oder einer Krankheit zu erlangen und zu verstehen, was notwendig ist, damit eine Heilung stattfindet. Ehe Sie zu meditieren beginnen, wählen Sie das körperliche Symptom, die Krankheit oder die Stelle in Ihrem Körper, auf die Sie sich einstellen möchten.

Nimm eine bequeme Position ein, entweder im Sitzen oder im Liegen. Die Arme sind nicht gekreuzt, die Beine nicht übereinandergeschlagen. Schließe die Augen. Atme einmal lang und tief ein und langsam wieder aus. Deine Atmung soll voll, tief und entspannt sein.

Während du von zehn bis null zählst, kommt dein Verstand zur Ruhe, und du wirst empfänglicher für die Weisheit deines Unbewußten und seine Heilkraft.

Zehn, neun, acht, sieben, sechs, fünf, vier, drei, zwei, eins, null. Jetzt bist du ganz tief entspannt.

Stelle deine Aufmerksamkeit auf ein Symptom oder eine Krankheit ein, die du verstehen, mit der du kommunizieren und die du heilen möchtest. Verbinde dich mit allen Empfindungen in dieser Gegend deines Körpers.

Erlaube dir, dich an alle Empfindungen zu erinnern, die du früher dort erlebt hast.

Steigere jetzt vorübergehend die Intensität dieser Empfindungen.

Sei dir dieses Vorgangs bewußt. Denkst oder fühlst du etwas, das diese Empfindungen verstärkt?

Jetzt atme tief ein und wieder aus. Während du dies tust, erlaube dir, die Empfindungen abzuschwächen.

Sei dir dieses Vorgangs bewußt. Tust du irgend etwas, das dir erlaubt, diese Empfindungen abzuschwächen?

Jetzt stell dir vor, daß du zu diesem Symptom oder dieser Krankheit wirst. Stell dir vor, du seist ein Kind, das so tut, als sei es das Symptom oder die Krankheit. Wie bist du? Was für eine Personalität hast du?

Wie sieht dein Leben aus?

Was machst du mit der Person, in deren Körper du steckst?

Was möchtest du dieser Person sagen? Was für eine Botschaft möchtest du ihr übermitteln?

Wie hast du, als Symptom oder Krankheit, das Leben dieser Person verändert?

Wie hast du die Beziehungen dieser Person verändert?

Was für Emotionen hast du verursacht?

Drückst du etwas aus, was diese Person nicht ausdrücken kann?

Hilfst du dieser Person dabei, etwas zu vermeiden?

Tust du etwas für sie? Bist du auf gewisse Weise nützlich für sie?

Schützt du diese Person vor etwas oder irgend jemand?

Was kann diese Person tun, um dich zu heilen?

Jetzt werde wieder zu dir selbst. Erzähle dem Symptom oder der Krankheit, wie das, was sie gesagt hat, auf dich gewirkt hat.

Mit welchen Gefühlen bist du jetzt in Verbindung, die dir nicht bewußt waren, ehe du deine Beschwerden hattest?

Mit welchen Bedürfnissen und Wünschen bist du jetzt in Kontakt?

Möchtest du, als Ergebnis deiner Beschwerden, irgend etwas in deinem Leben ändern?

Jetzt stell dir vor, wie dein Leben sich so zu verändern beginnt, wie du es möchtest. Visualisiere, wie du alles das verkörperst, was zu deiner Heilung nötig ist.

Sieh dich selbst als ganz, geheilt und erfüllt von Selbstliebe.

Wenn du bis zehn gezählt hast, kannst du die Augen öffnen: eins, zwei, drei, vier, fünf, sechs, sieben, acht, neun, zehn.

Schmerzerleichterung

Diese Meditation wird Ihnen dabei helfen, körperliche Schmerzen loszulassen, und Sie in einen tief entspannten Zustand versetzen. Am wirksamsten ist sie, wenn Sie sich dabei ausstrecken, damit Sie am Ende der Meditation einschlafen können, wenn Sie möchten.

Nimm eine bequeme Position ein, entweder im Sitzen oder im Liegen. Die Arme sind nicht gekreuzt, die Beine nicht übereinandergeschlagen. Schließe die Augen. Atme einmal lang und tief ein und langsam wieder aus. Deine Atmung soll voll, tief und entspannt sein.

Während du von zehn bis null zählst, kommt dein Verstand zur Ruhe, und du wirst empfänglicher für die Weisheit deines Unbewußten und seine Heilkraft.

Zehn, neun, acht, sieben, sechs, fünf, vier, drei, zwei, eins, null. Jetzt bist du ganz tief entspannt.

Stelle deine Aufmerksamkeit auf den Ort in deinem Körper ein, an dem du Schmerzen spürst. Laß zu, daß du dir aller Eigenarten dieser Schmerzen bewußt wirst.

Ist der Schmerz stechend oder dumpf? Heiß oder kalt? Fühlst du ein Klopfen oder einen Druck?

Gibt es noch andere typische Merkmale?

Wie heftig oder gering ist der Schmerz? Über welches Gebiet zieht er sich hin? Was für eine Form hat er? Erlaube dir, ihn dreidimensional zu fühlen, mit Tiefe und Höhe, Breite und Volumen.

Was für eine Farbe hat der Schmerz?

Jetzt erlaube dir, die Merkmale des Schmerzes vorübergehend zu verstärken.

Stell fest, wie du das machst. Denkst oder fühlst du etwas, das den Schmerz verstärkt?

Jetzt atme lang und tief ein und wieder aus. Erlaube dabei dem Schmerz, abzunehmen.

Sei dir bewußt, wie du das machst.

Jetzt stell dir vor, du bist drinnen im Zentrum des Schmerzes. Wie bist du als Schmerz?

Was für ein Leben führst du?

Was versuchst du zu sagen? Was für eine Botschaft möchtest du übermitteln?

Jetzt verändere Größe, Form und Farbe, wie du Lust hast.

Wie siehst du jetzt aus? Was für eine Farbe hast du? Was für eine Form? Was für eine Größe?

Nun werde wieder du selbst. Stell dir vor, daß der Schmerz auf eine Filmleinwand projiziert wird.

Was siehst du? Was für eine Farbe hat er? Welche Form? Welche Größe? Was macht er?

Stell dir vor, wie er wieder Farbe, Form und Größe verändert.

Betrachte das Ganze wie einen Film.

Stell dir vor, die Leinwand bewegt sich immer weiter von dir weg.

Während du beobachtest, wie die Leinwand verschwindet, spüre ein kühles Licht, das deinen Körper und deinen Kopf umgibt.

Mit jedem Atemzug nimmst du mehr kühles blaues Licht in dich auf. Dein ganzer Körper füllt sich mit dieser sanften Gegenwart und erzeugt einen tiefen Zustand der Entspannung.

Jede Zelle deines Körpers ist mit diesem sanften, kühlen blauen Licht erfüllt. Es ist kühlend, tröstend, heilend.

Es fließt durch deinen ganzen Körper, und du ruhst in einem tiefen Frieden. Er wird tiefer und tiefer.

Vielleicht möchtest du an diesem zutiefst friedvollen heilenden Ort bleiben. Vielleicht möchtest du sogar in Schlaf sinken.

Völlig gelassen, entspannt, geheilt ...

Selbstheilung

Diese Meditation wird Ihnen dabei helfen, die Absicht zu heilen auf ein Symptom, eine Krankheit oder einen Punkt in Ihrem Körper einzustellen. Durch die Visualisierung, daß Bewußtheit, Gehirn und physischer Körper miteinander verbunden sind, erschaffen Sie eine Möglichkeit, Heilbotschaften dorthin zu senden, wo sie am meisten gebraucht werden.

Nimm eine bequeme Position ein, entweder im Sitzen oder im Liegen. Die Arme sind nicht gekreuzt, die Beine nicht übereinandergeschlagen. Schließe die Augen. Atme einmal lang und tief ein und langsam wieder aus. Deine Atmung soll voll, tief und entspannt sein.

Während du von zehn bis null zählst, kommt dein Verstand zur Ruhe, und du wirst empfänglicher für die Weisheit deines Unbewußten und seine Heilkraft.

Zehn, neun, acht, sieben, sechs, fünf, vier, drei, zwei, eins, null. Jetzt bist du ganz tief entspannt.

Stelle deine Aufmerksamkeit auf einen Punkt über deinem Kopf ein, hoch oben im Himmel, und verbinde dich mit strahlender, kraftvoller weißer Lichtenergie, die auf dich herniederströmt.

Erfahre dieses weiße Licht, wie es um dich fließt und durch dich fließt und deinen Körper mit seinem Leuchten erfüllt.

Mit jedem Atemzug atmest du dieses Licht ein. Während es dich erfüllt und umgibt, durchdringt es dein ganzes Wissen und vereint sich mit dem Fluß von Lebensenergie, der bereits durch deinen Körper strömt.

Stelle deine Aufmerksamkeit auf das Gebiet in deinem Körper ein, das Heilung braucht. Atme tief ein und aus.

Erlaube dir zu fühlen, wie die weiße Lichtenergie sanft in diesem Gebiet deines Körpers zirkuliert, und stell es dir bildlich vor. Die Lichtenergie ist die Energie der Schöpfung und erinnert deinen Körper an seine Kraft, heilen und neues Leben erschaffen zu können.

Beobachte, wie dein Blut zirkuliert und dein Gewebe reinigt, wobei es Giftstoffe und unerwünschte Zellen entfernt.

Sieh und fühle, wie dein hellrotes Blut frischen Sauerstoff und Nährstoffe zu deinen Geweben und Knochen transportiert.

Spüre, wie deine Nerven sich zu beruhigen, sich zu entspannen beginnen und Heilbotschaften durch deinen Körper senden. Atme.

Erlaube deinem Körper, alle seine Heilenergien zu harmonisieren, damit er Immunsystem, Muskeln, Nerven, Organe und Knochen stärkt.

Sieh, wie die betroffene Körpergegend heilt, und fühle es.

Du zählst bis drei und siehst deinen Körper völlig und ganz geheilt und hältst dieses Bild fest: eins, zwei, drei.

Stell dir vor, wie dein Körper genau so funktioniert, wie du es wünschst, und während du dieses Bild der Heilung festhältst, wiederholst du die folgende Affirmation dreimal:

Ich nehme meine Heilung an und bin dankbar für das Licht in mir. Ich nehme meine Heilung an und bin dankbar für das Licht in mir. Ich nehme meine Heilung an und bin dankbar für das Licht in mir.

Erlebe und sieh dich in einem Zustand völliger Heilung.

Sieh, wie dein Körper und dein ganzes Wesen geheilt und fröhlich sind und vor Licht strahlen.

Sieh, wie du alle Dinge tust, die du gern tust oder immer schon tun wolltest.

Spür, wie du Heilenergie und Licht, Liebe und Freude ausstrahlst.

Erfahre deine wahre Natur als gesund und ganz.

Wenn du bis drei gezählt hast, wirst du ein Symbol der Heilung empfangen: eins, zwei, drei. Dies ist dein Symbol der Heilung.

Visualisiere dieses Symbol an dem Ort deines Körpers, der jetzt heilt, und vertraue darauf, daß es weiter Heilenergie und neues Leben erzeugen wird.

Laß zu, daß die Bedeutung dieses Symbols dir ein Rätsel bleibt,

denn du weißt, daß du es irgendwann einmal verstehen wirst.
Spüre seine Gegenwart in dir und erlebe sein strahlendes Licht
und Heilung.
Wenn du bis zehn gezählt hast, kannst du die Augen öffnen:
eins, zwei, drei, vier, fünf, sechs, sieben, acht, neun, zehn.

Handauflegen

Diese Meditation wird Sie durch die Grundstufe des Handauflegens führen. Sie kann bei Erwachsenen, Kindern und Tieren angewendet werden. Zu Beginn ist es wichtig, daß sich die Person oder das Tier in einer bequemen Lage befindet. Sie oder es kann sitzen oder liegen oder sogar schlafen. Stellen Sie sich selbst so hin, daß Sie Ihre Hände über die betroffene Stelle halten oder leicht auf ihr ruhen lassen können. Sorgen Sie dafür, daß Sie diese Haltung bequem fünfzehn bis zwanzig Minuten einnehmen können. Wenn Ihnen zu irgendeinem Zeitpunkt unbehaglich zumute wird, heben Sie die Hände, ändern Ihre Stellung und legen die Hände wieder auf. Denken Sie daran, zu atmen!

Wenn du anfängst, hängen deine Hände seitlich herab oder liegen auf deinen Knien, die nicht übereinandergeschlagen sein dürfen. Atme tief ein und schließe die Augen. Laß deinen Atem voll, tief und entspannt werden.
Beginne mit einem einfachen Gebet, das zu deiner geistigen

*Überzeugung paßt, wie etwa: Ich bitte darum, daß mein Ego
ausgeschaltet wird und die Heilung zum Besten der Person (oder
des Tieres) geschieht, die sie empfängt. Ich bitte, daß Gottes
heilende Liebe und Kraft anwesend sein mögen.*

*Während du von zehn bis null zählst, erlaube, daß dein Verstand
zur Ruhe kommt und sogar noch tiefer entspannt wird. Zehn,
neun, acht, sieben, sechs, fünf, vier, drei, zwei, eins, null. Du
bist jetzt sehr tief entspannt.*

*Stelle deine Aufmerksamkeit auf einen Punkt über deinem Kopf
ein, hoch oben im Himmel, und verbinde dich mit der strahlenden, kraftvollen weißen Lichtenergie, die auf dich herabströmt.*

*Erfahre dieses weiße Licht, wie es um dich fließt und durch dich
fließt und deinen Körper mit seinem Leuchten erfüllt. Mit jedem
Atemzug atmest du dieses Licht ein. Während es dich erfüllt und
umgibt, durchdringt es dein ganzes Wesen und vereint sich mit
dem Fluß von Lebensenergie, der bereits durch deinen Körper
strömt.*

*Stelle deine Aufmerksamkeit auf dein Herzchakra in der Mitte
deiner Brust ein, dem Zentrum von Liebe und Mitgefühl. Visualisiere, wie das weiße Licht dort seine Energie konzentriert, und
beginne, seine sanfte, langsame und kreisförmige Bewegung zu
spüren.*

*Während das Licht kreist, beginnt es dein Herzzentrum zu
öffnen. Atme tief, und erlaube deiner Brust, sich ganz zu öffnen,
um Raum für diese Lichtenergie zu schaffen.*

*Während du das tust, kannst du die Liebe und das Mitgefühl
für das Wesen vor dir in deinem Herzen spüren. Diese Liebe
und diese Lichtenergie verbinden sich zu einer mächtigen Heilenergie.*

Während diese Heilenergie stärker und voller wird, bewegt sie sich zu deinen Schultern hoch und die Arme hinunter bis in deine Hände. Du spürst dann vielleicht ein Prickeln, Pulsieren oder sogar Wärme in deinen Händen und Fingern.

Jetzt hebe deine Arme, und halte deine Handflächen einander zugewandt, im Abstand von etwa 15 cm, vor dir. Während Hände und Finger entspannt bleiben, bewegst du sie leicht aufeinander zu und wieder voneinander weg. Du wirst ein Gefühl von Energie zwischen ihnen spüren. Fast wie die leichte ziehende Kraft eines Magneten.

Nun hebst du die Arme und plazierst die Hände mit den Handflächen nach unten ungefähr 60 cm über dem Körper der Person oder des Tieres vor dir. Wenn sie in einem Stuhl sitzen, kannst du eine Hand vor und die andere hinter den Körper plazieren.

Schließ die Augen wieder und erlaube dir zu fühlen, wie die Energie aus deinen Händen auf die Energie trifft, die von dem anderen Körper ausstrahlt.

Wenn der Patient Schmerzen oder Beschwerden hat oder irgendeine Art von Infektion oder Entzündung, kannst du dies in deinen Händen spüren. Sollten deine Hände irgendwann weh tun oder sich angespannt anfühlen, nimmst du sie weg und schüttelst sie vorsichtig aus. Plaziere sie dann etwas höher oder weiter weg, als sie vorher waren, über dem Körper des Patienten.

Geheilt zu werden ist gewöhnlich angenehm und tröstlich, aber wenn der Erwachsene, das Kind oder das Tier irgendwelche Aufregungen oder Beschwerden dabei erlebt, zieh deine Hände weg und plaziere sie ein paar Zentimeter weiter entfernt.

Um das Energiefeld zu säubern, bewege deine Hände in einer gleitenden oder fegenden Bewegung über den Körper.

Wenn sich das Gebiet glatter und sauberer anfühlt, halte deine Hände über die Stelle, die Heilung braucht, und visualisiere, wie weißes Licht und Liebe aus deinen Händen in den Körper strömen. Atme.

Warte geduldig, bis die Heilenergie zu fließen beginnt. Vielleicht fällt dir auf, daß sich deine Hände von allein hinunter- oder näher heranbewegen, wenn das Tier oder der Mensch die Heilung zuläßt. Vielleicht stellst du sogar fest, daß du deine Hände leicht auf der Person oder dem Tier ruhen lassen kannst.

Schalte alle Gedanken aus und atme leicht und sanft.

Stell dich mit all deiner Aufmerksamkeit auf deine Hände ein und laß die Heilenergie durch dich hindurchfließen.

Stell dir den Empfänger der Energie ganz und gesund vor.

Spüre, wie Liebe und Energie von deinem Herzen durch Arme und Hände in den anderen fließen. Vertraue dem Prozeß der Heilung.

Denke daran zu atmen und erlaube deinem Herzen, offenzubleiben, und sei dir immer der Liebe und des Mitgefühls bewußt, die für die Heilung unerläßlich sind.

Erlaube dir, so tief mit der Heilenergie, die durch dich hindurchfließt, zu verschmelzen, daß du jedes Gefühl für Zeit verlierst und ganz in dem Heilungsprozeß aufgehst (lange, stille Pause, fünf bis zehn Minuten).

Visualisiere den anderen als völlig geheilt, ganz und strahlend vor Freude. Visualisiere, wie der andere alles tut, was er gern tut.

Du kannst so lange mit dem Handauflegen fortfahren, wie du willst und wie es für dich und den Empfänger der Energie angenehm ist. Du wirst instinktiv erkennen, wann die Heilung beendet werden muß, und deine Hände wegziehen.

Ehe du die Heilung beendest, sprich ein kurzes Dankgebet, wie etwa folgendes: Ich bin dankbar dafür, daß die Heilung jetzt stattfindet. Ich glaube daran, daß sie auf sichtbare und unsichtbare Weise weiterhin wirkt und Gottes Wille dabei geschehen wird.

Nimm langsam die Hände weg, schüttele sie aus und wasche sie dann in kaltem Wasser.

Holen Sie anschließend für sich und den anderen etwas kühles Wasser zu trinken. Es kann auch Raumtemperatur haben. Erlauben Sie der Person, dem Kind oder Tier so lange zu ruhen, wie sie oder es möchte. Manchmal wird der Empfänger der Energie eingeschlafen oder in einen so tiefen Zustand der Heilung gesunken sein, daß Sie ihn lieber allein und in Frieden ruhen lassen. Überzeugen Sie sich, daß ihm nichts passieren kann, bevor Sie den Raum verlassen. Setzen Sie sich draußen irgendwo hin, wo Sie sich ausruhen können.

Wenn die Person sich erhoben hat, möchte sie Ihnen vielleicht erzählen, wie sie die Heilung erlebt hat. Erlauben Sie immer, daß der Empfänger der Energie sich zuerst mitteilt, dann können Sie kurz schildern, was Sie gefühlt haben, solange Sie nur Positives berichten. Nach der Heilung ist der Empfänger der Energie noch sehr offen und kann nur ein kurzes und positives Feedback brauchen.

Die Aura stärken

Diese Meditation wird Ihnen helfen, das Energiefeld um Ihren Körper zu stärken und auch die Lebenskraft in Ihnen zu festigen. Gold war immer die Substanz alchimistischer Transformation. Im Mittelalter war es das Ziel der Alchimisten, ein unedles Metall in Gold zu verwandeln. Es ist ein Metall von Schönheit und Kraft. Wenn Sie diese Meditation regelmäßig machen, vielleicht sogar täglich, werden Sie feststellen, daß Sie sich leichter vor den negativen Emotionen und Gedanken anderer Leute schützen und negative Energien in Ihrer Umgebung leichter abwehren können.

Such dir eine bequeme Position. Entweder stellst du dich hin oder setzt dich auf einen Stuhl mit gerader Rückenlehne. Möchtest du lieber stehen, stellst du die Füße auf Schulterbreite auseinander und beugst leicht die Knie. Im Sitzen dürfen die Arme nicht über der Brust gekreuzt und die Beine nicht übereinandergeschlagen sein. Schließe die Augen, atme tief und lang ein und atme langsam wieder aus. Erlaube deinem Atem, voll, tief und entspannt zu werden.

Während du von zehn bis null zählst, kommt dein Verstand zur Ruhe, und du wirst empfänglicher für die Weisheit deines Unbewußten und seine Heilkraft.

Zehn, neun, acht, sieben, sechs, fünf, vier, drei, zwei, eins, null. Du bist nun sehr tief entspannt.

Stelle deine Aufmerksamkeit auf einen Punkt über deinem Kopf ein, hoch oben im Himmel, und verbinde dich mit der strah-

lenden, kraftvollen weißen Lichtenergie, die auf dich herab-
fließt.

Erlaube dir, diese goldene Lichtenergie zu erfahren, wie sie um
dich herum und durch dich hindurchfließt und deinen Körper
mit ihrem Strahlen erfüllt.

Mit jedem Atemzug nimm dieses Licht auf. Während es dich
erfüllt und umgibt, durchdringt es gleichzeitig dein ganzes Wesen
und vereinigt sich mit dem Strom von Lebensenergie, der schon
durch deinen Körper fließt.

Erlebe, wie dieses goldene Licht durch deine Beine und Füße
hinunterfließt und dich mit Mutter Erde und einem Gefühl von
Erdung und Geborgenheit verbindet.

Während du von dieser goldenen Lichtenergie erfüllt und ge-
stärkt wirst, kannst du fühlen, wie du dich ausdehnst. Deine
ganze Aura, dein Energiefeld glänzt vor goldenem Licht und
Energie und umgibt dich ganz, einen Meter weit, wie ein goldenes
Ei aus Kraft und Schutz.

Mit jedem Einatmen atmest du mehr Kraft und Schutz ein. Mit
jedem Ausatmen gibst du Angst und Schwäche frei.

Mit jedem Augenblick fühlst du dich stärker, sicherer, geschütz-
ter.

Alle deine Muskeln, dein Nervengewebe und die Organe werden
erfüllt und durchdrungen von diesem goldenen Licht. Alle Zellen
in deinem Körper fangen an, sanft zu schwingen. Du kannst die
Umwandlung der Energie spüren bis in deine Füße und weiter
bis in den Boden.

Dein physischer Körper und deine Aura werden beide stärker,
während sie ein ganzes System von Schutz und Kraft bilden.

Während du tief atmest, kannst du spüren, wie dein Herzzen-
trum vor Liebe und Mitgefühl stark wird.

Du spürst, daß du mit allen Herausforderungen, die auf dich zukommen, fertig werden und mit jedem Menschen umgehen kannst, mit dem du dich vielleicht auseinandersetzen mußt.

Atme.

Du strahlst vor Licht, Kraft und Energie.

Spüre deinen Schutz. Spüre, wie deine innere Kraft mit deinem äußeren Schutz verschmilzt.

Erlaube dir, eine Situation zu visualisieren, in der du stark und geschützt sein möchtest.

Spüre deine neue Stärke und sieh dich, wie du mit dieser Situation wirkungsvoll umgehst.

Visualisiere dich, wie du zentriert und stark, sicher und geschützt bleiben kannst.

Wenn du in die Welt draußen gehst, wirst du spüren, wie du innerlich geschützt bist und wie dieser Schutz dich auch umgibt. Du wirst deine strahlende Aura fühlen.

Wenn du spürst, daß du mehr Energie und Schutz benötigst, brauchst du nur tief zu atmen und dich darauf einzustellen, wie du das goldene Licht zuläßt und es dich erfüllt.

Du bewahrst all diese Kraft und Energie, all diesen Schutz und kannst die Augen öffnen, wenn du bis zehn gezählt hast: eins, zwei, drei, vier, fünf, sechs, sieben, acht, neun, zehn.

Selbstvergebung

Diese Meditation wird Ihnen helfen, die Vergangenheit freizugeben, Schuld und Scham loszulassen und Ihr Herz zu heilen. Selbstvergebung ist ein wesentlicher Teil des Heilungsprozesses, weil sie das Herz für Eigenliebe und Heilenergie öffnet. Während der Meditation werden Sie Gelegenheit haben, diese Energie in den eigenen Händen zu erleben und Ihre Hände kurz über Ihr Herz zu halten.

Nimm eine bequeme Position ein, entweder im Sitzen oder im Liegen. Die Arme sind nicht gekreuzt, die Beine nicht übereinandergeschlagen. Schließe die Augen. Atme einmal lang und tief ein und langsam wieder aus. Deine Atmung soll voll, tief und entspannt sein.

Während du von zehn bis null zählst, kommt dein Verstand zur Ruhe, und du wirst empfänglich für die Weisheit deines Unbewußten und seine Heilkraft.

Zehn, neun, acht, sieben, sechs, fünf, vier, drei, zwei, eins, null. Jetzt bist du ganz tief entspannt.

Stelle deine Aufmerksamkeit auf einen Punkt über deinem Kopf ein, hoch oben im Himmel, und verbinde dich mit der strahlenden, kraftvollen weißen Lichtenergie, die auf dich herabfließt.

Erfahre dieses weiße Licht, wie es um dich fließt und durch dich fließt und deinen Körper mit seinem Leuchten erfüllt. Mit jedem Atemzug atmest du dieses Licht ein. Während es dich erfüllt und umgibt, durchdringt es dein ganzes Wesen und vereint sich mit dem Fluß von Lebensenergie, der bereits durch deinen Körper strömt.

Erlaube deiner Aufmerksamkeit, sich darauf einzustellen, daß dieses weiße Licht in der Mitte deiner Brust, in deinem Zentrum von Liebe und Mitgefühl ist – in deinem Herzchakra. Spüre, wie es sich sanft kreisförmig bewegt und dein Herz öffnet.

Atme. Erlaube deinem Herzen, sich mit Liebe und Mitgefühl, Licht und Glanz zu füllen und sich zu öffnen.

Jetzt visualisierst du ein Bild von dir selbst, wie du vor dir sitzt. Sieh dich so deutlich wie möglich, als blicktest du in einen Spiegel oder auf eine Fotografie.

Erlaube dir, alle deine Mängel, Ängste, deine Wut, Schuld und Scham zu sehen und zu fühlen: all die Dinge, die dich daran hindern, dich selbst zu lieben.

Sieh, wie du dich verhältst und was du tust, um zu versuchen, dich zu schützen und zu verteidigen.

Sieh all die Fälle, in denen es dir mißglückt ist, deinen Erwartungen gerecht zu werden.

Und schick das weiße Licht des Mitgefühls und der Selbstliebe aus deinem Herzen zu diesem Bild von dir, das dir gegenübersitzt.

Spüre und sieh, wie dieses Licht der Liebe durch dich hinausfließt zu diesem anderen Ich von dir, in das Herz eintritt und aufgenommen wird.

Erlaube dir, dir zu vergeben. Erlaube diesem Licht der Liebe, alle Dinge der Vergangenheit und der Gegenwart, die du dir verübelst, wegzuwaschen.

Erlaube dieser Selbstvergebung, die Wunden deines Herzens durch neues Licht und Selbstliebe zu heilen.

410

Jetzt vertausche die Rollen und werde zu dem anderen Ich. Werde zu dem Ich, dem vergeben wird.

Spüre, wie Vergebung und Licht in dein Herz dringen.

Spüre die sanfte Kraft dieser Vergebung und Liebe.

Erlaube dir, dich gesegnet zu fühlen.

Und erlaube diesem weißen Licht und dieser Liebe, sich durch dich zu ergießen, durch deinen ganzen Körper: hinab in deinen Leib, in Beine und Füße,

und wieder hinauf zur Kehle und zum Hals, zum Gesicht und Kopf,

und wieder hinunter durch die Schultern, Arme und Hände.

Erlaube diesem Licht der Liebe, durch dich zu fließen, dich zu reinigen, dich zu heilen, dich zu befreien.

Und jetzt, während du die Augen geschlossen hältst, stell dich auf dieses Licht in deinen Händen ein.

Sehr sanft hebst du die Hände ein wenig und hältst die Handflächen in einem Abstand von etwas 20 bis 30 cm zueinander.

Erlaube dir, die Energie zwischen deinen beiden Handflächen zu spüren.

Bewege die Hände leicht und fühle den sanften Energiezug zwischen ihnen. Dies ist die Energie des Heilens, der Liebe, der Vergebung.

Diese Energie ist greifbar und real. Es ist deine Teilhabe an der Schöpfung.

Mit immer noch geschlossenen Augen hebst du die Hände jetzt bis zu deinem Kopf, so daß die Handflächen einige Zentimeter vom Gesicht entfernt sind. Erlaube dir, die Energie zwischen deinen Händen und deinem Gesicht zu spüren.

Und dann senke sie sehr langsam, bis sie über deiner Kehle sind.

Und laß sie weitersinken, bis zur Brust, wo dein Herz ist. Spüre den Kontakt, den die Energie zwischen Händen und Herz herstellt.

Während du dir nun vergibst, nimmst du teil an der Versöhnung und dem Frieden deines eigenen Herzens.

Und an der Versöhnung und dem Frieden der ganzen Schöpfung. Erlaube dir, so lange in diesem tiefen Zustand der Heilung zu bleiben, wie du möchtest, und erst wenn du dich bereit fühlst, zähle von eins bis zehn und öffne die Augen.

Danksagung

Genau wie man eine Ortschaft braucht, um ein Kind aufzuziehen, braucht man auch eine Gemeinschaft, um ein Buch zu schreiben. Meine Patienten und Studenten haben mich mit dem Fundament versorgt, auf dem ich lehren und die Lektionen des Lebens lernen konnte, um eine Heilerin zu werden: Selbstliebe, Mitgefühl, Vergebung, Annahme, Stärke und Mut. Ihnen allen bin ich zutiefst dankbar.

Wenn Michael Kaplan nicht gewesen wäre, der mir zeigte, wie man mit einem Computer umgeht, hätte ich dieses Buch nie beendet. Seine Geduld war endlos. Gene Jennings lieferte geistige Unterstützung und Ermutigung, wenn ich sie am meisten brauchte, und war auch eine Quelle für Bibelzitate und biblisches Wissen. Nini Gridley las Teile des Manuskripts und gab mir wertvolles Feedback und machte Vorschläge für die Dramaturgie des Buchs.

Virginia Harris, Freundin und Führerin, half mir, meine Arbeit wichtig zu nehmen, das Ausbildungsprogramm von *Touching Spirit* neu zu entwerfen und in meinem Leben Zeit und Energie zu schaffen, um dieses Buch zu schreiben – all das, obwohl sie in dieser Zeit selbst ein eigenes Kind zur Welt brachte.

Meine tiefste Dankbarkeit gilt Camille Hykes, die als erste das Buch mit meinen Augen sah und an seine Möglichkeiten glaubte. Sie war das Licht auf meinem

Weg und ermunterte mich, in den dunkelsten Momenten des Zweifels weiterzumachen. Als ob das nicht genug Geschenke gewesen wären, machte sie mich auch noch mit meiner Agentin und meiner Lektorin bekannt. Gott sei Dank brachte Nicolas Dalton den Vorschlag an, mit ihr zu reden. Und während der letzten Anstrengungen, das Manuskript zu beenden, versorgte er mich mit herrlichem französischem Essen und spielte mit Star.

Ich möchte meinen großen Dank auch meiner Agentin Lynn Nesbit aussprechen, weil sie mich zwang, meine eigene Stimme zu finden, und meiner Lektorin Caroline Sutton, weil sie mir half, diese Stimme zu verfeinern. Obwohl sie von einem anderen Verlag ist, gebührt Joann Davis mein Dank. Sie war es nämlich, die ursprünglich vor Jahren bei mir anfragte, ob ich nicht ein Buch schreiben könnte, und sie war es auch, die mich beschwor, meine eigene Geschichte zu schreiben statt eines wissenschaftlichen Buchs.

Meiner Seelenschwester Laurie Layton Schapira bin ich für alle Ewigkeit dankbar. Ihre Liebe, ihre Wahrheit und ihre dunklen Augen waren der Felsen für mich, auf dem ich meine Seele erbauen konnte.

Meine lieben Freunde Elise und Bob Hall haben mich während langer Jahre des Kampfes, die richtige Sichtweise zu finden, ständig mit Ermutigung versorgt. Genau wie mein Freund und Kollege Roger Paine, der seine eigenen Schriftsteller-Träume beiseite schob, um das Interface Center in Boston als einen Ort der Heilung zu leiten und lebendig zu erhalten.

Und schließlich, wie immer zuletzt, geht meine tiefste

Dankbarkeit zu den mir besonders nahestehenden Wesen: zu meiner Mutter, für ein Leben voll Liebe, Unterstützung, Ermutigung und Glauben, und zu Psyche, Pearl, Cinder und Star, die mich die Bedeutung der Familie lehrten und mich mit reichem Kompost für die Seele dieses Buchs versorgten.